하나님의 손길

하나님의 손길

지은이 | 김병삼
초판 발행 | 2025. 12. 10
4쇄 발행 | 2025. 12. 15
등록번호 | 제1988-000080호
등록된 곳 | 서울특별시 용산구 서빙고로65길 38
발행처 | 사단법인 두란노서원
영업부 | 2078-3333 FAX | 080-749-3705
출판부 | 2078-3331

책 값은 뒤표지에 있습니다.
ISBN 978-89-531-5219-9 03230

독자의 의견을 기다립니다.
tpress@duranno.com   http://www.duranno.com

ⓒ 이 출판물은 저작권법에 의해 보호를 받는 저작물이므로
무단 전재와 무단 복제, 무단 사용을 할 수 없습니다.

두란노서원은 바울 사도가 3차 전도여행 때 에베소에서 성령 받은 제자들을 따로 세워 하나님의 말씀으로 양육하던 장소입니다. 사도행전 19장 8-20절의 정신에 따라 첫째 목회자를 돕는 사역과 평신도를 훈련시키는 사역, 둘째 세계선교(TIM)와 문서선교(단행본·잡지) 사역, 셋째 예수문화 및 경배와 찬양 사역, 그리고 가정·상담 사역 등을 감당하고 있습니다. 1980년 12월 22일에 창립된 두란노서원은 주님 오실 때까지 이 사역들을 계속할 것입니다.

주님의 은혜로 살아나게 하는
매일만나 365

하나님의 손길

김병삼 지음

두란노

목차

프롤로그 … 6

1부 [말씀 묵상] 말씀에서 만나는 손길

1 ― 만져 주시는 손길, 믿음으로 발견하다

01 믿음, 보이지 않아도 흔들림 없는 길 … 12
02 태도, 삶의 여정을 결정하는 돛 … 40
03 기도, 하늘과 땅을 잇는 능력 … 66

2 ― 붙들어 주시는 손길, 견딤으로 맺는 회복과 변화

04 회복, 무너진 자리에서 다시 일어서는 힘 … 96
05 인내, 기다림 속에서 자라는 깊은 뿌리 … 124
06 변화, 빚어지며 발견하는 참모습 … 152

3 ― 빚어 가시는 손길, 성숙으로의 동행

07 순종, 내 뜻을 내려놓을 때 열리는 문 … 182
08 은혜, 사소한 순간에도 스며드는 빛 … 210
09 감사, 평범한 하루에 숨겨진 선물 … 238

4 ─ 사명으로 이끄는 손길, 삶으로 증거하다

   10 사랑, 끝까지 품어 주시는 따스한 품 ⋯ 268

   11 능력, 부르심에 합당하게 행할 힘 ⋯ 296

   12 찬양, 모든 것을 주님께 돌려 드리는 노래 ⋯ 322

2부 [신앙 에세이] 일상에서 느끼는 손길

1 ─ 53 week ⋯ 352

프롤로그

2020년, 전 세계를 패닉에 빠뜨린 '코로나19 팬데믹'이라는 반갑지 않은 손님이 찾아왔습니다. 그러나 3년여 간 지속된 재앙이 저에게는 '화'를 '복'으로 바꾸시는 하나님의 은혜를 체험하는 시간이었습니다.

늘 모여서 예배하고 기도하던 일상이 '모일 수 없음'으로 인해 깨져 버렸습니다. 그렇게 흩어진 교인들을 위해 영상을 통해서라도 '매일 묵상'의 시간을 가져야겠다는 마음으로 시작한 것이 '김병삼 목사의 매일 만나 365' 시리즈입니다.

모여야 나눌 수 있었던 말씀을 교인들이 있는 자리로 송출하니, 모든 사람이 어느 시간이나 같은 말씀을 묵상할 수 있게 되었습니다. 같은 말씀을 묵상하니, 생각이 모이고 믿음이 자라나는 영적 유익을 경험하게 된 것입니다. 그런 의미에서 '화'가 '복'으로 바뀌었다는 말입니다.

벌써 6년째를 맞이하는 '매일 만나 365'가 새로운 묵상의 옷을 입고 2026년을 열게 됩니다. 저에게는 설렘의 시간이 시작되는 것입니다. '매일 묵상 365'를 《하나님의 손길》이라는 제목으로 함께 나눌 것을 생각하니 더 기대가 됩니다. 매일 말씀을 묵상하는 이들에게 하나님의 손길이 닿는다면, 어떤 일이 일어날지 모르니 더욱 설레는 마음입니다.

오스왈드 챔버스의 《주님은 나의 최고봉》을 쉽게 풀어 가야겠다는 마음으로 해설집을 쓰고, 《하나님의 시선》이라는 제목으로 한 해를 보냈습니다. 적어도 교인들이 이 정도 믿음의 지식을 쌓아야겠다는 마음으로 365개의 말씀을 매일 배달하며 《하나님의 숨결》이라는 제목으로 한

해를 보낸 적도 있습니다. 365일 성경을 통독하기가 쉽지는 않았지만 《하나님의 음성》으로 두 해를 말씀에 빠져 살기도 했습니다.

2026년에는 20여 년간 '변화산 특별 기도회'에서 나누었던 말씀을 주제별로 묶어 365일 묵상집 《하나님의 손길》을 출간합니다. 책과 함께 제가 작사한 찬양 '하나님의 손길'도 제작되어, 묵상의 주제가로 사용될 예정입니다. 하루하루 하나님의 손길을 느끼며 눈가에 촉촉히 고이는 눈물과 함께 스미는 하나님의 은혜를 고백할 믿음의 동지들을 생각하니, 가슴이 벅차오릅니다.

혹 변화산 기도회를 경험한 성도들이 있다면, 은혜로 충만했던 그때를 기억하게 될 것입니다. 무엇보다 변화산 기도회의 설교는 '영혼을 갈아 넣어'라는 표현이 합당할 정도로 혼신의 힘을 다해 준비했던 말씀들이니, 하나님의 은혜와 역사를 다시 한 번 경험하게 되리라는 기대가 있습니다.

쉽지 않은 여정을 출발하는 모든 이들을 격려합니다. 그리고 한 해를 '하나님의 손길' 가운데 지나게 될 여러분의 삶에 하나님의 숨결이 스며들기를 바랍니다.

2025년 12월 목양실에서
김병삼 목사

1부

말씀에서 만나는 손길

1

만져 주시는 손길,
믿음으로 발견하다

Chapter

1

믿음,
보이지 않아도
흔들림 없는 길

믿음으로 그 산을 오르라

001
눅 22:39-46

출발해야 신앙의 여정이 시작됩니다.
아무리 믿음이 좋아도 그 자리에만 머물러 있으면 변화는 일어나지 않습니다. 콜럼버스가 신대륙을 발견할 수 있었던 것은 미지의 땅을 향해 '출발'한 덕분입니다. 하나님이 이끄시는 '산'은 과거를 뒤로하고 미래를 향해 나아가라는 부르심입니다. 홍해를 건넌 이스라엘처럼, 돌아갈 길은 닫히고 앞에 믿음의 선택만이 남은 자리입니다.

믿음의 사람은 '왜'를 붙들고 살아갑니다.
심리학자 빅터 프랭클은 "왜(why) 살아야 하는지를 아는 사람은 어떤(how) 상황도 견뎌 낼 수 있다"라고 말했습니다. 인생의 고통은 '고통' 그 자체보다 '무의미함'에서 비롯됩니다. 결국 우리 삶의 문제는 고통과 시련이 아니라 목적과 방향의 부재입니다. 우리 인생에는 넘어야 할 산들이 있습니다. 외로움의 산, 절망의 산, 인생의 의미를 묻는 산 말입니다.

하나님이 이끄시는 산들을 하나씩 오르십시오.
예수님이 십자가를 지시기 전 기도하신 겟세마네는 '기름 짜는 틀'이란 뜻입니다. 우리 삶도 그렇게 깊이 눌리고 짜여야 하나님 앞에 순전해질 것입니다. '그 산'에 오르는 일은 하나님의 뜻을 이루어 가는 신앙의 여정에서 반드시 거쳐야 할 과정입니다. 십자가와 사명은 피할 수 없습니다. 순종하지 않으면, 절대 해결되지 않습니다. 혼자서 감당하기 어렵다면 성령님의 도우심을 구하십시오.

하나님이 이끄시는 산에서 무엇부터 해야 합니까?

❶ 하나님의 뜻에 순종하기 위해서 내 뜻을 내려놓고 기도합니까?
❷ 하나님이 이끄시는 산에 오르기를 주저하지는 않습니까?

002 하나님의 뜻을 따를 용기

마 6:10

예수님은 사명을 이루기 위해 감람산에 오르셨습니다.
감람산은 높지 않은 산이지만 예수님의 공생애 중 가장 무겁고 고통스러운 장소였습니다. 예수님은 그곳에서 인생의 고통과 두려움을 하나님께 쏟아붓고, 하나님의 뜻을 붙드셨습니다. 예수님은 감람산 기슭에 있던 겟세마네에서 기도하며 십자가의 잔을 마실 준비를 하셨고, 그 기도의 힘으로 사명의 길을 걸으셨습니다.

우리 인생에도 감람산이 있습니다.
길이 보이지 않고 기도 외에는 방법이 없는 때가 있습니다. 답답함 속에서 전심으로 부르짖게 되는 그 자리가 곧 겟세마네입니다. 우리는 그곳에서 나의 뜻이 아닌 하나님의 뜻을 찾고 따를 수 있는 용기를 구해야 합니다. 하나님을 만나 기도하며 방향을 바로잡고 목적을 다시 확인해야 합니다. 믿음이란 고난 없는 길을 찾는 것이 아니라 고난 속에서도 하나님을 붙들며 올라가는 것입니다.

믿음이란 내가 마셔야 할 '잔'을 받아들이는 것입니다.
축복일 수도 있고 고난일 수도 있지만, 그것이 하나님의 뜻이라면 피하지 않고 마셔야 할 잔입니다. 예수님조차 "이 잔을 내게서 옮기시옵소서"라고 기도하셨지만 결국 "내 원대로 마시옵고 아버지의 원대로 되기를 원하나이다"(눅 22:42)라며 순종하셨습니다. 감람산에서 예수님은 죽음을 결단하셨습니다. 우리가 오늘 감람산에 오른다면, 우리의 뜻이 아닌 하나님의 뜻을 붙드는 기도가 있어야 합니다. 그 기도는 우리 삶을 의미 있게 하고 인생의 고난을 견딜힘이 됩니다. 왜 살아야 하는지를 깨달을 때 어떻게 살아야 하는지도 분명해집니다.

나는 하나님 뜻을 따라 감람산에 오르고 있습니까?

❶ 나는 지금 내 뜻을 내려놓고 하나님의 뜻을 묻고 있습니까?
❷ 고난의 잔이라도 하나님이 주신 것이라면 순종하며 마실 준비가 되어 있습니까?

믿음의 걸음을 준비하라

003
겔 37:1-7

인생의 문제는 앎이 아니라 믿음으로 해결됩니다.
지금까지 내가 믿고 살아왔던 가치관에서 벗어나는 것이 믿음입니다. 그래서 믿음은 때때로 모험입니다. 그러나 새로운 변화의 시작이기도 합니다. 인생의 문제는 단순히 '주님을 아는 것'이나 '인간의 노력'으로 해결되지 않습니다. 오직 믿음으로만 해결할 수 있습니다. 주님의 손길이 우리에게 닿으면 기적이 일어날 것을 믿으십시오.

그러나 믿음은 맹목적이지 않습니다.
믿음을 투자로 여기지 마십시오. 믿음은 복권이 아닙니다. 주님을 알기에 나의 삶을 주님께 전적으로 맡기는 것이 믿음입니다. 믿음의 모험을 감행하는 자만이 놀라운 기적을 체험할 수 있습니다. 믿음은 앎 위에 있으나 예수님을 아는 것은 곧 신앙의 성숙을 요구합니다. 베드로는 "오직 우리 주 곧 구주 예수 그리스도의 은혜와 그를 아는 지식에서 자라 가라 영광이 이제와 영원한 날까지 그에게 있을지어다"(벧후 3:18)라고 축복합니다.

최선의 사건은 최악의 환경에서 일어납니다.
주님의 기적은 마른 뼈처럼 가능성을 상실한 가운데서 일어납니다. 마른 뼈들이 여호와의 말씀을 들으면 힘줄과 살이 돋아나고 가죽이 덮이고 주님의 생기로 살아납니다(겔 37:7-8). 이것이 부흥의 역사입니다. 믿음으로 준비된 자에게 불어넣어 주실 하늘의 생기를 기대하십시오.

나는 지금 어떤 믿음의 준비를 하고 있습니까?
❶ 변화의 자리로 나아가기 위한 영적 준비가 되어 있습니까?
❷ 문제 상황에서도 하나님의 기적을 기대합니까?

004
출 3:1-5

하나님의 사람은 포기의 과정을 거친다

하나님은 모세를 호렙산에서 부르십니다.
그곳에서 하나님은 모세에게 "네 발에서 신을 벗으라"(출 3:5)라고 명령하셨습니다. 신은 인생의 경험과 자신감의 상징입니다. 그것을 벗는다는 것은 나를 포기한다는 뜻입니다. 하나님 앞에서는 내 판단, 내 능력, 내 주장을 내려놓아야 합니다. 하나님을 만나는 강력한 체험은 우리에게 반드시 '포기'를 요구합니다. 이 과정을 거치는 사람만이 하나님의 사람이 됩니다.

신을 벗는 자리에 은혜가 임합니다.
포기는 패배가 아니라 하나님의 것을 받기 위한 준비입니다. 포기한 만큼 채워 주십니다. 모세는 자기 신을 벗고 나서야 하나님께 소명을 받았습니다. 모든 의욕을 잃었던 엘리야도 호렙산에서 다시 하나님의 음성을 듣고 회복되었습니다. 헌신과 소명은 '포기'에서 비롯됩니다.

거룩하신 하나님 앞에서 당신의 신을 벗으십시오.
'성령'을 받는다는 것은 꾸역꾸역 무엇을 채워 넣는 것이 아니라 '나'로 가득 찬 삶을 비우는 것을 의미합니다. 내 꿈이 죽지 않으면 내 안에 하나님의 비전이 설 자리가 없습니다. 포기하지 않으면 하나님께 받을 것이 없습니다. 이것은 아주 중요한 신앙의 진리입니다. 내 방식, 내 뜻, 내 계획을 내려놓을 때 비로소 하나님의 뜻이 시작됩니다.

나는 하나님 앞에 신을 벗었습니까?
❶ 하나님 앞에서 아직도 신고 있는 신이 있습니까?
❷ 나의 경험과 판단보다 하나님의 음성에 귀 기울이고 있습니까?

하나님의 침묵은 방치가 아니다

005
민 14:11-12

하나님의 침묵이 곧 하나님의 부재를 의미하는 것은 아닙니다.
하나님은 모든 사람에게 같은 방식으로 말씀하시거나 역사하지 않으십니다. 믿음 없는 사람에게는 더 이상 말씀하시지 않을 수도 있습니다. 하나님이 우리 삶에 간섭하지 않으실 때 그것은 하나님이 관심이 없어서가 아니라 여러 번 주신 말씀에 대한 경고일 수 있습니다.

하나님의 침묵은 우리가 되돌아볼 기회일 수 있습니다.
사도 바울은 "그들이 마음에 하나님 두기를 싫어하매 하나님께서 그들을 그 상실한 마음대로 내버려 두사 합당하지 못한 일을 하게"(롬 1:28) 하셨다고 말합니다. 하나님은 자녀에겐 징계로, 자녀가 아닌 자에게는 침묵으로 반응하십니다. 하나님이 침묵하실 때 우리는 오히려 하나님께 가까이 나아가야 합니다. 침묵의 의미를 되묻고, 우리 안에 불신의 요소를 제거해야 합니다.

하나님은 오늘도 믿음을 찾고 계십니다.
불신앙이 지속되면 하나님의 심판이 임할 수 있습니다. 반복되는 불순종은 변명의 여지가 없는 고의이며, 하나님은 고의적인 불신앙을 가볍게 여기지 않으십니다. 믿음은 하나님을 안다는 단순한 고백의 말이 아닙니다. 믿음은 매 순간 하나님의 현존을 인식하고, 그분의 말씀에 순종하며 살아가는 결단의 행동입니다.

나는 하나님의 침묵 앞에서 믿음을 지키고 있습니까?

❶ 하나님이 침묵하실 때 나는 어떤 반응을 보입니까?
❷ 하나님께 침묵의 의미를 여쭙고 내 안에서 불신의 요소를 제거하고 있습니까?

006
창 22:1-14

하나님의 관점에서 시험을 보라

시험을 두려워하지 마십시오.
《주님은 나의 최고봉》의 저자 오스왈드 챔버스는 "예수 그리스도의 생애는 하나님의 관점이 아니라면 처절한 실패의 연속이었다"라고 말했습니다. 예수님의 생애는 무심히 보면 실패처럼 보입니다. 그러나 하나님의 관점에서 보면 온전한 순종으로 이룬 구원의 여정이었습니다. 마찬가지로 아브라함의 모리아산 여정은 이해할 수 없는 시험처럼 보였지만, 하나님이 그를 믿음의 조상이 될 자리로 초대하셨습니다.

성도는 시험 속에서 자신의 신앙과 가치를 증명하며 삽니다.
성도란 '죄 없는 사람'이 아닙니다. 하나님의 뜻에 순종하며 살기 위해 죄에 아주 민감하게 반응하는 사람입니다. 사실 시험에 드는 사람들을 보면, 한순간에 넘어지기보다는 자신도 모르게 서서히 무너져 내리곤 합니다. 하나님은 아브라함이 아들 이삭을 키우면서 하나님과 점점 더 멀어지는 것을 아셨기에 그의 삶을 교정하기 위해 시험을 주셨습니다. 그는 모리아산의 시험을 통과하고 나서 하나님의 깊은 은혜로 들어가게 됩니다.

믿음은 이해보다 순종입니다.
하나님은 아브라함을 괴롭히려고 시험하신 것이 아닙니다. 모리아산은 순종으로만 올라갈 수 있는 산입니다. 우리가 믿음 생활을 제대로 하지 못하는 이유는 내 생각, 내 경험, 내 판단, 내 지식을 의지하기 때문입니다. 이런 것들을 버려야 순종할 수 있습니다. 하나님은 시험을 통과한 사람에게 상을 주십니다. 우리 인생은 이해할 수 없는 일들로 가득하지만, 하나님이 지시하신 길이라는 확신을 가지고 나아간다면, 그 길은 생명의 길이 됩니다.

나는 하나님의 관점으로 시험을 바라보고 있습니까?

❶ 시험 가운데서도 하나님의 뜻을 분별할 수 있습니까?
❷ 이해보다 순종을 선택할 준비가 되어 있습니까?

폭풍우 속에서 믿음이 드러난다

007

창 22:14 / 벧전 1:7

"폭풍우는 그 집을 시험한다"라는 말이 있습니다. 마태복음 7장에 예수님이 집을 짓는 사람의 비유를 말씀하시는 장면이 나옵니다. 어떤 사람은 모래 위에, 또 어떤 사람은 반석 위에 집을 지었습니다. "비가 내리고 창수가 나고 바람이 불어 그 집에 부딪치매"(마 7:27) 모래 위에 세운 집은 무너지고, 반석 위에 세운 집은 건재했다고 합니다. 중요한 것은 어느 곳에 집을 짓든 폭풍우는 피할 수 없다는 것입니다. 폭풍우가 휘몰아치면 집의 안전성이 드러납니다.

하나님은 모리아산에서 아브라함이 어떤 사람인지를 보셨습니다. 그리고 그의 마음속에 하나님을 사랑하는 마음이 있는 것을 아셨습니다. "네 아들 네 독자까지도 내게 아끼지 아니하였으니"(창 22:12)라는 말씀에서 무엇이 느껴집니까? "네가 정말로 힘든 일을 해내었구나!" 하고 감탄하시는 것 같지 않습니까? 아브라함에게 독자 이삭을 번제단에 눕히는 시험은 그의 인생에서 만난 가장 큰 폭풍우였을 것입니다. 그러나 폭풍우 속에서 진실성이 드러나기 마련입니다.

하나님의 산에 가면 하나님이 준비하십니다. 아브라함은 모리아산에 이르러서야 비로소 "여호와 이레"(창 22:14)를 경험했습니다. "여호와 이레"란 무슨 뜻입니까? 성경은 "여호와의 산에서 준비되리라"(창 22:14)라고 하였는데, 영어 성경(NIV)을 보면 그 뜻이 좀 더 명확해집니다. "여호와 이레"가 "The LORD it will be provided"로 번역되었기 때문입니다. 하나님의 관점으로 바라보십시오. 하나님이 당신을 위해 준비하실 것입니다.

나는 시험에 어떻게 반응합니까?

❶ 나는 내 약점과 마귀의 전략을 충분히 알고 있습니까?
❷ 인생에서 만난 폭풍우 속에도 믿음을 지키기 위해 기도합니까?

008 기도해야 변화가 일어난다

눅 9:28-36

사람들이 죽음을 무릅쓰고 험한 에베레스트산을 오르는 이유가 있습니다. 바로 정복 욕구 때문입니다. 우리 신앙에도 이런 욕구가 필요합니다. 지금보다 더 나은, 그동안 경험해 보지 못한 신앙의 단계로 나아가려는 거룩한 욕망이 영원한 변화를 가져옵니다. 제자들은 변화산에서 그것을 체험했습니다. 거룩한 욕망은 거룩한 경험을 하게 합니다.

그 산에서 제자들은 예수님의 영광을 보았습니다.
예수님이 기도하실 때 "용모가 변화되고 그 옷이 희어져 광채가"(눅 9:29) 났습니다. 무엇을 하실 때 변화가 일어났습니까? "기도하실 때"입니다. 기도는 사람을 변화시키는 능력이 있을 뿐 아니라 환경을 변화시키는 능력이 있습니다. 기도하지 않고 변화를 기대해서는 안 됩니다. 예수님과 함께했던 제자들 역시 기도할 때 신비한 체험을 하게 되었다는 사실을 명심하십시오.

기도한 후에는 오직 예수님만 보여야 합니다.
예수님의 영광이 드러나고, 구름 속에서 "이는 나의 아들 곧 택함을 받은 자니 너희는 그의 말을 들으라"(눅 9:35)라는 소리가 들린 후에 제자들의 눈에는 오직 예수님만 보였습니다. 신앙의 핵심은 화려한 체험이 아니라 '오직 예수'입니다. 기도는 예수님만 남게 하는 과정이며 그분을 통해 사명과 능력을 받는 시간입니다. 기도는 변화의 시작이요 주님과의 깊은 교제이며 하늘 문을 여는 열쇠입니다.

나는 기도로써 변화를 체험합니까?

❶ 나는 주님과 함께 기도하러 영적 산에 오르곤 합니까?
❷ 기도를 통해 예수님만 보이는 삶을 살아가고 있습니까?

십자가의 길을 택해야 제자다

009

눅 9:23-24

예수님은 변화산에 오르기 전에 십자가의 길을 선포하셨습니다.
주님은 제자들에게 "나를 따라오려거든 자기를 부인하고 날마다 제 십자가를 지고 나를 따를 것이니라"(눅 9:23)라고 말씀하셨습니다. 십자가는 단순히 고난이 아니라 하나님의 뜻을 따르는 결단입니다. 이 말씀은 제자들에게 도전을 주었습니다. 예수님은 세 제자를 데리고 산에 오르셨고, 그곳에서 기도하는 가운데 영광을 드러내셨습니다. 그 영광 가운데 모세와 엘리야가 나타나 예수님과 십자가의 죽음에 대해 말하자 이 광경을 본 제자들이 예수님을 메시아로 확신하게 되었습니다.

제자는 십자가를 외면하지 않습니다.
베드로는 그 황홀한 체험을 붙잡으려 했지만(눅 9:33), "구름 속에서 소리가 나서 이르되 이는 나의 아들 곧 택함을 받은 자니 너희는 그의 말을 들으라"(눅 9:35)라는 말씀이 들려왔습니다. 예수님을 따르는 제자라면 "여기 있는 것이 좋사오니"(눅 9:33) 하고 황홀한 자리에 머물 것이 아니라, 주님의 말씀에 순종하여 십자가의 길을 걸어야 합니다. 이것이 제자도입니다.

변화의 진짜 목적은 체험이 아닌 사명입니다.
영적 체험은 지나가지만, 십자가를 진 사람은 제자의 삶을 살아갑니다. 중국 내지 선교회를 세운 선교사 허드슨 테일러도 십자가의 진리에 눈뜨고 나서야 위대한 변화를 경험했다고 합니다. 영적 체험은 십자가 능력으로 이어질 때 비로소 빛을 발합니다. 우리가 신비한 체험을 하고자 기도하는 것은 세상으로 내려가기 위함임을 명심하십시오.

나는 제자로서 십자가의 길을 선택하며 살아가고 있습니까?

❶ 예수님을 따르기 위해 날마다 자기를 부인하고 있습니까?
❷ 신앙생활의 중심이 체험이 아닌 순종과 사명입니까?

010
왕상 18:30-39

진짜 신앙과 가짜 신앙을 가려내라

대결의 장소는 '진짜'와 '가짜'가 드러나는 곳입니다.

갈멜산에서 엘리야가 450명의 바알 선지자와 400명의 아세라 선지자에게 대결을 선포한 목적은 분명합니다. 그는 백성에게 "너희가 어느 때까지 둘 사이에서 머뭇머뭇하려느냐 여호와가 만일 하나님이면 그를 따르고 바알이 만일 하나님이면 그를 따를지니라"(왕상 18:21)라고 도전하였습니다. 우리 신앙은 하나님 앞에서 진짜와 가짜를 분명히 점검받아야 합니다.

거짓은 잠시 숨길 수 있지만 곧 드러납니다.

하나님 앞에서 믿음의 결단을 하지 못하여 은혜를 체험해 보지 못한 신앙은 필연적으로 두 가지 성향을 나타냅니다. 하나는 선행을 통해 하나님과의 관계를 대신하려는 것이요, 다른 하나는 가짜 신앙으로 인해 이중 인격적인 삶을 사는 것입니다. 하나님의 능력은 거짓 가운데 역사하지 않습니다.

갈멜산의 능력은 예배가 회복된 그곳에서 나타났습니다.

하나님은 무너진 제단이 다시 세워진 그 자리에 불로 응답하셨습니다. 하나님의 능력은 예배하는 자에게 임합니다. 신앙의 진위(眞僞)는 예배가 회복된 곳에서 가려집니다. 우리 삶에서 하나님의 능력이 나타나지 않는 이유는 예배가 무너졌기 때문이 아닐까요? 예배의 자리로 돌아오십시오. 하나님을 인정하고 오직 그분께 영광 돌릴 때 기적이 일어납니다.

나는 날마다 예배의 자리에 서 있습니까?

❶ 내 삶의 예배를 무너뜨리는 우상은 무엇입니까?
❷ 예배를 회복하기 위해 오늘 제단을 다시 세워야 할 삶의 자리는 어디입니까?

선택의 고통을 마주할 때

011
신 11:29

인생의 터닝 포인트에서 가장 중요한 것은 선택입니다.
선택에는 두 가지 의미가 있는데 하나는 '포기'이고, 다른 하나는 '결단'입니다. 무엇인가를 선택한다는 것은 다른 것들은 포기해야 한다는 뜻이고, 마음을 결정한 후에는 선택을 행동으로 옮기는 결단이 필요하다는 뜻입니다. 가나안 땅에 들어간 이스라엘 민족은 그들이 차지할 땅에서 어떻게 살지를 선택해야 했습니다. 이것은 그들의 터닝 포인트였습니다.

이스라엘 민족에게 선택의 때가 주어진 것은 언제입니까?
모세는 "네 하나님 여호와께서 네가 가서 차지할 땅으로 너를 인도하여 들이실 때에"(신 11:29)라고 말합니다. 하나님의 축복을 받으려면 받을 만한 때를 잘 알아야 합니다. 그 "때"는 곧 내가 하나님의 사람임을 증명해야 하는 '선택'의 순간입니다. 하나님은 당신의 백성을 축복하시기 전에 먼저 하나님의 백성임을 스스로 증명하라고 요구하십니다.

좋은 선택을 하려면 뺄셈과 덧셈을 잘해야 합니다.
선택의 고통에 맞닥뜨렸다면, 인생에서 제거해야 할 것을 제거하고 더해야 할 것을 더해야 한다는 뜻입니다. 하나님 앞에서 자신을 돌보아 회개하고 결단하는 것이 뺄셈이요, 고통을 타개할 잠재력을 발견하여 분출하는 것이 덧셈입니다. 그러면 고통 속에서 하나님과 새로운 관계를 맺게 됩니다. 이것이 새로운 축복으로 나아가는 길입니다.

선택의 기로에서 고통을 느껴 본 경험이 있습니까?

❶ 지금 내가 겪는 고통은 하나님의 선물일 수도 있다는 사실을 압니까?
❷ 나는 무엇을 포기하고, 무엇을 결단해야 할까요?

012

신 11:29 / 수 8:33

바른 선택이 축복을 가져온다

축복의 땅, 곧 기회의 땅에 들어서면 가장 먼저 해야 할 일이 있습니다. '순종'이냐 '불순종'이냐를 선택해야 합니다. 이것은 하나님이 택하신 백성에게 주어지는 축복 아니면 저주의 선택입니다. 이스라엘 백성을 이끌고 가나안 땅에 들어선 여호수아는 "온 이스라엘과 그 장로들과 관리들과 재판장들과 본토인뿐 아니라 이방인까지 여호와의 언약궤를 멘 레위 사람 제사장들 앞에서 궤의 좌우에 서되 절반은 그리심산 앞에, 절반은 에발산 앞에"(수 8:33) 서게 하였습니다.

선택이 우리 삶을 결정짓습니다.
하나님은 이스라엘 백성에게 가나안 땅을 주셨고, 그들은 여리고성에서 하나님의 은혜로 승리를 맛보았습니다. 그러나 승리 이후에도 하나님의 뜻에 순종하는 선택이 계속되어야 했습니다. 그렇지 못했기 때문에 이어진 아이성 전투에서는 철저히 무너졌습니다. 은혜가 주어졌다고 해서 모두 끝난 것이 아니라 그 은혜 앞에서 계속 순종할지 아니면 불순종과 탐욕을 따라갈지 선택해야 한다는 뜻입니다. 선택은 '하고 싶은 것'을 고르는 것이 아니라 '해야 할 것'을 붙드는 결단입니다.

내 삶에 그리스도께서 계셔야 바른 선택을 합니다.
오늘날 우리가 마주한 강력한 신앙의 도전 중 하나는 '어떻게 축복을 선택하며 살아갈 것인가' 하는 질문입니다. 이 시대의 선지자라 불리는 A. W. 토저는 "그리스도께 완전히 그리고 기꺼이 붙들린 사람은 결코 잘못된 선택을 할 수가 없다. 그가 내린 선택은 어떤 것이든지 바르다"라고 말했습니다. 당신의 삶에 주어질 축복은 바로 당신의 선택과 결단에 달려 있음을 기억하십시오.

나는 지금 축복의 산과 저주의 산 중 어디에 서 있습니까?

❶ 내 삶은 축복을 선포하고 있습니까, 아니면 저주를 선포하고 있습니까?
❷ 나는 선택의 기로에서 '하고 싶은 것'과 '해야 할 것' 중 무엇을 택하고 있습니까?

혼란 속에서 확신을 찾다

013

요 2:1-11 / 마 17:1

예수님의 첫 번째 기적은 혼인 잔치에서 포도주가 떨어졌을 때 일어났습니다. 당시에는 잔치에서 포도주가 떨어지는 것은 커다란 수치였습니다. 주님은 문제 상황에서 물을 포도주로 바꾸는 놀라운 기적을 행하셨습니다. 기적이 일어나는 모든 현장은 문제에서 출발합니다. 그 문제 가운데서 주님을 신뢰하고 순종할 때 기적이 일어납니다. 주님은 언제나 절망의 순간을 기적의 시작점으로 삼으십니다.

당신의 삶에 캄캄한 어둠이 내려와 있다면 바로 기적을 기대할 때입니다. 혹시 인생의 밤을 지나고 있습니까? 당신의 믿음이 빛을 발할 때입니다. 다윗은 "그의 노염은 잠깐이요 그의 은총은 평생이로다 저녁에는 울음이 깃들일지라도 아침에는 기쁨이 오리로다"(시 30:5)라고 노래했습니다. 문제 없이는 기적도 없습니다. 그러므로 문제는 변장한 축복인 셈입니다.

부족함 그대로 하나님을 만나십시오.
예수님은 변화산에 오르시기 직전, 자신이 예루살렘에 올라가 고난을 받고 죽임을 당한 후 부활할 것임을 제자들에게 처음으로 분명하게 말씀하셨습니다(마 16:21-23). 이 예고는 제자들에게 큰 충격과 혼란을 주었습니다. 변화산은 온전함으로 오르는 산이 아니라 부족함을 안은 채 하나님을 만나기 위해 오르는 산입니다. 변화산은 삶의 전환이라는 역사가 일어나는 곳입니다. 그 산에 오르는 사람들을 향한 하나님의 뜻이 있습니다. 우리는 변화산에서 믿음의 결단과 순종의 걸음을 요구받게 될 것입니다. 또한 하나님의 기적을 체험하게 될 것입니다.

당신은 하나님의 기적을 체험하고 있습니까?

❶ 실패의 경험 덕분에 아름다운 신앙 고백을 해 본 적이 있습니까?
❷ 변화산을 오르는 믿음의 결단을 매일 합니까?

014
눅 24:25

미련함과 사악함은 다르다

믿음은 말이 아닌 삶으로 증명됩니다.
어떤 사람이 갈림길에서 어느 쪽으로 갈지 망설이다가 하나님이 인도해 주시길 기도하고 들고 있던 지팡이를 넘어뜨렸습니다. 지팡이가 오른쪽으로 넘어졌지만, 내심 왼쪽으로 가고 싶었던 그는 다시 기도하며 지팡이를 손에서 놓았습니다. 그렇게 몇 번 반복한 끝에 지팡이가 왼쪽으로 넘어지고 나서야 "아, 하나님이 왼쪽 길로 인도하시는구나!" 하며 자기가 원하던 길로 갔다고 합니다. 이처럼 우리는 하나님의 뜻보다 내 뜻을 관철하기 쉽습니다.

진정한 믿음이란 무엇입니까?
우리가 믿는 것은 '내 기준에서 믿을 만한 것'일 때가 많습니다. 그러나 진정한 믿음은 내 기준이 아닌 '하나님의 존재하심과 그 말씀'을 믿는 것입니다. 즉 성경에 기록된 하나님의 말씀과 역사에 근거한 믿음입니다. 그러므로 절망하여 슬픔에 빠졌을 때조차도 말씀에 근거하여 주님을 믿고 신뢰할 수 있습니다. 믿음은 내 의지를 주님 앞에 내려놓고 주님의 처분을 따르는 것입니다. 그분의 약속은 '우리가 바라는 시간'에 이루어지지 않습니다.

감사하게도 주님은 우리의 미련함을 사악함으로 여기지 않으십니다.
주님은 우리의 '믿음 없음'을 징계하지 않으시고 "미련하다!" 하며 꾸짖으십니다. 우리는 미련하여 작은 파도와 작은 바람에도 흔들릴 수 있습니다. 사악함은 징계의 대상이지만 미련함은 배움의 대상입니다. 예수님은 우리가 깨달아 알기를 원하십니다.

나는 세상 풍파에 떠내려가지 않도록 믿음의 닻을 내리고 있습니까?

❶ 나는 말씀을 마음에 믿고 순종하고 있습니까?
❷ 말이 아닌 삶으로 믿음을 증명하고 있습니까?

주님이 함께하시면 그것이 은혜다

015

눅 24:15

믿음이 있어도 슬픔은 찾아옵니다.
엠마오로 가는 두 제자는 절망 가운데 있었습니다. 부활의 소식을 들었지만 믿지 못했고, 예수님이 십자가에서 죽으신 것으로 모든 것이 끝났다고 여겼습니다. 주님은 슬픔과 절망에 빠진 그들을 만나러 친히 찾아오셨습니다. 그러나 예수님이 곁에 계시는데도 그들은 주님을 알아보지 못했습니다. 예수님의 약속과 예언을 기억하지도, 새벽에 빈 무덤을 발견한 여인들이 전한 소식을 믿지도 못했습니다. 왜냐하면 그들에게는 소망이 없었기 때문입니다.

믿음은 기쁨의 증거가 아니라 동행의 증거입니다.
기쁘지 않아도, 상황이 좋아지지 않아도 주님이 함께하신다면 그것이 은혜입니다. 인생의 순간순간에 흐르는 눈물과 쇠약함을 이겨 내는 믿음, 날마다 하나님을 신뢰하며 의지하고 살아가는 믿음이 필요합니다. 주님 앞에서는 내 상처와 슬픔을 솔직히 털어놓아도 좋습니다. 우리가 마음의 문을 열 때 주님은 우리 안에 들어오시어 진짜 믿음을 주십니다. 믿음은 절망과 죽음 앞에서 증명되고, 우리는 하나님의 역사를 새롭게 보는 믿음을 얻습니다.

믿음은 슬픔 가운데서도 하나님을 신뢰하는 것입니다.
우리의 감정과 상황이 하나님을 향한 믿음을 막을 수 없습니다. 중요한 것은 슬픔과 절망 가운데서도 주님이 내내 함께 계셨다는 사실입니다. 주님은 우리의 감정을 무시하지 않으시고, 오히려 그것을 통해 더 깊이 만나 주십니다. 두 제자는 예수님이 십자가에서 죽으셨다는 사실에 절망했지만, 실제로 예수님은 부활하셨고, 오늘도 보혜사 성령님을 통해 계속해서 일하고 계십니다.

어떤 상황에서도 주님을 믿고 신뢰합니까?

❶ 슬픔에 눈이 가려져 주님을 놓치고 있지는 않습니까?
❷ 나의 상처와 슬픔을 주님 앞에 솔직히 털어놓습니까?

016 영적 민감성을 기르라
신 29:4

믿음이라는 인생의 키를 움직이는 건 영적인 감각입니다.
모세는 광야 40년을 회고하며 이스라엘 백성이 하나님의 기적을 보고도 깨닫지 못했다고 지적하면서 "깨닫는 마음과 보는 눈과 듣는 귀는 오늘 여호와께서 너희에게 주지 아니하셨느니라"(신 29:4)라고 말했습니다. 사실, 이것은 이스라엘이 보려고도 들으려고도 하지 않았다는 반어적 표현입니다. 영적인 감각이 있어야 하나님의 인도하심을 제대로 따를 수 있습니다.

믿음은 의지입니다.
하나님은 "그런즉 너희는 이 언약의 말씀을 지켜 행하라"(신 29:9)라고 말씀하십니다. 믿음은 보고 들은 바에 따라 의지로써 순종하고자 할 때 비로소 자라납니다. 수많은 기적을 체험한 이스라엘이 믿음 가운데 행하지 못한 이유는 언약의 말씀을 지켜 행할 믿음이 없었기 때문입니다. 이것이 모세가 가장 안타까워했던 점입니다. 눈으로 보아도 감격이 없고, 귀로 들어도 깨달음이 없으므로 현실에 눌리고, 두려움에 갇힐 수밖에 없습니다.

행복한 신앙인은 하나님이 행하시는 일을 민감하게 보고 듣습니다.
그리고 하나님의 약속을 믿고 의지합니다. 하나님이 내 삶 속에서 일하신다는 사실을 민감하게 알아차리는 것이 믿음입니다. 하나님이 보여 주신 일상의 기적들, 삶의 구석구석에서 역사하시는 손길을 인식하는 사람만이 진정으로 하나님을 신뢰하고, 그분의 약속을 붙잡습니다.

나는 영적인 눈으로 하나님을 보고 있습니까?
❶ 나는 매일 하나님의 기적과 은혜를 보고 듣습니까?
❷ 하나님의 인도하심에 즉시 반응하고 순종하려는 의지가 있습니까?

영안이 어두우면
결국 우상을 선택한다

017

롬 1:21-23

하나님이 주신 축복을 보지 못하면 다른 것을 붙잡게 됩니다.
영적인 눈으로 보아야 영적이지 않은 것을 분별할 수 있고, 영적인 귀로 들어야 악한 소리를 거를 수 있습니다. 영적으로 어두워지면 듣지 말아야 할 것을 듣고, 보지 말아야 할 것을 보게 되니 믿음은 달아나고 돈이나 권력에 무릎을 꿇습니다. 심지어 하나님이 무능력해 보이고, 이방인들이 섬기는 우상은 그럴듯해 보이기까지 합니다.

영적인 맹목은 미련하고 불쌍한 일입니다.
하나님이 우리 삶에 베푸시는 은혜를 수없이 경험하면서도 눈에 보이지 않는 하나님보다 눈에 보이는 우상을 더 현실적으로 여기는 사람은 정말로 미련한 자입니다. 미련함이 축복을 가로막습니다. 축복을 받지 못하는 것에서 끝나지 않고, 죄를 범함으로써 엄청난 비극을 경험하게 됩니다.

믿음 없는 눈으로 보면 자기 생각에 빠지게 됩니다.
하나님이 주신 은혜와 기적을 보지 못하는 사람은 '자기 생각'에 빠져 상상의 세계에서 무너지기 시작합니다. 온갖 나쁜 일을 상상하며 '소설'을 쓰고, 스스로 비참한 주인공이 됩니다. 그러나 영적인 눈이 뜨이는 순간, 자기를 향한 하나님의 계획을 보게 됩니다.

나는 무엇을 보고 들으며 믿습니까?

❶ 눈에 보이는 현실보다 보이지 않는 하나님의 손길을 더 신뢰합니까?
❷ 내가 보기에 그럴듯해 보이는 우상은 무엇입니까?

018 믿음의 파장을 일으키라

삿 1:19

믿음이 결과를 만듭니다.
유다 지파는 산지 전투에서는 승리했지만, 골짜기에서는 철 병거를 가진 주민들을 쫓아내지 못했습니다. 동일한 지파가 벌인 전쟁이었는데도, 그 결과가 달랐습니다. 무엇 때문에 달라졌을까요? 바로 '믿음' 때문입니다. 하나님은 산지든 골짜기든 늘 존재하셨지만, 그들이 철 병거를 보고 겁에 질려 믿음을 잃었으므로 이번에는 그들의 전쟁에 함께하지 않으셨습니다. 믿음은 어떤 상황에서도 하나님의 능력에 반응하는 것입니다.

믿음의 파장은 삶 전반에 영향을 미칩니다.
믿음은 한 사건에 국한되지 않고 인생 전체에 파장을 일으킵니다. 마치 물 위에 던진 돌멩이 하나가 끝없는 물결을 일으키듯이, 믿음의 결단은 내 삶과 주변을 변화시키는 힘을 가지고 있습니다. 그러나 우리는 죄는 경계하면서도 믿음 없음에 대해서는 둔감할 때가 많습니다. 실제로 더 두려워해야 할 것은 '믿음 없는 상태'입니다. 믿음이 없으면 하나님의 뜻조차 감지할 수 없기 때문입니다.

"기도해서 믿음이 생기는가? 믿음이 있어야 기도할 수 있는가?"
이것은 인생에서 실패를 더 이상 맛보고 싶지 않다면, 꼭 점검해야 할 문제입니다. 우리가 기도하지 못하고 믿음을 증명하지 못하는 이유는 어느 지점까지만 믿고, 그다음부터는 불신하기 때문입니다. 즉 내 능력이 충만한 때에는 믿음도 차오르는데, 내 능력이 부족하다고 생각하는 순간 믿음도 사라집니다. 믿음이 내 판단 안에서만 작동한다는 뜻입니다. 기도는 믿음의 마중물입니다.

내 삶에 믿음의 파장을 일으키고 있습니까?

❶ '믿음 없는 상태'를 죄만큼 심각하게 여기고 있습니까?
❷ 믿음의 한계에 부딪혔을 때 나는 무엇을 합니까?

죄의 생명력

019
고전 5:6-7

죄는 생물처럼 자라고 번식합니다.
유다 지파는 철 병거를 이유로 골짜기의 주민들을 쫓아내지 못했습니다. 결국 이 미완의 순종은 이후 이스라엘 민족에게 반복되는 불순종과 타협의 씨앗이 됩니다. 죄는 절대 가만히 있지 않습니다. "그 형제를 미워하는 자마다 살인하는 자"(요일 3:15)라고 했습니다. 작은 죄 하나를 방치하면 그것이 자라 결국 우리에게 죽음을 몰고 올 것입니다.

두려움을 핑계 삼지 마십시오.
죄는 사람들 사이에 둥지를 틀고 세력을 규합하여 확장하려는 속성이 있습니다. 공동체에 누룩같이 퍼져 죄의 새끼를 치고 맙니다. 염려나 두려움을 핑계 삼아 죄와 타협할 수 있습니다. 그러나 하나님의 약속은 이미 선포되었으므로, 죄의 번식을 막는 것은 우리의 믿음의 결단과 순종에 달려 있습니다. 믿음으로 결단하고 순종하지 못하는 것은 '영적 게으름' 탓입니다. 두려움 때문에 "다음에 싸우려면 지금은 살아남아야 해! 다음 기회를 노리자!" 하고 미루는 것입니다.

죄의 뿌리를 뽑아내십시오.
"여호수아가 죽은 후에 이스라엘 자손"(삿 1:1)이 성취해야 할 가나안 정복에는 두 가지 의미가 있습니다. 하나는 그들이 소유할 축복이 있다는 것이고, 다른 하나는 축복을 소유하기 위해서 버려야 할 것이 있다는 것입니다. 그들은 하나님이 주시기로 한 땅에 대한 확신을 품어야 할 뿐만 아니라 그들이 지금까지 살아왔던 잘못된 삶의 방식, 곧 악을 향한 뒤틀린 욕망과 죄의 습관을 버려야 했습니다. 내 안에 있는 죄의 뿌리를 뽑아내야 그 자리에서 하나님의 열매가 맺힌다는 사실을 기억하십시오.

죄의 뿌리를 믿음으로 뽑아내고 있습니까?

❶ 내가 모르는 체하는 '작은 죄'는 무엇입니까?
❷ 내 작은 죄가 공동체에 어떤 영향을 미치고 있습니까?

020
약 4:10

믿음의 장애물

믿음을 가로막는 가장 큰 장애물은 교만입니다.
인생 항해에 있어서 가장 중요한 일 중 하나는 장애물을 제대로 파악하고, 제거하는 일입니다. 교만은 하나님을 인정하지 않는 것입니다. 겉으로 드러나는 우쭐함뿐 아니라 자기 비하나 자포자기 또한 교만인 이유는 하나님의 능력을 부정하는 것이기 때문입니다. 그러므로 교만은 가장 정직하지 못한 행위입니다.

정직하게 자신을 바라봄으로써 교만을 물리치십시오.
하나님은 우리를 있는 모습 그대로 만나기를 원하십니다. 완벽함보다 진실함을 원하시기에 우리가 자신의 연약함을 인정하고 드러낼 때 하나님이 은혜로 덮어 주십니다. 하나님은 스스로 높아지려는 자를 꺾으시고, 정직하게 낮아지는 자를 높이시는 분입니다. 참된 믿음의 항해는 거울 앞에 선 듯 자신을 있는 그대로 바라보는 용기에서부터 시작됩니다.

자기 과신은 눈을 감은 채로 다리를 건너는 것만큼이나 위험합니다.
교만이 눈을 가리면 아무리 자신 있게 걸어도 낭떠러지로 떨어지기 마련입니다. 자기 과신이 깨질 때 얼마나 당황스러울까요? 그러나 이 또한 감사한 것은 그때야 비로소 하나님을 바라보게 되기 때문입니다. 내 생각과 마음대로 밀어붙인다고 꿈이 이루어지진 않습니다. 예수님의 꿈이 나의 꿈이 되고, 예수님의 말씀이 나의 눈이 될 때 만선의 꿈이 이루어질 것입니다.

하나님 앞에서 정직하게 자신을 낮춥니까?
❶ 내 연약함과 부족함을 부끄러워하지 않고 하나님 앞에 고백합니까?
❷ 나의 약점을 덮으시는 하나님의 은혜를 경험한 적이 있습니까?

하나님께 방향을 맡기라

021
잠 3:5-6

믿음 없는 자의 특징은 '과속'입니다.
우리는 자주 하나님보다 앞서 나갑니다. 일이 잘 풀릴 때는 하나님을 잊고, 안 풀릴 때는 당황하며 돌아오곤 하지요. 중요한 것은 하나님은 속력이 아닌 방향을 보신다는 것입니다. 믿음의 사람은 주님보다 앞서 나가지 않습니다. 하나님의 인도하심을 따르며 하나님의 행하심에 보조를 맞춥니다.

과속하면 주변이 보이지 않습니다.
하나님을 의지하지 않고 달려가는 인생은 장애물이 나타나도 피할 줄 모르니 부딪치고 넘어지고 깨어지게 되어 있습니다. 사실 우리 인생이 안고 있는 상처의 대부분은 하나님을 무시하고 내달리는 과속으로 인한 것들이 아닌가요? 성공을 향해 달려가는 것 같지만, 실은 미래에 대한 두려움 때문에 폭주하는 것 아닙니까?

너무 급히 높아지려 하면, 오히려 발을 헛디딜 위험이 커집니다.
순식간에 이루어지는 성공을 바라기보다, 하나님이 인도하시는 속도에 자신을 맞추는 것이 더 안전한 길입니다. 그렇다고 최선을 다해 달리는 노력이 모두 헛수고라는 뜻은 아닙니다. 대충 게으르게 살아도 된다는 뜻도 아닙니다. 속도보다는 우리 인생에 개입하시는 하나님의 손길이 더 중요하다는 말입니다. 느린 것 같아도 땀 흘리며 한 발 한 발 믿음으로 나아가면, 결코 잘못된 길로 들어서지 않을 것입니다.

하나님의 인도하심을 따라 올바른 방향으로 나아가고 있습니까?

❶ 너무 빨리 가려다가 하나님의 인도하심을 놓치고 있지는 않습니까?
❷ 하나님께 속도를 맡기고, 걸음을 멈춰 본 적이 있습니까?

022 두려움은 전염병이다

민 14:11

불신앙은 보이지 않는 감염병입니다.
하나님은 이스라엘 백성을 애굽에서 이끌어 내시고, 광야에서 끊임없이 인도하셨습니다. 그러나 그들은 결정적인 순간마다 불신앙으로 반응했습니다. 믿음으로 약속의 땅을 바라보지 않고, 눈에 보이는 현실만을 근거로 하나님을 의심했습니다. 하나님은 "이 백성이 어느 때까지 나를 멸시하겠느냐"(민 14:11)라고 한탄하십니다. 불신앙은 하나님을 무시하고 거절하는 태도입니다.

두려움은 불신앙의 뿌리입니다.
이스라엘이 약속의 땅을 거절한 이유는 두려움 때문이었습니다. 눈앞의 장대한 사람들과 견고한 성읍은 그들로 하여금 하나님의 약속보다 두려움을 더 신뢰하게 하였습니다. 두려움은 마음을 흐리게 하고, 방향을 잃게 합니다. 하나님이 아닌 문제에 집중할 때 우리는 믿음을 잃고, 불신앙이라는 바이러스에 감염됩니다. 하나님을 믿는다는 것은 그분을 신뢰하는 것입니다. 믿음은 보이지 않는 하나님의 말씀을 붙드는 것입니다. 눈에 보이는 기적이 없어도, 현실이 암담해도 하나님이 여전히 살아 계시고 우리를 인도하신다는 사실을 붙잡는 것입니다.

믿음은 두려움을 이기는 백신입니다.
하나님은 반복되는 불신앙을 용납하지 않으십니다. 그러면서도 여전히 우리를 기다리십니다. 두려움이 아닌 믿음으로 반응하십시오. 믿음은 나의 힘이 아닌 하나님의 능력에 기대는 것입니다. 믿음의 항해를 멈추지 마십시오. 별이 안 보여도 북극성은 여전히 그 자리에 있음을 기억하십시오.

나는 믿음으로 두려움을 이기고 있습니까?
❶ 내 마음속의 두려움은 무엇입니까?
❷ 하나님이 나와 함께하신다는 사실을 얼마나 의식하며 살아갑니까?

불신앙은 불행의 원흉이다

023

렘 29:11

불신앙은 믿지 못함이 아니라 믿지 않으려는 마음입니다.
많은 사람이 "믿고 싶어도 잘되지 않아요"라고 말합니다. 그러나 사실 이 말은 믿지 않으려는 마음을 드러낼 뿐입니다. 불신앙은 우리를 향한 하나님의 모든 역사를 부정하는 것이며 하나님을 거짓말쟁이로 만드는 무서운 죄입니다. 불신앙이야말로 우리 삶에 불행을 가져오는 원흉입니다.

불신앙은 쉽게 눈에 띄지 않는다는 점이 무섭습니다.
신앙을 가장하여 우리 삶에 교묘하게 파고들기 때문입니다. 큰 죄악보다 별것 아닌 모습으로 침투하는 작은 욕정이 우리 신앙을 더 깊이 파괴합니다. 사실 우리가 일상에서 맞닥뜨리는 적은 거대한 악보다는 연속으로 일어나는 불신앙의 문제입니다. 눈앞에 보이는 작은 이득을 탐하느라 하나님 편에 서지 못합니다. 믿음 없이도 살 수 있다는 착각을 불러일으키는 불신앙을 경계하십시오.

불신앙을 이기는 방법은 진짜 믿음으로 나아가는 것입니다.
하나님을 의지한다는 것, 하나님을 믿는다는 것은 내 눈에 보이는 믿음을 포기하는 것입니다. 하나님을 의지하기 위해 나의 힘을 완전히 빼는 것입니다. 나의 완전한 절망과 좌절, 죽음을 인정하는 것입니다. 그리하여 절망의 끝에서 하나님께 도움을 요청하는 것입니다. 죄의 결과는 분명합니다. 믿음으로 작은 유혹을 떨치십시오. 강력한 믿음으로 하나님을 선택하십시오.

나는 정말 하나님을 믿고 있습니까?

❶ 작은 유혹에 넘어가지 않고 하나님의 손길을 기다릴 수 있습니까?
❷ 나의 불신앙은 어디에, 어떻게 숨어 있습니까?

024

창 39:1-23

유혹은 지푸라기다

믿음은 순간순간의 선택입니다.
요셉은 인생의 절망 속에서 하나님을 선택했습니다. 지푸라기라도 잡고 싶은 심정이었지만, 보디발의 아내의 유혹에 넘어가지 않았고, 눈에 보이는 이익이 아닌 하나님의 뜻을 따랐습니다. 그 선택은 일시적인 불이익과 고난을 가져왔지만 결국 하나님의 영광으로 연결되었습니다.

우리 앞에는 수많은 유혹이 놓여 있습니다.
학생이라면 좋은 성적을 위한 부정행위, 사업가라면 초과 이익을 위한 불법행위, 직장인이라면 실수를 감추는 속임수 등의 유혹이 모두 '지푸라기'입니다. 순간적으로는 유익해 보이지만 결국 자신을 무너뜨리는 선택입니다. 믿음은 이런 작은 선택에서 드러납니다. 위기 앞에서 손을 내밀어 무엇을 잡겠습니까? 지푸라기입니까, 아니면 하나님의 손입니까?

죄의 결과는 분명합니다.
지푸라기에 불과한 유혹에 맞서 믿음을 강력히 선포하십시오. 강력한 믿음으로 하나님을 선택하십시오. 하나님을 향한 믿음이 당신의 믿음을 증명하게 될 것입니다. 하나님은 미지근한 믿음을 원치 않으십니다. "네가 이같이 미지근하여 뜨겁지도 아니하고 차지도 아니하니 내 입에서 너를 토하여 버리리라"(계 3:16)라고 말씀하실 정도입니다. 하나님은 타협 없는 믿음, 결단 있는 신앙을 원하십니다.

나는 매일 믿음을 선택하고 있습니까?

❶ 지금 내 앞에 놓여 있는 유혹의 지푸라기는 무엇입니까?
❷ 어떤 유혹도 뿌리치고 하나님의 뜻을 따를 준비가 되어 있습니까?

진짜 믿음은 누구를 사랑하느냐로 드러난다

025

요 5:39-40

겉보기엔 믿음이 있어 보이는 사람들이 있습니다.
성경을 연구하고, 예배에 참석하고, 헌금을 내고, 심지어 전도까지 하지만, 그들 속에는 믿음이 없습니다. 예수님은 그런 이들을 향해 "다만 하나님을 사랑하는 것이 너희 속에 없음을 알았노라"(요 5:42)라고 말씀하십니다. 성경을 아무리 깊이 연구해도 성경이 증거하는 예수님을 믿지 않는다면, 그것은 믿음이 아니라 '지식'일 뿐입니다.

사막에서 물을 발견하고도 다른 사람들에게 알리지 않는 것은 죄입니다.
죄 많은 사마리아 여인은 예수님이 공급하신 영원한 생수를 마신 후에 물동이를 내버려 두고 즉시 동네로 뛰어 들어가 예수님을 알리기 시작했습니다. 이처럼 하나님의 사랑을 경험한 사람은 그 사랑을 전할 수밖에 없습니다. 생수의 근원을 속히 알려 주고 싶어 합니다.

믿음은 결국 '내가 누구를 사랑하느냐'로 드러납니다.
좋은 일이 생기기 때문에 믿는 것이 아닙니다. 하나님이 '사랑'이시고, 그 사랑이 나를 살렸기 때문에 믿는 것입니다. 그래서 믿음에는 대가를 바라지 않는 '헌신'이 따릅니다. 자신의 유익보다 하나님을 더 사랑하기에 기꺼이 삶을 바치는 것입니다.

나는 하나님을 전심으로 사랑합니까?

❶ 예수님을 믿는 이유는 내게 유익이 되기 때문입니까, 아니면 하나님을 사랑하기 때문입니까?
❷ 내가 드리는 순종과 섬김 속에 헌신이 담겨 있습니까?

026
요 20:25

믿기로 작정해야 믿음이 생긴다

'믿지 않으려고 작정한' 사람들이 있습니다.
저는 성경을 읽으면서 참으로 의아함을 느낀 적이 있습니다. 예수님을 죽이려고 모의하며 예수님을 핍박하던 사람들이 다름 아닌 늘 예수님을 따라다니던 사람들이었다는 사실 때문입니다. 그들은 예수님을 좇아다니면서 말씀을 들었고, 베푸시는 기적을 목격하기도 했습니다. 그러나 예수님을 믿으려고 하지 않았습니다.

'의심 많은 도마'는 억울합니다.
예수님의 부활을 제때 보지 못한 도마가 "내가 그의 손의 못 자국을 보며 내 손가락을 그 못 자국에 넣으며 내 손을 그 옆구리에 넣어 보지 않고는 믿지 아니하겠노라"(요 20:25)라고 말한 탓에 우리는 그를 지금도 '의심 많은 도마'로 부르곤 합니다. 그러나 사실 우리가 기억해야 할 것은 도마가 의심했다는 것이 아니라 그의 의심이 그로 하여금 가장 강력한 신앙의 사람으로 만들었다는 사실입니다. 도마는 딱 한 번 의심했지만, 우리는 얼마나 자주 의심합니까?

믿기로 작정하는 순간, 하나님의 역사가 일어납니다.
의심이 문제가 아닙니다. 의심할 수는 있으나 그 의심으로 인해 내적 확신을 가지는 것이 중요합니다. 중요한 것은 그 어떤 순간에도 하나님의 인도하심을 의심하지 않는 것입니다. 자기 삶을 스스로 통제할 수 없음을 알고, 지금까지 살아온 인생이 하나님의 인도하심 가운데 있었음을 깨닫는 순간, 믿음이 생기고 하나님이 그의 삶을 지배하시기 시작합니다.

나는 날마다 예수님께 더욱 가까이 나아가고 있습니까?

❶ 예수님께 나아가지 못했다면 그것은 '능력'의 문제입니까, '의지'의 문제입니까?

❷ 어떻게 해야 그분의 이야기(His-story)가 내 이야기가 될 수 있을까요?

단순한 믿음으로
날갯짓하라

027

출 3:1

광야는 고통의 장소이지만, 동시에 하나님을 만나는 자리입니다.
모세는 광야에서 하나님을 만나고 사명을 받았습니다. 그에게 호렙산은 도망자의 삶을 끝내고, 사명자의 삶을 시작한 자리입니다. 광야는 기도를 배우는 곳입니다. 그는 광야에서 기도와 인내를 배웠습니다.

기도하는 습관이 인생을 단순하게 만듭니다.
그리고 그 단순함이 우리에게 능력을 줍니다. 생각이 복잡하면, 선택하고 결정하는 과정이 어수선해지는 법입니다. 기도하는 사람은 복잡한 인생의 갈림길에서 가야 할 길을 제대로 찾아냅니다. 꿀벌은 원래 몸통에 비해 날개가 너무 작아서 잘 날 수 없는 신체 구조인데, 날 수 있다는 단순한 믿음으로 열심히 날갯짓하여 나는 데 성공한다고 합니다. 인생에서 복잡함을 제거해야 더욱 힘차게 나아갈 수 있습니다.

기도는 일상의 우선순위를 바꿉니다.
그리스도인에게 기도는 선택이 아니라 필수입니다. 기도는 삶의 주도권을 하나님께 내어 드리는 고백이며 믿는 자의 능력입니다. 비록 나는 할 수 없어도 하나님이 함께하시면 능치 못할 일이 없기 때문입니다. 새벽을 어떻게 보내느냐에 따라 하루의 삶이 결정되는 법입니다. 새벽에 기도하기를 원한다면, 전날 저녁 일정부터 단순해져야 하지 않겠습니까? 단순함으로 승리하길 바랍니다.

나는 기도로 단순한 인생을 살고 있습니까?

❶ 나는 기도로써 인생의 복잡함을 정리하고 있습니까?
❷ 기도할수록 내 인생의 우선순위가 명확해짐을 느낍니까?

Chapter

2

태도,
삶의 여정을
결정하는 돛

좋은 것을 보는 훈련

028

약 1:2

태도는 훈련을 통해 만들어지고 그 결과는 은총과 악으로 나뉩니다.
성경은 "선을 간절히 구하는 자는 은총을 얻으려니와 악을 더듬어 찾는 자에게는 악이 임하리라"(잠 11:27)라고 말합니다. 이는 태도는 타고나는 것이 아니라 훈련을 통해 만들어지는 것임을 보여 줍니다. 우리의 관심과 시선이 어디를 향하느냐에 따라 삶의 결과가 달라집니다. 문제로 가득해 보이는 삶을 들여다보면 정작 문제는 태도 하나일 수 있다는 뜻입니다.

선을 간절히 구하면 하나님의 손길을 발견합니다.
우리는 무의식적으로 세상의 나쁜 소식들에 더 집중하도록 훈련되어 있습니다. 그러나 하나님이 우리와 함께하며 역사하시는 방식을 보려고 노력하면 우리 삶은 전혀 다르게 해석됩니다. 좋은 것을 보는 훈련을 하십시오. 하나님의 선한 손길을 발견하게 될 것입니다.

믿음으로 모든 상황을 '기쁨'으로 정의하십시오.
성경은 "여러 가지 시험을 당하거든 온전히 기쁘게 여기라"(약 1:2)라고 말합니다. 여기서 "여기라"는 '정의하라'라는 뜻입니다. 우리 삶에서 일어나는 모든 상황을 기쁨으로 정의할 때 우리는 그 일로 인해 찾아올 긍정적인 결과를 기대하게 됩니다. 믿음의 눈으로 바라볼 때 우리는 압도적인 승리를 경험하게 될 것입니다.

내가 처한 상황을 '기쁨'으로 정의합니까?

❶ 매일 하나님의 선한 손길을 찾고 감사하며 살고 있습니까?
❷ 눈앞의 어려움을 넘어 그 끝에 있을 하나님의 놀라운 계획을 기대합니까?

029
갈 6:7

무엇을 심든지 그대로 거두리라

심는 대로 거둔다는 삶의 원리는 하나님의 공의입니다.
"사람이 무엇으로 심든지 그대로 거두리라"(갈 6:7)라는 말씀은 긍정적이고 올바른 삶의 태도야말로 하나님을 인정하는 증거임을 보여 줍니다. 이 말씀은 우리가 지은 죄의 값을 이미 예수님께서 대신 치르셨다는 은혜를 부인하려는 뜻이 아닙니다. 오히려 구원받은 사람이라면 앞으로 어떤 마음과 태도로 살아가느냐가 미래를 결정한다는 사실을 강조하려는 것입니다.

육체를 위하여 심으면 썩어질 것을 거둡니다.
우리는 자신이 무엇을 위해 살고 있는지 돌아봐야 합니다. 육체를 위해 심는다는 것은 사회적 지위, 명예, 부와 같이 일시적이고 썩어질 가치에 우리 시간과 노력을 쏟음을 의미합니다. 세상적이고 썩어질 것에 인생을 투자한다면 아무리 많은 것을 얻는다 해도 결국은 허무함으로 끝날 수밖에 없습니다.

성령을 위하여 심으면 영생을 거둡니다.
성령을 위해 심는다는 것은 영원한 가치를 추구하는 삶의 태도입니다. 세상에는 영속하는 기업도, 영속하는 교회도 없습니다. 심지어 종교 개혁가 마르틴 루터가 쓴 95개조 반박문도 썩어 없어질 수 있습니다. 그러나 그 정신은 내내 살아 있습니다. 왜냐하면 성령의 역사가 계속되기 때문입니다. 태도는 배의 돛과 같습니다. 돛의 방향에 따라 여정이 달라짐을 기억하십시오.

나는 내 삶에 무엇을 심고 있습니까?

❶ 내 시간과 자원들을 썩어지지 않을 영원한 것들에 투자하고 있습니까?
❷ 선을 행하다가 원하는 결과가 안 나와서 낙심한 적이 있습니까?

약한 그때가 강함이다

030
고후 12:10

하나님은 전심으로 당신을 찾는 자를 찾으십니다.
우리가 품는 거룩한 야망은 세속적인 성공을 넘어 하나님이 주시는 비전을 품는 것입니다. 성경은 "여호와의 눈은 온 땅을 두루 감찰하사 전심으로 자기에게 향하는 자들을 위하여 능력을 베푸시나니"(대하 16:9)라고 기록합니다. 하나님을 전심으로 찾는다는 것은 그분만을 의지하며 그분의 눈으로 세상을 바라보는 것입니다.

과거의 믿음이 현재의 신앙을 보장하지 않습니다.
아사 왕은 한때 하나님을 전심으로 찾아 큰 승리를 경험한 바 있습니다. 그러나 그는 통치 말년에 위기와 맞닥뜨리자 하나님 대신에 아람왕 벤하닷을 의지했고, 병에 걸렸을 때도 하나님이 아닌 의원만을 찾았습니다. 이는 과거의 성공적인 믿음이 현재의 신앙을 보장하지 않음을 보여 줍니다. 거룩한 야망을 계속 품기 위해서는 과거의 영광에 안주하지 않고, 늘 하나님을 전심으로 의지하는 믿음이 필요합니다.

약함을 인정할 때 하나님의 능력을 경험합니다.
하나님은 우리의 약함을 통해 당신의 능력을 온전하게 하십니다. 사도 바울은 자신의 약한 것들을 기뻐하며 "이는 내가 약한 그때에 강함이라"(고후 12:10)라고 고백했습니다. 아사 왕이 발의 병으로 고통받았을 때가 바로 하나님께 돌아갈 기회였던 것처럼, 우리의 약점은 오히려 하나님을 전심으로 찾을 수 있는 계기가 됩니다. 약함을 인정하고 하나님만을 의지할 때 우리는 비로소 그분의 능력을 경험하며 거룩한 야망을 향해 나아갈 수 있습니다.

나의 믿음은 하나님께 전심으로 향하고 있습니까?

❶ 과거의 경험에 머물지 않고, 오늘도 하나님만 의지하며 살아가고 있습니까?
❷ 오히려 약점 덕분에 하나님의 능력을 구합니까?

031
대하 16:9

시선을 오롯이 하나님께로 돌리라

하나님과의 동행은 겸손한 마음에서 시작됩니다.
아사 왕은 초기에 하나님을 전심으로 찾고 겸손하게 의지하였습니다. 그러자 하나님이 온 유다의 사방에 평안을 주셨습니다(대하 15:15). 그러나 시간이 지나고 성공을 거두니 하나님을 의지하기보다는 자기 지혜와 세속적인 방법을 의지하기 시작했습니다. 하나님과의 동행은 성공과 관계없이 오직 겸손한 마음으로 하나님을 인정하고 의지하는 데서 시작됩니다.

하나님을 향한 시선이 우리 삶을 이끕니다.
다윗은 자신의 죄악에도 불구하고 용서하시는 하나님의 은총을 바라보았고, 기드온은 자신의 약함을 인정하고 하나님의 능력을 바라보았습니다. 하나님을 향한 시선은 우리 삶을 인도하며, 어떤 상황에서도 하나님과의 동행을 가능하게 합니다.

하나님을 향한 전심이 끝없는 은혜를 부릅니다.
성경은 "여호와의 눈은 온 땅을 두루 감찰하사 전심으로 자기에게 향하는 자들을 위하여 능력을 베푸시나니"(대하 16:9)라고 선언합니다. 우리가 삶의 모든 영역에서 끊임없이 하나님을 의지하고 찾을 때 하나님은 그에 합당한 능력과 은혜를 베풀어 주십니다. 하나님과의 동행은 순간적인 선택이 아니라 매 순간 그분을 향하는 우리의 전심에서 비롯됩니다.

하나님과 동행하기 위해 어떤 노력을 기울이고 있습니까?

❶ 어려운 일이 닥쳤을 때 하나님보다 다른 것을 먼저 찾지는 않습니까?
❷ 하나님을 향한 시선이 흐트러졌을 때 어떤 노력을 합니까?

아파하는 마음이 있는가

032

느 1:1-4

아파하는 마음은 거룩한 야망의 시작입니다.
느헤미야는 아닥사스다 왕의 최측근으로 안정된 삶을 살고 있었습니다. 그러나 하나니를 통해 예루살렘 성벽이 무너지고 백성이 큰 환난을 당하고 있다는 소식을 듣게 됩니다(느 1:1-3). 그는 개인적으로는 아무런 피해를 입지 않았음에도 이 소식을 듣고 앉아서 울고 수일 동안 슬퍼하며 금식 기도를 드렸습니다. 이것은 하나님이 자기 백성을 향해 품으시는 마음입니다.

아파하는 마음은 우리로 하여금 행동하게 합니다.
기도하는 사람은 눈을 감은 채 세상과 단절된 사람이 아니라, 오히려 하나님의 눈으로 세상을 바라보며 냉혹한 현실에 아파하며 반응하는 사람입니다. 느헤미야의 아파하는 마음은 '어떻게 하면 이 문제를 해결할 수 있을까?'라는 고민으로 이어졌고, 결국 이는 왕에게 나아가 예루살렘 재건의 허락을 구하는 구체적인 행동으로 이어집니다.

아파하는 마음은 기도하는 자에게 주어집니다.
느헤미야는 자신이 안정된 삶을 누리고 있음에도 불구하고, 멀리 있는 고국의 아픔을 외면하지 않았습니다. 그의 아파하는 마음은 기도에서 비롯되었고, 그 기도가 그에게 거룩한 야망을 품게 했습니다. 타락한 인간은 본성적으로 이기적이지만, 기도를 통해 우리는 하나님의 마음을 품고 타인의 고통을 내 문제로 끌어안을 수 있습니다. 하나님은 아파하는 마음을 가진 사람을 통해 당신의 뜻을 이루어 가십니다.

하나님의 마음으로 다른 사람의 아픔에 공감합니까?

❶ 주변의 아픔을 마치 내 문제인 것처럼 느끼며 기도합니까?
❷ 아파하는 마음이 감정을 넘어 구체적인 행동과 기도로 이어집니까?

033 우선순위의 전략

마 6:33-34

거룩한 야망을 이루려면 우선순위를 올바로 정해야 합니다.
예수님은 우리에게 "너희는 먼저 그의 나라와 그의 의를 구하라"(마 6:33)라고 말씀하셨습니다. 이는 거룩한 야망을 이루기 위해 우리 삶에서 가장 중요한 것이 무엇인지 우선순위를 가르쳐 줍니다. 하나님의 마음에 맞는 전략은 우리의 모든 생각과 간구가 하나님의 영광을 위한 것인지, 그리고 그것이 세상에 어떤 의로운 결과를 가져올지 근본적인 질문을 던지는 것에서부터 시작됩니다.

우선순위는 구체적인 행동으로 나타납니다.
하나님의 나라와 그의 의를 먼저 구하는 것은 단순한 마음가짐이 아닙니다. 그것은 우리의 일상적인 선택과 행동으로 드러납니다. 내 병이 나아야 하는 이유가 과연 하나님의 나라를 위함인지, 자녀가 공부를 잘해야 하는 이유가 하나님의 의를 위함인지를 스스로 물어야 합니다. 믿음의 우선순위를 확실히 아는 사람에게는 염려할 필요가 없는 길을 예비해 주십니다.

우선순위는 염려하는 습관을 버리게 합니다.
세상 사람들은 늘 미래에 대한 염려 속에 살아갑니다. 그러나 예수님은 "내일 일을 위하여 염려하지 말라"(마 6:34)라고 말씀하시며, 염려는 하나님을 모르는 사람들의 전유물임을 분명히 하셨습니다. 거룩한 야망이 있는 사람의 전략은 염려하는 습관을 버리고, 오직 하나님을 의지하는 것입니다. 우리 삶이 하나님이 기뻐하시는 길 위에 있다고 확신할 때 평안이 찾아오고 염려가 사라지게 됩니다.

내 삶의 우선순위를 '그의 나라와 의'를 구하는 데 두고 있습니까?

❶ 지금 염려하는 문제가 무엇을 위한 것인지 고백할 수 있습니까?
❷ 믿음의 우선순위에 따라 순종할 때 하나님의 평안을 경험해 본 적이 있습니까?

염려하는 습관 버리기

034

벧전 5:7

거룩한 야망은 미래를 염려하지 않는 데서 시작됩니다.
우리는 내일의 문제를 미리 끌어와 오늘을 괴롭게 살곤 합니다. 그러나 거룩한 야망을 품으려면, 미래를 막연히 걱정하며 불안해하기보다는 오늘 하루를 하나님의 뜻에 따라 충실하게 살아낼 전략을 세워야 합니다. 하나님의 생명으로 충만한 삶을 살겠다는 마음으로, 오늘 주어진 사명에 집중하는 것이 가장 좋은 전략입니다.

믿는 사람은 나쁜 습관을 버려야 합니다.
거룩한 야망을 품은 사람은 염려하는 습관을 버리고, 하나님을 의지하는 습관을 들여야 합니다. 염려는 우리로 하여금 불안하게 만들고, 하나님의 뜻을 분별하지 못하게 방해합니다. 우리는 잘못된 습관부터 바꾸어야 합니다. 하나님을 의지하는 습관이 몸에 배어야 '하나님의 사람'이라는 정체성을 비로소 갖게 될 것입니다.

용기 있는 사람은 하나님의 뜻을 발견합니다.
느헤미야는 고국의 비참한 상황을 보고 넉 달 동안 기도하며 하나님의 뜻을 구했습니다. 그의 기도는 "제가 무엇을 하기를 원하십니까?"라는 겸손한 질문으로 시작되었습니다. 하나님의 뜻을 알아야 올바른 전략이 나옵니다. 하나님의 마음에 합한 믿음의 전략을 세워 놀라운 비전을 이루어 가기를 간절히 바랍니다.

'오늘'을 하나님의 뜻을 발견하는 기회로 삼고 있습니까?

❶ 염려하는 대신에 하나님의 인도하심을 구하는 습관이 있습니까?
❷ 나를 향한 하나님의 뜻을 알기 위해 시간을 내어 기도하고 있습니까?

035
빌 1:6

단호한 믿음으로 운명을 바꾸라

하나님은 무너진 곳을 막아설 한 사람을 찾으십니다.
에스겔 시대에 이스라엘 백성은 강포와 늑탈을 일삼고, 가난한 자들을 압제하였으므로 그들의 죄악이 하나님의 진노를 불러일으켰습니다. 그런데 하나님은 그들을 심판하기에 앞서 하나님의 진노를 멈추게 할 중보자, 즉 믿음으로 기도하고 행동할 한 사람을 간절히 찾고 계셨습니다(겔 22:30). 거룩한 야망은 바로 이처럼 무너진 세상을 향한 하나님의 마음을 품고, 그 빈자리를 메우려는 단호한 믿음에서 시작됩니다.

단호한 믿음은 행동을 통해 증명됩니다.
믿음은 단순히 머릿속에서 머무는 사변적인 것이 아니라 실제적인 삶의 변화를 일으키는 능력입니다. 느헤미야와 에스더 역시 생명이 위협받는 상황에서도 하나님의 뜻을 이루기 위해 단호한 믿음으로 왕 앞에 나아갔습니다. 이처럼 단호한 믿음은 개인적인 희생과 위험을 감수하고서라도, 하나님의 뜻에 순종하는 구체적인 행동으로 이어질 때 진정한 힘을 발휘합니다.

단호한 믿음은 나의 운명을 바꾸는 힘입니다.
하나님은 우리 안에 이미 선한 일을 시작하셨고, 그 일을 완성하실 것을 확신하게 하십니다(빌 1:6). 거룩한 야망을 품은 사람의 단호한 믿음은 "하나님이 내 운명을 바꾸어 놓으셨어!"라고 선포하며, 어려운 삶 속에서도 소망을 잃지 않는 확고한 자기 확신으로 이어집니다. 한 사람의 단호한 믿음이 가정과 사회, 나아가 이 시대의 역사를 변화시키는 시작점이 될 수 있음을 기억하십시오.

무너진 곳을 막아서는 단호한 믿음을 가지고 있습니까?
❶ 죄악된 세상에서 하나님 앞에 중보자로 나서고 있습니까?
❷ 하나님의 부르심을 확신하며 믿음으로 행동할 용기가 있습니까?

믿음은 변화의 첫걸음이다

036

마 9:27-31

변화는 주님을 향한 믿음에서 시작됩니다.
예수님이 가버나움을 떠나실 때 두 맹인이 "다윗의 자손이여 우리를 불쌍히 여기소서"(마 9:27) 하고 외치며 따라오자 그들에게 "내가 능히 이 일 할 줄을 믿느냐"(마 9:28)라고 물으셨습니다. 그들의 과거 경험과 좌절을 묻지도 않으시고, 지금 믿음이 있는가를 물으셨습니다. 변화의 시작은 나의 능력이나 경험이 아닌 모든 것을 바꾸실 수 있는 주님을 향한 확고한 믿음에서 비롯됩니다.

믿음은 삶의 태도를 변화시키는 힘입니다.
믿음은 환경에 따라 흔들리는 선택이 아닙니다. 남수단 톤즈에서 헌신했던 이태석 신부는 아홉 살에 군대로 끌려가 열다섯 살에 다리 총상을 입고 실려 온 마뉴알을 무조건적인 사랑과 믿음의 시선으로 바라봤습니다. 결국, 소년은 굳게 닫힌 마음의 문을 열고, 6년 만에 처음 눈물을 흘렸습니다. 이처럼 믿음은 누군가의 삶을 변화시키는 놀라운 힘이 있습니다.

진정한 변화는 감출 수 없는 기쁨을 낳습니다.
예수님은 눈을 뜬 두 맹인에게 아무에게도 알리지 말라고 엄히 경고하셨습니다. 하지만 그들은 기쁨을 감추지 못하고 예수님의 소문을 온 땅에 퍼뜨렸습니다. 이는 진정한 변화가 가져오는 기쁨은 아무리 막으려 해도 막을 수 없음을 보여 줍니다. 우리 삶에 드러난 하나님의 능력은 절대 숨겨지지 않습니다(마 5:16). 치유 받고 구원받은 모습을 사랑하는 사람에게 보이고 싶은 자연스러운 열망처럼 하나님이 주신 기쁨은 삶을 통해 자연스럽게 드러나게 됩니다.

내 삶과 주변 사람들의 삶이 변화할 수 있다는 것을 믿습니까?

❶ 절망적인 상황에서도 하나님을 믿으며 변화를 갈망합니까?
❷ 하나님이 주신 기쁨을 다른 사람들에게 전할 준비가 되어 있습니까?

037 변화의 주체가 되어라

고후 5:17

변화는 변할 수 있다는 믿음의 태도에서 시작됩니다.
우리는 과거의 실패나 좌절 때문에 "나는 변할 수 없다"라는 잘못된 믿음을 가지곤 합니다. 그러나 변화는 나의 능력에 대한 믿음이 아니라 모든 것을 바꾸실 수 있는 주님을 믿는 믿음에서 비롯됩니다. 운전을 배울 때 머리가 지끈거리고 뒷목이 뻐근하고 몸살이 나는 저항의 '중간 지대'를 거쳐야 합니다. 이와 마찬가지로 삶의 변화에 저항하는 중간 지대를 건너게 하는 힘은 주님을 향한 믿음입니다.

올바른 태도는 주변 환경을 변화시키는 원동력입니다.
우리는 아직 변화하지 않은 자기 삶을 바라보며 가망이 없다고 생각하기 쉽습니다. 그러나 내 삶에 변화가 일어난다는 것이 어떤 의미인지와 그것을 위해 태도를 바꿔야 하는 이유를 안다면, 생각이 달라지지 않겠습니까? 믿음의 역사는 우리의 방법과 생각을 벗어납니다. 예수님은 우리에게 변할 수 있는가를 물으시고, 그 믿음으로 살아가는 자들에게 '믿음의 역사'를 일으키시는 분입니다.

변화는 기적을 넘어 삶의 증거로 나타납니다.
진정한 변화는 숨길 수 없는 삶의 증거가 됩니다. 예수님을 통해 삶이 변화된 사람들은 세상의 어떤 말로도 그 기쁨과 감사를 막을 수 없습니다. 하나님을 믿는 사람에게는 삶의 변화가 기적을 넘어 하나님을 향한 증거가 됩니다. 환경을 탓하지만 말고, 먼저 변화의 주체가 되어 보십시오.

내 삶에도 변화가 일어나리라 믿습니까?

❶ '저항의 중간 지대'를 넘어 포기하지 않고 나아갈 수 있습니까?
❷ 나의 변화된 모습을 통해 가까운 사람들에게 기쁨과 소망을 전하고 있습니까?

태도는 훈련의 결과다

038
잠 11:19-20

태도는 선과 악을 선택하는 훈련의 결과입니다.
"공의를 굳게 지키는 자는 생명에 이르고 악을 따르는 자는 사망에 이르느니라 마음이 굽은 자는 여호와께 미움을 받아도 행위가 온전한 자는 그의 기뻐하심을 받느니라"(잠 11:19-20)라는 말씀은 선택에 따라 다른 결과를 얻게 됨을 보여 줍니다. 우리가 어떤 것을 구하며 찾느냐에 따라 우리에게 임하는 것이 생명이 될 수도 있고, 사망이 될 수도 있습니다. 즉 태도는 환경의 문제가 아니라 선택의 문제입니다.

어떤 훈련을 받을지 선택하십시오.
아버지의 심장, 아버지의 눈, 아버지의 마음을 가지고 이 세상을 보기로 작정하고 훈련해야 합니다. 아버지와 늘 함께했던 큰아들은 아버지의 눈을 갖지 못했습니다. 돌아온 탕자를 보고 기뻐하는 아버지의 마음을 보지 못하므로 큰아들은 분노했고, 마음의 상처를 받았습니다. 누군가의 잔치에서, 함께 기뻐해야 할 자리에서 당신은 어떤 사람입니까?

자기 삶에서 일어나는 일들을 즐길 준비가 되어 있습니까?
너무 바쁘게 살다 보니 우리를 향한 하나님의 놀라운 계획들을 감지하지 못한 채 살아가고 있지는 않습니까? 우리는 성공을 향해 달려가지만, 막상 성공을 손에 넣으면 별것 없습니다. 위대한 인생은 그곳을 향해 가는 동안 좋은 것을 보고, 감사하며 달려가는 것입니다. 그렇게 살아가기로, 그렇게 삶을 훈련하기로 결심하십시오.

나는 축복의 자리에서 함께 기뻐하기를 선택합니까?

❶ 내 삶의 모든 일을 '감사 프로그램'으로 해석하고 즐기고 있습니까?
❷ 절망적인 상황에서도 오히려 하나님의 승리를 선포합니까?

039

시 51:17

상한 심령으로 다시 시작하라

상한 심령은 하나님을 바로 아는 지식에서 비롯됩니다.
다윗은 밧세바와 우리야 사건을 겪고 자기 죄를 깨닫자 "하나님이여 내 속에 정한 마음을 창조하시고 내 안에 정직한 영을 새롭게 하소서"(시 51:10)라고 기도했습니다. 그는 자기 죄를 정직하게 인정하고, 스스로 해결할 수 없음을 고백했습니다. "상한 심령"(시 51:17)이란 하나님 앞에서 자기 죄악을 발견하고 통회하는 마음입니다.

상한 심령은 새로운 삶을 위한 출발점입니다.
다윗은 죄로 인해 상한 심령을 가졌을 때 단순히 절망에 빠진 것이 아니라 하나님께 새로운 은혜를 구했습니다. 그는 "주의 구원의 즐거움을 내게 회복시켜 주시고 자원하는 심령을 주사 나를 붙드소서"(시 51:12)라고 기도했습니다. 이처럼 상한 심령은 우리를 과거의 죄에 묶어 두지 않고, 오히려 새로운 마음과 영으로 다시 시작할 기회를 얻게 합니다.

상한 심령은 하나님의 임재를 경험하는 자리입니다.
하나님은 "내가 높고 거룩한 곳에 있으며 또한 통회하고 마음이 겸손한 자와 함께 있나니"(사 57:15)라고 말씀하십니다. 하나님은 우리의 화려한 외형이나 행위가 아닌 오직 상하고 통회하는 겸손한 마음과 함께하신다는 뜻입니다. 상한 심령으로 죄를 회개하고, 하나님의 도우심을 구하는 자에게 하나님의 영이 머물러 그를 변화시키고 거룩한 삶으로 인도하십니다.

나는 상한 심령을 하나님 앞에 솔직하게 드러냅니까?

❶ 죄를 깨달을 때 상한 심령으로 하나님께 나아가고자 합니까?
❷ 하나님과의 동행을 위해 나의 교만과 자기중심적인 태도를 내려놓을 수 있습니까?

죄를 이기려면 연약함을 인정하라

040
호 4:15

죄를 이기기 위한 첫걸음은 유혹의 자리를 피하는 것입니다.
호세아 선지자는 죄악에 물든 이스라엘 백성에게 "너희는 길갈로 가지 말며 벧아웬으로 올라가지 말며"(호 4:15)라고 경고한 바 있습니다. 호세아의 경고는 거룩한 야망을 품은 사람이라면, 죄를 짓게 만드는 유혹의 장소에는 아예 발을 들이지 말아야 함을 가르칩니다. 죄를 이기는 힘은 자신의 의지로 죄를 정복하는 것이 아니라 유혹의 근원 자체를 제거하는 지혜에서 우러나옵니다.

죄를 이기려면 자신의 연약함을 인정해야 합니다.
호세아는 이스라엘 백성에게 죄를 이길 수 있다고 스스로 장담하거나 큰소리치지 말라고 말합니다. 인간은 연약한 존재이므로, 언제든 죄 앞에 무릎 꿇을 수 있음을 인정해야 합니다. 자신의 연약함을 깨닫고, 오직 하나님의 도우심만을 구하는 겸손한 태도가 필요합니다. 자기 힘이 아닌 하나님의 능력을 의지할 때 비로소 죄의 유혹을 이길 수 있습니다.

오늘 우리는 눈물을 흘리며 이렇게 기도해야 합니다.
상한 심령을 품고, "하나님, 저를 도와주세요. 저는 연약한 존재입니다. 하나님의 도우심이 없다면 또 죄 앞에 무릎을 꿇을 수밖에 없는 존재입니다"라고 기도하십시오. 거룩하신 하나님 앞에서 자기 죄를 철저하게 회개하십시오. 그리고 신실하신 하나님의 도우심을 구하며 우리 가슴속에 거룩한 야망이 다시금 불타오를 수 있기를 기도하십시오.

죄의 유혹 앞에서 나는 어떻게 반응합니까?

❶ 나를 유혹하는 특정한 장소나 상황을 피하기 위해 어떤 노력을 하고 있습니까?
❷ 죄 앞에서 스스로를 믿기보다 하나님께 도움을 구하고 있습니까?

041 안락함을 포기하는 용기

막 8:34

하나님의 진노를 막을 유일한 길은 헌신입니다.
하나님은 에스겔을 통해 이스라엘의 죄악에 대한 심판을 경고하시면서도, 동시에 "성 무너진 데를 막아서서 나로 하여금 멸하지 못하게 할 사람"(겔 22:30)을 찾으셨습니다. 이는 하나님의 진노를 멈추게 할 유일한 방법이 바로 하나님의 백성들의 헌신임을 보여 줍니다. 하나님은 이러한 헌신을 통해 하나님의 마음을 아프게 하는 죄악을 막아설 사람을 찾으십니다.

헌신은 안락함을 포기하는 용기입니다.
에스더는 유대 민족에 위기가 닥쳤을 때 "네가 왕후의 자리를 얻은 것이 이때를 위함이 아닌지 누가 알겠느냐"(에 4:14)라는 모르드개의 말에 순종하여 죽으면 죽으리라는 각오로 왕에게 나아갔습니다. 이처럼 진정한 헌신은 자신의 안락한 삶을 포기하고, 하나님의 뜻을 이루기 위해 기꺼이 희생을 감수하는 용기를 요구합니다. 거룩한 야망이 있는 사람에게 헌신은 선택이 아닌 삶의 가장 중요한 가치입니다.

헌신은 포기하지 않는 사명 의식으로 완성됩니다.
하나님은 우리 삶에서 이미 선한 일을 시작하셨고, 그 일을 끝까지 이루실 것입니다. 헌신은 순간의 열정이 아닌 하나님의 역사가 이루어질 것을 믿고 끝까지 인내하며 나아가는 사명 의식으로 완성됩니다. 하나님을 향한 헌신은 우리 삶을 통해 하나님의 역사가 이 땅에서 이루어지는 통로가 되게 하며, 우리를 이 시대의 주인공으로 세울 것입니다.

하나님께 헌신하기 위해 내가 포기할 것은 무엇입니까?

❶ 나의 안락함을 포기하고 하나님의 뜻을 이루기 위해 헌신할 용기가 있습니까?
❷ 사명을 감당하면서 포기하지 않고 끝까지 나아갈 의지가 있습니까?

하나님이 정하신 "때"가 있음을 기억하라

042

갈 6:9

우리는 선을 행하되 낙심하지 말아야 합니다.
우리가 선을 행하는 것은 마땅한 일이지만, 문제는 원하는 결과가 즉시 나타나지 않을 때 낙심하고 포기하는 것입니다. 성경은 "선을 행하되 낙심하지 말지니 포기하지 아니하면 때가 이르매 거두리라"(갈 6:9)라고 강력하게 권고합니다. 살면서 어떤 일을 겪든지 그에 대한 반응이 미래를 결정합니다. 낙심은 우리를 포기로 이끌지만, 인내는 소망을 이루게 합니다.

왜 우리는 하나님을 믿고 올바른 신앙을 가져야 합니까?
하나님을 향한 믿음이 우리 삶을 무한한 가능성으로 이끌어 가기 때문입니다. "인생의 10%는 당신에게 무슨 일이 일어나느냐로 구성되며, 나머지 90%는 그 일에 당신이 어떻게 반응하느냐로 구성된다"라는 말이 있지 않습니까? 날마다 믿음으로 얼마나 치열하게 살아가느냐가 미래의 삶을 바꿔 놓게 될 것입니다.

성경은 "포기하지 아니하면 때가 이르매 거두리라"(갈 6:9)라고 약속합니다.
여기서 "때"란 우리가 정하는 때가 아니라 하나님이 정하신 때를 말합니다. 신앙생활은 이 "때"를 아는 것이며, 이것을 알아야 믿음과 확신을 가질 수 있습니다. 찻잎이 뜨거운 물에서 서서히 꽃을 피우듯, 우리 삶도 보이지 않는 곳에서 변화하고 있음을 믿으십시오. 이 믿음을 가지고 포기하지 않으면, 하나님이 우리 삶을 통해 놀라운 열매를 맺으실 것입니다.

날마다 선을 행하는 믿음을 인내로 지키고 있습니까?

❶ 선을 행했으나 원하는 결과가 나타나지 않아서 낙심한 적이 있습니까?
❷ 하나님이 정하신 "때"를 믿고 꾸준히 나아가고 있습니까?

043 승리하길 원한다면 기도하라

왕상 18:36-39

갈멜산의 결투는 영적 전투가 필요할 때 피하지 않고 맞서야 함을 보여 줍니다. 믿는 우리는 아무 때나 싸움꾼이 되어서는 안 되지만 영적으로 물러설 수 없는 순간에는 담대함이 필요합니다. 영적인 삶에서 '타협'처럼 위험한 일이 없습니다. 영적 전투의 가장 강력한 펀치는 "하나님을 드러내는 것"입니다. 하나님을 인정하며, 나 자신이 하나님께 속한 자임을 공포하는 것입니다. 내가 하나님께 속한 것임을 선포하면 그 전쟁은 하나님께서 하십니다.

능력은 기도에서 나옵니다.
엘리야는 땅에 꿇어 엎드려 그의 얼굴을 두 무릎 사이에 넣고 간절히 기도했습니다. 그의 기도는 하늘에서 불이 내려오는 기적으로 응답되었고, 이에 힘을 얻은 그는 850명의 거짓 선지자를 처단하기에 이르렀습니다. 하나님의 능력은 예배를 회복하고, 기도의 자리를 회복할 때 나타납니다. 예배자가 선 곳에 하나님의 임재가 있고, 하나님의 임재가 있는 곳에서 하나님의 기적이 나타납니다.

하나님은 '완전한 승리'를 주시는 분입니다.
크리스천은 오로지 살아남기 위해 기도하는 사람이 아니라 '승리'하기 위해 기도하는 사람입니다. 우리는 위기를 근근이 모면하기 위해 기도하는 사람들이 아니라 하나님이 이루시는 완벽한 승리를 경험하고 축하하기 위해 모인 사람들입니다. 엘리야는 온 백성 앞에서 참 하나님의 능력을 증명하기 위해 기도했고 이로써 갈멜산은 기적의 현장이 되었습니다.

나는 오늘도 기도로 싸우고 있습니까?

❶ 문제 앞에서 내가 가장 먼저 하는 일은 무엇입니까?
❷ 살아남기 위함이 아니라 하나님의 영광을 위해 기도하고 있습니까?

사명을 온전히 감당하라

044

느 1:1-4

기도는 하나님의 비전을 품게 하는 통로입니다.
느헤미야는 고국의 비참한 소식을 듣고 앉아서 울고 슬퍼하며 금식했습니다(느 1:4). 그의 슬픔은 하나님의 영광이 훼손된 것에 대한 애통함이었고, 이는 깊은 기도로 이어졌습니다. 느헤미야의 기도는 개인의 안녕을 넘어선 하나님의 백성과 도시의 회복이라는 거대한 사명으로 나아가는 출발점이었습니다.

사명은 장애물을 제거하는 힘의 원동력입니다.
느헤미야는 예루살렘의 상황을 바꾸기 위해 거대한 장애물을 넘어야 했습니다. 느헤미야의 기도에는 "오늘 종이 형통하여 이 사람들 앞에서 은혜를 입게 하옵소서"(느 1:11)라는 구체적인 간구가 담겨 있습니다. 이는 자기 힘으로는 불가능한 일을 하나님의 능력으로 이루겠다는 사명 의식의 표현입니다. 하나님은 우리 기도를 들으시고, 사명을 감당할 능력을 베풀어 주시는 분입니다.

사명 의식은 개인의 희생을 동반합니다.
거룩한 야망은 결코 이기적인 자기중심적 목표가 아닙니다. 이것은 누군가를 위해, 또는 어떤 사명을 위해 자신의 안락함과 희생을 감수하는 용기를 요구합니다. 느헤미야의 이야기는 우리가 하나님의 사명을 감당하기 위해 기꺼이 감수해야 할 희생이 무엇인지를 생각하게 합니다. 진정한 행복과 자유는 사명을 피하지 않고 온전히 감당할 때 주어집니다.

하나님의 사명을 위해 기도하고 있습니까?
❶ 하나님이 주신 사명을 위해 어떤 기도를 드리고 있습니까?
❷ 그 사명을 감당하기 위해 기꺼이 포기하거나 희생할 것은 무엇입니까?

045
느 4:1-14

조롱하는 적들 앞에서 담대하게 기도하라

적들의 조롱은 하나님의 일을 막으려는 계교입니다.
느헤미야와 이스라엘 백성이 성벽 재건을 시작하자 산발랏과 도비야를 비롯한 적들이 크게 분노하며 그들을 비웃었습니다(느 4:2-3). 이러한 조롱은 단순한 비웃음이 아니라 백성의 사기를 꺾고 두려움을 심어 하나님의 일을 멈추게 하려는 적들의 전략이었습니다. 그들의 조롱은 실제 능력이 아닌 성벽이 완성될 것을 두려워하는 마음에서 나온 것입니다.

느헤미야는 조롱에 맞서 싸우는 대신 하나님께 기도했습니다.
그는 곧바로 하나님께 "우리가 업신여김을 당하나이다"(느 4:4)라고 기도하며 탄원했습니다. 인간적인 방법으로 대항하기보다는 모든 상황을 주관하시는 하나님께 문제를 맡기는 믿음의 태도를 보인 것입니다. 또한 기도를 통해 하나님의 도우심을 구하는 동시에 파수꾼을 세워 주야로 방비하게 하는 등 지혜롭게 대처했습니다. 이처럼 기도는 하나님의 음성을 듣고 나아갈 길을 얻는 것입니다.

두려움을 이기는 힘은 오직 '하나님을 기억하는 것'에서 나옵니다.
조롱이 무력 공격으로 변하려는 위기 앞에서 느헤미야는 백성에게 "너희는 그들을 두려워하지 말고 지극히 크시고 두려우신 주를 기억하고 너희 형제와 자녀와 아내와 집을 위하여 싸우라"(느 4:14)라고 외쳤습니다. 하나님의 백성은 자신이 왕이신 하나님께 속해 있음을 기억할 때 어떤 조롱과 위협에도 흔들리지 않고, 담대하게 사명을 감당할 수 있습니다.

나를 향한 세상의 조롱에 어떻게 반응하고 있습니까?

❶ 모든 상황을 하나님께 아뢰는 기도의 무기를 사용하고 있습니까?
❷ 두려움이 엄습할 때 크고 두려우신 주님을 기억하며 담대히 나아가고 있습니까?

기도와 동시에 해야 할 일

046

골 3:23

기도만 할 것이 아니라 전략적으로 위기를 대비해야 합니다.
성벽 재건을 막으려는 적들은 방해를 넘어 무력으로 예루살렘을 공격해 혼란에 빠뜨리려 했습니다. 위협 앞에서 느헤미야는 기도만 하지 않고, 현실적인 전략을 세워 대비했습니다. 그는 인력을 재정비하여 백성의 절반은 일하고, 절반은 무장한 채 지키게 했습니다. 이는 하나님을 온전히 신뢰하면서도 자신들이 할 수 있는 최선의 노력을 다하는 신앙과 지혜의 조화를 보여 줍니다.

기도는 게으름을 정당화하는 수단이 될 수 없습니다.
느헤미야는 기도의 능력을 믿었지만, 동시에 백성의 "손이 피곤하여 역사를 중지"(느 6:9)할 것을 기대하며 두려움을 심으려는 적들의 계략을 간파하고 백성을 독려했습니다. 그는 하나님이 행하실 것을 믿기에 기도와 더불어 현실적인 어려움을 극복할 준비를 담대하게 해 나갔습니다. 기도로써 하나님이 주시는 힘과 지혜를 얻어 자신이 맡은 일에 최선을 다하십시오.

우리의 싸움은 가정과 삶의 터전을 지키는 싸움입니다.
성벽 재건의 사명은 단순히 돌을 쌓는 공사가 아니라 하나님의 가정과 삶의 터전을 지키는 거룩한 싸움이기도 했습니다(느 4:14). 하나님의 일을 한다고 해서 일상과 가정을 소홀히 여기지 마십시오. 오히려 우리가 힘써 지키고 일하는 모든 것이 하나님 나라를 위한 중요한 사명임을 기억하십시오. 자기 삶의 자리에서 기도하며 싸울 때 믿음이 빛을 발합니다.

하나님께 기도하고 난 뒤에 담대하게 준비하고 행동합니까?

❶ 내 삶의 자리가 하나님의 사명을 이루는 중요한 장소임을 인식하고 있습니까?
❷ 기도한 후에도 삶의 자리에서 최선을 다하고 있습니까?

047
느 5:1-19

공동체의 정의를 바로 세우라

내부의 불의는 외부의 적보다 더 큰 위협입니다.
느헤미야와 이스라엘 백성에게 뜻하지 않게 위기가 닥쳤습니다. 흉년의 피해와 과중한 세금으로 인해 가난한 백성이 식량을 얻기 위해 밭과 포도원을 저당 잡혔고, 심지어 자녀를 종으로 팔기도 했습니다. 더 큰 문제는 이러한 고통을 유발한 이들이 바로 유다의 형제자매들이었다는 점입니다. 이처럼 내부의 갈등과 불의는 공동체의 단결을 무너뜨리고, 하나님의 역사를 가로막는 치명적인 방해물이 될 수 있습니다.

하나님의 기준으로 불의를 바로잡아야 합니다.
백성들의 울부짖음을 들은 느헤미야는 크게 분노했지만, 문제의 본질을 깊이 생각했습니다. 그는 "귀족들과 민장들"이 형제에게서 높은 이자를 받는 행위가 하나님의 백성으로서 부끄러운 일임을 지적하며 꾸짖고 문제를 바로잡습니다(느 5:7, 10-11). 하나님의 말씀에 근거하여 불의를 바로잡는 것이야말로 공동체의 진정한 회복을 위한 첫걸음입니다.

공동체의 회복은 구성원의 동참과 희생에 달렸습니다.
백성들은 느헤미야의 단호한 명령에 동의하며 그들의 잘못을 바로잡겠다고 맹세했습니다. 느헤미야는 여기서 그치지 않고, 12년간 총독의 녹을 받지 않으며 백성들에게 모범을 보였습니다. 이처럼 공동체의 모든 구성원이 하나님의 말씀 앞에서 자기 잘못을 회개하고, 공동체의 고통에 동참하며 희생을 감당하고자 노력할 때 비로소 진정한 부흥이 일어납니다.

나는 공동체를 회복시키기 위해 노력하고 있습니까?

❶ 나의 이익을 위해 주변 사람에게 불의를 행한 적이 있습니까?
❷ 공동체에 문제가 발생할 때 하나님의 기준에 따라 판단할 수 있습니까?

하나님을 경외하는 자가 리더다

048

잠 9:10

하나님을 경외하는 마음은 리더의 자격 기준입니다.
느헤미야가 직면한 가장 큰 문제는 외부의 공격이 아닌 백성들 사이에서 벌어진 경제적 착취와 불의였습니다. 느헤미야는 이러한 상황에 크게 분노하였고, 백성들을 압제했던 이전 총독들과 달리 자신은 "하나님을 경외하므로 이같이 행하지"(느 5:15) 아니하였다고 고백합니다. 하나님의 백성을 이끄는 지도자에게 필요한 것은 하나님을 경외하는 마음입니다.

리더의 솔선수범이 공동체에 변화를 일으킵니다.
하나님의 거룩한 분노에 동참하며 구성원들과 함께 눈물 흘리는 리더가 공동체에 변화를 일으키고 영적 부흥을 가져옵니다. 성경은 세상 사람들의 이기심을 뛰어넘는 새로운 윤리를 제시합니다. 누구든 능력껏 일하여 부자가 되어도 좋으나 가난한 사람들이 피눈물 흘리지 않도록 해야 합니다. 다른 사람의 아픔을 도외시하는 것이 죄악입니다.

느헤미야는 자신의 희생과 헌신의 보상을 사람에게 구하지 않았습니다.
그는 "내 하나님이여 내가 이 백성을 위하여 행한 모든 일을 기억하사 내게 은혜를 베푸시옵소서"(느 5:19)라고 기도했습니다. 이는 그의 동기와 목적이 하나님의 인정을 받는 데 있음을 보여 줍니다. 오직 하나님께 인정받기를 원하였기에 정직하고 겸손한 마음으로 백성들을 섬길 수 있었던 것입니다. 하나님을 경외하는 마음이야말로 공동체에 진정한 부흥과 영광을 가져오는 힘이 된다는 것을 기억하십시오.

매사에 하나님을 경외하는 마음으로 임하고 있습니까?

❶ 눈앞에 보이는 이득 때문에 하나님을 외면한 적이 있습니까?
❷ 리더로서 다른 사람에게 희생과 헌신을 요구하기 전에 솔선수범합니까?

049
엡 5:15-16

급한 것과 중요한 것을 구별하라

말씀을 대하는 태도가 믿음을 드러냅니다.
성벽이 재건되자 이스라엘 백성이 하나님의 말씀을 듣기 위해 자발적으로 모였습니다. 학사 에스라가 율법책을 펼 때 모든 백성이 일어섰고, 그가 하나님을 송축할 때는 손을 들고 "아멘"으로 화답하며 얼굴을 땅에 대고 경배했습니다(느 8:5-6). 이러한 행동은 단순히 형식적인 의식이 아니라 하나님의 말씀과 임재를 향한 진실한 경외와 존경의 태도를 보여 줍니다.

삶의 우선순위를 재정립하는 것이 부흥의 시작입니다.
백성들은 새해를 시작하며 무엇보다 먼저 하나님의 말씀 앞에 섰습니다. 이는 그들 삶에서 가장 중요한 것은 하나님과의 관계임을 선언하는 행위입니다. 우리가 힘들고 지치게 인생을 살아가는 이유는 '급한 것'과 '중요한 것'을 구별하지 못하기 때문입니다. 백성들은 성벽 재건이라는 '급한 일'을 마치고 나서 가장 먼저 말씀 앞에 서는 '중요한 일'을 선택했습니다.

기쁨과 감사의 마음이 우리의 진정한 힘입니다.
말씀을 깨닫고 울고 있는 백성들에게 느헤미야는 "슬퍼하지 말며 울지 말라 … 이날은 우리 주의 성일이니 근심하지 말라 여호와로 인하여 기뻐하는 것이 너희의 힘이니라"(느 8:9-10)라고 말했습니다. 이는 말씀의 의미를 깨닫고 회개한 후에는 죄의식에 갇히기보다 하나님이 주시는 구원의 기쁨과 감사를 누려야 한다는 뜻입니다. 하나님을 기뻐하는 마음은 어떤 어려움을 만나도 흔들리지 않는 내면의 힘이 됩니다.

하나님을 향한 태도와 삶의 우선순위를 점검하고 있습니까?

❶ 나는 경외하는 태도로 하나님의 말씀에 반응하고 있습니까?
❷ 수많은 '급한 일'들 속에서도 '하나님과의 관계'를 가장 우선순위에 두고 있습니까?

말씀을 기준으로
신앙의 정체성을 확립하라

050

느 13:1-15

믿음은 말씀을 경청하는 데서 시작됩니다.
느헤미야 이야기의 마무리는 백성들이 모세의 율법책을 낭독하고 경청하는 것에서 시작됩니다(느 13:1). 그들은 율법의 말씀을 듣고, 즉각적으로 이방인의 무리를 공동체에서 분리하는 행동에 나섰습니다(느 13:3). 이는 말씀을 단순히 듣는 데서 그치지 않고, 말씀에 순종하여 삶의 태도를 변화시키는 것이 진정한 신앙임을 보여 줍니다. 신앙인의 정체성은 하나님의 말씀을 삶의 기준으로 삼아 순종할 때 온전히 확립됩니다.

영적 질서의 회복이 공동체를 건강하게 만듭니다.
느헤미야는 무너진 영적 질서를 바로 세움으로써 공동체의 중심인 예배와 성전의 기능이 올바르게 회복되도록 합니다. 개인 신앙의 정체성 회복은 공동체의 영적 질서를 바로 세우는 일과 직접적으로 연결되며, 이는 곧 공동체의 건강으로 이어집니다.

신앙의 정체성은 가정과 다음 세대에 계승되어야 합니다.
느헤미야는 이방 여인과 결혼한 유대 자손들이 유다 방언을 잊고 각 족속의 방언을 하는 것을 보고 심히 책망했습니다(느 13:23-25). 그리고 이방 문화와 우상 숭배가 가정으로 들어와 자녀들의 신앙 정체성을 무너뜨리는 것을 막고자 했습니다. 이는 신앙의 정체성이 가정을 통해 다음 세대에 계승되는 것이 얼마나 중요한가를 보여 줍니다. 진정한 신앙인이라면 다음 세대에 믿음의 유산을 온전히 물려주어야 합니다.

나는 신앙 정체성을 어떻게 지키고 있습니까?

❶ 자녀들에게 신앙 유산을 물려주기 위해 노력하고 있습니까?
❷ 공동체 안에서 무너진 영적 질서를 회복하는 데 나의 역할은 무엇이라고 생각합니까?

051

느 8:1-12

말씀을 깨닫는 은혜

말씀을 향한 갈망이 공동체를 하나로 모읍니다.
성벽 재건을 마친 이스라엘 백성은 이제 건물의 회복을 넘어 영적인 부흥을 갈망했습니다. 그들은 초막절에 자발적으로 모여 학사 에스라에게 하나님의 율법책을 읽어 달라고 청했습니다(느 8:1-2). 남녀노소 할 것 없이 말씀을 알아들을 만한 사람은 모두 모여 성벽 재건의 기쁨을 넘어 하나님의 말씀 앞에서 그들의 삶을 새롭게 하겠다는 공동체의 간절한 소망을 보여 주었습니다.

말씀을 깨달을 때 회개와 기쁨이 함께 찾아옵니다.
학사 에스라가 율법책을 낭독할 때 레위 사람들이 그 뜻을 해석해 주자 백성들이 깨닫고 진정한 회개의 눈물을 흘리기 시작했습니다(느 8:3, 8-9). 그러나 느헤미야와 에스라는 하나님을 기뻐하는 것이 그들의 힘임을 선포했습니다(느 8:9-10). 말씀 앞에서 죄를 깨달은 슬픔이 회개를 통해 기쁨으로 바뀐 것입니다. 이처럼 말씀은 잘못을 드러내는 데 그치지 않고, 새 소망과 힘을 불어넣어 줍니다.

진정한 부흥은 말씀에 순종하는 삶으로 이어집니다.
말씀을 통해 죄를 깨달은 백성들은 슬픔 대신 기쁨을 선택했고, 곧바로 가서 먹고 마시며 가난한 자들과 음식을 나누었습니다(느 8:12). 말씀 앞에서 흘린 눈물이 그들의 삶을 긍정적으로 바꾸고, 이웃과 사랑을 나누는 행동으로 이어졌습니다. 진정한 부흥은 예배당에서 울고 끝나는 것이 아니라 삶의 현장에서 말씀을 따라 실천하는 순종으로 완성됩니다.

나는 말씀에 순종하는 진정한 부흥을 경험하고 있습니까?

❶ 말씀 앞에서 죄를 회개함과 동시에 그 말씀이 주는 기쁨을 경험하고 있습니까?
❷ 말씀을 깨닫고 회개한 후 구체적인 삶의 변화를 경험했습니까?

Chapter

3

기도,
하늘과 땅을
잇는 능력

환난 날에 부르짖으라

052

시 86:3-7

환난 날의 기도는 하나님과의 관계를 회복하는 강력한 통로입니다.
다윗은 "나의 환난 날에 내가 주께 부르짖으리니"(시 86:7)라고 말합니다. 이는 "환난 날"이야말로 하나님께 간절히 나아가야 할 때임을 보여 줍니다. 하나님은 우리를 긍휼히 여기시고, 우리의 부르짖음을 듣기를 즐겨 하시는 분입니다. "주는 선하사 사죄하기를 즐거워"(시 86:5)하시는 분입니다. 그렇다고 해서 우리가 죄짓고 용서 구하기를 반복하는 것을 즐거워하신다는 뜻은 아닙니다. 하나님은 우리가 마음 놓고 진솔하게 기도하기를 원하십니다.

기도는 하나님을 향한 신뢰의 표현입니다.
우리는 하나님을 설득하거나 굴복시키기 위해 기도해서는 안 됩니다. 기도란 하나님의 선하심과 인자하심을 믿는 신뢰의 표현이기 때문입니다. 다윗이 환난 속에서도 응답을 확신하며 기도했듯이, 우리도 하나님이 우리의 기도를 듣고 계시며, 가장 좋은 것으로 응답해 주실 것을 믿어야 합니다. 우리가 구하는 모든 것은 하나님의 선하신 뜻 안에서 이루어질 것입니다.

하나님의 뜻을 구하는 기도는 영적인 안목을 넓혀 줍니다.
하나님께 간구하여 응답받는 경험은 우리의 영적 성장을 돕습니다. 영국 작가 C. S. 루이스는 "만일 하나님이 내가 지금까지 드린 모든 어리석은 기도에 다 응답하셨더라면, 지금쯤 나는 어디에 있을까?"라고 말한 바 있습니다. 즉 기도가 응답되지 않는 것이 오히려 우리에게 더 큰 축복이 될 수 있습니다. 기도를 통해 하나님의 뜻을 깨닫고, 그분의 인도하심을 따라 살아갈 때 우리는 영적인 안목을 갖게 됩니다. 환난 속에서 드리는 기도는 우리가 인내를 배우고, 하나님의 섭리 안에서 소망을 발견하게 하는 귀한 기회가 됩니다.

나는 환난 날에 하나님께 부르짖으며 응답을 구합니까?

❶ 환난이 닥쳤을 때 하나님께 간절히 나아갑니까?
❷ 기도의 응답이 지연될 때 하나님의 선한 뜻을 신뢰하며 더 좋은 것을 주실 것을 믿습니까?

053 금식 기도로 열망을 깨우라
마 9:15

금식은 하나님의 마음에 맞는 사람이 되어 가는 과정입니다.
우리는 어떤 중대한 문제가 생기면 금식할 때라고 생각하곤 합니다. 그래서 금식 기도야말로 하나님의 뜻을 돌이키는 가장 중요한 수단이라고 여기게 됩니다. 그러나 인간의 금식으로 인해 하나님이 굴복하신 예는 성경에서 찾아볼 수 없습니다. 금식 기도는 자신의 의지와 결단을 하나님께 표현하는 수단일 뿐입니다.

금식은 육신의 욕망을 제어하고, 영적 열망을 일깨우는 훈련입니다.
우리가 금식하는 이유는 기도에 전념하기 위함입니다. 배고픔의 고통은 우리로 하여금 '지금 나는 기도 중이다'라는 사실을 잊지 않게 해 줍니다. 배부름이 인간을 나태하게 만드는 반면, 금식은 우리 안에 있는 영적인 열망을 일깨워 줍니다. 14세기 독일의 가톨릭 수도사 토마스 아 켐피스는 "이 세상의 물질적인 맛에 깊이 빠져 영적인 열망을 잊어버리지 않게 해 주십시오"라는 기도를 자주 드렸다고 합니다. 이를 위한 가장 좋은 방편이 바로 금식입니다.

무엇이 온전한 금식입니까?
대답은 간단합니다. '충분히 만족할 만큼' 금식하는 것입니다. 성경은 온전한 금식에 관한 규칙을 제시한 바 없습니다. 한 끼만 걸러도 충분한 금식이 될 수 있고 주님처럼 40일이나 금식할 수도 있습니다. 분명한 것은 일정 시간을 채우거나 자기 의를 드러내는 것이 목적이 되어서는 안 됩니다. 사도 바울은 "먹든지 마시든지 무엇을 하든지 다 하나님의 영광을 위하여"(고전 10:31) 하라고 했습니다. 중요한 것은 금식을 통해 영적으로 깨어 있는 것입니다.

나는 금식 기도를 통해 하나님과 깊은 교제를 나눕니까?

❶ 내가 금식 기도하는 목적은 무엇입니까?
❷ 금식 기도를 못 해서 죄책감을 느낀 적이 있습니까?

금식 기도는 비상수단이다

054
마 9:15

금식 기도는 하나님의 도우심을 구하는 영적인 비상수단입니다. 예수님은 "신랑을 빼앗길 날이 이르리니 그때에는 금식할 것이니라"(마 9:15)라고 말씀하셨습니다. 이는 금식의 본질이 영적인 위기에 있음을 보여 줍니다. 예수님이 무덤에 계시던 어둠의 시간, 곧 신랑을 빼앗긴 때처럼 영적으로 깊은 고통 가운데 머물 때 드리는 금식 기도는 하나님의 임재를 구하는 간절한 부르짖음입니다.

현실을 외면하기 위해 금식하지는 마십시오.
많은 사람이 금식을 현실 문제를 회피하기 위한 도구로 삼기도 합니다. 그러나 진정한 금식은 현실을 외면하는 것이 아니라 문제의 근원인 육신의 욕구와 죄성을 억제하고, 하나님의 뜻을 더욱 분명하게 깨닫기 위한 행위입니다. 다윗은 자기 죄로 인해 아기가 죽을 위기에 처하자 금식하며 하나님 앞에 나아갔지만, 아기가 살아나는 기적은 일어나지 않았습니다. 그러나 그는 금식을 통해 하나님의 뜻을 깨달았고, 철저히 회개하는 영적 성장을 경험했습니다.

진정한 금식은 겸손함과 사랑의 실천으로 완성됩니다.
감리교 신학자 존 웨슬리 목사는 금식과 자선을 병행하도록 요청한 바 있습니다. 진정한 금식은 그 기도를 통해 하나님의 뜻을 깨닫고, 사랑을 실천하는 행동으로 이어져야 합니다. 금식을 통해 사랑의 능력이 더 강해지고, 하나님의 영광을 위한 삶을 살아가는 것이 온전한 금식의 열매입니다.

영적 위기가 닥쳤을 때 어떻게 반응합니까?

❶ 금식 기도를 통해 영적인 위기를 극복하고, 하나님의 뜻을 구합니까?
❷ 금식 기도를 드리고 나서 하나님의 사랑을 실천하려고 노력한 적이 있습니까?

055 중보기도로 영적 연합군을 형성하라

빌 1:3-4

중보기도는 개인의 기도를 넘어선 영적 연합입니다.
사도 바울은 "내가 너희를 생각할 때마다 나의 하나님께 감사하며 간구할 때마다 너희 무리를 위하여 기쁨으로 항상 간구"(빌 1:3-4)한다고 고백했습니다. 이는 중보기도가 단순히 남을 위해 기도하는 행위가 아니라 영적 전투에 참여하는 연합 행위임을 보여 줍니다. 누군가를 위해 기도할 때 우리는 그들의 고통과 어려움에 동참하며 함께 싸우는 영적 동역자가 됩니다.

중보기도는 하나님이 우리에게 주신 제사장의 권한입니다.
구약 시대에는 오직 제사장만이 하나님과 백성 사이를 중보할 수 있었지만, 이제는 예수 그리스도의 십자가 은혜 아래 모두가 왕 같은 제사장이 되었습니다. 이는 우리가 다른 사람들을 위해 중보기도 할 수 있는 특별한 권한과 사명을 받았음을 의미합니다. 하나님은 모세에게 제사장의 입을 통해 나오는 축복을 이루어 주겠다고 약속하셨습니다(민 6:22-27). 우리의 말 한마디, 기도 한마디가 얼마나 큰 능력이 있는지를 알아야 합니다.

중보기도는 우리에게 주시는 도전과 사명입니다.
아말렉과의 전투에서 싸워 이긴 사람은 여호수아이지만, 사실 승리 여부는 산꼭대기에서 한 중보기도로 결정되었습니다. 모세가 계속 기도할 수 있도록 아론과 훌이 도왔고, 결국 승리했습니다. 스코틀랜드의 신학자 P. T. 포사이스는 "결단의 골짜기로 더 깊이 내려가면 갈수록 기도의 산으로 더 높이 올라가야만 하며, 하나님을 설득하고자 하는 것이 주 관심사인 사람들의 두 손을 떠받쳐 주어야만 한다"라고 말했습니다. 영적 전투에서 헤매고 있는 사람은 없는지, 기도하다가 지쳐서 힘을 잃고 낙심하고 있는 사람은 없는지 주변을 살펴보십시오.

나는 중보기도를 통해 공동체의 연합을 경험합니까?

❶ 중보기도의 힘을 믿고, 서로를 위해 기도하고 있습니까?
❷ 왕 같은 제사장으로서 다른 사람들을 위해 축복하고 기도하는 사명을 감당하고 있습니까?

중보기도, 관계를 회복하는 능력

056

빌 1:3-4

중보기도는 하나님과의 관계를 회복하게 하는 통로입니다.
사도 바울은 빌립보 교인들을 생각할 때마다 하나님께 감사하며 기쁨으로 간구했습니다. 이는 중보기도가 단순히 남을 위한 기도를 넘어, 하나님과의 깊은 교제를 가능하게 하는 통로임을 보여 줍니다. 바울은 그들을 향한 사랑의 마음으로 중보기도를 드렸고, 그 과정에서 하나님께서 그들에게 베푸신 은혜에 감사하며 하나님과의 관계를 더욱 돈독히 했습니다. 중보기도는 개인적인 기도 제목에만 매몰되지 않고, 하나님의 시선으로 다른 사람을 바라보게 함으로써 하나님과의 관계를 회복하게 합니다.

중보기도는 하나님이 주신 가장 강력한 사랑의 도구입니다.
누군가를 위해 기도하는 행위는 사랑의 가장 구체적인 표현입니다. 중보기도는 관계를 세우고, 사랑을 전하는 실제적인 방법입니다. 중보기도 할 때 우리는 하나님이 그 사람을 얼마나 사랑하시는지 깨닫게 됩니다. 부끄러워하지 말고, 염려하지 말고, 서로 기도 제목을 공유하십시오. 성도가 서로를 위해 중보기도 하면 하나님의 역사가 일어날 것입니다.

하나님은 우리를 중보기도자로 부르셨습니다.
사도 바울은 "다시 살아나신 이는 그리스도 예수시니 그는 하나님 우편에 계신 자요 우리를 위하여 간구하시는 자"(롬 8:34)라고 말했습니다. 또 베드로는 우리를 향해 "너희는 택하신 족속이요 왕 같은 제사장들"(벧전 2:9)이라고 선포합니다. 즉, 예수님을 믿는 믿음으로 인해 하나님이 우리를 세상을 위해 중보하는 자로 세우셨다는 사실을 믿으십시오.

나는 중보기도를 통해 관계를 회복하고 사랑을 표현합니까?

❶ 사랑과 감사로 가득한 기쁨의 간구로 중보기도를 드립니까?
❷ 세상을 위한 중보자로 세워졌음을 믿고 이웃을 위해 기도합니까?

057
시 86:3-7

가장 좋은 것을 주시는 분께 간구하라

하나님께 청원하는 신앙이야말로 가장 정상적인 신앙인의 모습입니다.
인간이 하나님께 무언가를 구하는 것은 당연한 일입니다. 피조물인 인간이 창조주이신 하나님께 구할 것이 없다고 한다면, 무지몽매한 우리가 지혜의 근원이신 하나님께 구할 것이 없다고 한다면, 그것은 분명히 잘못된 일입니다. 하나님께 구하는 것은 전혀 이상한 일도, 잘못된 일도 아닙니다.

하나님은 구하는 자에게 후한 인자함으로 응답하십니다.
우리는 하나님의 "인자하심이 후하다"라고 말하곤 합니다. "후하다"라는 말의 뜻은 무엇일까요? 기대보다 훨씬 더 좋은 대우를 받은 때에 하는 말이 아닙니까? 즉 하나님은 우리가 구한 것보다 훨씬 더 좋은 것을 주시는 분이라는 뜻입니다. 자녀가 떡을 달라는데 돌을 줄 부모가 없듯이(마 7:9), "아빠 아버지"(롬 8:15)이신 하나님은 우리에게 가장 좋은 것을 주기를 원하십니다. 때로는 우리의 간구가 즉시 응답되지 않을 수 있지만, 이는 지연된 응답이 아니라 더 좋은 것을 주시기 위한 하나님의 섭리일 수 있습니다.

청원 기도는 우리를 하나님과의 사랑의 관계로 이끕니다.
우리는 때때로 '영적 공손함'이나 하나님은 이미 다 아신다는 생각 때문에 기도하기를 주저하지만, 하나님은 우리의 고백과 간구를 듣고 싶어 하십니다. 사랑의 관계를 확인받고 싶어 하시는 아버지의 마음입니다. 언제든 도움을 청할 수 있는 관계가 가장 편한 관계이듯, 하나님과의 관계도 진솔한 청원 기도를 통해 더욱 깊어집니다.

나는 하나님 아버지께 나의 모든 필요를 솔직하게 아룁니까?

❶ 나에게 기도는 의무입니까, 아니면 하나님 아버지와 나누는 사랑의 대화입니까?

❷ 응답이 늦어지더라도 하나님의 더 좋은 계획을 신뢰하며 기다립니까?

기도, 하나님과의 인격적인 만남

058

롬 8:26-27

기도의 주도권은 하나님께 있습니다.
기도는 우리 의지로 하는 일이 아닙니다. 하나님이 우리로 하여금 기도하게 하시는 것입니다. 우리가 무엇을 기도해야 할지 모를 때도 성령이 이미 우리를 위해 탄식하시며 간구하고 계십니다(롬 8:26). 성령은 우리의 연약함을 도우시는 분입니다. 기도란 성령의 인도하심을 따라 하나님과 교제하는 것입니다. 기도할 때 우리는 하나님의 뜻을 깨닫고 그 뜻을 삶으로 옮기게 됩니다.

참된 기도는 인격적인 만남을 추구합니다.
습관적이거나 중언부언하는 기도는 기도가 아닙니다(참조. 마 6:7). 기도의 모양만 있을 뿐, 인격의 변화를 일으키지 못하는 정욕과 욕심이 가득한 말일 뿐입니다. 아이가 선물을 얻기 위해 산타클로스를 기다리듯, 바라는 것을 얻기 위해 하나님을 만난다면 그 관계는 물질적이고 조건적일 뿐입니다. 기도는 하나님을 더 깊이 알아가는 과정이자 그 깊은 사귐을 통해 우리 안에 바뀌어야 할 것을 깨닫는 시간입니다.

하나님은 관계 속에서 구체적으로 말씀하십니다.
신앙이 어느 정도 성숙해지면, 하나님은 우리와 더욱 인격적인 관계를 맺기를 원하십니다. 부활하신 예수님이 베드로에게 "네가 나를 사랑하느냐"(요 21:15-17)라고 물으셨던 것처럼 하나님은 우리와 사랑의 관계를 맺기를 원하십니다. 그런 이유로 기적과 이적을 넘어 우리 믿음을 시험하시고 순종을 요구하십니다. 우리가 순종할 때 하나님은 우리 길을 지시하시고 우리와 늘 함께하십니다. 하나님은 인격적인 만남을 통해 우리가 하나님의 뜻을 이루어 가길 원하십니다.

나는 하나님과 깊은 사귐을 통해 참된 기도를 드리고 있습니까?

❶ 하나님이 아닌 나를 변화시키는 기도를 하고 있습니까?
❷ 관계 속에서 구체적으로 말씀하시는 하나님을 경험하고 있습니까?

059
약 5:14-16

진정한 치유, 하나님과의 동행

믿음의 기도는 회복의 시작을 알리는 소망입니다.
성경은 고난과 질병을 겪는 자들에게 기도를 통해 소망을 가질 것을 권면합니다(약 5:14-16). 이는 단순히 병의 치유를 넘어, 영적인 회복과 삶의 의미를 되찾는 과정입니다. 죽음이 끝이 아니라 부활로 이어지는 것처럼 질병 또한 절망이 아닌 또 다른 희망의 이유가 될 수 있습니다. 죽음을 두려워하지 않는 신앙은 어떤 고난 앞에서도 무너지지 않는 힘이 있습니다. 믿음의 기도는 병든 자를 구원하고, 주님이 일으키시는 역사를 경험하게 합니다.

치유 기도는 의학적 치료와 함께 하나님의 섭리를 구하는 것입니다.
믿음의 기도는 현대 의학을 무시한 채 기도에만 매달리는 것을 의미하지 않습니다. 하나님은 과학과 의학을 포함한 모든 것을 통해 역사하십니다. 페니실린이나 진통제와 같은 의학 발전의 결과물 또한 하나님의 섭리 안에 있습니다. 올바른 치유 기도는 병원을 향해 가면서도 좋은 의사를 만나게 해 달라고 기도하고, 약을 먹으면서 감사로써 빠른 쾌유를 간구하는 것입니다. 진정한 치료자이신 하나님을 신뢰하고, 의사에게 진료를 맡기십시오.

진정한 치유는 영과 육의 회복과 삶의 방식 개선으로 이어집니다.
치유 기도의 궁극적인 목표는 단순히 병이 낫는 것에 있지 않습니다. 우리는 치료의 전 과정을 통해 하나님과 더 친밀해지기를 위해 기도해야 합니다. 단번에 치유를 받거나, 점진적인 치료의 과정을 겪거나 심지어 죽음을 맞이하더라도 하나님과 동행하는 신앙으로 성장하는 것이 중요합니다. 옛 습관을 벗어 버리고 온전하게 새로워지는 것이야말로 우리가 구해야 할 가장 큰 회복입니다.

나는 질병과 고통 속에서도 하나님이 주시는 소망을 붙듭니까?

❶ 현대 의학을 무시하거나 맹신하지 않으면서도 믿음의 기도로 하나님의 섭리를 구합니까?
❷ 단순한 병의 치유를 넘어 삶의 방식을 교정하기 위해서도 기도합니까?

기도와 삶이 일치하는가?

060
약 2:22

기도는 삶과 연결될 때, 진정한 힘을 발휘합니다.
성경은 "믿음이 그의 행함과 함께 일하고 행함으로 믿음이 온전하게"(약 2:22) 된다고 말합니다. 우리는 기도할 때는 용사처럼 강하지만, 눈을 뜨면 나약해지는 경우가 많습니다. 진정한 기도는 하나님께 모든 것을 맡긴 후에 행함으로 믿음을 실천하는 것입니다. 꿈을 가지고 입으로 시인하며, 행동으로 옮기는 사람만이 참믿음의 삶을 살아갑니다. 모세처럼 기도하고 담대하게 행동하십시오. "마귀를 대적"(약 4:7)할 때, 비로소 기도의 능력이 나타납니다.

성경은 "항상" 기도할 것을 권면합니다(참조, 눅 21:36; 롬 12:12; 골 4:2).
기도로써 하나님과 늘 교제하는 삶은 신앙인의 이상입니다. 위기의 순간에만 부르짖어 기도하는 것은 신앙의 초급 단계라고 할 수 있습니다. 하나님이 원하시는 것은 목청을 돋운 부르짖음이 아니라 하나님과의 진실한 교제입니다. 또한 우리가 기도를 통해 삶을 교정해 나가길 바라십니다.

기도와 삶이 하나로 연결되면, 그것이 곧 하나님과의 동행입니다.
올바른 기도란 매일매일의 삶 속에서 하나님을 의식하며 주님과 깊은 교제로 들어가는 것입니다. 하나님은 평소에 행동과 말, 선택과 결정을 통해 믿음을 실천하며 기도하는 삶을 기쁘게 받으십니다. 그러므로 기도와 간구를 게을리하지 마십시오.

나의 기도와 삶은 하나로 연결되어 있습니까?
❶ 위기의 순간에만 부르짖어 기도하지는 않습니까?
❷ 나에게 기도는 삶을 변화시키는 통로입니까?

061
시 62:1-2

침묵은 영적 성숙을 가져온다

침묵 기도는 하나님만을 바라보는 영혼의 갈망입니다.
다윗은 "나의 영혼이 잠잠히 하나님만 바람이여"(시 62:1)라고 고백합니다. 이는 단순한 침묵이 아니라 자신의 욕망과 주변의 소음에서 벗어나 오직 하나님께만 집중하려는 영혼의 갈망입니다. 우리는 답답한 마음에 통성으로 기도하기도 하지만, 진정한 영성은 고요 속에 하나님의 음성을 듣는 침묵을 통해 깊어집니다. 침묵 기도는 나의 일방적인 소원을 쏟아 내는 것이 아니라 하나님이 내게 무엇을 말씀하시는지 듣기 위해 나 자신을 비우는 행위입니다.

침묵 기도는 하나님과 하나 되는 깊은 교제의 시간입니다.
침묵을 통해 우리는 하나님과의 깊은 교제로 들어갈 수 있습니다. 말은 때로 우리의 관계를 가로막는 장애물이 되기도 하지만, 침묵은 영적인 언어가 되어 하나님과 우리를 하나로 만듭니다. 우리가 마땅히 기도할 바를 알지 못할 때 성령이 우리를 위하여 "말할 수 없는 탄식으로"(롬 8:26) 친히 간구하심을 기억하십시오. 이처럼 침묵 기도는 인간의 언어를 넘어 성령의 도우심을 통해 하나님의 뜻을 깨닫게 하는 놀라운 통로입니다.

침묵은 삶의 담대함과 영적인 성숙을 가져옵니다.
침묵 기도는 우리로 하여금 허세에서 벗어나 진정으로 영적인 사람이 되어 가게 합니다. 입을 적게 움직이고, 하나님을 깊이 묵상하십시오. 그러면 다른 사람의 단점보다는 자신의 부족함을 보게 될 것입니다. 침묵의 과정을 통해 자기 생각을 하나님의 생각으로 채우면, 하나님이 원하시는 행동을 하는 사람이 될 것입니다. 많은 말을 하기보다는, 많은 말을 들으십시오. 사람을 통해, 환경을 통해, 말씀을 통해 울리는 하나님의 음성을 들으시고 승리하시기 바랍니다.

나의 욕망을 내려놓고, 잠잠히 하나님만 바라봅니까?

❶ 바쁜 중에도 잠시 침묵하며 하나님의 음성을 듣는 시간을 가집니까?
❷ 침묵 기도를 통해 허세에서 벗어나 영적으로 성숙한 사람이 되길 바랍니까?

하나님의
온전하신 뜻을 발견하라

062

시 62:1-2

우리가 기도하는 이유는 문제를 하나님께 아뢰고, 그 답을 얻기 위함입니다. 기도는 한낱 한풀이가 아닙니다. 다윗은 "나의 영혼아 잠잠히 하나님만 바라라 무릇 나의 소망이 그로부터 나오는도다"(시 62:5)라고 고백합니다. 성경의 위대한 사람들을 보면, 소란스럽지 않은 한적한 곳 또는 어떤 특별한 장소에서 하나님을 만났습니다. 로뎀 나무 아래에서 쉬던 엘리야는 "세미한 소리"(왕상 19:12) 가운데 계신 하나님의 음성을 들었습니다.

침묵 기도를 통해 하나님과 교제하면, 이런 기도를 하게 됩니다. 구약 신학자 김정준 목사는 "은혜만이 은혜가 아니라 시련도 은혜입니다. 은혜만이 아니라 시련도 간구할 것입니다"라고 기도했습니다. 이것은 침묵 속에서만 드릴 수 있는 기도입니다. 침묵하는 자만이 하나님의 온전한 뜻이 무엇인지를 발견하게 됩니다. 침묵하는 자만이 성령이 자신을 돕고 있음을 깨닫게 됩니다. 성령의 도우심을 깨달은 자만이 담대함으로 세상을 살아갈 것입니다. 우리 영성은 강함을 떠벌리는 데서 나오는 것이 아니라 침묵하는 데서 나오는 내면의 강함에서 나옵니다.

깊은 영성을 지닌 신앙인이 되고 싶습니까?
어느 날, 한 학생이 알베르트 아인슈타인에게 위대한 과학자가 되는 비결이 무엇이냐고 물었습니다. 그러자 그는 "입을 적게 움직이고, 머리를 많이 움직이게나"라고 대답해 주었습니다. 자기 일에 골몰하는 사람은 말을 많이 하지 않습니다. 사람이 태어나서 말을 배우는 데는 2년이 걸리지만, 침묵을 배우는 데는 60년이 걸린다는 말이 있지요. 위대한 신앙인이 되고 싶습니까? 입을 적게 움직이고, 하나님을 많이 묵상하십시오!

침묵 기도로 하나님과 교제하며 그분의 뜻을 분별하려고 합니까?

❶ 침묵 가운데 성령의 도우심을 경험한 적이 있습니까?
❷ 말을 줄이고, 하나님을 깊이 묵상하기 위해 실천하는 것은 무엇입니까?

063
시 51:1-3

회개는 책임 있는 행동으로 완성된다

진정한 회개는 죄를 뉘우치는 것을 넘어 하나님께로 돌아가는 것입니다. 다윗은 자신의 죄악을 고백하며 "하나님이여 주의 인자를 따라 내게 은혜를 베푸시며 주의 많은 긍휼을 따라 내 죄악을 지워 주소서"(시 51:1)라고 간구했습니다. 이는 단순한 뉘우침이 아니라 죄에서 돌이켜 하나님께로 향하는 근본적인 방향 전환을 의미합니다. 회개는 자기 잘못을 깨닫고 눈물을 흘리는 것으로 시작되지만, 여기서 멈춰서는 안 됩니다. 탕자가 아버지의 품으로 돌아왔듯이, 회개는 하나님을 떠나 살던 죄인이 다시 주님과 새로운 관계를 맺는 것에 이르러야 합니다.

회개는 책임 있는 행동으로 완성되는 진실한 고백입니다.
많은 그리스도인이 회개를 마치 동전 넣는 자동판매기처럼 생각하지만, 진정한 회개는 죄에 대한 책임 있는 자세를 동반해야 합니다. 진정한 회개는 말로만 하는 것이 아닙니다. 내 죄로 인해 피해받은 사람이 있다면, 그에 대해 철저하게 보상하려는 결심이 따라야 합니다. 입으로만 하는 '값싼 회개'는 죄를 반복하게 만들고, 하나님의 용서를 빙자해 부정직한 삶을 살게 할 뿐입니다.

영적 성숙은 회개를 통해 주어지는 하나님의 선물입니다.
마음의 회개는 그것을 구하는 자에게 기꺼이 주시는 하나님의 선물입니다. 하나님이 죄에 대한 책임을 물으시면, 피하지 말고 정직하고 기쁜 마음으로 받아들이십시오. 하나님의 징벌은 사랑의 다른 표현임을 믿으십시오. 언젠가는 그 징벌을 끝내시고, 영광으로 회복시켜 주실 것을 믿으십시오.

진심 어린 통회와 회개로 영적 성숙을 이루고 있습니까?

❶ 단순한 뉘우침이 아닌 하나님을 향한 방향 전환을 간구합니까?
❷ 하나님이 죄에 대한 책임을 물으실 때 피하지 않고 받아들입니까?

자기 의를 드러내는 금식을 경계하라

064

마 6:16-18

외식과 잘난 척은 다릅니다.
누군가가 눈에 띄게 잘난 척을 하면, 사람들은 눈살을 찌푸립니다. 그렇다고 잘난 척을 '죄'로 볼 순 없을 것입니다. 그러나 겉만 보기 좋게 꾸미는 '외식'은 얘기가 다릅니다. 겉과 속이 다르기 때문입니다. 예수님이 지적하신 대로, 바리새인들은 금식할 때 슬픈 기색을 보이고, 얼굴을 흉하게 만들어 자신들의 신앙을 과시하려고 했습니다. 이러한 행위는 하나님의 뜻과는 무관한 인간적인 욕망에서 비롯된 것이며, 결국 하나님께 받을 상을 잃게 되는 헛된 노력일 뿐입니다.

기도의 본질은 하나님을 향한 믿음과 신뢰에 있습니다.
예수님은 "금식할 때에 너희는 외식하는 자들과 같이 슬픈 기색을 보이지 말라"(마 6:16)라고 경고하십니다. 이는 금식 자체를 부인하신 것이 아니라 사람들의 인정과 칭찬을 구하며 자기 의를 드러내려는 외식을 경계하라는 말씀입니다. 기도의 본질은 하나님의 뜻을 온전히 알기 위한 노력이며, 금식 기도는 그중 하나의 방법입니다. 예수님은 은밀히 기도하면 "은밀한 중에 보시는 네 아버지께서 갚으시리라"(마 6:6)라고 약속하십니다.

하나님은 우리를 은밀한 중에 보십니다.
하나님은 우리가 어떤 마음과 의도로 기도하고 금식하는지 꿰뚫어 보십니다. 하나님은 당신의 거룩한 뜻이 신자의 삶과 인생에 실현되며 신자가 속한 공동체가 주님의 사랑으로 가득 찬 모습으로 변화되길 원하십니다. 진정한 금식은 배고픔을 참는 고통을 통해 다른 사람의 아픔을 돌아보는 사랑의 실천으로 이어집니다. 하나님은 우리 삶 속에 실존하시는 분이기 때문입니다.

은밀한 중에 보시는 하나님을 신뢰합니까?

❶ 바리새인처럼 사람을 의식하며 회개한 적은 없습니까?
❷ 금식 기도를 통해 다른 사람의 아픔을 헤아려 본 경험이 있습니까?

065
마 6:16-18

금식 기도의 본래 목적을 알라

금식의 참된 의미는 하나님의 은혜에 집중하는 것입니다.
예수님은 "너는 금식할 때에 머리에 기름을 바르고 얼굴을 씻으라"(마 6:17)라고 말씀하십니다. 이는 금식이 슬픔이나 고통을 드러내기 위함이 아니라 하나님 앞에서 기쁨으로 행하는 신앙 행위임을 강조합니다. 당시 금식은 대속죄일과 같은 특별한 날에 죄 사함을 위한 회개의 의미로 행해졌습니다. 그러나 시간이 흐르면서 금식 자체가 '의'를 드러내는 수단으로 변질하였습니다.

우리는 무조건 열심히 기도하면 응답받는다고 배워 왔습니다.
하다가 안 되면, 최후의 수단으로 목숨 걸고 금식 기도를 드리라고 말입니다. 그리고 실제로 그렇게 하는 사람을 보면 '영성이 훌륭한 사람'이라고 생각해 왔습니다. 그러나 정작 우리 주님의 가르침은 이와는 거리가 멀어도 한참 멉니다. 예수님은 "너는 기도할 때에 네 골방에 들어가 문을 닫고 은밀한 중에 계신 네 아버지께 기도하라"(마 6:6)라고 말씀하십니다. 하나님은 눈에 보이는 외적 행위보다 우리 마음의 중심을 중요하게 여기신다는 뜻입니다. 그러므로 자신의 선행을 드러내고 싶은 인간적인 욕망을 내려놓으십시오.

금식 기도를 통해 하나님과 깊은 교제를 나누는 기쁨을 누리십시오.
예수님이 바리새인들의 위선을 질책하신 것은, 기도하는 시간에조차도 하나님을 향하지 못하고 자기 모습이 사람들에게 어떻게 비칠까에 몰두하는 그들의 엇나간 종교적 신앙 때문이었습니다. 금식 기도가 한낱 종교 행위로 변해 버릴 때 기도는 힘을 잃습니다. 단지 몇 끼니를 굶은 것을 가지고 마치 신앙생활의 의무를 다한 듯한 만족감에 사로잡히게 됩니다. 금식 기도의 진정한 의미를 깨달을 때 우리 신앙은 종교적 행위가 아닌 삶의 기쁨으로 변화될 것입니다.

나는 금식의 참된 의미를 알고 있습니까?
❶ 나는 인간적인 욕망을 내려놓고, 하나님과의 관계 회복을 위해 노력합니까?
❷ 내게 금식은 하나님과 깊이 교제하는 시간입니까?

하나님의 사랑에 힘입어 용서하라

066

마 6:14-15

용서는 하나님의 용서를 경험하기 위한 필수 조건입니다.
성경은 "너희가 사람의 잘못을 용서하면 너희 하늘 아버지께서도 너희 잘못을 용서하시려니와 너희가 사람의 잘못을 용서하지 아니하면 너희 아버지께서도 너희 잘못을 용서하지 아니하시리라"(마 6:14-15)라고 말합니다. 하나님께 죄 사함을 받기 위해서는 먼저 타인을 용서해야 함을 강조한 것입니다. 이 말씀은 주기도문의 정의를 바꿀 만큼 중요합니다. 우리는 종종 하나님께 특별 대우를 간구하지만, 예수님은 우리 기도가 타인을 용서하려는 마음과 연결되어야 한다고 가르치십니다. 다른 사람을 용서하지 않는 것은 하나님의 용서를 받을 수 있는 통로를 스스로 차단하는 것과도 같습니다.

용서의 기도는 신앙의 지경을 넓히는 길입니다.
기도는 단순히 우리의 필요를 구하는 행위를 넘어, 하나님의 뜻을 깨닫고 그분의 나라가 이루어지는 것을 경험하는 신비로운 과정입니다. 진정한 기도는 나를 위한 기도에서 타인을 위한 기도로 지경을 넓히는 것입니다. 용서를 통해 우리는 내 삶 속에 하나님 나라가 이루어지는 것을 경험하게 되고, 자신이 하나님과의 새로운 관계 속에 있음을 확인하게 됩니다.

용서는 하나님과의 화목을 이루는 가장 확실한 증거입니다.
하나님과 화목한 관계를 맺기 위해서는 용서가 필수적입니다. 우리가 예수 그리스도의 이름으로 기도할 수 있는 것은 하나님이 우리를 이미 용서해 주신 덕분입니다. 용서받은 자로서 우리는 그 사랑에 힘입어 다른 사람을 용서할 수 있습니다. 용서는 하나님과의 깊은 관계를 증명하고, 우리로 하여금 그분 안에 거하는 축복을 누리게 함을 기억하십시오.

용서의 기도를 드림으로써 하나님과 화목하게 지내고 있습니까?

❶ 나의 기도는 타인을 용서하려는 마음과 연결되어 있습니까?
❷ 내 힘이 아닌 하나님의 사랑으로 다른 사랑을 용서할 수 있습니까?

067
마 6:14-15

용서할 때 하나님 나라가 임한다

다른 사람의 잘못을 용서해야 하는 이유가 있습니다.
예수님은 주기도문을 가르쳐 주시고 나서 이를 이루려면 먼저 '용서'하라고 말씀하십니다. 주기도문을 통해 하나님이 어떤 분이신지를 알았다면, 당연히 용서하는 사람이 되어야 한다는 말입니다. 용서할 때 우리 안에 하나님 나라가 임합니다. "예수님의 이름으로" 기도한다는 것은 그분의 뜻이 이루어지기를 간절히 원한다는 것입니다. 그분은 우리를 용서하기를 간절히 원하시고, 이미 용서를 이루어 주셨습니다.

주기도문의 핵심은 시작 부분에 있습니다.
"그러므로 너희는 이렇게 기도하라 하늘에 계신 우리 아버지여 이름이 거룩히 여김을 받으시오며 나라가 임하시오며 뜻이 하늘에서 이루어진 것같이 땅에서도 이루어지이다"(마 6:9-10). 기도의 신비는 우리를 향한 하나님의 뜻이 무엇인지를 분명히 알아 가는 데 있습니다. 신앙이 자란다는 것은, 나의 필요를 하나님이 아시니 이제는 하나님의 뜻을 알기 위해 기도하는 것이 아니겠습니까?

"예수님의 이름으로" 기도하는 것은 하나님과의 관계를 분명히 하기 위함입니다. 성경은 "너는 하나님과 화목하고 평안하라 그리하면 복이 네게 임하리라"(욥 22:21)라고 가르칩니다. "화목"이 무엇입니까? '좋은 관계'를 뜻합니다. 화목의 관계에는 '용서'가 있습니다. 우리 중에 누가 하나님께 용서를 구하지 않고도 화목할 수 있겠습니까? 우리가 누군가를 용서하는 행위를 통해 우리는 하나님과 화목하게 되며, 우리를 용서하시는 하나님의 놀라운 계획이 비로소 우리 안에서 현실화됩니다.

주기도문에서 볼 수 있는 용서의 원리는 무엇입니까?

❶ 용서할 때 하나님 나라가 임하는 것을 믿습니까?
❷ 누군가를 용서함으로 하나님과 화목하게 됨을 경험한 적이 있습니까?

진정한 기도는
어떤 것인가

068

마 6:9-13

예수님은 하나님을 "하늘에 계신 우리 아버지"로 부르라고 가르치셨습니다.
유대인들은 하나님의 이름을 함부로 부르지 못했습니다. 거룩하신 하나님 앞에 거룩하지 못한 존재가 서는 것은 거룩한 불로 소멸하고 마는 죽음을 의미했기 때문입니다. 그러나 우리는 '하나님 아버지'를 부르며 나아갑니다. '진정한 예배자'의 모습으로 하나님께 기도하며 나아가는 것입니다.

기도는 형식보다 하나님의 뜻을 구하는 내용이 중요합니다.
주기도문은 우리가 무엇을 어떻게 기도해야 하는지에 대한 '형식'이 아닌 하나님 나라와 그분의 뜻을 구하는 '내용'에 초점을 맞춥니다. "뜻이 하늘에서 이루어진 것같이 땅에서도 이루어지이다"(마 6:10)라는 간구는 우리가 기도로써 개인의 소원 성취를 넘어 이 땅에 하나님 나라가 임하기를 간구해야 함을 보여 줍니다.

진정한 기도는 하나님의 이름을 거룩하게 높이는 것입니다.
예수님은 하늘에 계신 하나님 아버지의 "이름이 거룩히 여김을 받으시오며"(마 6:9)라고 기도하라고 가르쳐 주셨습니다. 여기서 "이름"은 하나님의 존재 자체를 의미합니다. 하나님 아버지의 이름을 거룩히 여긴다는 것은 하나님을 연구한다는 뜻이 아니라 그분 앞에서 예배한다는 뜻입니다. 믿음의 공동체가 엎드려 하나님을 예배하고, 그분의 이름을 높이는 모습을 상상해 보십시오. 세상을 향해 교회의 이름이나 내 이름을 드러내려고 애쓰지만 않는다면, 하나님의 이름이 거룩히 여김을 받으시지 않겠습니까?

형식보다 하나님의 뜻을 구하는 기도의 내용을 중시합니까?

❶ 기도할 때 '하나님 아버지'라 부르며 나아갑니까?
❷ 진정한 기도는 하나님의 이름을 거룩하게 높이는 것임을 믿습니까?

069
마 6:9-13

"우리 아버지"를 부르며 기도하라

예수님은 '나'의 기도가 아닌 '우리'의 기도를 가르쳐 주셨습니다. 즉 자기중심적인 신앙이 아닌 공동체의 영성을 강조하신 것입니다. '나'만을 위한 기도가 아니라 '우리'를 위한 기도를 드림으로써 우리는 하나님 안에서 한 가족으로 연결되어 있음을 고백하게 됩니다. 주기도문은 개인주의와 이기심이 만연한 현대 사회에 하나님을 아버지라 부르는 모든 피조물이 함께 축복의 공동체를 이루어 가야 함을 가르칩니다.

예수님이 하나님을 "우리 아버지"라 부르도록 가르치신 데는 이유가 있습니다. 하나님께 간구할 때 나를 위한 이기심이 아닌 '우리'를 위한 보편적 가치 위에서 기도하라는 뜻입니다. 사무엘이 사울을 왕으로 세운 것을 후회할 때 사울은 "백성이 당신의 하나님 여호와께 제사하려 하여"(삼상 15:15)라며 변명하였습니다. 하나님의 말씀에 순종하지 않은 사울 왕에게는 '우리' 하나님이란 개념이 없었습니다. 하나님은 그의 삶에서 이미 '상대화'되고, '객관화'되었던 것입니다. 그러나 우리가 한마음으로 "우리 아버지"를 부르며 기도할 때 놀라운 일이 일어나지 않겠습니까?

주기도문을 매일 묵상한다면 얼마나 놀라운 일이 일어나겠습니까? "하나님 아버지! 우리가 당신을 예배합니다. 하나님 아버지의 이름이 거룩하게 구별될 수 있다면, 나의 욕망을 내려놓겠습니다. 하나님 아버지의 이름을 거룩하게 하는 일은 나 혼자만의 일이 아니라 우리의 일임을 고백합니다. 오늘도 우리 삶을 통해 하나님의 이름이 거룩히 여기심을 받기를 원합니다." 이것이 우리가 오늘 고백해야 하는 주기도문의 참다운 의미입니다.

하나님은 '내 아버지'만이 아니라 "우리 아버지"이심을 인정합니까?

❶ 나를 위한 이기심으로 기도하지 않고, 우리를 위해 기도하고 있습니까?
❷ 한마음으로 "우리 아버지"를 부르며 기도할 때 놀라운 일이 일어날 것을 믿습니까?

기도를 통해 하나님의 역사에 동참하라

070
마 6:9-13

주기도문은 하나님의 뜻을 이 땅에 이루고자 하는 기도입니다. "나라가 임하시오며 뜻이 하늘에서 이루어진 것같이 땅에서도 이루어지이다"(마 6:10)라는 기도는 단순히 하늘의 소망만을 품고 세상을 떠나 살아가려는 이분법적인 생각을 버리고, 우리가 사는 이 땅에 하나님 나라가 임하기를 간절히 구하는 책임 있는 기도를 드리라는 뜻입니다. 우리의 기도는 이 세상에서 탈출하려는 기도가 아니라 세상의 악함과 무질서 속에 하나님 나라가 임하게 해 달라는 간절한 기도여야 합니다.

기도는 하나님의 역사에 동참하는 수단입니다.
하나님은 우리가 기도하지 않아도 모든 것을 아시고, 주권적으로 일하십니다. 그러나 하나님은 그분의 뜻을 이루기 위해 기도하는 사람을 도구로 사용하십니다. 기도하지 않으면, 우리는 하나님의 역사를 경험하지 못할 뿐만 아니라 그분의 계획에 동참하는 기쁨도 누릴 수 없습니다. 우리 기도를 통해 하나님의 뜻이 이 땅에 펼쳐진다는 사실을 기억하십시오.

진정한 기도는 나의 욕심을 내려놓고, 하나님의 비전을 따르는 것입니다.
우리는 주기도문을 통해 우리 뜻을 하나님 뜻 앞에 내려놓아야 함을 배웁니다. 기도는 하나님의 비전이 나의 비전이 되고, 그분의 성품이 나의 인격이 되기를 구하는 것입니다. 이는 우리가 이 세상에서 하나님 나라의 종으로 살아가겠다는 책임 있는 결단으로 이어집니다. 하나님을 온전히 신뢰하고 기도할 때 우리는 그분이 우리를 통해 역사하시는 놀라운 기쁨에 동참하게 될 것입니다.

나는 기도로써 하나님의 역사에 동참하고 있습니까?

❶ 하나님의 뜻을 이루는 도구로 쓰임 받기 위해 기도합니까?
❷ 세상의 악함과 무질서 속에 하나님 나라가 임하게 해 달라고 간절히 기도합니까?

071
마 6:9-13

용서는 나 자신을 위한 것이다

다른 사람을 용서할 때 우리를 향한 하나님의 용서가 완성됩니다.
"죄"는 매일 쌓이는 '빚'과도 같습니다. 우리가 하나님께 갚을 수 없는 빚을 탕감받았듯이, 우리도 타인에게 남겨진 빚진 마음을 용서해야 합니다. 우리가 용서받았다는 사실만으로는 충분하지 않습니다. 용서의 은혜가 우리 삶에서 실제로 경험되려면 용서의 행동이 뒤따라야 합니다.

용서는 자기 자신을 위한 영적 치유의 한 과정입니다.
용서는 상대방의 잘못을 못 본 척 넘어가거나 관계를 억지로 유지하는 행위가 아닙니다. 용서는 상처 입은 자신을 위해 과거의 아픔에서 벗어나도록 짐을 털어 버리는 행위입니다. 용서하지 못한 채 상처를 계속 안고 있으면, 우리 영혼은 시들고 하나님의 사랑을 온전히 경험할 수 없습니다. 상처를 곱씹고 기억하는 한, 우리 마음은 멍든 채로 예민해질 수밖에 없습니다. 용서하는 순간, 비로소 멍든 마음을 치유 받고 하나님과 올바른 관계를 맺게 됩니다.

진정한 용서는 성령의 도우심을 구하는 기도에서 시작됩니다.
용서하기 힘든 상황에서, 우리는 기도로써 성령의 도우심을 구해야 합니다. 중보기도는 미워하는 마음을 극복하고, 예수님의 시선으로 상대방을 바라보게 합니다. 그러므로 아무런 단서를 달지 말고, 우리가 주님께 용서받은 것처럼 주위 사람을 용서하십시오. 용서하기에 특별한 날이나 특별한 이유가 있지는 않습니다. 누군가를 용서해야만 하나님의 용서를 누릴 자격이 있습니다.

타인을 용서하는 것은 자기 자신을 위한 것임을 믿습니까?

❶ 용서해야 하나님의 은혜를 경험할 수 있음을 깨닫습니까?
❷ 용서는 우리 힘만으로 불가능하다는 사실을 믿습니까?

탕감받은 대로 용서하라

072

마 6:9-13

날마다 용서의 은혜를 기억하고 죄 사함을 받아야 합니다.
그렇지 않으면 우리 삶이 죄책감으로 한없이 우울해질 것입니다. 죄 사함을 받았으나 그 기쁨을 곧 상실하게 될 것입니다. 오늘 우리는 내 죄가 크지만 하나님의 자비하심이 더욱 크다는 사실을 고백해야 합니다. 죄를 사해 달라는 기도 속에는 내 죄를 고백하는 내용이 담겨 있습니다. 죄를 고백하면, 죄의 능력이 사라집니다. 마치 밝은 빛으로 나아가면, 곰팡이들이 더 이상 번지지 못하고 소멸하는 것과 마찬가지입니다. 용서를 구하는 기도는 우리를 빛으로 인도합니다.

죄는 하나님께 진 빚과 같습니다.
그리스도인은 하나님께 갚아야 할 빚을 은혜로 탕감받은 자들입니다. 그러므로 이 은혜를 받은 그리스도인은 다른 사람들의 빚을 탕감해 주어야 합니다. 이렇게 기도하십시오. "아무개를 용서할 수 있게 해 주세요!" 그다음은 필요하지 않습니다. 누군가를 용서하는 순간, 이미 당신의 마음에는 용서받은 자의 평안이 찾아올 것이기 때문입니다. 하나님은 우리에게 "너는 얼마나 많은 빚을 지었느냐?"를 묻지 않으시고 "너는 누구를 용서하였느냐?"를 물으십니다.

빚은 어떻게든 처리해야 합니다.
용서의 빚을 갚는 데는 어떤 이유도 없어야 합니다. 상대방이 아무리 힘들게 해도, 일단 그 사람을 위해 기도하기 시작하면 더 이상 그를 비난하거나 미워할 수 없습니다. 중보기도를 하면 원래 이상하고 참을 수 없었던 얼굴이, 예수님이 피로써 사신 이의 얼굴, 용서받은 죄인의 얼굴로 변합니다. 중보기도로 극복할 수 없는 미움이나 갈등이나 분열은 없습니다. 진정한 용서는 우리 삶을 평안하게 만듭니다.

날마다 용서의 은혜를 기억하고, 죄 사함을 받고 있습니까?

❶ 죄를 고백함으로써 죄의 능력이 사라짐을 경험한 적이 있습니까?
❷ 누군가를 용서한 순간, 평안이 찾아온다는 것을 믿습니까?

073 매일 필요한 것을 구하라
마 6:9-13

"일용할 양식"을 구하는 기도는 하나님을 향한 전적인 의존의 고백입니다. 이 기도는 단순히 생존을 위한 기도가 아닙니다. 이는 하나님이 매일 우리 삶에 필요한 것을 공급해 주신다는 믿음의 표현입니다. 이 기도는 미래의 불안과 염려를 내려놓고, 오늘 하루의 삶을 하나님께 온전히 맡기는 자세를 요구합니다. 이 기도를 통해 우리는 필요한 것과 원하는 것을 분별하게 되며, 소유에 대한 욕심에서 벗어나 감사하는 마음으로 살아갈 수 있게 됩니다.

일용할 양식을 구하는 삶은 세상의 두려움에서 벗어나는 것입니다.
세상은 자기 것을 쌓아 두고 지키려는 두려움과 욕심으로 가득 차 있습니다. 이러한 두려움은 끊임없는 경쟁과 갈등을 낳습니다. 그러나 "일용할 양식"을 구하는 사람은 하나님이 매일 필요한 것을 채워 주실 것을 믿기에, 세상의 두려움으로부터 자유로워집니다. 이는 삶의 속도를 늦추고, 소유가 아닌 하나님과의 관계에 집중하게 하는 영적인 여유를 가져옵니다. 이 기도는 우리가 세상의 방식이 아닌 하나님의 통제 아래 있겠다는 믿음의 고백입니다.

하나님의 공급하심을 믿을 때 우리는 하나님 나라와 의를 먼저 구하게 됩니다.
예수님은 염려하지 말고 "너희는 먼저 그의 나라와 그의 의를 구하라 그리하면 이 모든 것을 너희에게 더하시리라"(마 6:33)라고 말씀하셨습니다. "일용할 양식"을 구하는 기도는 이 말씀의 실천입니다. 하나님이 우리의 필요를 아시며 채워 주실 것을 믿기에, 우리는 더 이상 먹고 마시는 문제에 집착하지 않고, 하나님의 뜻과 나라를 구하는 데 집중할 수 있습니다. 이 기도는 우리 삶의 우선순위를 바꾸어 하나님 나라를 위해 헌신하는 삶으로 이끕니다.

나는 쌓는 사람입니까, 필요를 채우시는 하나님을 믿는 사람입니까?

❶ 일용할 양식을 구하는 것은 하나님께 전적인 의존의 고백임을 믿습니까?
❷ 먹고사는 문제에서 벗어나 하나님의 뜻과 나라를 구하는 데 집중하고 있습니까?

겸비한 자세로 인도하심을 구하라

074
마 6:9-13

인도하심을 구하는 기도는 우리의 연약함을 인정하는 고백입니다.
주기도문의 "우리를 시험에 들게 하지 마시옵고 다만 악에서 구하시옵소서"(마 6:13)라는 구절은 우리는 자기 힘으로는 죄와 악을 이길 수 없는 연약한 존재임을 인정하는 기도입니다. 이 기도는 단순히 시험을 피하게 해 달라는 소극적인 간구가 아닙니다. 우리의 능력은 하나님에게서 나옴을 고백하며 그분의 인도하심 없이는 온전한 삶을 살 수 없음을 아는 겸손한 마음의 표현입니다.

진정한 기도는 하나님의 인도하심을 따르는 삶의 훈련입니다.
우리가 하나님의 인도하심을 구하는 기도를 하는 것은 마치 훈련된 운동선수가 본능적으로 움직이듯 말씀과 기도로 훈련된 삶을 살겠다는 의미입니다. 하나님의 뜻대로 살기 위해서는 말씀을 깊이 공부하고, 그 지식이 삶에 배도록 노력해야 합니다. 이처럼 기도는 우리 삶을 하나님이 원하시는 방향으로 이끌어 가도록 돕는 능동적인 훈련입니다. 하나님의 말씀을 아는 만큼 하나님의 뜻을 따라 살 수 있습니다.

인도하심을 구하는 기도는 자신을 낮추는 겸비한 자세에서 시작됩니다.
하나님은 여호와의 전을 건축한 솔로몬에게 "내 이름으로 일컫는 내 백성이 그들의 악한 길에서 떠나 스스로 낮추고 기도하여 내 얼굴을 찾으면 내가 하늘에서 듣고 그들의 죄를 사하고 그들의 땅을 고칠지라"(대하 7:14)라고 말씀하셨습니다. 여기서 "스스로 낮추고"란 '겸비하다'의 원뜻인 '무릎을 꿇고 엎드림'을 의미합니다. 이는 교만했던 자신을 버리고, 하나님 앞에 완전히 복종하는 겸손한 자세를 말합니다. 자신의 약함을 인정하고 겸비한 마음으로 기도할 때 우리는 비로소 하나님의 인도하심을 받을 수 있습니다.

나는 자신이 연약한 존재임을 인정하며 하나님께 기도합니까?

❶ 겸손한 자세로 하나님의 인도하심을 구하고 있습니까?
❷ 자신을 낮추는 겸비한 자세가 신앙의 핵심임을 깨닫습니까?

075 위선적인 기도를 경계하라
마 6:5-8

외식하는 기도는 사람에게 잘 보이려는 욕심에서 나옵니다.
예수님은 사람에게 보이려고 회당과 큰 거리에서 기도하는 외식하는 자들을 경계하라고 말씀하셨습니다. 예수님은 외식하는 자들은 이미 사람들에게서 상을 받았으므로 하나님께는 아무런 상이 없다고 선언하십니다. 우리 기도가 사람의 시선에 갇혀 있지는 않은지 돌아봐야 합니다.

위선적인 모양의 '종교적인 기도'를 경계하십시오.
'종교적인 기도'란 하나님을 이용하여 이득을 취하고자 드리는 기도입니다. 종교적인 사람은 하나님께 뭔가를 얻기 위해 기도하지만, 복음적인 사람은 하나님을 더 얻기 위해 기도합니다. 그래서 종교적인 기도는 매우 사업적이지만, 복음적인 기도는 매우 개인적이며 인격적입니다. 종교적인 사람은 하나님께 원하는 바를 얻기 위해 잘 보여야 한다고 생각하므로 온갖 미사여구를 동원하여 중언부언하기 일쑤입니다.

내 기도의 진짜 목적이 무엇인지 스스로 돌아보십시오.
예수님은 "너는 기도할 때에 네 골방에 들어가 문을 닫고 은밀한 중에 계신 네 아버지께 기도하라"(마 6:6)라고 말씀하셨습니다. 이는 단순히 장소에 관한 지침이 아니라 기도의 동기가 무엇인지를 묻는 것입니다. 그 동기는 은밀한 곳, 곧 아무도 보지 않는 곳에서 드리는 기도의 내용을 보면 알 수 있습니다. 내 기도가 사람들 앞에서는 화려하고 정제된 언어로 가득 차 있지만, 골방에서는 어떠한지 스스로 돌아봐야 합니다.

나는 사람들에게 잘 보이려는 욕심으로 기도하고 있지는 않습니까?

❶ 골방에서 하나님과 단둘이 소통하는 은밀한 기쁨을 누리고 있습니까?
❷ 기도를 통해 하나님을 설득하려 하기보다 주님을 더욱 알아 가기를 원합니까?

기도가 응답되지 않을 때 돌아보라

076

마 6:5-8

기도가 응답되지 않을 때 자기 마음을 들여다보십시오
야고보 사도는 "구하여도 받지 못함은 정욕으로 쓰려고 잘못 구하기 때문"(약 4:3)이라고 말합니다. 하나님은 우리의 모든 기도를 들으신다고 약속하셨습니다. 그러나 하나님 안에서 찾아야 할 만족을 다른 것에서 얻기 위해 기도한다면, 그것이야말로 정욕으로 구하는 기도요 '영적 간음'인 것입니다. 하나님은 우리 마음이 정욕이 아닌 '정결'로 채워지기를 원하십니다.

기도가 응답되지 않을 때 하나님의 마음을 헤아려 보십시오.
부모가 자녀를 진정으로 사랑한다면, 자녀가 원하는 대로 다 들어주지는 않습니다. 자녀에게 무엇이 유익인가를 먼저 생각하기 때문입니다. 저는 자식을 키우면서 하나님 아버지의 마음을 비로소 헤아리게 되었습니다. 하나님이 우리 기도에 응답하시지 않는 것은 때로 '사랑함에도 불구하고'가 아니라 '사랑하기 때문에'일 수 있습니다. 저는 하나님의 뜻과 계획이 내가 생각하는 것보다 훨씬 더 깊고 크심을 믿습니다. 내 계획보다 하나님의 인도하심이 훨씬 더 선하심을 믿습니다.

예수님도 당신의 뜻대로 기도 응답을 받지 못하신 적이 있습니다.
예수님은 십자가에 매달리시기 전 겟세마네에서 "아버지여 만일 아버지의 뜻이거든 이 잔을 내게서 옮기시옵소서"(눅 22:42)라고 기도했습니다. 결국 하나님은 당신의 뜻을 바꾸지 않으셨습니다. 우리를 구원하시기 위한 계획을 포기할 수 없으셨기 때문입니다. "하나님이 기적을 베푸셨어!"라는 말은 자신의 최선을 다했지만, 하나님의 방법이 아니고는 얻을 수 없는 결과를 얻었을 때 터져 나오는 고백입니다.

기도가 응답되지 않을 때 나는 어떻게 반응합니까?

❶ 하나님이 내 기도에 응답하시지 않는 이유를 헤아려 본 적이 있습니까?
❷ '내 뜻대로'가 아니라 '하나님의 뜻대로' 되기를 구하고 있습니까?

077
마 20:29-34

끈질긴 기도가 하나님의 마음을 움직인다

기적은 끈질긴 믿음에서 시작됩니다.
예수님이 여리고를 떠나실 때 두 맹인이 "주여 우리를 불쌍히 여기소서 다윗의 자손이여"(마 20:30)라고 소리 질렀습니다. 많은 무리가 그들을 꾸짖었지만 그들은 굴하지 않고 더욱 크게 소리 질렀습니다. 그들의 간절하고 끈질긴 외침은 예수님의 발걸음을 멈추게 했습니다. 예수님은 그들에게 무엇을 원하느냐고 물으셨고, 그들은 눈 뜨기를 간청했습니다. 이처럼 기적은 우리가 포기하지 않고 끝까지 하나님을 의지할 때 일어납니다.

끈질김은 믿음의 가장 확실한 표징입니다.
신실하신 주님이 이루실 것을 믿는 믿음은 끝까지 견디는 힘을 줍니다. 도중에 포기하는 것은 확신이 없기 때문입니다. "믿음으로 믿음에 이르게 하나니"(롬 1:17)라는 말씀처럼 믿음의 역사는 믿음으로만 가능합니다. 예수님이 두 맹인의 부르짖음을 듣고 감동하셔서 그들에게 다가가신 것처럼 우리의 끈질긴 기도는 하나님의 마음을 움직입니다. 기적을 위해 하나님께 부르짖는 기도가 필요한 이유가 여기에 있습니다.

은혜와 믿음이 만나는 순간 기적이 일어납니다.
결국 기적은 우리를 향한 하나님의 은혜와 포기하지 않는 우리의 끈질긴 믿음이 만나는 순간에 일어납니다. 주님은 우리를 향한 관심이 많으시며, 우리는 끊임없이 주님께 우리의 간절함을 보여 드려야 합니다. 두 맹인이 사람들의 만류에도 굴하지 않고 더 크게 외친 것처럼, 우리는 주변의 소음에 흔들리지 말고, 하나님께 발견되기를 사모하며 끈질기게 기도해야 합니다. 절망에 빠져 허우적거릴 시간에 끈질기게 부르짖음으로써 하나님의 관심을 끄십시오.

끈질김이야말로 믿음의 가장 확실한 표징임을 압니까?

❶ 포기하지 않고 하나님을 의지하면, 기적이 일어날 것을 믿습니까?
❷ 끈질긴 믿음으로 기적을 경험한 적이 있습니까?

2

붙들어 주시는 손길,
견딤으로 맺는 회복과 변화

Chapter

4

회복,
무너진 자리에서
다시 일어서는 힘

기적은 믿음을 통해 일어난다

078

마 9:20-22

절망 속에서도 희망을 선택하는 것이 믿음입니다.
열두 해 동안 혈루증으로 고통받던 여인은 질병뿐 아니라 공동체로부터 격리되는 이중의 고통을 겪었습니다. 그러나 그녀는 절망의 유혹에 굴복하지 않고, 예수님께 나아가고자 하는 소망을 품었습니다. 믿음은 현실의 절망적인 상황에도 불구하고 하나님을 의지하며 희망의 끈을 놓지 않는 것입니다. 포기하지 않고 끝까지 주님의 능력을 신뢰하는 이 여인의 모습은, 믿음이 가장 잔인한 유혹인 절망을 이기는 강력한 힘임을 보여 줍니다.

믿음은 보고 들음으로써 자라납니다.
이 여인이 예수님의 "겉옷만 만져도 구원을 받겠다"(마 9:21)라고 생각한 것은, 예수님의 기적들을 보고 들으면서 그 마음에 믿음이 싹텄기 때문입니다. 믿음은 한순간에 완성되는 것이 아니라, 주님을 묵상하고 말씀을 들으며 차곡차곡 쌓이는 것입니다. 비록 사람들에게 들킬까 봐 두려워서 몰래 예수님의 뒤로 다가갔지만, 그녀의 작은 믿음은 예수님의 능력을 이끌어 내는 통로가 되었습니다. "믿음은 들음에서 나며 들음은 그리스도의 말씀으로 말미암았느니라"(롬 10:17)라는 말씀처럼, 주님과 동행하는 삶을 통해 우리의 믿음은 자라게 됩니다.

하나님의 기적은 우리의 믿음 위에서 이루어집니다.
하나님의 기적은 절망에 갇힌 우리의 삶에 희망을 불어넣으려는 크신 사랑의 표현입니다. 우리의 삶에 기적이 일어나기 위해서는 불신과 원망의 말을 삼가고, 하나님의 약속을 입술로 시인하며 권세 있는 말로 명령하는 믿음의 행동이 필요합니다.

나는 믿음이 절망을 이기는 강력한 힘임을 믿습니까?

❶ 절망적인 상황에도 불구하고, 하나님의 소망을 붙들고 있습니까?
❷ 불신과 원망의 말 대신 믿음의 말을 선포하고 있습니까?

079

마 8:5-13

말씀의 권세를 믿으라

백부장의 믿음은 말씀만으로 충분하다는 고백입니다.
백부장은 중풍병에 걸린 자신의 하인을 고쳐 달라고 예수님께 간구했습니다. 예수님이 친히 가서 고쳐 주겠다고 하시자 백부장은 "주여 내 집에 들어오심을 나는 감당하지 못하겠사오니 다만 말씀으로만 하옵소서"(마 8:8)라며 만류했습니다. 이는 예수님의 존재 자체에 대한 외적인 존경을 넘어 그분의 말씀이 곧 권위이며 능력임을 온전히 믿는 내적 신앙의 고백입니다. 백부장은 '말씀의 권세'에 대한 깊은 이해가 있었기에 이런 고백을 할 수 있었습니다.

하나님을 놀라시게 하는 특별한 믿음이 있습니다.
예수님은 백부장의 대답을 듣고 "이스라엘 중 아무에게서도 이만한 믿음을 보지 못하였노라"(마 8:10)라고 그를 칭찬하셨습니다. 즉 예수님을 따르던 이스라엘 사람들보다 이방인인 백부장의 믿음이 더 뛰어났다는 뜻입니다. 백부장은 예수님을 인격적으로 경험하고, 그분의 주되심(Lordship)을 온전히 인정하였습니다. 이처럼 주님을 놀라게 할 만한 특별한 믿음은, 자신의 한계나 상황을 뛰어넘어 오직 하나님의 말씀만을 신뢰하고 따르는 모험적인 신앙에서 비롯됩니다.

우리의 믿음대로 하나님의 기적이 이루어집니다.
백부장은 군인으로서 상사의 명령에 복종할 뿐 아니라 부하에게도 명령을 내리던 경험을 통해 예수님의 말씀이 곧 명령이며 권세임을 고백했습니다. 그 믿음의 고백을 들으신 예수님은 "네 믿은 대로 될지어다"(마 8:13)라고 선포하셨고, 그 즉시 하인이 나음을 입었습니다. 기적은 우리를 향한 하나님의 사랑 표현이지만, 또한 우리의 믿음을 통해 구체적으로 나타납니다. 우리가 가진 문제보다 크신 주님의 권세를 믿고, 그분의 말씀에 순종하면 기적을 경험할 수 있습니다.

나는 하나님의 말씀이 곧 권위이며 능력임을 믿습니까?

❶ 말씀의 권세를 믿음으로써 기적을 경험한 적이 있습니까?
❷ 나의 한계를 뛰어넘어 오직 하나님의 말씀만을 신뢰하며 나아가 본 경험이 있습니까?

매달림의 방향을 하나님께로 돌리라

080
창 25:26

인간의 매달림은 치열하지만 궁극적인 만족은 없습니다.
야곱은 태어날 때부터 형의 발꿈치를 잡고 나왔듯이 장자권, 축복 기도, 라헬에 대한 사랑, 재산 등 모든 것에 끈질기게 매달렸던 사람입니다. 그는 대단한 집념을 보였지만, 라반에게 속아 하인처럼 일하며 고통과 위협이 끊이지 않는 삶을 살았습니다. 매달림의 방향이 자신이 얻고자 하는 것에 있을 때 그 결과는 두려움 속에 쫓기는 인생이 될 뿐입니다.

위기의 순간은 매달림의 방향을 하나님께로 바꾸는 기회입니다.
평생을 치열하게 살아온 야곱에게 400명의 용사를 이끌고 오는 형 에서의 소식은 죽음의 두려움을 선사했습니다. 그 순간, 그가 찾은 것은 재산이나 능력이 아닌 "내 조부 아브라함의 하나님, 내 아버지 이삭의 하나님 여호와"(창 32:9)이었습니다. 야곱이 얍복 나루에서 하나님을 찾고 기도했다는 것은 그의 인생에 놀라운 축복입니다.

믿음으로 뒤로 물러나지 않으면 지혜와 창의력이 샘솟습니다.
승리는 '뒤로 물러나지 않는 태도'에 있으며, 믿음으로 버틸 때 남이 보지 못하는 것을 생각하게 되고, 창의력이 샘솟게 됩니다. 장벽은 우리를 가로막는 것이 아니라 우리가 무엇을 얼마나 절실하게 원하는가를 보여 줄 기회를 제공합니다.

두려움의 순간에 나는 하나님께 먼저 나아가고 있습니까?

❶ 나는 지금 무엇에 매달리고 있으며, 그 매달림의 방향은 하나님께로 향하고 있습니까?
❷ 믿음으로 버티며 하나님의 지혜와 새로운 길을 구하고 있습니까?

081
마 9:1-7

사랑하는 사람을 위한 중보기도

중풍병자를 데려온 친구들의 믿음으로 기적이 일어났습니다.
기적이 일어나는 데는 다양한 요인이 있는데, 침상에 누운 중풍병자에게 일어난 기적은 당사자의 믿음이 아닌 친구들의 간절한 믿음 덕분이었습니다. 예수님은 "그들의 믿음을 보시고"(마 9:2) 중풍병자에게 구원을 선포하셨습니다. 이는 기적이 도움을 받는 사람의 믿음뿐 아니라, 그를 위해 헌신하고 기도하며 나아가는 중보자의 믿음에 의해 일어날 수 있음을 보여 줍니다.

기적은 "온전하게 하시는"(히 12:2) 주님만 바라보는 사람에게 일어납니다.
중풍병자의 친구들은 예수님 주변을 메운 많은 사람과 예수님의 사역을 삐딱하게 바라보던 서기관들의 시선에도 아랑곳하지 않았습니다. 그들은 눈앞의 장애물에 집중하는 대신에 오직 예수님만을 바라보며 나아갔습니다. 어떤 사람은 장애물을 보고 실망합니다. 장애물을 보기 시작하면 수없이 많은 이유가 떠오르는 법입니다. 그러나 믿음의 사람들은 장애물을 개의치 않고 주님만 바라보고 나아갑니다. 그럼으로써 탁월한 인생을 살게 됩니다.

우리의 중보기도로 기적이 일어납니다.
예수님이 "그들의 믿음을"(마 9:2) 보셨다는 말씀은 믿음이 없는 가족이나 친구를 위해 중보하는 우리에게 큰 소망을 줍니다. 가나의 혼인 잔치에서 마리아의 믿음이 물이 포도주가 되는 기적을 낳았고, 백부장의 믿음이 하인을 살린 것처럼, 우리가 사랑하는 사람을 위해 드리는 중보기도는 하나님의 놀라운 역사를 일으키는 통로가 됩니다. 우리의 역할은 그들을 주님 앞에 데려다 놓는 것입니다. 우리의 믿음을 보시는 주님이 기적을 베풀어 주실 것입니다.

온갖 장애에도 주님만 바라보며 나아간 경험이 있습니까?

❶ 다른 사람의 중보기도 덕분에 은혜를 경험한 적이 있습니까?
❷ 사랑하는 사람을 위해 날마다 중보기도를 합니까?

소망을 붙잡고 끝까지 인내하라

082

요 5:1-9

은혜를 열망하며 38년간 포기하지 않고 인내한 사람이 있습니다.
예수님은 베데스다 못가에 누운 38년 된 병자를 보시고 "네가 낫고자 하느냐"(요 5:6) 하고 물으셨습니다. 그는 물이 움직일 때마다 먼저 내려가는 사람들 때문에 나을 기회를 번번이 놓쳤지만, 낫고자 하는 열망으로 소망을 버리지 않고 그 자리를 지켜 왔습니다. 38년이라는 긴 세월 동안, 그는 절망적인 상황 속에서도 인내와 소망으로 포기하지 않았고, 결국 예수님을 만날 수 있었습니다.

인내는 믿음의 척도입니다.
사도 바울은 "환난은 인내를, 인내는 연단을, 연단은 소망을"(롬 5:3-4) 이룬다고 말합니다. 철학자 프리드리히 니체는 "나를 파괴하지 못하는 것은 나를 더욱 강하게 만든다"라고 말했습니다. 고난은 우리를 더욱 강하게 만들 뿐입니다. 욥이 고난 속에서도 "내가 가는 길을 그가 아시나니 그가 나를 단련하신 후에는 내가 순금같이 되어 나오리라"(욥 23:10)라고 고백한 것처럼, 우리도 끝까지 참고 인내해야 합니다.

하나님은 인내하는 자에게 은혜를 베푸십니다.
"베데스다"는 '은혜의 집, 자비의 집'이라는 뜻입니다. 베데스다 연못에는 자비가 필요한 많은 사람이 모여 하나님의 은혜를 구하였습니다. 그 은혜는 끝까지 참고 인내하는 자에게 주어집니다. 38년 된 병자가 자리를 지켰을 때 예수님이 그에게 찾아와 "네 자리를 들고 걸어가라"(요 5:8)라고 말씀해 주셨습니다. 우리가 포기하지 않고 기도하며 인내하는 동안, 하나님은 조용히 일하고 계십니다. 하나님의 은혜는 모두에게 값없이 주시지만, 절대로 값싼 것이 아닙니다. 끝까지 참고 인내하는 자에게 고귀한 은혜를 참으로 귀하게 주십니다.

38년 된 병자처럼 끝까지 참고 믿음으로 인내하고 있습니까?

❶ 절망적인 상황 속에서도 인내하고 믿음으로써 주님을 만난 적이 있습니까?
❷ 하나님의 은혜는 인내하는 자에게 주어진다는 것을 믿습니까?

083

마 8:28-34

은혜와 손해를 저울질하지 마라

귀신 들린 자들은 예수님을 알아보았습니다.
가다라 지방에 사는 두 귀신 들린 사람은 사람들이 피하는 무덤에서 살며, 온몸을 상하게 하는 고통 속에 있었습니다. 그들은 예수님을 보자마자 "하나님의 아들이여"(마 8:29)라고 부르며 때가 이르기 전에 자기들을 괴롭히려고 오셨느냐고 소리 질렀습니다. 이들은 예수님이 어떤 분이신지를 영적으로 정확하게 분별하였습니다. 이들의 외침은 예수님의 신성과 권위를 인정하는 고백이었습니다.

하지만 마을 사람들은 예수님을 외면했습니다.
예수님의 명령으로 귀신들이 떠나가고 두 사람이 온전하게 되자 이를 지켜본 마을 사람들은 기뻐하기보다는 두려워했습니다. 귀신들 때문에 고통당했던 것은 잊어버리고, 몰살한 돼지 떼가 아까워진 것입니다. 그들은 결국 주님께 떠나 달라고 청하기까지 했습니다. 마을 사람들은 예수님을 자신들의 생활과 재산을 위협하는 존재로 여긴 것입니다.

기적을 이루기 위해서는 치러야 하는 대가가 분명히 있습니다.
하나님의 기적을 바라는 우리에게 예수님은 삶의 대가를 요구하십니다. 귀신 들린 사람들을 고쳐 주신 이야기의 핵심은 무엇일까요? 예수님은 귀신 들린 사람들뿐 아니라 그들 때문에 고통당하던 온 마을 사람들을 구원하시고자 기적을 베푸신 것이 아니겠습니까? 하나님이 베푸시는 기적 같은 일들은 누군가의 희생을 통해 이루어지는 것을 수없이 경험하고 있습니다. 기적을 위해 당신은 무엇을 내놓으시겠습니까?

한 사람의 희생이 많은 이들의 구원이 됨을 아십니까?

❶ 하나님의 기적을 경험하기 위해서라면 삶의 대가를 기꺼이 치르겠습니까?
❷ 기적을 이루기 위해서 치른 희생을 아까워한 적은 없습니까?

감사는 축복을 길어 올리는 마중물이다

084
눅 17:11-19

구원의 은혜는 모두에게 열려 있습니다.
한 마을에서 나병 환자 열 명이 멀리서 예수님을 향해 "예수 선생님이여 우리를 불쌍히 여기소서"(눅 17:13) 하고 간청하자 예수님이 그들을 모두 깨끗하게 고쳐 주셨습니다. 하나님의 은혜는 누구에게나 값없이 주어지며 이는 보편적인 은혜입니다. 주님은 나병 환자들이 유대인이건 사마리아인이건 따지지 않으셨습니다. 모두가 예수님의 말씀에 순종하여 치유의 은혜를 경험했지만, 사마리아 사람 한 명만이 돌아와 예수님께 감사를 표했습니다.

주님이 원하시는 것은 기적의 놀라움이 아닌 구원의 기쁨입니다.
치유의 기적은 단순히 그들 모두에게 주어진 은혜에 불과합니다. 그러나 사마리아인만이 예수님께 영광을 돌리기 위해 돌아왔습니다. 그는 은혜를 구원으로 완성시키는 특별한 선택을 했습니다. 감사를 표현하지 못함으로써 구원이라는 더 좋은 기회를 잃기도 합니다. 감사의 고백을 몰랐던 제자들은 예수님이 십자가에 달리실 때 다 떠나가지 않았습니까?

감사는 축복을 길어 올리는 마중물과도 같습니다.
감사라는 마중물 한 바가지만 부으면, 축복의 생수가 넘치도록 솟아오를 것입니다. 축복을 받았습니까? 축복을 받은 후가 더욱 중요합니다. 하나님은 감사의 표현을 원하십니다. 우리도 정말 작은 것에도 감사하는 사람을 보면, 그 사람에게 더 좋은 것을 주고 싶은 마음이 들지 않습니까? 하나님께 감사의 마음을 표현하십시오. 축복을 잘 가꾸는 사람이 지혜로운 사람입니다.

나는 감사 기도를 잘 드리는 사람입니까?

❶ "감사하면 불행이 끝나고, 형통이 연장된다"라는 말을 믿습니까?
❷ 모두에게 주어진 은혜를 당연하게 여긴 적은 없습니까?

085

요 2:1-11

기적은 문제 상황에서 일어난다

'기적'이 무엇입니까?
'인간의 상식과 합리성으로는 설명되지 않는 일'이 아니겠습니까? 하나님의 기적은 우리의 상식과 합리성, 그리고 자연의 법칙까지도 뛰어넘습니다. 하나님은 인간의 지성과 감성을 무시하지는 않으시지만 그것들보다 더 크게 보시는 것이 있으니 바로 '믿음'입니다. 우리가 예수를 믿는다는 것은, 상식과 합리성에 근거한 삶이 아니라 주님을 믿는 믿음에 근거한 기적의 삶을 의미합니다. 인간에게는 놀라운 '기적'이 하나님께는 한낱 '상식'에 불과하기 때문입니다.

기적은 문제 상황에서 일어납니다.
예수님의 모든 기적에는 공통점이 있습니다. 기적의 출발점은 바로 '문제 상황'이라는 것입니다. 가나의 혼인 잔치에 포도주가 떨어졌을 때, 당시 하인들의 시선은 문제에 고정되어 있었지만, 마리아의 한마디가 하인들의 시선을 문제에서 예수님께로 옮겨 놓았습니다. 문제를 해결하기 위한 첫걸음은 나의 상식을 내려놓고, 하나님의 말씀에 온전히 순종하는 것입니다.

믿음은 때로 모험이지만, 기적 곧 새로운 변화의 시작입니다.
하인들이 예수님을 신뢰한 덕분에 최상의 포도주가 가득 만들어졌습니다. 이 기적을 통해 예수님은 문제를 해결하셨을 뿐만 아니라 잔치에 초대된 사람들에게도 놀라운 축복과 은혜를 베풀어 주셨습니다. 하나님의 방법은 항상 우리의 기대 이상이며 가장 좋은 것을 예비하고 계십니다.

문제 상황에 부딪힐 때 어떻게 반응합니까?
❶ 내 삶의 문제가 하나님의 영광을 드러낼 기회임을 믿습니까?
❷ 내 생각과 상식을 내려놓고, 주의 말씀에 온전히 순종할 수 있습니까?

염려는 비전을 가로막는 장애물이다

086

빌 4:6-7

삶에 평강이 있기를 원하십니까?
사도 바울은 "아무것도 염려하지 말고"(빌 4:6)라고 단호하게 말합니다. 이는 자기 힘으로는 해결할 수 없는 문제가 있다면, 붙잡고 염려하는 대신에 모든 것을 주님께 맡기라는 의미입니다. 마치 아이가 부모에게 모든 짐을 맡기듯 우리의 모든 염려와 필요를 하나님께 내어놓는 것이 평강의 첫걸음입니다. 우리가 짐을 맡길 때 비로소 주님께서 일하실 공간이 생깁니다.

믿음이 있는 사람은 염려하지 않습니다.
기적의 중심에는 '믿음'이 있습니다. 그런데 이 믿음과 가장 반대되는 말이 "염려"입니다. 염려는 사탄이 주는 생각이요 무서운 것입니다. 믿음은 우리로 하여금 절망에서 소망을 보게 하고 문제 상황 가운데서 기적을 경험하게 하지만, 염려는 우리를 절망의 구렁텅이로 밀어 넣을 뿐입니다. 염려만 하는 사람은 안 되는 이유를 끝없이 만들어 내며 어떤 일에도 도전하지 않습니다. 염려는 비전을 가로막는 장애물입니다.

주님께 모든 것을 맡긴 삶은 평강을 통해 증명됩니다.
우리가 아무것도 염려하지 않고 모든 일에 "기도와 간구"(빌 4:6)로 하나님께 아뢰는 것은, 주님이 우리를 사랑하시고 우리의 필요를 가장 잘 아시며 채워 주실 분임을 신뢰하기 때문입니다. 하나님께 모든 것을 맡긴 사람에게는 "모든 지각에 뛰어난 하나님의 평강"(빌 4:7)이 찾아옵니다. 이 "평강"은 세상의 조건이나 상황에 좌우되지 않는 초월적인 것입니다. 세상이 빼앗을 수 없는 평강을 경험하고 사는 것보다 더 큰 기적이 있을까요?

문제가 생겼을 때도 아무것도 염려하지 않을 수 있습니까?

❶ 모든 짐을 주께 맡기고 주님이 일하실 공간을 마련하고 있습니까?
❷ 세상이 빼앗을 수 없는 평강을 경험하며 살고 있습니까?

087
요 11:1-23

믿음의 권세가 능력으로 나타나게 하라

예수님을 영접하고 그 이름을 믿는 자들에게는 이런 일이 일어납니다.
베다니에 사는 남매, 마리아와 마르다와 나사로의 가정은 예수님과 친밀한 교제를 나누었습니다. 그런데 나사로가 병들어 죽게 되었습니다. 이 특별한 믿음의 가정에 그리스도의 능력이 나타나야 할 때입니다. 이들 남매는 "하나님의 자녀가 되는 권세"(요 1:12)를 가지고 있었으나 그들에게 주님의 능력이 아직 임하지는 않았습니다. 권세를 가지는 것과 주님의 능력이 나타나는 것은 다릅니다.

권세를 가졌으나 능력을 나타내는 사람은 그리 많지 않습니다.
마리아와 마르다는 주님이 오시면 문제가 해결되리라고 생각했을 것입니다. 주님은 어떤 병도 고치실 수 있는 분임을 분명히 믿었을 것입니다. 그러나 나사로가 죽는 순간, 그 믿음이 사라져 버리고 말았습니다. 주님이 죽은 자를 살리실 수 있다는 믿음이 없었기 때문입니다. 문제 해결의 범위가 믿음의 한계를 넘지 못했던 것입니다. 그래서 좌절하며 눈물을 흘렸습니다.

믿음의 권세는 입술을 통해 능력으로 나타납니다.
고난이 문제가 아니라 고난 가운데서 하나님의 역사를 체험하지 못함이 문제입니다. 나사로의 죽음으로 인해 온 가족이 슬픔에 싸여 있었지만, 주님은 그들을 잊지 않으셨습니다. 오히려 영광을 드러낼 준비를 하고 계셨습니다. 기적은 주님의 두 가지 명령, "나사로야 나오라"(요 11:43)와 "풀어놓아 다니게 하라"(요 11:44)로 실현되었습니다. 믿음의 권세는 가슴속에 품어 둔 생각이 아니라 담대한 외침으로 능력을 발휘함을 기억하십시오.

나는 죽은 자를 살리시는 주님의 능력을 믿습니까?

❶ 문제 해결의 범위가 믿음의 한계를 넘지 못한 적이 있습니까?
❷ 믿음의 능력이 고백을 통해 나타난 경험이 있습니까?

빈 병이 되어
은혜의 바다로 들어가라

088

마 5:3

산상수훈의 팔복 메시지는 '가난'으로 시작합니다.
예수님은 "심령이 가난한 자는 복이 있나니 천국이 그들의 것"(마 5:3)이라고 말씀하셨습니다. 이는 단순히 물질이 없는 상태를 넘어, 영적으로 아무것도 가진 것이 없다는 것을 철저히 인정하는 마음의 상태를 말합니다. 자기 의나 공로를 내세우지 않고, 오직 하나님 앞에서 자신의 비참함을 깨닫는 영적 파산 상태를 의미합니다. 이처럼 마음을 비워야만 그 빈자리에 하나님의 은혜와 축복이 채워질 수 있습니다.

텅 빈 마음은 하나님을 향한 갈망으로 채워집니다.
마음이 가난한 사람은 자기 힘으로는 스스로 구원받을 수 없음을 알기에 오직 하나님만을 찾게 됩니다. 가인이 아벨을 죽인 후 셋의 아들 "에노스"가 태어난 때부터 "사람들이 비로소 여호와의 이름을" 부르기 시작했던 것처럼(창 4:26), 자신의 무능함을 깨달은 영혼만이 하나님께 온전히 의지하게 됩니다. 물질의 풍요로움이 우리를 하나님에게서 멀어지게 한다면, 영적 가난함은 우리를 하나님께로 이끄는 큰 축복이라고 할 수 있습니다.

참된 가난은 천국의 소유로 이어집니다.
혹시 지금 마음이 가난하여, 스스로는 해결할 수 없는 영적 비참함을 경험하고 있습니까? 자신이 빈 병이 되어 은혜의 바다로 들어가는 상상을 해 보십시오. 단 뚜껑이 열려 있어야 합니다. 뚜껑이 닫혀 있으면 바다에 빠져도 채워지지 않을 것입니다. 주님의 긍휼을 간구하며 은혜의 바닷물로 채워 주시기를 간구하십시오. 우리의 심령도, 우리의 삶도 이와 마찬가지입니다. 가난한 자, 비어 있는 자만이 채워질 수 있습니다.

자기 의나 공로를 내세우지 않고, 빈 마음으로 하나님 앞에 섭니까?

❶ 영적 비참함을 느낄 때 하나님 아버지를 전적으로 의지합니까?
❷ 영적 가난함이야말로 하나님께 향하게 하는 축복임을 믿습니까?

089 경건한 불평

시 10:1

그리스도인이라고 불평이 없겠습니까?
신앙의 길을 걷다 보면 "여호와여 어찌하여 멀리 서시며 어찌하여 환난 때에 숨으시나이까"(시 10:1)라고 고백한 시편 기자처럼 답답함이 밀려오는 순간이 있습니다. 악인이 득세하고 교만한 자가 승리하는 것처럼 보이며 하나님이 침묵하시는 것처럼 느껴질 때, 우리 마음에도 자연스레 불평이 올라옵니다. 그러나 성경은 그것마저도 하나님께 가져가라고 말합니다.

시편 기자의 불평은 우리가 보편적으로 느끼는 감정이 아닐까요?
그러나 제대로 불평해야 합니다. 우리의 불평은 두 방향으로 흘러갑니다. 하나는 교만으로 흐르는 방향이요 다른 하나는 하나님의 품으로 향하는 방향입니다. "왜 내 뜻대로 안 되느냐"라는 못마땅함이 교만의 길로, "하나님, 저는 연약합니다. 저를 도와주세요"라는 고백이 하나님의 품으로 우리를 인도하는 것입니다.

경건한 불평은 우리를 새로운 길로 인도합니다.
우리가 고통의 한복판에 있을 때에도 하나님은 여전히 일하고 계십니다. 하나님은 "모든 것이 합력하여 선을"(롬 8:28)이루게 하시는 분임을 잊지 마십시오. 경건한 불평은 애통의 광야를 지나 자비의 요청으로 나아갑니다. 바로 그 길 위에서 우리는 짙은 어둠보다 더 깊은 하나님의 자비를 경험하게 될 것입니다.

지금 나의 불평은 교만을 향합니까, 하나님의 품을 향합니까?

❶ 내 마음에 있는 불평을 하나님께 숨김없이 올려 드릴 수 있습니까?
❷ 불평하는 데서 그치지 않고, 하나님의 도우심을 구하고 있습니까?

기꺼이 애통해하라

090

마 5:4

우리는 즐거움을 추구하는 시대에 살고 있습니다.
세상은 우리에게 "Don't worry, be happy!", 곧 "걱정하지 말고, 행복하게 살아!"라고 말합니다. 괴로움이나 슬픔은 금기시합니다. 그러나 예수님은 "애통하는 자는 복이 있나니 그들이 위로를 받을 것임이요"(마 5:4)라고 말씀하십니다. 이는 세상의 가치관과는 정반대되는 말씀입니다. 애통함은 단순히 슬퍼하는 감정을 넘어 하나님 앞에서 우리 영혼을 정화하는 중요한 행위입니다.

눈물이 멈춘 자리에는 메마름이 찾아옵니다.
"햇빛만 쏟아지는 곳은 사막이 된다"라는 아랍 속담이 있습니다. 끊임없이 웃고 즐기는 삶은 겉으로는 화려해 보이지만, 영적으로는 메말라 갈 수 있습니다. 한국 교회의 부흥은 눈물과 애통함의 역사와 함께했습니다. 한국 전쟁 이후 경제적으로 어려웠던 시절, 성도들은 하나님 앞에서 통곡하며 기도했습니다. 그들의 눈물은 사막 같던 영혼을 적시는 단비가 되어, 큰 위로와 부흥의 역사를 낳았습니다. 진정한 영적 성장은 애통함의 강을 건널 때 이루어집니다.

애통함은 위로를 위한 첫걸음입니다.
애통하는 자가 복이 있는 이유는 그들이 하나님의 위로를 받기 때문입니다. 그 위로는 단순히 감정적인 위안을 넘어 문제의 근원을 해결하는 능력을 동반합니다. 히스기야 왕이 죽음 앞에서 통곡하며 기도할 때 하나님은 "내가 네 기도를 들었고 네 눈물을 보았노라"(왕하 20:5)라고 말씀하시며 그의 생명을 연장해 주셨습니다. 하나님은 우리의 눈물을 기억하시고, 그 눈물을 닦아 주시는 분입니다. 그러니 기꺼이 애통해하십시오. 나의 애통함으로 인하여 이 땅에 부흥의 역사가 임할 것을 믿으십시오.

진정한 영적 성장은 애통함의 강을 건널 때 이루어짐을 믿습니까?

❶ 기도하며 흘리는 눈물이 영혼을 적시는 단비와도 같음을 경험한 적이 있습니까?
❷ 하나님은 내 눈물을 기억하시고, 그 눈물을 닦아 주시는 분임을 압니까?

091
마 5:4

울음을 저주로 생각하지 말라

애통하는 자만이 받을 수 있는 기쁨과 위로가 있다는 것을 압니까?
사랑의교회 고(故) 옥한흠 목사님은 "신앙생활의 밑바닥에는 눈물의 강이 흐르고 있음을 기억하라. 그것을 모른 채 신앙생활을 한다면, 그것은 아주 천박한 신앙이다"라고 말한 바 있습니다. 여러분에게 묻고 싶습니다. 예수를 믿고 나서 정말로 진지하게 울어 본 적이 있습니까? 자기 자신을 들여다보면서, 또는 누군가를 생각하며 애통한 마음으로 울어 본 적이 있습니까?

먼저, 자기 죄에 대하여 눈물을 흘리십시오.
예수님을 믿고 구주로 고백하는 순간, 우리는 죄 사함을 받았습니다. 그것은 분명합니다. 그러나 우리는 여전히 죄에 완전히 노출된 채 세상을 살아가야 합니다. 그래서 늘 죄를 짓고, 언제라도 죄지을 가능성이 있는 것이 사실입니다. 만일 이미 구원받았고 성령 충만하므로 더는 눈물 흘리며 회개할 것이 없다고 생각한다면, 그것은 사탄의 속삭임입니다. 사실, 기쁨과 평안은 애통함과 눈물을 통해서야 비로소 채워지는 것이기 때문입니다.

눈물이 마르면 성령의 단비가 그친다는 사실을 기억하십시오.
예수님의 십자가 희생으로 우리 죄는 단번에 용서되었지만, 매일의 삶에서 사죄의 은총을 경험하는 자만이 감격을 아는 성숙한 신앙인으로 살아갑니다. 오늘도 우리에게는 애통할 일들이 수없이 들이닥칩니다. 질병으로 인해 고통의 눈물을, 경제적인 어려움으로 비탄의 눈물을, 아무리 노력해도 변하지 않는 사람 때문에 탄식의 눈물을 흘리곤 합니다. 어떤 이유로 눈물을 흘릴지라도 그 울음을 저주로 생각하지 마십시오. 주님이 말씀하셨습니다. "애통하는 자는 복이 있나니 그들이 위로를 받을 것"(마 5:4)입니다!

누군가를 위해 애통한 마음으로 울며 기도해 본 적이 있습니까?

❶ 성령 충만하므로 회개할 것이 없고, 눈물 흘릴 일도 없다고 생각합니까?
❷ 수많은 어려움을 겪으면서도 늘 하나님의 위로를 받습니까?

온유함은 타고난 성품이 아니다

092

마 5:5

세상은 강한 자가 살아남는다고 말합니다.
그러나 예수님은 "온유한 자는 복이 있나니 그들이 땅을 기업으로 받을 것"(마 5:5)이라고 말씀하십니다. 세상의 기준으로는 이해하기 어려운 역설적인 말씀입니다. 여기서 말하는 온유함은 단순히 착하고 약한 성품이 아니라, 야생마를 길들이듯 자신의 강한 기질을 하나님께 온전히 복종시키는 것을 의미합니다. 하나님을 유일한 주인으로 인정하고 그분께 자신을 맡길 때 우리는 비로소 진정한 온유함을 소유하게 됩니다.

온유는 곧 하나님께 순종하는 마음입니다.
온유함은 타고난 성품이 아니라, 성령님이 우리 안에 만들어 주시는 성품입니다. 온유는 자신의 힘을 내려놓고, 주님의 인도하심을 따르는 태도입니다. 온유는 하나님의 뜻에 순종하고 그분의 섭리에 불평하지 않는 마음의 자세를 의미합니다. 어떤 고난과 역경이 닥쳐와도 "하나님의 뜻대로 하옵소서"라고 고백하며 묵묵히 따르는 것입니다. 온유는 곧 하나님을 향한 온전한 신뢰입니다.

온유한 자는 땅을 기업으로 받습니다.
땅을 기업으로 받는다는 것은 하나님이 우리 삶을 책임져 주신다는 약속을 의미합니다. 하나님을 온전히 의지하는 사람은 다른 사람들에게 독한 마음을 가지고 대항할 필요가 없습니다. 하나님이 대신 싸워 주실 것을 믿기 때문입니다. 온유한 사람은 가는 곳마다 평안을 누리고 관계의 회복을 경험하며, 궁극적으로 이 땅 전체를 복음의 사명지로 받는 축복을 누리게 될 것입니다.

나는 나의 강한 기질을 하나님께 온전히 복종시킵니까?

❶ 하나님을 나의 유일한 주인으로 인정하고 있습니까?
❷ 어떤 고난과 역경이 닥쳐와도 "하나님의 뜻대로 하옵소서"라고 고백하며 묵묵히 따를 수 있습니까?

093 길들여지기를 소망하라

마 5:5

주님께 잘 길들여진 자가 온유합니다.
성경은 모세에 대해 "이 사람 모세는 온유함이 지면의 모든 사람보다 더하더라"(민 12:3)라고 기록합니다. 모세는 자신을 비방하고 원망하는 이스라엘 백성을 향해 분노하는 대신 그들을 위해 기도하며 품어 주었습니다. 이것이 바로 하나님이 인정하신 모세의 온유함입니다. 하나님은 우리 성품이 순종적으로 길들여지기를 원하십니다. 어떠한 상황에서도 하나님을 신뢰하고 기다리며, 찬양하고 경배하기를 원하십니다.

온유는 곧 관계의 회복입니다.
온유한 자가 "땅을 기업으로 받을 것"(마 5:5)이라는 약속은 관계 회복의 축복을 의미하기도 합니다. 온유한 사람은 가는 곳마다 사람들에게 환영받고 신뢰받으며, 다툼과 분쟁을 일으키지 않습니다. 가정에서나 사회에서나 온유한 성품은 행복한 삶을 위한 필수 조건입니다. 하나님께 온전히 길들여져 하나님이 인정하시는 사람이 될 때 그 사람은 다른 사람들을 품을 수 있는 넓은 마음을 갖게 됩니다. 그 마음은 곧 우리가 살아가는 모든 땅을 품는 영적인 기업이 됩니다.

하나님의 뜻에 겸허하게 순종하는 사람은 복음을 전하는 사람이 됩니다.
땅을 기업으로 받으리라는 말씀은 땅을 사명의 터전으로 주시겠다는 약속입니다. 그러니 비전의 땅을 가슴에 품고 온유한 마음으로 기도하라는 뜻입니다. 온유한 자는 하나님이 약속하신 비전의 땅을 믿음으로 바라봅니다. 하나님을 모르는 백성들을 향하여 주님의 이름으로 담대하게, 그러나 온유하게 나아가십시오. 이것이 진정으로 땅을 기업으로 받는 삶입니다. 하나님이 인정하시는 사람이 되어 많은 사람에게 신뢰받는 삶을 산다는 것이 얼마나 행복한 일입니까?

가정이나 사회에서도 온유한 성품을 발휘합니까?

❶ 나는 하나님께 얼마나 길들여져 있습니까?
❷ 나는 오늘도 온유함으로 비전의 땅을 가슴에 품고 기도하고 있습니까?

하나님의 의를 갈망하라

094

마 5:6

세상은 더 많은 것을 소유해야 행복하다고 끊임없이 속삭입니다. 그러나 예수님은 "의에 주리고 목마른 자는 복이 있나니 그들이 배부를 것임이요"(마 5:6)라고 말씀하십니다. 여기서 말하는 '배부름'은 물질적인 풍요가 아니라, 영혼의 궁극적인 만족을 의미합니다. 삶의 만족과 행복은 얼마나 많이 가졌느냐에 달리지 않았습니다. 오직 하나님과의 올바른 관계를 회복하고, 그분을 향한 갈망이 있을 때 비로소 진정한 만족을 얻게 됩니다. 의에 주리고 목마르다는 것은 하나님의 의가 내 삶에 이루어지기를 간절히 바라는 마음입니다.

의에 주리고 목마른 마음이 필요합니다.
성경에서 말하는 "의"란 하나님과의 올바른 관계를 가리킵니다. 그러므로 의로운 사람이란 하나님과 관계가 올바르게 정립된 사람임을 의미합니다. 이 관계의 초점은 나에게 있지 않고, 하나님께 있습니다. 하나님의 거룩하신 뜻을 위하여 나의 뜻을 꺾을 때 비로소 "의"가 이루어진다는 뜻입니다. 만일 예수님이 "의로운 자는 복이 있나니"라고 말씀하셨다면, 우리에게 소망이 없었을 것입니다. 왜냐하면 우리 중에 "의인은 없나니 하나도"(롬 3:10) 없기 때문입니다.

하나님의 의로 삶의 만족을 누리십시오.
의에 주리고 목마른 자에게 주어지는 축복은 배부름, 즉 '삶이 주는 만족감'입니다. 다윗이 "주의 인자하심이 생명보다"(시 63:3) 낫다고 고백했던 것처럼, 하나님의 의를 추구하는 삶은 세상의 어떤 가치보다 큰 기쁨과 평안을 가져다줍니다. 포도나무에 열매가 없고, 외양간에 소가 없을지라도 하나님 한 분만으로 충분하다고 고백할 수 있는 영적인 충만함입니다(합 3:17). 의에 주리고 목마른 자는 세상의 성공과 소유가 아닌, 하나님과의 관계에서 오는 참된 만족을 경험합니다.

참된 만족은 하나님과의 바른 관계 회복에서 온다는 것을 믿습니까?

❶ 나는 의를 향한 열망으로 살아갑니까?
❷ 나에게 행복의 기준은 소유입니까? 아니면 만족입니까?

095
마 5:6

주리고 목마르면 기꺼이 변화한다

의로운 삶은 하나님의 음성을 듣는 삶입니다.
예수님은 의를 드러내려고 하지만 의롭지 못한 바리새인들을 향하여 "외식하는 자들아"(마 22:18) 하고 호통치셨습니다. 그들은 하나님 앞이 아닌 사람들 앞에서 보란 듯이 기도하곤 했습니다. 반대로 하나님의 의를 구하는 사람은 "골방에 들어가 문을 닫고 은밀한 중에 계신"(마 6:6) 하나님을 만납니다. 기도는 하나님의 의로 교정받는 시간입니다. 나의 뜻이 아닌 하나님의 뜻을 듣고, 나의 삶을 그분의 뜻에 맞출 때 비로소 의로운 삶이 시작됩니다.

의에 대한 갈망은 삶의 역동성입니다.
의에 주리고 목마르다는 것은 삶의 생동감이 넘치는 상태를 의미합니다. 2002년 한일 월드컵 때 우리나라가 8강에 진출한 다음에 거스 히딩크 감독이 "나는 아직도 배고프다"라고 말하지 않았습니까? 그 승리에 대한 목마름으로 결국 4강에까지 올랐습니다. 의를 향한 갈망은 우리로 하여금 안주하지 않고 끊임없이 성장하게 만듭니다. 이 갈망은 다른 모든 것을 포기할 만큼 강력한 욕망입니다.

배고픔을 경험해 본 사람은 압니다.
허기를 면하는 것 외에는 다른 어떤 욕망도 생기지 않는다는 것을 말입니다. 배고픔 앞에서는 돈도 명예도 그렇게 중요하지 않습니다. 당신은 하나님의 의를 향한 목마름이 있습니까? 이것을 위해 다른 것을 포기할 준비가 되어 있습니까? 당신의 삶에서 예수님의 '주 되심'(Lordship)을 인정하고 복종할 준비가 되어 있습니까? 그러면 배부르게 될 것입니다. 여기서 배부름이란 '삶의 만족'을 의미합니다. 내 삶의 가치관이 변화할 때 주님 한 분만으로 만족할 이유가 생깁니다.

나에게는 하나님의 의를 향한 목마름이 있습니까?

❶ 내 뜻대로 결정하지 않고, 매사 하나님의 뜻을 구합니까?
❷ 예수님이 내 삶의 주인이심을 인정하며 복종합니까?

긍휼의 참의미

096

마 5:7

세상은 '긍휼히 여긴다'는 말을 낯설어합니다.
그러나 예수님은 "긍휼히 여기는 자는 복이 있나니 그들이 긍휼히 여김을 받을 것임이요"(마 5:7)라고 말씀하십니다. 여기서 "긍휼"이란 단순히 불쌍히 여기는 마음을 넘어, 용서받을 수 없는 죄인을 용서하고 사랑하시는 하나님의 마음을 의미합니다. 우리의 이기적인 본성으로는 불가능해 보이는 이 긍휼이 오직 우리가 그리스도와 함께 죽고, 그리스도와 함께 살아갈 때 가능해집니다. 긍휼의 실천은 단순한 선행이 아니라, 우리를 향한 사랑을 흘려 보내는 거룩한 행위입니다.

긍휼은 하나님의 관점으로 보는 것입니다.
우리는 "본질상 진노의 자녀"(엡 2:3)이었지만, 하나님이 먼저 우리를 사랑하시고, 긍휼히 여겨 주셨습니다. 이 깨달음이 없이는 도저히 사랑할 수 없는 사람을 사랑할 수 없을 것입니다. 예수님이 세리와 죄인들을 품으셨던 것처럼 세상의 가치와는 다른 하나님의 계산법으로 세상을 바라볼 때 긍휼히 여기는 마음이 생겨납니다. 이 계산법은 수많은 양 떼를 위해 길 잃은 한 마리의 양을 포기하시지는 않는 사랑의 원리입니다.

긍휼히 여기는 삶이 곧 예배입니다.
예수님은 제사가 아닌 긍휼을 원한다고 말씀하셨습니다(마 9:13). 이는 거창한 종교적 행위가 아닌 긍휼을 실천하는 삶을 통해 하나님을 만날 수 있다는 뜻입니다. 아주 작은 마음에서 아주 작은 실천으로 긍휼을 베풀 때 우리는 비로소 하나님을 체험하고 하나님의 자비하심을 경험하게 됩니다. 긍휼히 여기는 삶은 은혜의 보좌 앞에 담대히 나아갈 수 있는 자격을 우리에게 줍니다.

죄인을 용서하고 사랑하시는 주님의 마음을 헤아릴 수 있습니까?

❶ 나는 그리스도와 함께 살면서 긍휼을 실천하고 있습니까?
❷ 세상의 가치가 아닌 하나님의 계산법으로 세상을 바라보고 있습니까?

097
마 5:7

긍휼은 실천으로 이어져야 한다

긍휼히 여기는 마음은 복음의 핵심 중 하나입니다.
성경에서 "긍휼"이란 '용서할 수 없는 죄인을 용서해 주는 마음, 저주와 형벌을 내리는 대신에 용서하고 사랑하는 마음, 흘러넘치는 사랑을 주체하지 못해 원수까지도 포용하는 마음'을 의미합니다. 여간해서는 실천하기 어려운 일이지요. 우리는 누군가를 불쌍히 여기며 도울 수는 있지만, 용서할 수 없는 죄인을 용서하고 사랑하는 것은 내가 죽고 그리스도로 충만하지 않고서는 불가능한 일입니다.

긍휼은 사랑의 실천입니다.
긍휼은 지식이나 마음의 소원으로 끝나지 않고, 실천으로 이어져야 합니다. 선한 사마리아인 비유에서 제사장과 레위인은 강도 만난 자를 외면했지만, 사회적으로 멸시받던 사마리아인은 그를 위해 자기 것을 희생하며 사랑을 실천했습니다. 예수님은 "너희가 여기 내 형제 중에 지극히 작은 자 하나에게 한 것이 곧 내게 한 것이니라"(마 25:40)라고 말씀하십니다. 우리의 작은 긍휼의 행동을 예배로 받으신다는 뜻입니다.

긍휼을 베풀 때 하나님을 경험합니다.
신앙은 연습이고 실천입니다. 마음의 소원을 가진 사람은 많지만, 실천하는 사람은 그렇게 많지 않습니다. 긍휼을 실천하기 위해 몸을 움직일 때 하나님의 직접적인 개입과 만지심을 경험할 수 있습니다. 긍휼한 삶을 통해 우리는 더 이상 하나님을 멀리 계신 분으로 여기지 않고, 나와 함께하시고 내 삶 속에서 역사하시는 분으로 만나게 됩니다. 우리는 이제 하나님의 긍휼하심을 입은 자녀로서, 두려움 없이 은혜의 보좌 앞에 담대히 나아가는 놀라운 특권을 누리게 됩니다.

나는 날마다 긍휼을 연습하고 실천합니까?

❶ 긍휼은 마음의 소원으로 끝나지 않고, 실천으로 이어져야 함을 믿습니까?
❷ 긍휼히 여기는 삶을 통해 하나님을 경험하고 있습니까?

마음이 깨끗해야만 보이는 것이 있다

098

마 5:8

사람은 외모를 보지만 하나님은 중심, 곧 마음을 보십니다(삼상 16:7). 마음은 히브리어로 '레바브'인데, 성경에서 마음은 '하나님이 거하시는 방, 하나님이 임재하시는 방'을 뜻합니다. 전도서 기자는 "지혜자의 마음은 오른쪽에 있고 우매자의 마음은 왼쪽에 있느니라"(전 10:2)라고 말합니다. 오른쪽은 하나님 중심으로 사는 것이요, 왼쪽은 내 중심으로 사는 것을 의미합니다. 즉 마음 상태에 따라 하나님 중심적인 삶을 살 수도 있고, 그렇지 못할 수도 있다는 뜻입니다.

'청결한 마음'은 불순물이 섞이지 않은 순전하고 단순한 마음입니다.
이는 '청결한 척, 거룩한 척'하는 외식하는 신앙과는 다릅니다. '척'하는 사람들의 관심은 예배받으시는 하나님께 있지 않고, 어떻게 예배하는가 하는 형식에 있습니다. 내면이 아닌 제도에만 관심이 있습니다. 하나님을 예배한다고는 하지만, 그들 마음속에는 하나님이 계시지 않습니다. 예수님은 깨끗한 척하는 게 아니라 깨끗하게 사는 자라야 하나님을 뵐 수 있다고 말씀하셨습니다.

청결함은 부단한 노력으로 얻어집니다.
'청결'의 헬라어 '카타로스'는 본래부터 깨끗한 상태가 아니라 더러워졌던 것이 정화되는 것을 의미합니다. 죄로 오염되었던 우리 마음이 예수 그리스도의 보혈로 깨끗하게 되고, 끊임없는 기도와 노력으로 청결함을 유지할 때 비로소 진정한 의미의 청결함에 이르게 됩니다. 이것은 단순한 감정이나 소원이 아니라, 자신의 재능과 삶의 목적을 오직 하나님께 두기로 결단하는 문제입니다. 순전하고 단순한 마음으로 예배드리는 사람이 하나님을 볼 수 있습니다. 하나님을 보는 자가 비전을 품고, 비전을 품은 자가 하나님의 일을 해냅니다.

내 마음속에는 하나님이 거하시는 방이 있습니까?

❶ 청결한 척, 거룩한 척 외식하며 살고 있지는 않습니까?
❷ 예수님의 보혈과 기도로 마음의 청결함을 유지하고 있습니까?

099
마 5:8

하나님을 보면 인생에 의미가 생긴다

"마음이 청결한 자"(마 5:8)에게 주어지는 복이 있습니다. 바로 '하나님을 보는 것'입니다. 이는 단지 눈으로 보는 것이 아니라 하나님의 비전과 뜻을 깨닫는 영적인 경험을 의미합니다. 믿음의 눈으로 하나님이 하시는 일을 볼 때 우리는 그분의 뜻에 순종할 용기를 얻게 됩니다. 노아는 믿음으로 보이지 않는 일에 대한 하나님의 경고를 보았고, 아브라함은 믿음으로 갈 바를 알지 못하는 길을 떠났습니다. 하나님을 보는 축복은 우리 삶을 의미와 가치로 가득 채우고, 하나님의 동역자로 살아갈 힘을 줍니다.

하나님을 본다는 것은 우리 마음이 하나님으로 가득 채워졌다는 뜻입니다. 하나님으로 가득 채워진 사람은 하나님의 눈으로 세상을 봅니다. 믿음은 육신의 눈으로는 보이지 않습니다. 그리스도의 피로 정결케 된 자에게만 보이는 것입니다. "선진들이 이로써 증거를" 얻었다는 것은 그들이 믿음으로 하나님의 인정을 받았다는 뜻입니다. 그들은 "믿음으로 모든 세계가 하나님의 말씀으로 지어진 줄을"(히 11:3) 알았고, 이것이 믿음과 삶을 연결해 주는 중요한 고리가 되었습니다.

하나님을 보면, 삶이 바뀌고 의미 있는 인생이 됩니다. 그러므로 이렇게 기도하십시오. "나를 깨끗하게 씻어 주옵소서. 믿음으로 하나님을 뵈옵고, 하나님께 순종하게 하옵소서." 지금까지 가식적이고 형식적인 마음 자세와 탐욕으로 잔뜩 짊어졌던 신앙의 무거운 짐들을 십자가 아래 내려놓으십시오. 하나님을 바라보며 인생의 참된 의미와 존재의 이유를 발견하십시오.

내 마음은 하나님으로 가득 차 있습니까?

❶ 마음이 청결해야 하나님을 볼 수 있다는 사실을 믿습니까?
❷ 의미와 가치로 가득 찬 인생을 살려면, 어떤 기도를 드려야겠습니까?

화평하게 하는 길을 선택하라

100
마 5:9

"화평"은 하나님의 본성 중 하나입니다.
하나님은 더불어 누리기를 즐겨하십니다. 그래서 죄로 인해 죽을 수밖에 없는 인간을 직접 찾아오셨습니다. 그러므로 "화평하게 하는"(마 5:9) 것은 우리가 하나님의 자녀임을 나타내는 가장 분명한 속성입니다. 자녀는 아버지를 닮기 마련이기 때문입니다. 이와 반대로, 사탄의 속성은 미워하고 나누고 분열시키는 것입니다. 사탄은 원수 짓게 하는 속성이 있습니다. 우리는 날마다 선택해야 합니다.

화평하게 하는 자는 희생을 감수합니다.
진정한 화평을 이루기 위해서는 자기희생이 필수적입니다. 불신의 벽을 허물기 위해서는 내가 먼저 벽을 허물어야 합니다. 예수 그리스도께서 십자가의 희생을 통해 하나님과 우리 사이에 막힌 담을 허무셨듯이 우리도 서로 용서하고, 화해의 손길을 내밀어야 합니다. 용서에는 분명 희생이 따르지만, 예수님이 우리 죄를 사하시기 위해 치르신 희생에 비하면 절대로 크지 않습니다. 하나님의 자녀라면 "화평하게 하는 자"가 되어야 마땅합니다.

화평을 깨지 않도록 최선을 다하십시오.
인간관계는 마치 유리그릇과도 같아서 조금만 소홀히 하면 깨져 버리기 십상입니다. 부부간이나 부모와 자식 간에도 화평을 이루기 위해 노력하는 것만큼 화평을 깨지 않도록 노력해야 합니다. 깨진 관계를 회복하는 것보다 깨지지 않도록 지키는 것이 훨씬 현명합니다. "평안의 매는 줄로 성령이 하나 되게 하신 것을 힘써"(엡 4:3) 지키십시오. 가정을 화평하게 지키는 것도 복음의 능력입니다.

날마다 화평하는 길과 분열하는 길 중 어느 쪽을 선택하고 있습니까?

❶ 나는 진정한 화평을 이루기 위해 자기희생을 감수합니까?
❷ 나는 가정의 화평이 깨지지 않도록 노력합니까?

101 피스메이커로 살라
마 5:9

평화란 무엇입니까? 단순히 전쟁이 없고, 갈등이 없고, 싸움이 없는 상태를 평화라고 해야 할까요? 물론 세상 사람들은 이런 평화를 갈망합니다. 전쟁과 갈등으로 인해 폐허가 된 세상에서 살고 싶은 사람은 아무도 없을 것입니다. 그러나 주님은 이런 평화만으로는 부족하다고 말씀하십니다. "화평하게 하는 자"(마 5:9)란 피스메이커, 곧 '갈등과 싸움이 난무한 곳에 평화를 가져오는 사람'을 의미합니다. 이 평화는 성령의 능력과 역사를 통해 경험하는 '회복의 평화'입니다.

예수 그리스도께서 이 땅에 오셔서 하신 일이 바로 화평하게 하는 일입니다. 주님은 죄로 인해 가로막혔던 우리와 하나님의 관계를 회복시키려고 오셨습니다. 막힌 담을 허물러 오신 것입니다. 로마서는 "우리 주 예수 그리스도로 말미암아 하나님과 화평을 누리자"(롬 5:1)라고 말합니다. 화평하게 하는 일, 이것이 바로 하나님의 아들이 하시는 일입니다. 또 성경은 "할 수 있거든 너희로서는 모든 사람과 더불어 화목하라"(롬 12:18)라고 권면합니다. 하나님과의 수직적 화평은 필연적으로 사람들과의 수평적 화평으로 확대됩니다.

"화평"은 나만의 기쁨이 되어서는 안 됩니다. "모든 사람과 더불어 화목"하는 것이야말로 하나님의 자녀로서 살아가는 삶의 방식일 것입니다. 가정이나 학교나 직장에서 갈등을 일으키지 않도록 노력하십시오. 마치 검투사가 목숨을 걸고 싸우듯이, 우리는 평안을 깨뜨리려는 사탄의 계략에 맞서 싸워야 합니다. 갈등의 중심이 아닌, 화평의 중심에 서서 주변 사람들에게 하나님의 평안을 전하는 삶을 사십시오. '하나님의 자녀'로 불리는 것이 축복이 아니라 그렇게 불리는 삶을 사는 것 자체가 축복입니다.

나는 평소에 "모든 사람과 더불어 화목"하게 지내려고 노력합니까?

❶ 주변 사람들에게 하나님의 평안을 전하는 삶을 살고 있습니까?
❷ 날마다 평안을 깨뜨리려는 사탄의 계략에 맞서 싸우고 있습니까?

박해받을 때 믿음의 진위가 판가름 난다

102
마 5:10-12

"박해"는 우리 믿음이 진짜임을 증명합니다.
예수님은 산상수훈 중 팔복 설교의 마지막으로 "의를 위하여 박해를 받은 자는 복이 있나니 천국이 그들의 것임이라"(마 5:10)라고 말씀하십니다. 믿음은 평안할 때보다 고난 속에서 더 분명히 드러납니다. 손해 보고, 욕먹고, 박해를 당하는 순간에도 여전히 예수님을 주님으로 고백하는가를 보면, 믿음의 진위가 판가름 납니다.

"박해"는 하늘의 상급을 약속합니다.
세상은 고난을 피하려 하지만, 예수님은 오히려 "기뻐하고 즐거워하라"(마 5:12)라고 말씀하십니다. 왜냐하면 그 고난은 헛되지 않고 하늘에서 큰 상급으로 돌아오기 때문입니다. 초대교회의 순교자 폴리갑은 86세에 화형을 당하면서도 예수님을 부인하지 않았고, 오히려 "주님은 한 번도 나를 배신하지 않으셨다"라고 고백하였습니다. 고난은 우리를 하늘 영광의 길로 이끄는 통로입니다.

"박해"는 하나님 나라를 세웁니다.
초대 교회의 부흥은 피와 눈물 위에서 이루어졌습니다. 순교자의 피는 교회의 씨앗이 되어 더 많은 사람을 살렸습니다. 에콰도르 원주민에게 복음을 전하려다가 순교한 짐 엘리엇 선교사는 "결코 잃을 수 없는 것을 얻기 위해 지킬 수 없는 것을 버리는 것은 어리석은 일이 아니다"라고 말했습니다. 의를 위해 박해받고, 죽임을 당하는 일은 결코 헛된 일이 아닙니다. 반드시 보상이 있습니다. 부흥의 역사가 있습니다. 결국, 박해는 하나님 나라를 확장하는 도구의 하나입니다.

박해 가운데 믿음의 진위가 판가름 나는 것을 믿습니까?

❶ 어떤 핍박을 당하더라도 예수님을 주님으로 고백하겠습니까?
❷ 고난은 우리를 영광의 길로 이끄는 통로임을 믿습니까?

103   믿음을 연습하라
빌 4:6-13

염려할 시간에 기도하십시오.
염려는 우리 마음을 무겁게 하고, 생각을 분산시킵니다. 그러나 기도는 하나님께 시선을 옮기는 첫걸음입니다. 기도할 때 상황이 당장 바뀌지 않아도 "모든 지각에 뛰어난 하나님의 평강"(빌 4:7)이 우리 마음과 생각을 지킵니다. 믿음은 '나'에게 근거하는 것이 아니라 모든 것을 초월하시는 분에게 근거합니다.

능력 있는 삶을 살려면 '믿음 연습'이 필요합니다.
신앙인의 바람 중 가장 큰 하나는 '믿음이 자라는 것'이 아닐까요? 우리의 불안은 '나'의 불완전함과 불확실성에서 비롯됩니다. 그런데 믿음은 모든 것을 초월합니다. '믿음 연습'이란 하나님이 주신 특권을 담대하게 누리는 것입니다. 내가 얻고 싶은 것이 아니라, 하나님이 주시고자 하는 것을 얻는 것입니다. 그런데 이 믿음 연습을 가로막는 장애 요인이 무엇일까요? 하나님을 믿지 않는 사람들은 변화를 두려워합니다. 인생을 자기 것으로 착각하기 때문입니다. 그러나 신앙인은 하나님이 하시는 일에 대한 믿음이 있기 때문에 불확실한 세상에서도 변화를 두려워하지 않습니다.

믿음 연습은 하나님의 마음을 품고 전진하겠다는 '결심'으로 시작합니다.
믿음을 연습할 때 우리에게 찾아오는 것은 편안한 생활이나 욕망의 실현이 아닙니다. 오히려 우리를 강하게 붙들고 있던 욕망의 굴레에서 벗어나는 것을 경험합니다. 믿음 연습이 시작되면, 우리 삶이 거룩한 소원으로 채워져 가고 마음속에 주신 소원을 하나님이 이루어 가심을 경험하게 됩니다. 위대한 일은 하나님의 마음과 열정을 품은 믿음의 사람이 내딛는 발걸음에서 시작됩니다.

변화를 두려워하기보다는 하나님이 하실 일을 기대합니까?

❶ '믿음 연습'을 가로막는 장애 요인은 무엇입니까?
❷ '믿음 연습'을 통해 하나님이 주신 특권을 담대하게 누리고 있습니까?

Chapter
5

인내,
기다림 속에서
자라는 깊은 뿌리

부족감은 하나님 앞에서 힘을 잃는다

104
렘 1:4-10

부족감에는 하나님의 음성조차도 거부하게 만드는 힘이 있습니다. 여호와께서 예레미야에게 "내가 너를 모태에 짓기 전에 너를 알았고 네가 배에서 나오기 전에 너를 성별하였고 너를 여러 나라의 선지자로 세웠노라"(렘 1:5)라고 말씀하셨습니다. 이 말씀은 예레미야의 존재 자체가 우연이 아니라 하나님의 계획 안에 있었음을 선포합니다. 그러나 예레미야는 "나는 아이라 말할 줄을 알지 못하나이다"(렘 1:6)라고 자신의 부족함을 고백합니다. 이 부족감은 종종 우리를 위축시키고, 사역의 현장에 뛰어들지 못하게 하는 가장 큰 장애가 됩니다.

예레미야의 문제가 무엇입니까?

두려운 존재 앞에서 한없이 작아지는 '메뚜기 콤플렉스'도 하나님이 함께하신다는 약속 앞에서는 힘을 잃습니다. 우리는 하나님을 믿는다고 하면서도 위협적인 상황에 부딪히면 마치 하나님이 안 계신 것처럼 행동합니다. 그러나 하나님은 항상 우리와 함께하십니다. 이 믿음이 우리로 하여금 두려움을 이기고, 소명을 향해 나아가게 합니다.

하나님의 말씀을 선포하라.

예레미야가 스스로 말하는 가장 큰 약점은 말을 잘하지 못한다는 것입니다. 그러나 하나님은 예레미야의 가장 약한 부분을 친히 만져 주시며(렘 1:9) 그에게 필요한 은사와 능력을 채워 주셨습니다. 이제 그는 자기 말이 아닌 하나님의 말씀을 전하게 될 것입니다. 우리가 부족함과 열등감에 사로잡혀 있을 때 하나님은 "그만!"이라고 말씀하시며 우리의 은사와 능력의 전원 스위치를 켜 주십니다. 당신의 가장 부족한 부분을 채워 주시는 하나님의 손길을 체험해 보기를 바랍니다.

하나님께 나의 부족함과 두려움을 솔직하게 아룁니까?

❶ 하나님이 함께하신다는 약속을 신뢰합니까?
❷ 내 입술로 하나님의 말씀을 선포하며 그분의 능력을 체험하고 있습니까?

105
렘 1:4-10

신 레몬을 레모네이드로 만들라

'레몬' 하면 먼저 상큼함이 떠오를 것입니다.
레몬이 들어가는 요리가 얼마나 많습니까? 특히 생선회나 생굴을 먹을 때 레몬을 곁들이면 비린내가 싹 가십니다. 그런데 레몬 자체는 너무 셔서 별로 매력이 없습니다. 그런데도 레몬을 보면, 산뜻하고 시원한 맛을 떠올리게 되는 것은, 레몬이 다른 재료와 어우러져 내는 맛이 기가 막히기 때문입니다.

당신 안에도 '부족감'이라는 신 레몬이 있지 않습니까?
학교나 직장에서 새로운 일을 시작해야 할 때 자신의 부족함 때문에 당황해 본 적이 있을 것입니다. '내가 이 일을 감당할 수 있을까?' 하는 부족감이 발걸음을 주춤하게 만들고, 우리 삶과 사역을 위축시키곤 합니다. 그러나 걱정하지 마십시오. 하나님은 신 레몬과 같은 부족감을 레모네이드로 바꾸어 주기를 원하십니다.

예레미야가 부르심을 받던 때에 이스라엘은 극도로 타락한 상태였습니다.
그런데 당시 예레미야는 10대 후반에서 20대 초반에 불과했던 것으로 보입니다. 정치 9단인 장로들과 제사장들이 버티고 있는데, 백성들 앞에서 하나님의 진노를 선포하라고 하시니 얼마나 겁이 나고 무서웠겠습니까? 그러나 하나님은 "보라 내가 내 말을 네 입에 두었노라"(렘 1:9)라고 말씀하시며 그에게 권한을 위임해 주셨습니다. 우리의 신 레몬을 레모네이드로 바꿀 수 있는 가장 큰 힘은 바로 하나님의 말씀에 있습니다.

'부족감'이라는 신 레몬을 어떻게 레모네이드로 바꾸겠습니까?

❶ 부족감 때문에 발걸음을 멈추고, 위축감을 느낀 적이 있습니까?
❷ 내 안의 신 레몬을 레모네이드로 바꾸는 가장 큰 힘은 무엇입니까?

외로움이 찾아올 때 어디서 위로받는가?

106

딤후 4:9-11, 16-18

인생에서 외로움만큼 쓰라린 감정은 없을 것입니다.
사도 바울은 삶의 마지막 여정에서 극심한 외로움에 직면합니다. 동역자들이 이런저런 이유로 그의 곁을 떠나고, 누가만이 곁을 지켰습니다. 늙고 병든 몸으로 어둡고 차가운 감옥에 홀로 앉은 바울의 외로움은 단지 사람이 없어서가 아니라 믿었던 사람들과의 관계가 깨어진 데서 오는 깊은 상실감 때문이었습니다.

그러나 바울은 처절한 외로움 속에서도 소망을 발견합니다.
그는 동역자이자 영의 아들인 디모데를 떠올리고, 그에게 "어서 속히 내게로 오라"(딤후 4:9)라고 편지합니다. 바울은 디모데와의 관계를 통해 위로와 기쁨을 얻었습니다. 이처럼 진정으로 삶을 나누고, 필요한 순간에 의지할 수 있는 아름다운 관계가 있을 때 비로소 외로움을 극복할 수 있습니다. 오늘날 우리의 문제는 외로움이 물밀듯이 찾아올 때 떠올릴 사람이 있느냐는 것입니다. 아름다운 인격적 관계를 맺기에 가장 좋은 공동체가 바로 교회라는 사실을 기억하십시오.

진정한 관계는 많은 상처와 실패 가운데서 피어나는 법입니다.
저명한 기독 저술가 고든 맥도날드는 "우정은 우연의 소산도 아니요, 저절로 지속되는 것도 아니다. 씨를 뿌려 놓고 꽃이 필 때까지 식물을 정성 들여 키우는 것처럼 우정도 그렇게 키워 가야 한다"라고 말했습니다. 깨어진 관계를 보고 외로워하며 아파할 것이 아니라, 정성스럽게 맺어진 관계에서 위로받는 지혜가 필요합니다. 믿음 안에서 귀한 관계를 맺어 가시길 바랍니다.

외로움이 물밀듯이 찾아올 때 나는 누구를 떠올립니까?

❶ 믿음의 사람들과의 관계가 깨어져 상실감을 경험한 적이 있습니까?
❷ 관계는 저절로 지속되는 것이 아니라 정성스럽게 맺어 가야 함을 믿습니까?

107 두려움의 반대말은 무엇인가?

시 27:1

두려움은 우리 삶을 갉아먹는 치명적인 감정 중 하나입니다. 두려움은 이성을 마비시키고, 아직 일어나지 않은 일에 대한 염려로 현재를 무기력하게 만듭니다. 가장 큰 문제는 하나님에 대한 불신으로 이어진다는 것입니다. 두려움에 사로잡히면 하나님의 약속을 믿지 못하게 되고, 결국 불순종으로 나아가게 됩니다. 그러나 사도 바울은 "하나님이 우리에게 주신 것은 두려워하는 마음이 아니요 오직 능력과 사랑과 절제하는 마음"(딤후 1:7)이라고 했습니다. 두려움의 반대말이 무엇입니까? 바로 '믿음'입니다.

두려움을 어떻게 극복합니까?

다윗은 아들 압살롬의 반란으로 모든 것을 잃고 도망치는 신세가 되었습니다. 그러나 그 순간에 다윗은 하나님이 얼마나 크신 분이며, 자신을 얼마나 사랑하셨는지를 기억해 내고는 "내가 누구를 두려워하리요 … 내가 누구를 무서워하리요 … 나는 여전히 태연하리로다"(시 27:1-3)라는 고백을 되뇌었습니다. 신앙심이 아무리 깊어도 두려움이 찾아오는 순간이 있습니다. 중요한 것은 그 두려움을 이길 수 있는 믿음이 있느냐는 것입니다.

두려움이 몰려오거든 숨기지 말고 오히려 인정하십시오.

두려움을 감추면, 사탄이 그 두려움으로 우리를 칭칭 감고 꼼짝 못 하게 할 것입니다. 두려움이 밀려올 때 하나님의 전으로 가십시오. 두려움이 밀려올 때 우리가 외쳐야 할 것은 절규가 아니라 하나님을 찬양하는 것입니다. 두려움이 엄습할 때 하나님의 얼굴을 구하며 그 앞에 나아가 부르짖으십시오. 연약함을 인정하며 도움을 구하면, 주님이 기꺼이 구원의 산성이 되어 주실 것입니다.

두려움에 사로잡혀 하나님께 불순종으로 나아간 적이 있습니까?

❶ 신앙심이 아무리 깊어도 두려운 순간이 올 수 있다는 사실을 압니까?
❷ 두려움이 엄습할 때 나의 연약함을 인정하고 주님께 도움을 구합니까?

사탄의 낚싯밥에 넘어가지 말라

108
약 1:13-18

시험은 우리 인생에 끊임없이 드리워지는 낚싯밥과도 같습니다.
이는 우리가 육신을 가졌기에 피할 수 없는 현실입니다. 인생에 있어서 시험과 유혹이 고통스럽게 다가오는 이유는 그것을 이기기가 그만큼 힘들기 때문입니다. 야고보는 "내가 하나님께 시험을 받는다 하지 말지니 하나님은 악에게 시험을 받지도 아니하시고 친히 아무도 시험하지 아니하시느니라"(약 1:13)라는 아주 중요한 말을 했습니다. 여기서 "시험"이란 사실 '유혹'(temptation)을 의미하는데 문제는 하나님의 시험이 아닌 사탄의 유혹을 어떻게 이기느냐입니다.

시험을 이기려면 어떻게 해야 합니까?
첫째, '발 달린 기도'를 하십시오. 기도한 대로 살라는 뜻입니다. 시험은 초기 단계에서 단호하게 다루어야 합니다. 둘째, 말씀과 성령으로 무장하고 영적인 분별력을 가지십시오. 영적으로 허기져 있으면 죄에 쉽게 노출되고, 유혹의 미끼를 물게 되지만 영적 충만을 늘 유지하면 쉽게 노출되지 않습니다. 셋째, 시험은 늘 매력적인 가면을 쓰고 나타난다는 사실을 기억하십시오. 시험이라는 낚싯밥을 만날 때마다 그것이 가져다줄 고통스러운 결과를 생각해야 합니다. 이것이 하나님의 인도하심을 따라 사는 사람의 지혜입니다.

가장 정확한 방책은 하나님의 선하심을 믿는 것입니다.
하나님의 선하심을 믿는 자는 다른 것으로 자신의 필요를 채우려고 하지 않습니다. 하나님의 인도하심을 따라 사는 삶에 열매가 있음을 믿기 때문입니다. 그러므로 시험을 맞닥뜨리거든, 하나님의 선하심을 묵상하십시오. 나의 가장 연약한 부분을 건드리며 달콤하게 다가오는 유혹에 집중하지 말고, 하나님은 "모든 것이 합력하여 선을"(롬 8:28) 이루게 하시는 분임을 붙잡으십시오.

나는 하나님이 허락하시는 시험과 사탄의 유혹을 분별합니까?

❶ 나는 사탄이 던지는 낚싯밥에 넘어가지 않고 현명하게 이기고 있습니까?
❷ 시험에 맞닥뜨릴 때 나는 먼저 하나님의 선하심을 묵상합니까?

109
삼상 18:7-10

불안을 이기는 유일한 길은 무엇인가?

불안감은 우리 삶을 좀먹습니다.
모든 불안감 뒤에 도사리고 있는 것은 '자신 없음'입니다. 이는 객관적 사실이 아닌, 스스로 만들어 낸 허상에 뿌리를 둡니다. 사울 왕의 삶은 불안이 한 사람의 인생을 어떻게 파멸로 이끄는가를 보여 주는 좋은 예입니다. 이처럼 불안은 사실과 상관없이 마음속에서 커지는 감정이며, 이는 결국 영혼을 병들게 합니다.

사울의 불안은 비교와 경쟁심에서 비롯되었습니다.
그는 다윗을 향한 사람들의 칭찬을 들으며 자신의 지위가 위태롭다고 느꼈습니다. 그는 하나님 앞에서 자신이 누구인가보다 사람들에게 어떻게 보이는가에 더 집착했습니다. 이처럼 불안은 끊임없이 우리를 다른 사람과 비교하게 하고, 그들을 이기려다 결국 인생의 소중한 가치를 잃어버리게 합니다. 불안에서 벗어나려면 남과의 경쟁이 아닌 나를 향한 하나님의 목적을 발견하는 데 집중해야 합니다.

사울의 비극은 하나님과의 관계가 단절되면서부터 시작되었습니다.
성경은 "여호와께서 사울을 떠나 다윗과 함께 계시므로 사울이 그를 두려워한지라"(삼상 18:12)라고 말합니다. 이후 그는 모든 일을 삐딱하게 보기 시작했고, 불안감에 휩싸여 악령에 시달리게 되었습니다. 반면에 다윗은 사울에게 쫓겨 도망 다니면서도 하나님과 동행했기에 평안을 잃지 않았습니다. 불안을 이기는 유일한 길은 하나님과의 관계를 회복하는 것입니다. 하나님께 소망을 두고 나를 향한 하나님의 목적을 발견하며 하나님과 친밀한 관계를 유지하기 위해 노력할 때, 우리는 불안의 쓴맛을 이겨 낼 수 있습니다.

불안이 삶을 병들게 하고 파멸로 이끌 수 있음을 알고 있습니까?

❶ 불안이 마음속에서 자꾸 커질 때 나는 어떻게 대처합니까?
❷ 불안을 이기는 유일한 길은 하나님과의 관계 회복임을 믿습니까?

염려는 백해무익하다

110

마 6:25-27, 33-34

염려는 인간이 겪는 가장 보편적인 괴로움 중 하나입니다.
"염려"로 번역된 헬라어 '메림나오'는 '마음이 나누어지다'라는 뜻입니다. 즉 염려는 마음을 산란하게 하고, 집중력을 흐트러뜨리는 부정적인 감정입니다. 이는 영적 무기력증을 가져오며, 궁극적으로 하나님에 대한 불신으로 이어집니다. 예수님은 "너희 중에 누가 염려함으로 그 키를 한 자라도 더할 수 있겠느냐"(마 6:27) 하고 물으십니다. 이처럼 염려는 무가치하며 해로운 감정입니다.

백해무익한 염려의 덫에 빠지지 않도록 경계하십시오.
하나님은 "심지도 않고 거두지도 않고 창고에 모아들이지도" 않는 "공중의 새"를 먹이시고, "수고도 아니하고 길쌈도" 아니하는 "들의 백합화"를 자라게 하시는 분입니다(마 6:26, 28). 그런데 하물며 당신의 형상으로 지으신 우리를 모른 척 하시겠습니까? 그러나 염려하지 말라는 말씀을 제멋대로 해석해서는 안 됩니다. 자신에게 주어진 책임과 사명에 무관심해도 된다는 뜻이 아니기 때문입니다. 사실 우리는 염려 덕분에 미래를 준비하고, 삶을 책임감 있게 꾸려 가려고 노력하게 됩니다.

염려를 없애는 가장 좋은 방법은 이것입니다.
관심의 초점을 문제에서 거룩함으로 돌리는 것입니다. 성경은 "너희는 먼저 그의 나라와 그의 의를 구하라"(마 6:33)라고 권면합니다. 눈앞에 보이는 문제에 매달리지 말고, 좀 더 근본적인 것을 생각하십시오. 하나님 나라와 의를 구하는 삶에 집중할 때 삶의 비본질적인 염려들은 자연스럽게 해결됩니다. 하루치 무게만 감당하며 현재에 충실할 때, 우리는 염려의 굴레에서 벗어나 평안을 누릴 수 있습니다.

염려의 덫에 빠져서 헤어 나오지 못한 적이 있습니까?

❶ 염려로 마음이 산란하고 무기력해진 적이 있습니까?
❷ 하나님 나라와 의를 구하는 데 집중한 덕분에 염려가 사라진 경험이 있습니까?

111

약 1:2-4, 12

고난은 인생 학교의 필수 코스다

고난은 이 세상을 살아가는 모든 사람에게 예외 없이 찾아옵니다.
우리는 아침에 눈을 떠 뉴스를 볼 때마다 고통으로 울부짖는 사람들의 소식을 접하게 됩니다. 고난은 한시도 우리 곁을 떠나지 않습니다. 그런데 누구에게나 찾아오는 고난에 누구나 똑같이 반응하는 것은 아닙니다. 성경은 "너희가 여러 가지 시험을 당하거든 온전히 기쁘게 여기라"(약 1:2)라고 말합니다. 고난이 기쁘거나 즐거운 것일 수는 없지만, 고난을 통해 얻게 될 유익을 알면, 기쁘게 여길 수 있습니다. 고난을 새로운 시각으로 바라보십시오.

고난을 '하나님의 징계'로만 인식하지는 마십시오.
하나님은 우리를 올바른 길로 인도하시기 위해 징계의 방법을 택하기도 하시지만, 성경은 여러 곳에서 고난을 오히려 긍정적으로 말합니다. 사도 바울은 "무릇 그리스도 예수 안에서 경건하게 살고자 하는 자는 박해를 받으리라"(딤후 3:12)라고 했습니다. 그러므로 이제 우리는 고난에 대한 오해를 벗고, 고난이 이상한 일이 아님을 인정해야 합니다.

고통 없이 얻는 것은 없습니다.
고난은 오히려 인생 학교에서 반드시 거쳐야 하는 필수 코스라고 할 수 있습니다. 야고보서 기자는 고난을 가리켜 "믿음의 시련"(약 1:3)이라고 말합니다. "시련"의 헬라어 '도키미온'은 금속을 제련할 때 쓰는 말입니다. 순금을 얻기 위해서는 수없이 많은 제련의 과정을 거쳐야 합니다. 우리 인생을 제련하는 이는 바로 하나님입니다. 오늘도 고난 가운데 하나님의 임재를 경험하고, 함께하심으로써 견딜 수만 있다면, 우리 삶은 날로 향기로워질 것입니다.

나는 고난을 '하나님의 징계'로 받아들입니까?

❶ 고난 속 유익을 생각하며 오히려 기뻐한 적이 있습니까?
❷ 고난 가운데서도 하나님의 임재를 경험한 적이 있습니까?

약함이 오히려 축복이 될 수 있다

112
고후 12:9-10

약함은 늘 우리를 찌르는 가시와도 같습니다.
세상은 강해져야 성공하고, 약하면 패배하고 만다고 말합니다. 그래서 사람들은 불안한 마음에 자신의 연약함을 감추고 강해지려 애씁니다. 진시황제는 외적의 침입을 두려워하여 만리장성을 쌓았고, 나폴레옹은 면도칼이 흉기가 될까 봐 두려워 이발사의 신원을 철저히 조사했다고 합니다. 이처럼 강함에 대한 집착이 오히려 불안을 낳는 법입니다. 인간은 아무리 강해지려고 해도 연약함을 드러낼 수밖에 없는 존재입니다.

하나님은 우리의 완벽함이 아닌 약함을 통해 일하기 원하십니다.
사도 바울은 약함이 오히려 축복이 될 수 있음을 보여 줍니다. 그는 자기 육체의 가시, 곧 육신의 연약함을 제거해 달라고 세 번이나 기도했지만, 하나님은 "내 은혜가 네게 족하도다 이는 내 능력이 약한 데서 온전하여짐이라"(고후 12:9)라고 응답해 주셨습니다. 나의 연약함을 인정하고 하나님을 의지할 때 주님은 내 삶을 통해 영광 받으시고, "내가 약한 그때에"(고후 12:10) 가장 강하게 역사하십니다.

연약함을 자랑하십시오.
사도 바울은 자신의 약함을 자랑함으로써 그리스도의 능력이 자신에게 머물기를 원했습니다(고후 12:9). 자신의 약함을 자랑할 수 있으려면, 먼저 약함을 인정하고, 그리고 나서 약함에 대해 감사하며 그 약함을 나누어야 합니다. 우리의 연약함이 드러나면 날수록, 주님의 영광이 더욱 크게 드러날 것입니다. 이것이 바울이 "내가 약한 그때에 강함이라"(고후 12:10)라고 고백한 이유입니다.

인간은 연약함을 드러낼 수밖에 없는 존재임을 믿습니까?

❶ 나의 연약함 때문에 하나님의 능력을 경험한 적이 있습니까?
❷ 나는 약함을 자랑함으로써 그리스도의 영광을 본 적이 있습니까?

113
창 6:9

인생이라는 거친 사막을 멋지게 건너자

인생의 높고 험한 산 앞에서 우리는 이것을 기억해야 합니다.
제2차 세계 대전 당시 중국을 섬겼던 영국 선교사 글래디스 에일워드는 일본군이 중국을 침략하자 100여 명의 고아를 데리고 급히 피신했습니다. 그때 한 고아 소녀가 모세가 지팡이를 들어 홍해를 갈랐던 기적 이야기를 꺼냈습니다. 에일워드가 소녀에게 말했습니다. "얘야, 난 모세가 아니야." 그러자 소녀가 대답했습니다. "알고 있어요. 하지만 여호와는 여전히 하나님이세요." 그렇습니다. 길을 잃고 헤맬 때 모두가 내 편이 아닌 듯이 느껴질 때조차도 하나님은 여전히 '우리 하나님'이십니다.

우리 삶에서 믿음을 보여야 할 때가 있습니다.
성경은 노아를 "의인이요 당대에 완전한 자"(창 6:9)로 묘사합니다. 그가 살던 세상은 어떠했습니까? 하나님이 "땅 위에 사람 지으셨음을 한탄하사 마음에 근심"(창 6:6)하실 정도로 '하나님의 의'가 사라져 버린 시대였습니다. 노아의 시대는 우리가 사는 시대와 별반 다르지 않습니다. 이런 상황에서 하나님이 우리에게 말씀하십니다. "네 믿음을 보이라!"

노아는 고통스럽고 외로운 길을 걸어야 했지만, 그 자체로 의미가 있었습니다. 하나님과의 동행이라는 방향을 굳게 잡을 때 우리는 인생이라는 사막에서 길을 잃지 않고 나아갈 수 있습니다. 변화무쌍한 사막 한가운데서 의지할 것은 자기 경험이 아니라 하나님의 인도하심입니다. 사막을 지나는 것이 고되고 지루할 수 있지만, 인도하심을 받는다면 올바른 방향으로 나아가고 있는 것입니다. 길이 보이지 않는 인생 사막 한가운데서 '하나님의 사람'으로서 믿음을 보이기를 바랍니다. 그리하여 이 거친 사막을 멋지게 건너 봅시다!

변화무쌍한 사막 같은 인생에서 나는 누구를 의지하고 있습니까?

❶ 길을 잃고 헤맬 때 여전하신 하나님의 손길을 경험한 적이 있습니까?
❷ 믿기 어려운 시대에도 하나님의 인도하심을 구하고 있습니까?

인생길의 방향을 잃었을 때

114

마 27:24

'선택'은 인생에서 가장 어려운 문제 중 하나입니다.
우리 인생의 문제는 내 선택의 결과를 예측할 수 없으며, 그 결과에 대한 책임을 스스로 감당할 능력이 없다는 사실입니다. 빌라도는 유대 백성에게 "바라바라 하는 유명한 죄수"(마 27:16)와 예수 중에 누구를 놓아줄지 물었는데, 그의 생각과 달리 백성들은 바라바를 놓아주고, 예수님을 십자가에 못 박으라고 소리 질렀습니다. 여기서 빌라도가 방향을 잃고 맙니다. 이 순간 그에게 필요한 것은 올바른 방향을 정하는 것이 아니었을까요?

인생의 방향을 잃었을 때 '거룩한 나침반'을 봐야 합니다.
자기가 세워 놓은 목표가 있는데 어느 날 갑자기 소용돌이가 휘몰아쳐 인생의 지형이 바뀌면, 우리는 길을 잃고 맙니다. 이때는 거룩한 나침반이 하나님의 인도하심의 방향을 가리킬 때까지 잠잠히 기다려야 합니다. 나침반의 바늘이 목표를 향해 달리던 것과는 반대 방향을 가리킬 수도 있기 때문입니다. 결정의 순간마다 하나님이 함께 계심을 발견하는 것이 중요합니다.

거룩한 나침반이 우리에게 주는 유익은 무엇입니까?
첫째, 내가 세운 인생 목표와 계획이 무너져도 나를 향한 하나님의 계획과 목적은 바뀌지는 않는다는 사실을 일깨워 줍니다. 인생길의 방향을 잃었을 때 하나님이 인도하시는 방향을 가리켜 보여 주기 때문입니다. 둘째, 비록 나의 목표와 계획은 좌절되었지만, 인도하심을 받는 믿음의 길이 훨씬 더 가치 있음을 깨닫게 해 줍니다. 셋째, 나침반을 의지하여 깊은 사막을 빠져나오는 과정에서 영성이 깊어짐을 경험할 수 있습니다.

인생의 방향을 잃을 때 나는 하나님께 인도하심을 구합니까?

❶ '거룩한 나침반'이 내 목표와 반대 방향을 가리킨 적이 있습니까?
❷ 내 계획이 무너져도 하나님의 뜻은 변함없음을 믿습니까?

115

왕상 19:1-8

오아시스 같은 쉼이 필요하다

정당한 대가를 받지 못하는 불공평한 세상에서는 탈진하기가 쉽습니다.
갈멜산에서 바알 선지자들을 물리치고 큰 승리를 거두느라 온 힘을 기울였던 엘리야는 이세벨의 살해 협박에 모든 것을 포기하고 싶을 만큼 절망했습니다. 이처럼 우리도 예상치 못한 고난과 마주할 때가 있습니다. 더 이상 나아갈 힘이 없을 때 엘리야가 로뎀나무 아래에서 누워 잤던 것처럼, 우리에게 필요한 것은 바로 '쉼'입니다. 문제 해결의 방법이 없을 때 내가 할 수 있는 일이 없을 때는 손을 놓아야 합니다. 손을 놓는 것이야말로 쉼입니다.

하나님은 우리를 위해 삶의 곳곳에 오아시스를 마련해 두셨습니다.
사실, 문제는 우리가 인생의 오아시스를 만나고도 무시하고 달려갈 때가 많다는 것입니다. 하지만 오아시스를 거치지 않고, 오로지 나침반만 들여다보며 사막을 건널 수 있는 사람은 아무도 없습니다. 왜냐하면 하나님이 우리를 그렇게 만드셨기 때문입니다. 하나님의 위로와 공급은 우리 영혼에 꼭 필요한 오아시스입니다.

믿음 있는 사람만이 쉴 수 있습니다.
우리 인생에 오아시스가 필요한 것을 모르는 사람이 누가 있겠습니까? 그런데도 쉬지 못하는 것은 조급함과 경쟁심 때문입니다. 엘리야는 로뎀나무 아래에서 쉬며 하나님의 공급을 받고, 그 힘으로 40일 밤낮을 걸어 하나님의 산 호렙에 이르렀습니다. 우리에게 쉼은 단순히 체력을 회복하는 시간이 아니라, 하나님을 만나고 그분의 음성을 듣는 거룩한 시간입니다. 오아시스에서 힘을 얻어야만 우리는 주어진 사명의 길을 다시금 힘차게 걸어갈 수 있습니다.

내 삶에 오아시스 같은 하나님의 위로와 공급이 필요함을 압니까?

❶ 조급한 마음에 목표를 향해 쉼 없이 달려가고 있지는 않습니까?
❷ 나만의 골방에서 하나님의 음성을 들으며 힘을 얻는 시간을 가집니까?

내 것을 내려놓을 때 예수님이 보인다

116
눅 19:1-6

인생 여정에서 우리는 종종 예측하지 못한 장애물에 부딪힙니다. 삭개오는 세리장으로서 부와 명예를 얻었지만, 자기 민족을 착취하여 돈을 모은 죄로 사람들의 인정을 받지 못했습니다. 게다가 작은 키 콤플렉스까지 있었던 그는 예수님의 소문을 듣게 되었습니다. 그러나 예수님을 만나고 싶어도 사람이 많아서 가까이 나아갈 수 없었습니다. "할 수 없어"라는 그의 절망적인 외침은 어쩌면 우리 삶의 깊은 무력감을 대변하는 것일지도 모릅니다. 그러나 바로 이 무력한 순간에 우리는 진정한 길을 찾게 됩니다.

내 것을 내려놓아야 주님을 만납니다.
삭개오는 예수님을 만나기 위해 자존심과 사회적 체면을 내려놓고, 돌무화과나무 위로 올라갔습니다. 삭개오에게 돌무화과나무는 그의 자존심과 허세를 내려놓는 자리였습니다. 인생의 모래 구덩이에 빠질 때 앞으로 나아가려 무작정 발버둥 친다면 오히려 더 깊이 빠져들고 말 것입니다. 이럴 때 필요한 것은 바로 자존심이라는 '바람'을 빼고, 하나님 앞에 자신을 낮추는 용기입니다.

인생이 모래 구덩이에 빠졌다면, 믿음을 보여야 할 순간입니다.
예수님을 만난 삭개오는 자신이 그토록 중요하게 여겼던 돈과 명예가 허상이었음을 깨닫고, "내 소유의 절반을 가난한 자들에게 주겠사오며 만일 누구의 것을 속여 빼앗은 일이 있으면 네 갑절이나 갚겠나이다"(눅 19:8)라고 선언합니다. 이처럼 진정한 낮아짐은 우리를 변화시키고, 새로운 삶의 방향을 열어 줍니다. 자존심을 내려놓고 겸손하게 하나님을 만날 때 우리는 우리 삶의 주인이신 예수님을 만나고, 그분과의 동행을 통해 진정한 자유와 구원을 경험하게 됩니다.

예기치 않은 고난 앞에 자존심을 내려놓고 주님께 나아가겠습니까?

❶ 자존심을 내세우느라 인생의 수렁에 더 깊이 빠져든 적이 있습니까?
❷ 자존심을 내려놓고 낮은 마음으로 하나님 앞에 나아가 구원을 경험한 적이 있습니까?

117
마 14:22-24

홀로 걷는 길에서도 하나님을 기억하라

우리는 삶의 여정에서 때로 깊은 외로움을 느낍니다.
곁에 사람이 아무리 많아도 결정적인 순간에는 결국 혼자임을 깨닫곤 합니다. 예수님은 오병이어의 기적을 베푸신 후, 제자들을 배에 태워 먼저 보내시고 홀로 산에 올라가 기도하셨습니다. 제자들은 그들끼리 함께 있었지만, 풍랑으로 말미암아 고난을 겪는 상황에서 깊은 고립감을 느꼈을 것입니다. 이처럼 우리는 홀로 있을 때뿐만 아니라, 함께 있을 때도 예상치 못한 어려움과 외로움에 직면할 수 있습니다.

홀로 있는 시간에도, 함께하는 시간에도 믿음이 필요합니다.
인생의 사막을 건널 때 우리는 '홀로'라는 고독을 마주하게 됩니다. 그러나 믿음이 그 고독을 혼자가 아닌, 하나님과 함께하는 시간으로 변화시킵니다. 홀로 하나님을 마주할 때 우리는 주님과의 깊은 교제를 통해 삶의 방향을 다시금 확인하고, 감당하기 어려운 무게의 짐을 이겨 낼 힘을 얻습니다. 홀로된 순간에도 하나님이 나와 함께하심을 깨달을 때 우리는 어떤 상황에서도 흔들리지 않는 믿음을 갖게 됩니다.

지혜로운 믿음의 사람은 홀로 걸으며 하나님과 함께 갑니다.
믿음은 세상의 유혹과 타협하지 않고 홀로 되어 하나님과 함께하겠다는 용기입니다. 믿음은 다른 사람들이 모두 안전한 길을 택할 때 오직 하나님의 음성을 듣고 홀로 좁은 길로 나아가고자 하는 결단입니다. 세상의 도움이나 편안함을 버리고, 오직 하나님만을 의지할 때 비로소 진정한 믿음을 증명할 수 있습니다. 그러면 어떤 상황에서도 승리할 수 있습니다.

나는 홀로 있는 시간에도 하나님이 함께하심을 느낍니까?

❶ 고난 속에서 깊은 고립감을 느낄 때 나는 예수님처럼 홀로 기도합니까?
❷ 세상의 도움이나 편안함을 버리고, 오직 하나님만 의지하고 있습니까?

거센 시련을 만났을 때

118
마 14:22-24

우리 삶은 때때로 예상치 못한 바람과 물결에 휩쓸려 고난을 겪습니다. 오병이어의 기적을 체험한 제자들이 예수님의 명령에 순종하여 배를 타고 건너편으로 갔지만, 그들 앞에 기다리고 있던 것은 풍랑이었습니다. 그들은 밤이 깊도록 바람에 시달렸습니다. 이처럼 우리도 순종의 길을 걷다가 때로 거센 시련을 만날 수 있습니다. 중요한 것은 고난의 상황이 아니라, 고난 속에서 '나는 어떤 태도를 보이는가'입니다.

인생에는 홀로 있는 시간이 필요합니다.
예수님은 기적의 현장을 떠나 홀로 산에 올라가 기도하셨습니다. 이는 그분의 사역에서 홀로 하나님과 교제하는 시간이 얼마나 중요한지를 보여 줍니다. 우리도 홀로 감당해야 할 십자가나 사명이 있습니다. 모든 사람의 도움을 받을 수 없는 순간, 오직 하나님만이 우리의 유일한 소망이 되십니다. 홀로 있는 시간은 외로움이 아니라 하나님과 깊은 관계를 맺고 우리의 영혼을 단련하는 거룩한 시간입니다.

제자들이 두려워할 때 예수님은 바다 위를 걸어 그들에게 오셨습니다.
그들은 처음에는 유령인 줄 알았지만, 예수님의 음성을 듣고 안심했습니다(마 14:26-27). 그러자 베드로가 예수님께 청하여 배에서 내려 물 위를 걷는 믿음의 행동을 보였습니다. 이처럼 믿음은 두려움을 이기고, 말씀에 순종하는 용기입니다. 세상 사람들이 모두 불가능하다고 말하는 길이라 할지라도, 하나님의 음성을 들었다면 그 길을 향해 담대하게 나아가야 합니다. 믿음은 세상의 바람과 물결을 이겨 낼 유일한 힘입니다.

거센 시련을 만나면 어떤 태도를 보입니까?

❶ 하나님의 큰 기적을 체험하고 나서 큰 풍랑을 만난 경험이 있습니까?
❷ 믿음이야말로 세상의 바람과 물결을 이기는 힘임을 믿습니까?

119
눈에 보이는 문제에 압도되지 마라
신 1:29-33

삶의 새로운 단계로 나아갈 때 알 수 없는 두려움과 불안감이 엄습합니다. 이스라엘 백성은 약속의 땅, 가나안 입성을 앞두고, 거대한 아낙 자손을 보며 두려워했습니다. 그들은 자신들의 연약함을 보았고, 하나님이 그들을 위해 싸우실 것이라는 약속을 잊었습니다. 우리도 눈에 보이는 문제와 장애물에 압도되어, 우리와 함께하시는 하나님의 능력을 보지 못할 때가 많습니다. 하지만 진정한 용기는 내가 가진 것을 믿는 데서가 아니라 의지할 대상, 곧 하나님을 믿는 데서 나옵니다.

믿음은 눈에 보이는 준비가 없더라도 하나님의 약속을 신뢰하는 용기입니다. 이스라엘 백성은 과거 애굽에서 하나님이 행하신 기적들을 목격했고, 광야에서도 "사람이 자기의 아들을 안는 것같이"(신 1:31) 보호하시는 하나님을 경험하였습니다. 그러나 그들은 눈앞의 현실을 보고는 믿음을 잃고 말았습니다. 우리도 마찬가지입니다. 하나님이 지금까지 우리를 인도하신 은혜를 기억할 뿐 아니라 앞으로도 함께하실 것을 신뢰해야 합니다.

환한 곳에서는 오히려 위험을 볼 수 없습니다. 우리가 완벽한 준비를 갖추려 애쓰는 동안, 하나님은 우리를 위해 이미 모든 것을 예비하고 계십니다. 모든 지식과 경험이 소중하지만, 그것이 궁극적인 안전장치가 될 수는 없습니다. 나의 준비가 최선이 아님을 겸손히 인정하고 오직 하나님만이 우리 길을 완벽하게 예비하시는 분임을 믿으십시오. 두려움을 버리고 하나님의 품으로 뛰어들 때 우리는 가장 안전한 곳에 있게 될 것입니다.

현실에 압도되어 하나님의 능력을 보지 못한 적이 있습니까?

❶ 지금까지 인도하신 주님이 앞으로도 나와 함께하실 것을 믿습니까?
❷ 위험한 상황에서 내가 피할 가장 안전한 곳은 어디입니까?

상황을 초월하는 기쁨

120

합 3:17-18

우리는 때로 인생의 경계선에 서 있다고 느낍니다.
모든 것이 만족스러울 때는 믿음이 쉬워 보이지만, 모든 것이 무너지고 좌절할 때 비로소 믿음이 시험대에 오릅니다. 하박국 선지자는 유다의 죄악과 다가올 심판 앞에서 절망했습니다. 그의 눈에 보이는 세상은 부패와 불의로 가득 차 있었고, 하나님의 응답은 보이지 않았습니다. 그러나 그는 모든 것을 잃을지라도, 상황을 초월하여 하나님으로 인해 기뻐하겠다고 고백합니다. 이처럼 진정한 믿음은 환경에 좌우되지 않고, 오직 하나님께 시선을 고정할 때 드러납니다.

만족의 기준이 무엇입니까?
우리는 종종 눈에 보이는 성취에 따라 만족하곤 합니다. 꿈이 이루어지고, 좋은 결과를 얻으며, 다른 사람들에게 인정받을 때 비로소 행복하다고 느낍니다. 그러나 하박국은 오직 여호와로 말미암아 즐거워하며 기뻐하겠다(합 3:17)고 선포합니다. 이는 나의 필요와 욕망이 채워질 때 오는 기쁨이 아니라 하나님 한 분만을 인정할 때 오는 영원한 기쁨입니다. 이 고백은 우리의 진정한 만족이 세상의 물질이나 성공에 있는 것이 아님을 보여 줍니다.

'허상의 국경'을 경계하십시오.
하박국이 모든 것을 잃을 상황 속에서도 기뻐할 수 있었던 것은 그가 세상의 성공과 안락함이라는 '허상의 국경'을 깨고, 하나님의 진실을 발견했기 때문입니다. 그는 눈에 보이는 현실이 전부가 아님을 깨달았습니다. 우리 삶도 마찬가지입니다. 모든 것을 잃은 것처럼 보이는 그 자리에서, 하나님의 변함없는 사랑과 구원을 발견하고, 그분과 동행하며 새로운 인생을 시작할 수 있습니다.

하나님이 보이지 않을 때 나의 시선은 어디를 향합니까?

❶ 나의 필요와 욕망이 채워지지 않아도 주로 인해 기뻐할 수 있습니까?
❷ 모든 것을 잃어도 하나님의 사랑과 구원으로 다시 시작할 수 있습니까?

121
합 3:17-18

절망이 깊어질 때 믿음이 빛을 발한다

인생의 경계선에 설 때가 있습니다.
하박국 선지자는 이스라엘 백성에게 닥칠 끔찍한 심판을 예견하며 극심한 고뇌에 빠졌습니다. 경제적으로나 사회적으로나 모든 것을 잃게 될 위기 앞에서 그는 깊은 고통을 느꼈습니다. 그러나 바로 그 절망의 끝에서 그는 놀라운 전환점을 맞이합니다. "비록 … 없을지라도 … 기뻐하리로다"(합 3:17-18)라고 노래하며, 감정을 초월한 기쁨을 선포한 것입니다. 이처럼 진정한 믿음은 절망이 깊어질 때 그 빛을 발합니다.

내가 하나님 안에 있는지 확인하는 순간이 옵니다.
하박국은 겉으로 보기에 모든 소망이 사라진 것 같은 상황 속에서도 하나님과의 관계를 통해 기쁨을 찾았습니다. 이는 행복이 외부적인 환경에 의해 결정되는 것이 아님을 보여 줍니다. 우리 삶에 열매가 없고, 소출이 없고, 먹을 것이 없을지라도, 구원의 하나님이 계신다면 그것으로 충분합니다. 하나님을 하나님으로 인정하고, 그분 한 분만으로 만족하는 마음이 바로 진정한 믿음입니다. 이 믿음은 우리를 세상의 불안과 염려로부터 자유롭게 합니다.

인생의 경계선에서 믿음을 드러내기 바랍니다.
내 생각이 초토화되고, 내 바람이 깨어진 곳에서 분명하게 일하시는 하나님의 역사를 선포할 수 있기를 바랍니다. 내가 가진 모든 것을 내려놓고, 오직 하나님 한 분만 바라볼 때 주님의 위대하심과 사랑을 온전히 경험하게 됩니다. 절망의 끝에서 피어나는 찬양은 가장 아름다운 믿음의 증거입니다.

고통 중에도 감정과 상관없이 신앙의 기쁨을 선포할 수 있습니까?

❶ 나는 구원의 하나님 한 분만으로 충분합니까?
❷ 모든 소망이 사라진 상황에서도 하나님이 결국 구원을 이루실 것을 확신합니까?

결핍 속에서도
주님을 바라봄이 신앙이다

122

요 2:1-11

인생의 여정은 때때로 예기치 않은 결핍에 부딪힙니다.
모든 것이 순조롭게 진행되는 듯했던 가나의 혼인 잔치에 포도주가 떨어진 것처럼, 우리의 삶에도 예상치 못한 문제들이 발생합니다. 이 결핍은 단순히 부족함을 넘어, 우리를 절망과 당혹감에 빠뜨립니다. 그러나 성경은 결핍의 순간이 바로 기적의 시작이 될 수 있음을 보여 줍니다. 우리의 모든 절망과 어둠은 하나님이 놀라운 일을 행하실 기회가 됨을 기억하십시오.

실패와 시험의 때는 절망할 때가 아닌 배울 때입니다.
우리는 문제를 만나는 것을 두려워하지만, 우리가 피하고 싶어 하는 어려움이 오히려 하나님의 은혜가 드러나는 통로가 되기도 합니다. 우리 삶에 문제가 없다면, 하나님의 도우심과 기적을 경험할 기회도 없었을 것입니다. 가장 캄캄한 밤에 별빛이 더욱 찬란하게 빛나듯이, 인생이 가장 어두울 때 하나님의 기적이 가장 빛을 발합니다. 중요한 것은 문제 자체를 두려워하는 것이 아니라, 그 문제 속에서 일하시는 하나님을 신뢰하는 것입니다.

우리의 온전한 순종이 하나님의 영광을 드러냅니다.
가나의 혼인 잔치에서 기적은 예수님의 어머니 마리아가 하인들에게 "너희에게 무슨 말씀을 하시든지 그대로 하라"(요 2:5)라고 한 당부에서부터 시작되었습니다. 하인들은 유대인의 정결 예식에 사용하는 돌 항아리에 물을 채우라는 상식 밖의 명령에 순종했고, 그럼으로써 물이 최상의 포도주로 변하는 기적을 맛볼 수 있었습니다. 우리 삶도 마찬가지입니다. 도저히 이해할 수 없는 상황 속에서도 하나님께 온전히 순종할 때 우리는 상식을 뛰어넘는 기적을 경험하게 되며, 하나님의 영광이 우리를 통해 드러날 것입니다.

나는 결핍의 순간이 곧 기적의 시작이 될 수 있음을 믿습니까?

❶ 절망적인 상황에서도 여전히 일하고 계실 하나님을 신뢰합니까?
❷ 도저히 이해할 수 없는 상황 속에서도 하나님께 온전히 순종합니까?

123

딤후 4:9-11, 16-18

외로움의 시간을 선용하라

인생의 절벽에서 혼자 서 있는 듯한 외로움을 느낄 때가 있습니다.
사도 바울은 그의 사역 인생 마지막에 사랑했던 동역자들이 떠나가는 아픔을 겪었습니다. 세상의 성공과 안락함을 택해 떠난 사람도 있었고, 각자의 사명을 위해 다른 곳으로 간 사람도 있었습니다. 그는 차가운 감옥에 홀로 남아, 깊은 외로움에 직면했습니다.

진정한 관계는 상실을 경험한 후에 빛을 냅니다.
외로움이란 사람의 부재가 아니라 관계의 부재에서 오는 것입니다. 바울은 모든 사람이 자신을 버린 순간, 오히려 주님이 자기 곁에 서서 힘을 주셨음을 고백합니다. 이 깨달음은 그의 외로움을 극복하게 하는 힘이 되었습니다. 또한 그는 자신을 떠난 사람들을 용서하고, "그들에게 허물을 돌리지 않기를 원하노라"(딤후 4:16)라고 말합니다. 이 고백은 바울이 더 이상 외로움의 노예가 아니라, 외로움을 극복한 자유로운 존재가 되었음을 보여 줍니다. 사람과의 관계가 깨지면서 상실감을 느꼈으나 그 속에서 주님과의 친밀함이 더욱 빛을 발하였습니다.

외로움에 맞서 싸울 용기와 지혜가 필요합니다.
바울은 외로움의 시간을 그저 고통으로만 여기지 않고, 성장의 기회로 삼았습니다. 그는 디모데에게 겉옷과 함께 책과 가죽 종이를 가져와 달라고 부탁했습니다. 이는 외로움을 이기기 위해 영적, 지적 양식을 구하는 현명한 태도입니다. 그의 위대한 서신들은 바로 이 외로운 감옥 속에서 탄생했습니다. 고독은 우리를 갉아먹는 독이 될 수도 있지만, 하나님과 깊은 교제를 나누면서 가장 풍성한 열매를 맺는 축복의 시간이 될 수도 있습니다.

사람들이 떠나 홀로 외로움을 느낀 적이 있습니까?

❶ 사람은 나를 버려도 주님은 결코 나를 버리지 않을 것을 믿습니까?
❷ 외로움을 성장의 기회로 삼아 하나님과 더욱 깊은 관계로 나아가기로 결단합니까?

한계를 뛰어넘으시는 하나님

124

삿 1:19

이스라엘 백성은 가나안 땅을 정복하는 과정에서 승리와 실패를 모두 겪었습니다. 그들은 하나님이 함께하셨기에 "산지 주민"을 쫓아낼 수 있었지만, 철 병거가 있는 "골짜기의 주민들"은 쫓아내지 못했습니다(삿 1:19). 이처럼 우리 삶에도 때로는 쉽게 해결되는 문제가 있는가 하면, 장벽처럼 느껴지는 문제들이 있습니다. 유다 지파는 산지 주민을 쫓아낼 때 하나님이 함께하심을 경험했지만, 철 병거 앞에서는 믿음이 흔들리고 말았습니다. 이 상황은 "과연 우리는 두려움을 이기는 믿음을 가졌는가?"라는 질문을 던집니다.

진정한 믿음은 한계를 넘어섭니다.
유다 지파는 자신들의 힘으로는 철 병거를 이길 수 없다고 판단했고, 하나님의 능력을 온전히 신뢰하지 못했습니다. 우리는 종종 내 능력이 충분할 때는 믿음이 있는 것처럼 보이지만, 한계에 부딪히면 믿음이 사라지는 불신앙의 죄를 범합니다. 내 능력이 바닥났을 때 오직 하나님만을 의지하며 나아가는 것이 진정한 믿음입니다. 하나님은 우리가 계산하고 예측할 수 있는 범위 안에서만 역사하시는 분이 아니라, 모든 한계를 뛰어넘어 일하시는 분입니다.

눈앞의 상황만 보지 말고, 삶에서 역사하셨던 하나님을 생각하십시오.
하나님은 이스라엘 백성에게 가나안 땅을 넘겨주겠다고 이미 약속하셨습니다. 하나님의 분명한 약속이 있었으므로 그들은 하나님을 의지하고 전쟁에 나가 싸웠어야 했습니다. 싸우지 않으면, 실패도 승리도 없습니다. 가장 큰 죄악은 영적인 게으름, 즉 두려움 때문에 아무것도 하지 않는 것입니다. 하나님은 우리가 믿음으로 나아갈 때 역사하십니다. 즉 우리가 믿음으로 행동하기 시작할 때 비로소 하나님의 능력이 드러나고, 승리의 문이 열립니다.

능력의 한계에 부딪힐 때 나는 하나님을 의지합니까?

❶ 하나님은 모든 한계를 뛰어넘어 일하시는 분임을 믿습니까?
❷ 믿음으로 나아갈 때 하나님의 능력이 나타남을 믿습니까?

125

삼하 9:1-13

자격 없는 우리에게 주어진 은혜

회복은 용서와 직결됩니다.
왕권을 공고히 하기 위해 정적의 씨를 말리는 것을 당연시하던 시대에, 다윗은 친구 요나단과의 언약을 기억하며 사울의 손자 므비보셋을 찾았습니다. 므비보셋은 다윗 앞에서 "죽은 개 같은 나"(삼하 9:8)라고 스스로 낮추며 두려워했지만, 다윗은 아무런 조건 없이 은총을 베풀었습니다. 므비보셋은 다윗이 자기를 죽이려고 찾는 줄 알았는데, 예기치 않게 용서를 받았으니 그 은혜가 얼마나 크고 감동스럽게 느껴졌겠습니까?

므비보셋은 다윗의 은혜를 받을 만한 자격이 전혀 없는 사람이었습니다.
그는 다윗의 원수 집안의 후손이었고, 평생 두 다리를 절어 왕궁에 거할 수도 없는 존재였습니다. 그러나 다윗은 그의 배경과 상태를 보지 않고, 오직 요나단과의 약속에 근거하여 은혜를 베풀었습니다. 이것이 바로 하나님의 은혜입니다. 우리가 하나님의 자녀가 된 것은 나의 공로나 자격 때문이 아닙니다. 오직 예수 그리스도를 통해 맺어진 하나님의 언약으로 인함입니다. 자격 없는 우리에게 은혜가 주어졌기에 더욱 소중하고 감격스럽습니다.

'용서와 포옹'이 있는 곳에 감동이 있습니다.
다윗은 므비보셋에게 "항상 내 상에서 떡을 먹을지니라"(삼하 9:7)라고 말했습니다. 이는 그를 다른 왕자들처럼 대우하는 파격적인 은혜였습니다. 다윗 왕의 "상"에서 먹는다는 것은, 그가 모든 위험에서 벗어나 왕의 보호와 사랑을 받으며 풍요로운 삶을 누리게 되었음을 의미합니다. 마찬가지로, 예수 안에서 하나님의 은혜를 경험할 때 우리는 더 이상 과거의 부끄러움이나 절망에 매이지 않고, 하나님의 자녀로서 영원한 생명의 식탁에 참여하는 축복을 누리게 됩니다.

내가 하나님의 자녀가 된 것은 하나님의 은혜임을 믿습니까?

❶ 조건 없이 은혜를 베푸시는 하나님께 감사의 찬양을 올려 드리고 있습니까?
❷ 하나님의 자녀로서 영원한 생명의 식탁에 참여하기를 원합니까?

낮아짐으로 얻는 기적

126

마 8:5-13

하나님께 간구할 때, 신분과 배경이 무슨 소용 있습니까?
백부장은 자기가 아끼는 종의 괴로움을 덜어 주고자 예수님 앞에 나아와 병 고침의 말씀을 청했습니다. 당시 로마 제국의 백부장은 식민지 지역에서 막강한 권한을 행사하는 높은 지위였습니다. 그런데도 그는 예수님 앞에 자신을 한껏 낮추었습니다. 이처럼 진정한 믿음은 인간적인 자만심을 버리고, 오직 하나님만을 경외하며 그분 앞에 낮아지는 겸손한 마음에서 시작됩니다.

백부장은 자신의 공로나 노력을 내세우지 않았습니다.
그는 오히려 지존하신 주님을 감당할 수 없음을 고백하며, 오직 예수님의 말씀 한마디에 모든 것을 맡겼습니다. 이는 내 능력의 성취가 아닌 오로지 주님이 주시는 은혜를 입음을 인정하는 겸손한 태도입니다. 겸손은 자기를 비하하는 것이 아니라, 자신을 향하던 시선을 하나님께로 옮겨 그분의 능력을 온전히 앙망하는 태도입니다.

이방인이라도 겸손하면 하나님의 은혜를 누립니다.
예수님은 백부장의 겸손한 믿음을 보고 칭찬하시며 "동서로부터 많은 사람이 이르러 아브라함과 이삭과 야곱과 함께 천국에"(마 8:11) 앉을 것이라고 말씀하셨습니다. 이는 겸손한 믿음이 신분이나 민족의 경계를 넘어 하나님의 은혜와 기적을 경험하는 열쇠임을 보여 줍니다. 진정으로 자신을 낮추고 하나님을 의지하는 사람은, 하나님의 놀라운 은혜 가운데 거하며 주님을 기쁘시게 하는 기적의 주인공이 될 수 있습니다.

나는 하나님 앞에 겸손한 믿음으로 나아가고 있습니까?

❶ 내 삶의 모든 기적이 오직 하나님의 은혜로 이루어짐을 고백합니까?
❷ 내가 아끼는 사람을 위해 하나님께 간구해 본 적이 있습니까?

127 하나님이 여기까지 도우셨다

삼상 7:5-12

에벤에셀은 '하나님이 여기까지 도우셨다'라는 뜻입니다. 이 고백은 평안한 상황에서 나온 감사가 아닙니다. 오히려 하나님의 임재를 상징하는 언약궤를 빼앗기고, 영적 지도자들이 타락하며, 블레셋의 압제에 시달리던 이스라엘의 암흑기에서 나온 절규이자 승리의 선언입니다. 이스라엘은 무력함과 절망 속에서 하나님께로 돌아와 회개했고, 그로써 하나님이 그들을 구원하시고 영광을 회복시켜 주셨습니다.

두려워하지 마십시오.
블레셋과의 전쟁에서 패배하고 언약궤를 빼앗겼을 때 이스라엘은 인간적인 힘으로는 더 이상 희망이 없다는 것을 깨달았습니다. 그들은 사무엘의 인도에 따라 미스바에 모여 금식하고 회개하며 오직 하나님께만 도움을 간구했습니다. 그들이 회개하며 하나님과의 관계를 회복하는 순간, 하나님이 이스라엘을 승리케 하셨습니다. 이처럼 진정한 회복은 나의 노력이나 계획이 아닌 하나님을 온전히 의지하고 그분께로 돌아오는 것에서 시작됩니다.

에벤에셀은 하나님이 여전히 하나님이심을 나타내는 사건입니다.
에벤에셀은 이스라엘의 죄에도 불구하고 다시 그들을 품으신 하나님의 사랑을 상징합니다. 우리를 끝까지 붙드시는 하나님이심을 증명하는 것입니다. 생의 마지막 날에 부를 이름이 무엇입니까? 아무것도 보이지 않는 캄캄한 암흑 속에서도 하나님의 이름은 빛납니다. 그날에 하나님의 이름을 고백하기를 바랍니다.

에벤에셀의 하나님을 경험하고 있습니까?

❶ 하나님에게서 멀어졌음을 느낄 때 그분께 돌아가기 위해 어떤 노력을 합니까?
❷ 회복은 내 힘이 아닌 하나님께 돌아감에서 시작됨을 믿습니까?

하나님과의 관계를 회복하는 장소

128
삼상 7:5-12

하나님의 영광이 사라져 버린 듯한 때가 있습니다.
마지막 사사 사무엘의 시대는 이스라엘의 암흑기였습니다. 하나님의 이름이 철저하게 조롱당하던 시대였습니다. 그러나 사무엘은 이스라엘 백성을 미스바로 모이게 하여 종일 금식하며 회개하게 하였습니다(삼상 7:5-6). 미스바는 이스라엘이 회개하고 기도하며 하나님과의 관계를 회복한 장소였고, 그들의 기도는 블레셋과의 전투에서 놀라운 역사를 일으키는 원동력이 되었습니다.

하나님을 두려워할 때 기적이 일어납니다.
이스라엘은 블레셋 군대가 쳐들어온다는 소식에 두려워했지만, 그들의 두려움은 블레셋이 아닌 하나님을 향한 경외심으로 바뀌었습니다. 그들은 하나님의 도우심을 간절히 구했고, 하나님은 사무엘이 번제를 드릴 때 큰 우레를 발하여 블레셋을 물리치셨습니다(삼상 7:10). 이 사건은 이스라엘에 하나님의 능력을 다시 한번 각인시켰습니다. 세상의 힘을 두려워하지 않고 오직 하나님만을 경외하며 나아갈 때 상상할 수 없는 하나님의 도우심을 경험하게 됩니다.

전투에서 이기고 나면 그 영광을 하나님께 돌려야 합니다.
사무엘은 승리 후, 이전에 블레셋에게 패했던 장소인 "미스바와 센 사이에" "에벤에셀"이라는 기념비를 세웠습니다(삼상 7:12). 이 기념비는 단순히 승리를 기념하는 것을 넘어, 패배의 역사를 승리의 역사로 바꾸신 하나님을 찬양하는 상징이 되었습니다. 하나님은 패배자를 승리자로, 실패자를 성공자로, 불행한 사람을 행복한 사람으로 바꾸어 주십니다. 전에는 불행하고, 실패하고, 질병으로 고생했다 할지라도 하나님이 함께하시면 승리하게 됩니다.

하나님과의 관계를 회복하기 위한 장소가 있습니까?

❶ 대적이 공격하는 급박한 상황에서 나는 하나님의 도우심을 간절히 구합니까?

❷ 세상의 힘을 두려워하지 않고, 오직 하나님만 경외하며 나아갑니까?

129
롬 8:15

"아빠 아버지"를 부를 수 있는 권세

우리는 악한 것을 통해 선한 일을 도모하시는 하나님의 역사를 믿습니다. 그러나 이 세상에서 일어나는 모든 일을 '하나님의 뜻'이라고 말하며, 실제 우리가 경험하는 악한 세력을 무시할 수는 없는 일입니다. 계속해서 우리에게 남는 질문은, 전지전능하신 하나님이 우리에게 그렇게 많은 고통을 가져다주는 괴로움과 비극을 왜 막지 않으시는가 하는 것입니다. 그런데 하나님은 능력으로 모든 문제를 해결해 주시기보다는 아프고 힘들 때마다 하나님을 향해 "아빠 아버지"(롬 8:15)라 부르짖을 수 있는 권세를 주셨습니다.

많은 이들이 하나님을 '능력'으로 증명하려 합니다. 하나님은 병을 고치시고, 문제를 해결하시며, 기적을 행하시는 분이라고만 생각합니다. 그러나 하나님은 그런 외적인 능력으로 우리를 얻으려 하지 않으셨습니다. 오히려 당신의 아들을 십자가에 내어 주시는 사랑으로 우리에게 다가오셨습니다. "아빠 아버지"라는 부름은, 삶의 모든 순간에 하나님의 사랑이 함께하고 있다는 증거입니다. 하나님은 우리의 고통을 방관하지 않으시고, 그 고통 속에서 우리와 함께 아파하십니다.

하나님의 사랑은 우리에게 죄와 유혹을 "넉넉히" 이길 힘을 줍니다. 그리하여 "무서워하는 종의 영을 받지 아니하고 양자의 영을"(롬 8:15) 받은 우리는 절망하던 삶에서 벗어나 이제는 새로운 피조물로서 당당하게 살아갈 수 있습니다. 이 능력은 우리의 의지나 노력만으로 얻는 것이 아닙니다. 오직 "아빠 아버지"를 부르짖는 기도와 인내를 통해 성령의 도우심을 구할 때 가능합니다. 유혹과 싸우며 끊임없이 넘어질지라도, 그때마다 사랑이 가득하신 하나님은 우리에게 다시 일어설 힘을 주십니다.

하나님을 "아빠 아버지"라 부르는 권세를 누리고 있습니까?

❶ 하나님이 내 고통 속에서 함께 아파하심을 믿습니까?
❷ 하나님의 사랑 덕분에 죄의 유혹을 이겨 낸 경험이 있습니까?

Chapter

6

변화,
빚어지며 발견하는
참모습

하나님께 택함 받은 사람

130
삼상 24:1-7

이스라엘 백성은 참으로 자존심이 강한 민족이었습니다.
하나님이 그들을 선택하셨다는 확신이 있었기 때문입니다. 그래서 주후 70년경에 예루살렘이 함락되고 나서 거의 2,000년 동안 떠돌이처럼 지냈지만, 민족적 자긍심을 잃지 않았습니다. 다윗도 마찬가지입니다. 그는 광야에서 인생의 가장 어려운 시기를 보냈지만, 하나님의 사람으로서의 자존감으로 버티며 품위를 잃지 않았습니다. 오히려 소망으로 가득 찼습니다. 자존감의 결여는 하나님의 택하심에 대한 확신이 들어야 비로소 충족됩니다.

광야는 하나님의 사람으로서 품위를 훈련받는 현장입니다.
소망의 사람 다윗에게 엔게디 광야는 단순히 황량한 곳만은 아니었습니다. 그에게 광야 생활은 왕의 영광을 얻기 전에 거쳐야 했던 마지막 관문이었습니다. 그는 광야에서 사울 왕을 해할 절호의 기회를 맞았으나 왕의 몸에 손대지 않았습니다"(삼상 24:6). 자기 손으로 불의한 일을 행하기보다는 하나님의 처분을 기다리겠다는 것입니다. 이것이 하나님의 사람으로서의 자존감입니다.

성경적 리더십의 원천은 다수결이 아닌 하나님의 뜻을 분별하는 데 있습니다.
다윗의 영광은 선명한 기준을 가지고 하나님의 뜻을 묻는 데서 나왔습니다. 다윗의 부하들은 자신들에게 이익이 되느냐를 기준으로 삼았지만(참조, 삼상 24:4), 다윗은 하나님의 뜻을 물었습니다. 하나님을 믿지 않는 다수에 의해 중요한 결정이 내려진다면, 이보다 위험한 일이 없을 것입니다. 깨어서 기도하며 하나님의 뜻을 분별하는 리더십이 필요한 이유입니다. 담대하게 기도하며 진리로 복음을 외치는 사람들이 있을 때 민족의 영광이 회복됩니다. 하나님이 당신을 택하여 부르셨다는 사실을 기억하십시오.

나는 광야 훈련을 통해 하나님의 뜻을 분별하고 있습니까?

❶ 인생의 광야에서도 믿는 자의 품위를 지키고 있습니까?
❷ 나는 인생의 중대한 결정을 내리기 전에 먼저 기도합니까?

131

삼하 18:28-33

죄악의 고리를 끊으라

언젠가는 하나님 앞에 바로 서지 못한 책임을 통감할 날이 옵니다.
다윗은 전쟁의 승리 소식을 들었을 때 무엇보다 먼저 "젊은 압살롬은 잘 있느냐"(삼하 18:29) 하고 아들의 안부부터 물었습니다. 그러나 들려온 소식은 아들의 죽음이었습니다. "내 아들 압살롬아 내 아들 내 아들 압살롬아 차라리 내가 너를 대신하여 죽었더면"(삼하 18:33)이라는 다윗의 울부짖음은 아들의 죄를 징계하지 못한 아버지, 자녀의 분노를 달래지 못한 아버지, 관계를 회복하지 못한 아버지의 통곡이었습니다.

가정의 깨어짐과 회복은 신앙의 문제입니다.
다윗의 범죄는 개인의 문제를 넘어 가정의 붕괴로 이어졌습니다. 다윗 왕은 위대했으나, 아버지 다윗은 무기력했습니다. 다윗은 아들의 잘못을 견책할 줄도, 제대로 용서할 줄도 몰랐습니다. 하나님이 맡기신 가정의 책임을 외면한 결과, 그는 아들의 시신 앞에서 눈물로 자기 죄를 마주해야 했습니다. 죄는 용서받지 않으면 반드시 흔적을 남기고, 다음 세대의 상처로 이어집니다.

그러나 죄는 유전이 아닙니다.
단지 죄를 용서받지 못한 채 그것에 연연해함으로써 아버지에게서 아들에게로, 어머니에게서 딸에게로, 한 세대에서 다른 세대로 전해질 뿐입니다. 죄와 악의 고리를 끊기 위해서는 정직하게 용서를 구하고, 하나님의 도우심을 구해야 합니다. 성경은 "자식들은 여호와의 기업이요 태의 열매는 그의 상급"(시 127:3)이라고 말합니다. 자녀의 습관 및 가치관 형성에 부모보다 더 큰 영향력을 행사하는 사람은 없습니다. 부모는 하나님의 뜻과 기준에 따라 자녀를 양육해야 할 책임이 있습니다. 자녀를 바른길로 인도하기 위해 애통해하며 통곡하십시오.

나는 자녀의 반항과 상처에 대해 부모로서 책임을 통감합니까?

❶ 자신과 자녀의 죄를 방관하지 않고, 하나님의 기준으로 바로잡고 있습니까?
❷ 가정을 바로 세우기 위해 하나님 앞에 엎드려 통곡할 용기가 있습니까?

장애물이 디딤돌 될 수 있다

132
삼상 17:41-49

실패는 우리의 간절함을 증명하는 기회입니다.
인생에서 만나는 장애물을 '실패'라고 정의하는 순간, 우리는 실패한 인생을 살게 되지만, 그것을 '실수'나 '선택'으로 여기면 새로운 디딤돌이 됩니다. 실패는 내가 실패자임을 의미하지 않으며, 단지 내가 무엇인가를 용감히 시도했음을 의미할 뿐입니다. 내 인생에 자꾸 홍수가 들이닥치는 것 같습니까? 고난에는 이유가 있으며, 오히려 하나님의 역사와 기적을 체험하는 기회가 되기 때문입니다.

다윗의 인생에 아주 중요한 순간이 찾아왔습니다.
골리앗이라는 거대한 걸림돌이 나타난 것입니다. 그것은 그의 계획이 아니라 하나님의 계획이었습니다. 이제까지 준비된 다윗의 믿음이 증명되는 순간입니다. 골리앗이 너무나 컸기에, 다윗은 자기 능력을 완전히 포기하고 오직 하나님만을 의지할 수밖에 없었습니다. 다윗은 "만군의 여호와의 이름"으로 나아갔는데, 그의 자신감은 "칼과 창과 단창"에서 나온 것이 아닙니다(삼상 17:45). 가장 어두운 절망의 순간이야말로 가장 큰 소망의 시작이며, 세상의 조건이 아닌 여호와의 이름으로 나아갈 때 하나님이 행하시는 일을 보게 됩니다.

하나님은 준비된 사람을 당신의 때에 사용하십니다.
때때로 인생의 장애물은 예상치 못한 곳에서 불쑥 다가옵니다. 오늘, 내가 실패한 인생을 사는 것 같고, 거대한 장애물이 내 앞을 가로막고 있는 것 같다면, 자리에서 일어나 이렇게 외치십시오. "전쟁은 여호와께 속하였으니 나는 절대로 뒤로 물러나지 않는다!"

실패의 두려움을 극복하고, 하나님을 의지하고 있습니까?

❶ 나는 인생의 장애물을 하나님의 역사와 기적을 체험할 디딤돌로 받아들입니까?
❷ 어떤 어려움이 닥쳐도 끝까지 믿음을 지키겠습니까?

133 소명을 찾는 방법

삼상 17:31-37

숨겨진 다윗을 찾으려면 하나님의 관점으로 봐야 합니다.
사람들은 외모와 조건을 보고 왕이 될 만한 인물을 찾았지만(삼상 16:7), 하나님은 이새의 아들 중 누구도 아닌 목동 다윗의 중심을 보셨습니다. 이새조차도 다윗을 선지자 앞에 내놓을 인물이 아니라고 생각했던 것처럼, 우리는 종종 세상의 기준으로 자신의 가능성과 가치를 판단하고 낙담합니다. 그러나 하나님은 세상이 보기에 아무리 거룩한 일이라도 믿음 없이 하면 무의미하다고 하시며, 들에서 하는 평범한 일이라도 믿음으로 하면 귀하게 보십니다.

소명은 삶의 모든 영역에서 그리스도를 주님으로 모시려는 노력입니다.
사울 왕은 다윗이 골리앗과 싸울 수 없다고 단정했습니다. 그러나 다윗은 자신이 목동 시절에 사자와 곰의 발톱에서 양 떼를 지키고 건져 냈던 경험을 간증했습니다. 이 경험은 다윗이 하나님의 구원하심을 체험하고 믿음을 훈련한 과정이었습니다. 소명은 좋은 대학에 가거나 근사한 직장에 다닐 때 생기는 것이 아니라, 주어진 일에 최선을 다하며 하나님의 능력을 경험하는 성실함으로 빚어집니다. 소명을 발견하는 믿음 안에 사는 사람이 소명자입니다.

소명은 찾는 것이 아니라 듣는 것입니다.
하나님이 다윗을 그 시대에 필요한 사람으로 부르셨다는 사실에 주목하기를 바랍니다. 소명은 막연히 찾는 것이 아니라, 과거에 나를 구원하시고 인도하신 하나님의 역사를 듣고 발견하는 것입니다. 우리를 피 값으로 사시고, 우리를 사랑하기에 그곳에 보내신 하나님을 신뢰할 때 우리는 세상의 칭찬에 중독되지 않고, 현재의 모든 장애물 앞에서 담대함으로 나아갈 수 있습니다. 성실한 믿음으로 살아가는 사람을 하나님은 반드시 사용하실 것입니다.

외적인 조건이 아닌, 하나님 보시기에 합당한 중심을 가지려 합니까?

❶ 매일 하는 작은 일들도 소명을 깨닫기 위한 준비 과정으로 여깁니까?
❷ 과거에 하나님이 도우셨던 경험을 토대로 미래의 도전을 확신합니까?

하나님 마음에 합한 사람이 되려면

134
삼상 21:10-22:2

인간관계의 기본은 '하나님 중심'에 있습니다.
환난은 사람에게 칭찬받기보다 하나님께 인정받는 리더십이 필요한 현장입니다. 비록 다수가 원치 않고 사람들의 마음에 들지 않아도, 하나님 중심으로 내린 결단은 후회함이 없으며 결국 사람들에게 감동을 주게 됩니다(참조, 삼상 23:2-5). 하나님을 올바로 섬기는 사람은 "하나님과 사람 앞에서 은총과 귀중히 여김을"(잠 3:4) 받게 되어 있습니다.

궁핍하고 원통한 자들이 모인 아둘람 굴은 비전의 공동체였습니다.
다윗이 사울을 두려워하여 아둘람 굴로 도망했을 때 "환난 당한 모든 자와 빚진 모든 자와 마음이 원통한 자가 다 그에게로"(삼상 22:2) 모여들었는데, 그 수가 400명이나 되었습니다. 이들은 세상이 보기에는 형편없는 오합지졸이었지만, 다윗은 그들의 우두머리가 되었습니다. 다윗에게 아둘람 굴은 고난과 절망의 상징이었지만, 거기서 바쳐진 다윗의 노래는 '희망의 노래'요 '승리의 찬가'였습니다. 하나님의 마음에 합한 사람에게 고난의 장소는 새로운 비전과 공동체를 만드는 현장이 됨을 기억하십시오.

선명한 기준으로 드리는 순종은 고난을 의미 있는 승리의 찬가로 바꿉니다.
다윗에게는 "내가 지금 왕의 자리에 있느냐, 쫓기는 사람이 되느냐"가 문제가 아니라, "내가 하나님께 순종하고 있느냐, 그렇지 않느냐"가 더욱 중요했습니다. 사울이 다윗을 늘 쫓아다닌 것 같지만, 사실은 그 반대입니다. 그는 하나님의 뜻을 따르기보다는 자기 자리를 지키려고 애쓰며 불안한 인생을 살았습니다. 승리는 쫓는 자가 아닌 하나님을 의지하는 자에게 주어진다는 사실을 잊지 마십시오.

사람들의 인정보다 하나님의 마음에 합한 사람이 되기를 원합니까?

❶ 지금의 고난이 새로운 사명을 준비하는 것임을 믿습니까?
❷ 고난 속에서도 순종의 길을 택하고, 승리의 찬가를 부릅니까?

135　나는 진흙이다

렘 18:1-6

인생 설계는 토기장이이신 하나님께 맡겨야 합니다.
많은 그리스도인이 인생의 위대한 건축가이신 하나님을 찾아가지만, 사실은 자신이 세운 계획을 전문가에게 인정받는 일에 치중하곤 합니다. 하나님은 예레미야를 토기장이의 집으로 인도하시어 "진흙으로 만든 그릇이 토기장이의 손에서 터지매 그가 그것으로 자기 의견에 좋은 대로 다른 그릇을"(렘 18:4) 만드는 장면을 보게 하셨습니다. 이는 내 인생이 망가진 것처럼 느껴져도 나를 향한 하나님의 계획은 끝나지 않음을 일깨워 줍니다.

우리는 하나님 손안에 있는 진흙과도 같습니다.
하나님은 "이스라엘 족속아 진흙이 토기장이의 손에 있음같이 너희가 내 손에 있느니라"(렘 18:6)라고 선포하셨습니다. 토기장이가 망가진 그릇을 다시 만들 듯이, 깨어진 질그릇 같은 우리 인생을 다시 만들어 사용하시겠다는 말씀입니다. 토기장이이신 하나님 앞에 깨어진 인생을 가져가면, 소망과 기대가 생깁니다. 믿음이 살아 있는 한 "소망이 우리를 부끄럽게 하지"(롬 5:5) 않을 것입니다. 우리 삶을 토기장이에게 온전히 맡길 때 비로소 최고의 작품을 기대할 수 있습니다.

하나님의 조건 없는 사랑이 우리를 주께로 돌아오게 합니다.
하나님은 우리와 관계 맺기를 원하시며 그것에 대한 응답으로 우리도 하나님을 사랑해 주기를 바라고 계십니다. 하나님의 조건 없는 사랑이란, 우리가 악한 것을 말하거나 생각할 때도 하나님은 계속해서 우리를 사랑하심을 의미합니다. 하나님은 잃어버린 자녀가 돌아오기를 기다리십니다. 하나님은 자녀 사랑하기를 포기하지 않으십니다. 이것은 진리입니다. 이 진리가 우리로 하여금 항상 존재하는 하나님의 사랑으로 돌아가도록 도와줍니다.

나는 토기장이이신 하나님께 내 삶을 모두 위임합니까?

❶ 내 생각과 계획을 내려놓고, 하나님의 뜻을 알기 위해 노력합니까?
❷ 내 삶이 토기장이 하나님의 손안에 든 질그릇임을 믿습니까?

하나님의 뜻을 분별하라

136

롬 12:2

우리를 향한 하나님의 뜻은 무엇일까요?

'뜻'이란 '자신이나 타인의 행동을 판단하고 통제하는 정신적 능력'이라고 할 수 있습니다. 그러므로 하나님의 뜻은 하나님의 계획과 결정이라고 할 것입니다. '뜻'처럼 무서운 말도 없을 것입니다. 신앙의 문제는 바로 뜻의 문제이기 때문입니다. 사실, 신실한 신앙의 문제는 '분별'에 있습니다. 사도 바울은 "오직 마음을 새롭게 함으로 변화를 받아 하나님의 선하시고 기뻐하시고 온전하신 뜻이 무엇인지 분별하도록 하라"(롬 12:2)라고 명했습니다. 하나님의 뜻을 분별하려면, 먼저 우리 마음이 변화를 받아야 한다는 뜻입니다.

왜 우리 마음이 변화를 받아야 할까요?

왜곡된 마음으로는 하나님의 뜻을 올바로 분별할 수 없기 때문입니다. 하나님은 인간을 당신의 형상을 따라 지으셨습니다. 이는 인간에게 하나님의 뜻을 분별할 수 있는 지혜를 주셨다는 뜻입니다. 하나님을 향한 순종은 한 번의 관계로 끝나는 것이 아니라 계속되는 과정이요 관계입니다. 우리는 자기가 생각하는 대로 되는 것을 하나님의 뜻으로 착각해서는 안 됩니다. 고통과 고난 가운데서도 나를 구원하시는 하나님을 의지하여 그 뜻을 분별하여야 합니다.

하나님이 기뻐하시는 인생을 사십시오.

"우리 인생은 하나님의 계획 가운데 있다"라는 말은, 우리가 하나님이 기뻐하시는 인생을 살게 되었다는 확고한 믿음에서 출발합니다. 하나님은 우리에게 "소원을 두고 행하게"(빌 2:13) 하시어 당신의 기쁘신 뜻을 이루십니다. 많은 사람이 인생에서 쉬운 길을 찾아갑니다. 그러나 하나님은 우리를 망가뜨려서라도 고쳐 쓰기를 원하십니다. 이것이 하나님의 뜻입니다.

나는 하나님의 뜻을 분별하며 살아가고 있습니까?

❶ 하나님이 기뻐하지 않는 일로 깨어진 내 삶의 질그릇은 무엇입니까?
❷ 나는 기도와 말씀을 통해 하나님의 뜻을 분별하는 지혜를 구합니까?

137
삿 6:36-40

소명을 알면 인도하심이 명확해진다

소명이 분명하면, 그 안에서 해야 할 의무가 명확해집니다.
하나님의 뜻과 인도하심은 때로는 초자연적인 계시보다 일상적인 삶에서 지켜지는 명확한 의무를 통해 주어집니다. '바쁜 목사, 바쁜 부모, 바쁜 교인'이 곧 '나쁜 목사/부모/교인'이 될 수 있는 것은 영적 활동을 한다는 명목으로 가장 가까운 사람을 섬기는 의무를 면제받으려 하기 때문입니다. 최선을 다해 바쁘게 살아가는 태도는 바람직하지만, 무엇 때문에 바쁜지를 생각해야 합니다.

양털 시험은 연약한 믿음에 대한 하나님의 애정 어린 반응이었습니다.
기드온이 미디안 족속과의 싸움이라는 압도적인 현실 앞에서 좌절하여 확신을 얻기 위해 양털 시험을 청했을 때 하나님은 그의 부족한 믿음에 두 번이나 응답해 주셨습니다(삿 6:36-40). 이 이야기는 기드온의 탁월한 믿음이 아닌 연약한 믿음에 확신을 심어 주기 위해 참으시는 하나님의 자상한 성품을 보여 줍니다. 흔들리는 믿음의 문제는 양털 시험과 같은 증거가 아닌 하나님을 향한 순종의 자세로 해결되는 법입니다.

소명을 알면, 나를 향한 하나님의 인도하심이 좀 더 명확해집니다.
하나님은 발람 선지자처럼 하나님의 뜻이 아닌 "불의의 삯을 사랑"(벧후 2:15)하여 죄의 길로 가는 사람에게는 스스로 뿌린 씨를 거두도록 허락하실 때가 있습니다(참조, 민 22:20). 이는 하나님이 생각을 바꾸신 것이 아니라, 하나님의 뜻과 반대되는 행위를 내 멋대로 하도록 내버려 두신 것입니다. 뜻이 꺾이지 않고 허락된 일은 결국 비극의 씨앗이 되고 맙니다. 하나님의 인도하심을 받으려면, 내 뜻을 꺾을 준비가 되어 있어야 합니다.

나는 하나님의 인도하심을 올바른 자세로 구하고 있습니까?

❶ 흔들리는 믿음을 순종의 자세로 해결하려고 합니까?
❷ 하나님의 뜻과 반대로 행하면 비극의 씨앗이 될 수 있음을 압니까?

하나님의 뜻을 아는 지혜

138
엡 5:15-18

하나님은 우리를 어떻게 인도하실까요?

하나님의 뜻을 아는 것은 "지혜"(엡 5:15)와 관련 있습니다. 이는 하나님의 뜻을 이해하는 것이 단순한 감정의 차원이 아니라 '사고'의 문제라는 뜻입니다. 신앙인의 자세에서 자주 발견되는 오류는 감정에 너무 치우친다는 것입니다. 감정은 매우 중요한 것이지만, 그 느끼는 바가 올바른지는 평가해 봐야 합니다. 감정을 평가하는 것이 바로 "지혜"입니다.

"오직 주의 뜻이 무엇인가 이해"(엡 5:17)하십시오.

하나님의 뜻은 "이해"와 관련 있습니다. 즉 신자는 하나님의 뜻을 이해하려고 노력해야 하며, 이 이해는 지혜로운 자의 몫입니다. 성경은 "여호와를 경외하는 것이 지혜의 근본"(잠 9:10)이라고 말합니다. 믿음의 기준이 분명하면, 흔들리지 않을 것입니다. 가장 확실한 기준은 성경입니다. 또한 신앙의 가장 강력한 혁명은 '기본에 충실한 것'입니다. 감정은 쉽게 변하고 상황은 늘 가변적이지만, 하나님의 말씀은 변하지 않기 때문입니다. 순종하지 않는 사람에게는 기념비가 없습니다. 그러나 순종하면, 하나님의 인도하심을 간증하게 됩니다.

"지혜"는 "성령"과 관련 있습니다.

"성령"으로 충만함을 받으라는 것은 성령의 지배하에 들어가라는 뜻이 아니겠습니까? 하나님이 우리를 인도하시는 방법을 '성령 충만'만큼 확실하게 설명하는 것은 없는 것 같습니다. '성령 충만'은 일회적인 사건이 아니라 지속되는 상태를 의미합니다. 그러므로 "모든 신령한 지혜와 총명에 하나님의 뜻을 아는 것으로 채우게"(골 1:9) 해 달라고 기도하십시오.

나는 성령 충만함 가운데 하나님의 뜻을 분별하고 있습니까?

❶ 순종으로써 내 삶에 세워질 기념비는 무엇일까요?
❷ 인도하심을 받지 못하고 있다면, 그 이유는 무엇입니까?

139   인생의 가지치기

행 16:6-15

인생길이 막힐 때 또 다른 하나님의 인도하심이 시작됩니다.
사도 바울은 복음을 전하기 위해 아시아로 가고자 했지만, "성령"과 "예수의 영"이 그 길을 허락하지 않으셨습니다(행 16:6-7). 복음 전파에 대한 열정이 넘치는 그의 눈에는 해야 할 일들이 빤히 보이는데, 자꾸 가로막혔던 것입니다. 그런데 그는 하나님이 길을 막으시는데도 손 놓고 있지 않고, 복음을 전하는 사역을 계속해 나갔습니다. 좌절하지 않고 묵묵히 일하며 하나님의 인도하심을 기다렸고, 그럼으로써 하나님의 부르심을 더욱 명확히 확인할 수 있었습니다.

좌절의 경험은 인생의 '가지치기'와도 같습니다.
바울에게 거듭되는 좌절의 여정이 없었더라면, 마게도냐의 환상을 보고 새로운 길을 떠나야 함을 인정하기가 쉽지 않았을 것입니다. 바울에게 좌절은 하나님의 우선순위와 계획 가운데 쓰임 받기 위해 필요했던 가지치기와도 같았습니다. 그가 계획한 길이 막히는 듯 보이던 그때 하나님은 하나님의 길을 열고 계셨습니다. 때로는 내 길이 막혀야 비로소 하나님의 길이 보입니다.

인도하심의 확신이 있으면 감옥에서도 찬송을 부를 수 있습니다.
하나님의 인도하심으로 도착한 빌립보에서 바울은 루디아라는 중요한 동역자를 얻었으나, 곧바로 옥에 갇히는 고난을 겪었습니다(행 16:16-24). 좌절의 경험을 통해 하나님의 계획이 있음을 인정하였기에, 그는 옥에 갇혀서도 낙담하지 않았고, 기도하며 하나님을 찬송할 수 있었습니다(행 16:25). 이처럼 하나님의 인도하심에 대한 확신이 있을 때 우리는 담대해지고 내 계획이 막힌 곳에서 하나님의 계획에 쓰임 받기 시작합니다.

고난 속에서 하나님의 인도하심을 확신하며 찬송할 수 있습니까?

❶ 인생길이 막히는 듯 보여도 사실은 하나님이 인도하시는 과정임을 믿습니까?
❷ 연이은 좌절이 하나님의 우선순위를 알게 하시는 가지치기임을 압니까?

편견을 버리라

140

행 10:9-20

하나님은 정해진 법칙을 벗어나 인도하십니다.
베드로에게 유대인과 이방인의 교제를 금하는 율법은 확고한 법칙이었지만, 하나님은 환상과 성령의 음성이라는 주권적인 방법을 통해 그 법칙을 깨뜨리셨습니다(행 10:9-20). 성도들에게 가장 위험한 조언은 자기가 하나님께 받은 은혜를 다른 사람에게도 똑같이 적용하라는 것입니다. '회심'이란 복음 앞에서 스스로 결단하고 진리 가운데 사는 것이지, 누군가의 삶의 방식을 따르는 것이 아니기 때문입니다. 다만 성령의 인도하심에 순종하면, 우리는 진리 가운데 역사하시는 하나님의 일을 보는 특권을 누리게 될 것입니다.

베드로는 "황홀한 중에 하늘이 열리며 한 그릇이 내려오는 것"을 봤습니다.
하늘에서 그 안에 든 것을 잡아먹으라는 음성이 들려왔지만 그는 "속되고 깨끗하지 아니한 것을 내가 결코 먹지 아니하였나이다"라며 자신의 편견을 고수했습니다(행 10:11-14). 그러나 이 환상은 베드로의 편견을 깨는 하나님의 주권적인 역사였으며, 고넬료를 만나고 나서야 그 뜻을 깨닫고 순종하였습니다. 우리가 하나님의 인도하심을 받지 못하는 것은 주님의 음성이 없기 때문이 아니라, 강퍅한 마음과 편견이 성령의 음성을 거부하기 때문입니다.

베드로에게 일어난 일은 교회 역사의 획을 긋는 사건이었습니다.
이 일을 계기로 유대인과 이방인 사이의 큰 장벽이 허물어졌기 때문입니다. 이제는 이방인들에게도 복음이 자유롭게 들어가게 되었으니, 베드로의 순종으로 복음 전파의 새로운 지평이 열린 것입니다. 생각하지 못한 길로 인도하실지라도 망설임 없이 내 뜻을 꺾고, 하나님의 뜻을 받아들이는 것이 중요합니다. 순종은 기적의 전제 조건입니다.

나는 하나님의 인도하심에 대한 편견이 있습니까?

❶ 나의 강퍅한 마음과 편견이 성령의 음성을 가로막고 있지는 않습니까?
❷ 내가 받은 은혜를 다른 사람에게도 똑같이 적용해 보라고 조언하지는 않습니까?

141 결단의 순간에 필요한 것

빌 4:6-7

하나님의 인도하심의 최종 단계는 '결단'입니다.
결단의 순간에 필요한 것은 순종을 구하는 기도이지, 이미 자명한 문제 앞에서 결단을 회피하며 인도하심을 구하는 기도가 아닙니다. '결단'이라는 단어는 뭔가 긴박한 느낌을 줍니다. 하지만 결단의 순간을 맞닥뜨리는 우리에게 필요한 것은 '기다림'의 시간입니다. 기다림이란 나의 결단과 결정을 하나님이 거부하실 수도 있음을 전제합니다. 하나님의 인도하심이 내가 생각하는 길과는 다를 수 있지만, 그 길을 가게 하시는 하나님의 뜻이 있음을 잊어서는 안 됩니다.

결단과 기다림은 하나님의 뜻에 지속되는 연관 관계입니다.
우리의 신앙적 오류는 결단하고 나서 자기 마음대로 행한다는 것입니다. 이스라엘 백성이 출애굽을 결단한 후에도, 하나님은 그들을 지름길이 아닌 홍해의 광야 길, 곧 우회로로 인도하셨습니다. 이는 그들이 전쟁을 만나 마음을 돌이켜 애굽으로 돌아갈까 염려하셨기 때문입니다(출 13:17-18). 그러므로 결단하고 나서는 하나님의 뜻 가운데 순종하며 인도하심을 묵묵히 기다리십시오.

평강은 영적 전쟁에서 우리 마음과 생각을 지키는 방패입니다.
감사함으로 결단하고 순종할 때 "모든 지각에 뛰어난 하나님의 평강이 그리스도 예수 안에서 너희 마음과 생각을 지키시리라"(빌 4:7)라는 약속을 받게 됩니다. 하나님의 평강은 우리가 "통치자들과 권세들과 이 어둠의 세상 주관자들과 하늘에 있는 악의 영들을"(엡 6:12) 상대할 때 하나님의 말씀으로 무장하고 성령 안에서 항상 깨어 기도하게 하는 올바른 기준이 됩니다. 멋진 결단으로 하나님의 인도하심을 받기를 바랍니다.

나는 결단의 순간에 기다림의 중요성을 기억합니까?

❶ 내 결단이 올바른 기준과 책임을 지키고 있습니까?
❷ 나의 결단이 하나님께 영광이 되고, 세속적이지 않음을 스스로 점검합니까?

의무감을 벗고
자유함을 입으라

142

엡 3:14-21

속사람을 강건케 하는 것은 하나님의 풍성한 영광입니다.
우리는 익숙한 삶의 태도, 정해진 프로그램, 스스로의 능력이라는 감옥에 갇혀 풍성한 길을 보지 못할 때가 많습니다. 속사람은 성령으로 말미암아 능력으로 강건해져야 하며, 이는 "사랑 가운데서 뿌리가 박히고 터가" 굳어질 때 가능합니다(엡 3:16-17). 하나님의 부르심은 우리에게 의무를 부과하기 위함이 아니라, 주님과 동행하며 주님이 누구이신지를 배우기 위한 시작점입니다.

하나님의 충만함은 측량할 수 없는 그리스도의 사랑에서 옵니다.
하나님의 풍성함은 남과의 비교에서 오는 것이 아니라, 하나님이 부르신 가치 있는 삶에서 시작됩니다. "그리스도의 사랑"은 "지식에" 넘치며, "그 너비와 길이와 높이와 깊이가 어떠함을" 측량할 수 없을 정도로 풍성합니다(엡 3:18-19). 이 한없는 사랑을 알지 못하면, 뭘 잘해서 사랑을 받으려는 의무감에 끊임없이 시달리게 됩니다. 그러나 그리스도 안에 있는 우리는 그분의 자녀라는 사실 하나만으로 사랑을 받습니다. 풍성함은 우리의 능력에서 오는 것이 아니라 "하나님의 모든 충만하신 것"(엡 3:19)에서 말미암습니다.

그리스도 예수 안에 거할 때 우리는 비로소 자발적인 기쁨을 누립니다.
하나님을 알기 전에는 '내가 뭘 할 수 있을까?'가 중요했다면, 그리스도 안에서는 '주님이 무엇을 원하시는가?'로 바뀝니다. "교회 안에서와 그리스도 예수 안에서"(엡 3:21) 거할 때 우리는 하나님의 사랑을 받고 있음을 분명히 알고, 그 사랑이 변함없음을 깨닫습니다. 그러므로 더는 인정받기 위해 예배드리는 것이 아니라 그분 안에 거하는 충만함 때문에 예배드리게 됩니다. 이것이 자유함입니다. 자유는 나의 능력을 넘어선 하나님의 능력입니다.

그리스도의 사랑 안에서 의무감이 아닌 기쁨으로 행합니까?

❶ 그리스도 예수 안에 거하는 충만함을 자발적인 기쁨으로 고백합니까?
❷ 그리스도의 사랑 안에서 스스로의 능력에서 벗어난 자유를 누리고 있습니까?

143 나로부터 자유하라

롬 8:38-39

성과와 행위의 함정에서 벗어날 때 참된 자유가 시작됩니다.
그리스도인의 삶을 '나'로 시작하는 행위 목록으로 규정하는 것은 종교적 성과라는 우상 앞에 절하는 것입니다. 이러한 성과주의는 하나님의 사랑이 내 행동에 따라 뜨거워지나 식는다고 판단하게 만들며, 결국 두려움과 불안감 때문에 옳은 행동을 하게 만듭니다. 만일 우리가 이루어 놓은 업적으로 하나님께 사랑받는 것이라면, 그 사랑은 무거운 짐이 될 수밖에 없습니다.

우리는 그리스도 안에서 조건 없이 사랑받는 귀한 존재입니다.
하나님은 우리를 위해 천문학적인 가치의 대가를 치르셨습니다. 나는 그리스도 예수 안에서 귀한 존재라는 확신은 세상의 죄악을 멀리하게 하는 강력한 무기입니다. 아무리 부인해도 우리의 사랑은 조건적이지만, 하나님은 우리를 조건 없이 받아주셨습니다. 우리가 뭘 잘해서 사랑받는 게 아님을 알지 못하면, 의무감에 끊임없이 시달릴 것입니다. 그러나 하나님의 사랑으로 자신을 바라보면, 그분의 조건 없는 사랑을 비로소 누릴 수 있게 될 것입니다. 그러므로 내 지식과 내 사랑의 한계로부터 자유로워지십시오.

어떤 피조물도 우리를 그리스도의 사랑에서 끊을 수 없습니다.
과거의 실수나 부끄러움이 우리 발목을 족쇄처럼 잡곤 하지만 "누구든지 그리스도 안에 있으면 새로운 피조물이라 이전 것은 지나갔으니 보라 새것이 되었도다"(고후 5:17)라는 말씀을 늘 되뇌어야 합니다. 우리는 예수 안에서 완전히 용서받았으며, 그리스도께서 보혈의 대가를 치르실 만큼 귀한 존재입니다. 지금도 조건 없는 그리스도의 사랑을 받는 존재임을 기억하십시오.

어떤 상황에서도 하나님의 변함없는 사랑을 확신합니까?

❶ 과거의 죄에서 벗어나 사랑받는 존재임을 선포합니까?
❷ 나는 세상의 그 무엇도 하나님의 사랑에서 나를 끊을 수 없음을 굳게 믿습니까?

조바심의 족쇄를 벗으라

144
삼상 17:17-19

숨겨짐의 시간은 사명을 소진하지 않도록 우리를 성숙하게 합니다.
조바심은 꿈을 가진 자들에게 찾아오는 감옥이며, 하나님의 때를 기다리지 못하고 자신이 생각한 '때'의 감옥에 갇히게 합니다. 부르심은 일회적 사건일 수 있으나 부르심을 사명으로 인도하는 것은 인내와 준비의 시간들입니다. 재능이 있더라도 어서 세상에 드러나 명성을 얻으려 하면, 그 조급함으로 인해 최대의 장점을 잃어버릴 수 있습니다. 오히려 숨겨짐의 시간을 통해 성숙해지는 것이 진정한 축복입니다.

다윗은 하찮은 심부름을 하다가 하나님의 위대한 계획을 마주했습니다.
다윗은 사무엘 선지자에게서 기름 부음을 받았음에도(삼상 16:13) 여전히 형들에게 음식을 배달하는 하찮은 일을 해야 했습니다(삼상 17:17-18). 그러나 만약에 그가 그 하찮은 일을 하지 않았다면, 그의 인생이 뒤집히는 일은 일어나지 않았을 것입니다. 다윗의 위대함은 스스로 조바심의 감옥에 갇히지 않고, 하나님의 때를 기다리는 '자유함'에서 비롯되었습니다. 하나님은 당신의 때에 우리를 쓰십니다. 그러니 조급해할 필요가 없습니다.

조바심은 자신을 과대평가하는 이기적 편향에서 나옵니다.
이기적 편향은 사람들이 자신의 역할을 시스템적으로 과대평가하는 경향을 말하며, 이는 조바심과 연관되어 있습니다. 조바심 때문에 자신을 의도적으로 드러내려는 유치한 행동을 하게 됩니다. 실력은 자랑하는 것이 아니라 드러나는 것입니다. 신앙 또한 마찬가지입니다. 그러므로 조바심을 내지 말고, 자기 자리에서 최선을 다하며 기다리십시오. 하나님이 당신을 최적의 자리에 두셨음을 믿으십시오.

조바심을 버리고 하나님의 부르심에 응답할 준비가 되었습니까?

❶ 나는 자신을 과대평가하는 이기적 편향에서 벗어나 하찮은 일도 성실하게 해냅니까?
❷ 부르심의 열정이 기다림의 겸손으로 이어지고 있습니까?

145

마 18:21-22

복수심의 감옥에서 헤어 나오라

복수심은 우리를 통제할 수 없는 노예로 만듭니다.
사람들은 종종 자신을 스스로 통제할 수 있다고 믿는 착각 속에 살지만, 복수심이라는 감정에 사로잡히면 오히려 감정의 노예가 되어 자신을 통제할 수 없는 지경에 이르게 됩니다. 예수님과 가까워질수록 미처 해결하지 못한 복수심이 무거운 감옥으로 다가온다는 사실은 진리입니다. 진리를 모를 때는 진리를 거스르는 것이 문제가 아닌데, 진리를 아는 순간 진리를 행하지 않으면 괴로워집니다.

큰마음 먹고 용서하면 자유로워질 수 있겠습니까?
베드로가 "주여 형제가 내게 죄를 범하면 몇 번이나 용서하여 주리이까 일곱 번까지 하오리이까"(마 18:21)라고 물으니 예수님은 "일곱 번뿐 아니라 일곱 번을 일흔 번까지라도 할지니라"(마 18:22)라고 대답하심으로써 '완전 곱하기 완전', 즉 용서란 한 번의 결단이 아니라 매일 같이 새롭고 완전하게 내려야 하는 삶의 문제임을 말씀하셨습니다. 용서를 계속하지 않으면, 복수의 감옥에서 헤어 나오지 못합니다.

모든 빚을 탕감받은 은혜를 잊으면 자유를 빼앗깁니다.
동료가 나에게 빚진 "백 데나리온"(마 18:28)을 갚지 않는 것에 집착하면, 순식간에 자유와 은혜가 사라져 버리고 복수심의 감옥으로 들어가게 됩니다. 용서는 우리가 받은 놀라운 사랑과 은혜를 기억하는 것입니다. 복수심이나 미움을 가슴에 품고 사는 것은 마치 풍성한 하나님의 은혜를 누리지 못하도록 브레이크를 밟아 대는 것과도 같습니다. 그러므로 복수심이라는 브레이크에서 발을 떼십시오.

복수심을 품는 대신 용서를 베풂으로써 자유를 누립니까?

❶ 일곱 번뿐 아니라 일곱 번을 일흔 번까지라도 용서하려고 매일 결단합니까?
❷ 복수심의 감옥에 갇히지 않도록 조심합니까?

풍성함의 원리

146

합 3:17-18

인간은 얻은 것의 가치보다 잃어버린 것의 가치를 더 크게 평가하곤 합니다. 그래서 잃은 것에 대한 상실감으로 인해 고통 속에 살기 쉽습니다. 그러므로 누군가에게 확신을 심어 주려면, 수익의 가능성을 내세우지 말고 어떻게 하면 손실을 피할 수 있는가를 가지고 설득하는 편이 효과적입니다. 그러나 풍성한 삶을 사는 사람은 지옥 같은 나날 속에서도 하나님의 선하심을 인정하는 것이 특징입니다.

최악의 상황에서도 하나님으로 말미암아 기뻐하는 것이 풍성함의 원리입니다. 하박국은 비극적인 삶의 한복판에서도 하나님은 여전히 선하신 분임을 인정하였습니다(합 3:18). 고통은 우리를 향한 하나님의 계획을 발견하게 합니다. 질병과 고통이 우리를 옭아맬지라도 오히려 자유함을 느낄 수 있다는 뜻입니다. 우리를 자유하게 하는 것은 '상황'이 아니라 '신앙고백'이기 때문입니다.

고난을 통한 하나님의 계획을 믿고, 끝까지 하나님을 신뢰하십시오. 위대한 하나님의 사람들이 겪어야 했던 고난들은 모두 의미 있었습니다. 요셉의 고통이 그랬고, 욥의 비극이 그랬으며, 바울의 고난이 그랬습니다. 통제할 수 없는 고통을 겪을 때마다 그것이 하나님을 가장 친밀하게 만날 기회임을 믿으십시오. 견딜 수 없는 상황에서도 자유할 수 있는 것은 하나님이 그 상황을 이길 힘과 지혜를 주시며 여전히 나와 함께하신다는 믿음이 있기 때문입니다.

나는 '잃어버린 것'보다 '구원의 하나님'을 더 크게 여깁니까?

❶ 최악의 상황에서도 여호와로 말미암아 즐거워하며 기뻐할 수 있습니까?
❷ 나는 통제할 수 없는 고통의 문제를 주님께 모두 맡깁니까?

147

전 4:12

이기적 개인주의는 감옥이다

'홀로'는 자유가 아니라 외로움의 감옥을 만드는 이기적 개인주의입니다. 이기적 개인주의는 우리를 얽매는 하나의 감옥입니다. 우리는 내가 사랑하지 않는 사람들을 얼마나 이기적으로 대하는지 모릅니다. '서로'라는 말은 사랑하는 사람들에게는 부담이 아니라 기쁨이지 않습니까? 사랑은 서로를 얽매지 않고 자유케 합니다. 하지만 '홀로' 되면 자유로워지는 것이 아니라 외로움의 감옥에 갇혀 버리고 맙니다.

관계의 자유함은 지속적인 만남과 부대낌의 시간에서 피어납니다.
미국의 페리 노블 목사는 "교회 공동체는 하나님이 우리에게 주신 가장 큰 선물 중 하나"라고 말했습니다. 교회를 예배드리는 곳, 성경 지식만 배우고 빠져나가는 곳으로 생각한다면, 이기적인 공동체가 될 것이고, 피차 자유롭지 못한 관계가 될 것입니다. 교회는 나와 같은 문제를 가지고 고민하는 사람들을 만날 수 있는 곳입니다. 구더기가 무서워서 장을 못 담가서는 안 되듯이 관계의 깨어짐이 무서워서 다가서지 못하는 곳이 되어서는 안 됩니다. 열차의 탈선을 막기 위해 세워진 가드레일처럼 믿음 안에서 사귄 친구들이 우리에게 진정한 자유를 줍니다.

내가 그리스도와 자유롭게 동행하려면 친구의 도움이 필요합니다.
성경은 "한 사람이면 패하겠거니와 두 사람이면 맞설 수 있나니 세 겹 줄은 쉽게 끊어지지 아니하느니라"(전 4:12)라고 말합니다. "세 겹 줄"이란 보혜사 성령님의 도우심과 곁에 있는 믿음의 동료를 의미합니다. 자기 자신을 너무 믿지 마십시오! 지식도 우리를 승리로 이끌지 못합니다. 함께함이 자유함이요, 함께함이 우리의 가드레일이요, 함께함이 우리의 힘이라는 사실을 기억하십시오.

'홀로'의 감옥에서 벗어나 "세 겹 줄"의 힘을 얻고 있습니까?

❶ 지속적인 만남과 부대낌을 통해 관계의 자유함을 만들어 갑니까?
❷ 성령님과 믿음의 친구들이 나를 "세 겹 줄"로 붙잡아 줄 것을 믿습니까?

만족이 아닌 순종으로 나아가라

148

마 4:18-19

100억 원짜리 로또에 당첨되면 당신은 얼마나 행복하겠습니까? 하버드대학교 심리학과 댄 길버트 교수는 로또 당첨자들을 연구했는데, 로또 당첨이 주는 행복의 효과가 평균 3개월이 지나면 사그라진다는 사실을 확인했습니다. 이처럼 시간의 흐름에 따라 행복이 원래 수준으로 되돌아오는 현상을 가리켜 '쾌락의 쳇바퀴'라고 합니다. 우리는 "이것만 있으면…, 이 문제만 해결되면…"이라고 생각하지만 그 무엇도 완전한 만족을 주지는 못합니다.

신앙의 본질은 부르심에 합당하게 응답하며 한 걸음씩 앞으로 나아가는 것입니다.
참된 만족은 사명을 따르지 않는 한 그 어떤 것에서도 얻을 수 없습니다. 그런데 가만히 서서 하나님을 기다리는 것이 사명은 아닙니다. 베드로와 안드레는 "나를 따라오라 내가 너희를 사람을 낚는 어부가 되게 하리라"(마 4:19)라는 예수님의 말씀을 듣고, 자기 삶의 자리를 버리고 떠났습니다. 이것이 부르심에 합당한 응답입니다. 주님의 약속을 믿으므로 현재 삶에 머무르지 않고 한 걸음씩 나아가는 것이 그리스도인의 삶의 본질입니다.

과거의 수치심과 실패를 벗어 버리고, 푯대를 향해 달려가십시오.
사람들이 앞으로 나아가지 못하는 이유 중 하나는 좌절감, 수치심, 실패의 기억 등 과거의 아픔에 발목이 잡혀 있기 때문입니다. 사도 바울처럼 "뒤에 있는 것은 잊어버리고 앞에 있는 것을 잡으려고 푯대를 향하여"(빌 3:13-14) 달려가는 삶을 살아야 합니다. 수치심이 때로는 현실에 대한 만족이라는 가면을 쓰고 다가와 우리로 하여금 그 자리에 머물도록 하기도 합니다. 그러므로 필연적으로 게으름을 낳을 수밖에 없는 만족이 아닌 순종으로 나아가는 삶을 사십시오.

'쾌락의 쳇바퀴'를 멈추고, 주님의 부르심에 응답하고 있습니까?

❶ 현재에 만족하라는 사탄의 유혹에서 벗어나 사명으로 나아가고 있습니까?
❷ 과거의 좌절감과 수치심을 벗어 버리고, 부르심의 상을 받기 위해 달려가고 있습니까?

149
요 2:1-11

문제를 통해 기적을 만드신다

기적은 내 뜻대로가 아닌 하나님의 뜻대로 일어납니다.
우리의 억울함이나 화는 종종 '내가 원하는 대로 안 된다'라는 감정에서 비롯됩니다. 내 마음대로 되지 않는 인생 가운데 하나님이 개입하시면 '기적'을 체험할 수 있습니다. 믿음은 인간의 상식과 합리성을 부정하지 않지만, 그것에 갇히지도 않습니다. 믿음 안에서 합리성의 영역을 뛰어넘을 때 우리는 그것을 기적이라고 부릅니다. 모든 기적에는 공통점이 있는데, 문제 상황에서도 주님을 신뢰하며 순종할 때 비로소 기적이 일어난다는 것입니다.

예수님은 우리의 문제를 통해 기적을 창조하십니다.
가나의 혼인 잔치의 기적은 포도주가 모자란 심각한 문제에서 시작되었습니다(요 2:3). 참으로 놀라운 하나님의 기적은 주변에 어떤 빛도 비추지 않는 칠흑 같은 어둠에서 찬란하게 빛납니다. 사방이 막혀 있을 때 하나님의 도우심만을 구할 수밖에 없는 상황에서 기적은 시작됩니다. 이것이 신앙의 신비입니다. 그러므로 인생의 어두운 밤을 지나고 있다면, 바로 기적을 기대할 때입니다.

부족함과 약점을 가지고 나아갈 때 주님이 가장 좋은 것을 주십니다.
사실, 인생의 비극은 자신의 부족함을 모르고 만족하며 살아가는 것입니다. 부족함을 아는 자만이 부족함을 극복할 수 있습니다. 신앙이 무엇이고, 믿음이 무엇입니까? 인생의 문제에 부딪혔을 때 하나님을 생각하는 것입니다. 하나님을 생각하면 소망이 생깁니다. 성경은 "너희가 여러 가지 시험을 당하거든 온전히 기쁘게 여기라"(약1:2)라고 말하지 않습니까? 인간의 절망은 곧 하나님이 주시는 희망의 시작임을 잊지 마십시오.

나의 부족함을 인정하고, 기적을 창조하시는 주님께 나아갑니까?

❶ 인생의 어두운 밤을 지날 때 오직 하나님의 기적을 기대합니까?
❷ 나의 약점과 부족함을 숨기지 않고, 있는 그대로 하나님 앞에 나아가 엎드립니까?

억울한 인생을 돌아보시는 하나님

150
창 29:30-31

인간의 외면은 하나님이 주목하시는 이유가 됩니다.
야곱이 라헬을 더 사랑하여 레아를 외면했을 때 성경은 "여호와께서 레아가 사랑받지 못함을 보시고 그의 태를"(창 29:31) 여셨다고 기록합니다. 억울함과 소외감은 우리가 피하고 싶은 감정이지만, 하나님은 우리가 소홀히 여김을 당하는 그 자리에 관심을 가지고 찾아오십니다. 하나님은 레아의 아픔을 헤아려 주셨습니다. 억울한 인생일지라도 하나님은 그를 외면하지 않으십니다.

문제가 해결되지 않아도 하나님을 찾는 것이 복된 삶입니다.
레아는 첫아들 "르우벤"을 낳고 남편의 사랑을 기대했지만, 여전히 외면당했습니다(창 29:32). 이어서 둘째 아들을 낳으면서는 자신의 신음을 하나님이 들으셨다는 하소연을 "시므온"이라는 이름에 담았고, 셋째 아들 "레위"를 낳으면서 이름 뜻대로 남편과의 연합을 간절히 바랐습니다(창 29:33-34). 그러나 하나님의 은혜를 입었음에도 남편의 마음은 여전히 돌처럼 굳어 있었습니다. 이처럼 하나님의 은혜를 입었어도 아직 해결되지 않은 문제들이 존재합니다.

그러나 탄식을 넘어 하나님을 찬양하니 비로소 삶의 초점이 바뀝니다.
레아는 넷째 아들 "유다"를 낳고 더 이상 남편의 인정에 목매지 않고, 하나님을 찬양하겠다고 고백합니다. 삶의 초점이 바뀌었습니다. 그녀를 억울하게 한 야곱에게서 그녀의 억울함을 어루만져 주시는 하나님께로 완전히 옮겨 간 것입니다. 하나님에게는 놀라운 계획이 있으셨습니다. 레아의 후손을 통해 다윗 왕가를 세우실 것입니다. 하나님은 억울한 인생에 찾아오시는 분입니다. 그러므로 억울함에 주저앉지 말고, 주님께 목 놓아 부르짖으십시오.

억울한 순간에도 하나님이 나를 주목하심을 믿고 고백합니까?

❶ 인생의 문제가 당장 해결되지 않더라도 하나님을 계속 신뢰합니까?
❷ 어떤 상황에서도 하나님을 찬양함으로써 삶의 초점을 하나님께 고정합니까?

151 화와 시기심의 근원
창 30:1-2

화와 시기심은 내면에 채워지지 않는 부족감의 표출입니다.
라헬은 남편 야곱에게서 사랑을 받았지만, 자식이 없음으로 인해 언니 레아를 시기했고, 이 불안함이 원망과 화로 발전하여 남편에게 성을 내곤 했습니다. 시기심으로 나에게 주신 은혜가 보이지 않고, 다른 사람이 부러워 보이면 열등감의 포로가 됩니다. 분노와 시기심을 해결하지 못한 라헬에게 아들은 기쁨과 선물이 아니라 단지 경쟁의 도구에 불과했습니다. 경쟁에서 이겼으나 만족함이 없으니 더욱 비참할 뿐입니다.

상처가 아픔으로 남으면, '나쁨'으로 변질되어 갑니다.
그리고 그 상처로 인해 죄를 짓게 됩니다. 그러므로 상처는 해결되어야 합니다. 상처가 아픔으로 끝나지 않고 하나님을 만나는 계기가 되어야 합니다. 라헬이 인간적인 모든 방법을 동원했지만, 결국 아이를 낳지 못하자 "하나님이 라헬을 생각하신지라 하나님이 그의 소원을 들으시고 그의 태를"(창 30:22) 열어 주시어 요셉을 낳게 하셨습니다. 아무것도 할 수 없는 불가능한 인생이 하나님을 의지하고 끝까지 버틸 때 그 자리는 하나님의 가능성의 증거가 됩니다.

서로의 죄를 덮고, 서로에게 선물이 되는 기도의 사람이 되십시오.
내 속에 있는 해결되지 못한 화, 미움, 시기, 질투, 경쟁심, 분노 등을 다 내려놓으면 좋겠습니다. 그리고 하나님 앞에서 어떻게 해결함을 받을지 기대하면 좋겠습니다. 하나님이 우리를 교회 공동체로 부르신 것은 누군가의 죄를 담당하고, 다른 누군가에게 아름다운 선물이 되라는 뜻입니다. 몸과 마음이 지친 이웃에게 따뜻한 추억을 만들어 주십시오. 필요한 순간에 따뜻한 말 한마디를 건넴으로써 아름다운 선물이 되기를 바랍니다.

화의 근원을 인정하고, 하나님의 채우심을 간구합니까?

❶ 나는 공동체의 다른 사람에게 아름다운 선물이 되려고 합니까?
❷ 하나님을 만나면, 회생 불가능한 인생이 가능성의 증거가 되리라 믿습니까?

함께하심이 회복의 비결이다

152

창 28:15

회복의 약속은 우리의 자격이 아닌 하나님의 은혜에 근거합니다.
야곱이 아버지와 형을 속이고 피신하는 길에 차가운 맨땅에 누워 잠들었을 때 하나님은 "내가 너와 함께 있어 네가 어디로 가든지 너를 지키며"(창 28:15)라고 약속하셨습니다. 야곱은 도망자의 처지였지만, 벧엘에서 하나님을 만난 것 자체가 전적인 은혜입니다. 하나님의 약속을 붙들 때 어떤 상황에서도 회복될 수 있음을 기억하십시오. 그럼으로써 하나님의 약속에 합당한 삶을 살 수 있게 됩니다.

하나님은 어떤 환경에서도 우리와 함께하십니다.
하나님이 우리와 함께하신다는 약속은 성경을 관통하는 주제입니다. "볼지어다 내가 세상 끝날까지 너희와 항상 함께 있으리라"(마 28:20)라는 약속처럼, 하나님은 환경을 바꾸시는 것이 아니라 그 속에서 우리와 함께하심으로써 우리를 회복시키십니다. 야곱이 외삼촌 라반의 집에서 20년간 종처럼 일하며 착취를 당했지만, 그가 가는 곳마다 물질적 축복이 가득했던 것은 그와 함께하시겠다는 하나님의 약속이 성취되었기 때문입니다.

하나님을 잊지 않고 신뢰할 때 회복이 일어납니다.
우리 인생이 곤고한 것은 하나님의 약속을 신뢰하지 않거나 잊어버리기 때문입니다. 그러나 하나님은 결코 잊지 않으십니다. 라반은 야곱을 착취하고 알록달록한 양들을 제거하여 모든 변수를 제거했다고 생각했지만, '하나님의 약속'이라는 변수는 생각하지 못했습니다. 하나님이 개입하시면 어떤 훼방도 문제가 되지 않습니다. 그러므로 하나님이 회복해 주실 것을 믿으십시오.

나는 하나님의 약속을 기억하고 신뢰합니까?

❶ 어떤 환경에서도 "내가 너와 함께 있어"라는 하나님의 약속을 붙들고 살아갑니까?
❷ 하나님이 내 생각을 뛰어넘는 회복을 이루어 주시리라 믿습니까?

153 벧엘로 올라가려면
창 35:1-5

인생의 축복이 다가 아님을 깨닫는 것이 진정한 회복의 시작입니다.
야곱은 고향으로 돌아와 물질과 자식의 축복을 많이 받았지만, 세겜에 머물러 딸 디나가 강간당하고 아들들이 도륙을 저지르는 비극을 겪었습니다. 어디에서도 환영받지 못하는 사람이 된 야곱에게 하나님이 "일어나 벧엘로"(창 35:1) 올라가라고 명령하셨습니다. 인생의 가장 추운 겨울에 하나님을 만났던 그 벧엘로 돌아가라는 명령은 예배의 회복이 모든 것의 중심임을 알려 줍니다.

벧엘로 올라가려면 이방 신상과 오염된 삶을 버려야 합니다.
야곱은 자기와 함께한 모든 사람에게 "너희 중에 있는 이방 신상들을 버리고 자신을 정결하게 하고 너희들의 의복을 바꾸어 입으라"(창 35:2)라고 단호하게 말했습니다. 이방 신을 버리는 영적인 결단과 의복을 바꾸어 입는 실제적인 삶의 변화는 함께 가야 합니다. 하란을 떠날 때 라헬이 드라빔을 훔침으로써 벌어졌던 사건처럼, 영적으로 완전히 해결되지 못한 문제가 있으면 이중적인 신앙생활에서 벗어날 수 없습니다.

하나님께 제단을 쌓을 때 우리 삶은 보호와 변화를 얻습니다.
야곱이 벧엘에 이르러 "거기서 제단을 쌓고 그곳을 엘벧엘"(창 35:7)이라 부르기 전에 하나님은 "사면 고을들로 크게 두려워하게"(창 35:5) 하시어 그들을 추격하는 자가 없도록 보호하셨습니다. 그곳 이름이 편도 나무만 있던 "루스"에서 '하나님의 집'이란 뜻의 "벧엘"로, 그리고 '벧엘의 하나님'이란 뜻의 "엘벧엘"로 변화하는 것은 야곱의 인생 여정이 황폐한 상태에서 하나님을 고백하는 장소로 바뀌었음을 보여 줍니다(창 35:6-7). 진정한 회복은 하나님의 명령에 순종하여 예배를 통해 하나님을 체험하는 데서 시작됩니다.

참 회복을 위해 벧엘로 올라가고 있습니까?
❶ 영적인 결단과 실제적인 삶의 변화를 통해 오염된 습관을 버리고 있습니까?
❷ 제단을 쌓는 결단을 통해 하나님의 보호를 체험합니까?

복에 대한 집착이
하나님을 보지 못하게 한다

154

창 27:13

집착은 하나님의 뜻을 앞세우지 않고, 자신의 방식을 강요하는 것입니다.
복에 대한 집착은 하나님의 뜻이 아닌 자기 방식을 강요하게 만듭니다. 리브가는 "큰 자가 어린 자를 섬기리라"(창 25:23)라고 하신 하나님의 뜻을 알았음에도 불구하고, 자기가 사랑하는 아들 야곱이 복 받기를 원하는 마음이 지나쳐 집착으로 나타났습니다. 자식 사랑이라도 집착에 눈이 가려지면 저주도 무서워하지 않고, 하나님을 속이려는 행위조차 서슴지 않게 됩니다.

복에 집착하면, 하나님의 신실하심을 기다리지 못합니다.
집착이란 무엇입니까? 자신이 원하는 것을 이루기 위해 자기 방식대로, 자기가 원하는 시간에 매달리는 것이다. 아브라함은 하나님의 약속보다 복 자체에 집착하여 아내 사라의 여종 하갈을 통해 이스마엘을 낳는 불신앙의 실수를 범했습니다. 인내하지 못하고, 육신의 힘으로 하나님의 때를 앞당기려 한 실수는 결국 하나님의 침묵이라는 시간을 가져왔습니다.

결국 약속하신 복은 끈질긴 인내를 통해 받게 됩니다.
성경은 "그가 이같이 오래 참아 약속을 받았느니라"(히 6:15)라고 말합니다. 이는 아브라함의 인내보다는 끝까지 인내하시며 아브라함을 '믿음의 조상'으로 만들어 가시는 하나님의 신실하심을 보여 줍니다. 인내는 축복에 집착하는 사람이 아니라 하나님의 신실하심을 붙드는 사람이 하는 것입니다. 또 성경은 "너희에게 인내가 필요함은 너희가 하나님의 뜻을 행한 후에 약속하신 것을 받기 위함이라"(히 10:36)라고 말합니다. 이를 기억하고 믿음으로 오래 참으십시오. 인내의 비밀은 사랑의 비밀이며, 사랑하면 인내한다는 사실을 기억하십시오.

복에 대한 집착에서 벗어나 하나님만 바라봅니까?
❶ 하나님의 신실하심을 믿고, 약속을 기다립니까?
❷ 믿음과 오래 참음으로 하나님의 신실하심을 붙들고, 약속을 기업으로 받는 자로 살고 있습니까?

155
하나님의 전략으로 싸우라

삼상 17:39-40, 45

약자가 강자를 이길 방법이 있을까요?
말콤 글래드웰이 쓴 《다윗과 골리앗》의 부제는 "거인을 이기는 기술"입니다. 우리는 강자의 승리를 당연하게 여깁니다. 그런데 사실, 약자가 강자를 이기는 기술이 있습니다. 블레셋의 거인 골리앗이 이스라엘과의 싸움을 돋우니 다윗이 맞서 싸우러 나섰는데, 그의 손에는 칼과 방패 대신 "매끄러운 돌 다섯"(삼상 17:40)만이 쥐어져 있었습니다.

약자는 강자의 방식으로 싸우지 않습니다.
약자의 전략이 강자의 룰, 곧 세상의 방식 아래 있다면, 승패는 이미 결정 난 것이나 다름없을 것입니다. 그러나 하나님의 사람은 솟아나는 열정과 자유함으로 모든 장애물을 뛰어넘을 수 있습니다. 다윗은 골리앗과의 대결에서 칼과 방패라는 전통적인 세상의 방식을 따르지 않았습니다. 그는 골리앗의 큰 체구를 역이용하여 시속 240km 속도로 돌을 날려 이마에 박히게 함으로써 승리를 거두었습니다. 이처럼 우리도 하나님의 전략으로 승리할 수 있습니다.

변명의 감옥에 갇히지 마십시오.
이스라엘 백성은 골리앗 앞에서 숨고만 있었습니다. 누구도 맞서 싸울 자신이 없었기 때문입니다. 그러나 다윗은 "만군의 여호와의 이름"(삼상 17:45)으로 나아가 골리앗을 쓰러뜨림으로써 전세를 역전시켰습니다. 두려움의 감옥, 변명의 감옥에 갇히지 말고, 하나님께 속한 싸움에서 승리의 역사를 만들어 가길 바랍니다.

세상의 방식에 갇히지 않고 하나님의 전략으로 싸우고 있습니까?

❶ 어떻게 하면 약자가 강자를 이길 수 있을까요?
❷ 두려움이나 변명의 감옥에 갇히지 않고, 하나님의 방식으로 싸우고 있습니까?

3

빚어 가시는 손길,
성숙으로의 동행

Chapter

7

순종,
내 뜻을 내려놓을 때
열리는 문

생존이냐 순종이냐

156
수 1:7-9

여호수아는 순종과 긍정의 사람이었습니다.
열두 명의 가나안 정탐꾼 중 여호수아와 갈렙을 제외한 열 명의 정탐꾼은 가나안을 절대로 차지할 수 없는 땅이라며 비관적인 이야기를 전했습니다. 그러자 이스라엘 백성들은 흥분하여 불평하며 모세와 아론을 원망했습니다. 그때 여호수아가 소요하는 군중 앞에 서서 하나님이 보여 주신 땅, 가나안을 변호했습니다. 여호수아의 목표는 생존이 아니라 오로지 하나님의 약속의 성취였습니다. 그에게는 하나님이 약속하신 땅의 풍성함과 비전이 보였습니다.

신앙은 우리에게 결단을 요구합니다.
하나님이 주신 목표를 향해 가는 사람은 변명할 필요가 없습니다. 세상은 실패라 말하지만, 이 사람에게는 하나님이 뜻이 이루어져 가고 있는 과정일 뿐입니다. 여호수아 역시 가나안의 백성들을 "우리의 먹이"(민 14:9)라고 말했지만, 그 땅에 입성하기까지는 40년이라는 시간이 걸렸습니다. 그러나 열두 정탐꾼 중 가나안 입성이라는 꿈을 이룬 사람은 오로지 생존 대신 순종을 택한 여호수아와 갈렙뿐입니다.

성경 속 위대한 인물들은 하나같이 생존 대신에 순종을 선택했습니다.
믿음의 아버지 아브라함은 롯과의 다툼에서 많은 물과 목초지를 선택하지 않았습니다. 하나님의 약속이 있었기에 그에게는 어느 땅이든 문제가 되지 않았습니다. 이처럼 성경에서 생존 대신 하나님을 선택한 인물 중 인생에 실패한 사람은 없습니다. 하나님께 필요한 사람은 하나님이 인도하시는 삶 속에서 자신의 생존보다는 하나님의 약속을 이루기 위해 순종을 선택하는 사람입니다.

나는 생존 대신 하나님을 선택하고 있습니까?

❶ 하나님의 약속에 근거해 세상을 바라보고 있습니까?
❷ 세상이 말하는 실패 역시 하나님의 약속이 이루어져 가는 과정임을 신뢰합니까?

157
수 2:1-14

믿음은 행동이 증명한다

여리고 사람들은 이미 하나님을 소문으로 알고 있었습니다.
그러나 믿음의 행동으로 소문에 반응한 사람은 라합이 유일했습니다. 당시에 정탐꾼을 숨겨 주는 일은 자칫하면 목숨을 잃을 수도 있는 일이었습니다. 그런데도 라합은 여리고 군사들이 들이닥치자 죽음을 무릅쓰고 정탐꾼들을 숨겨 주었습니다. 어쩌면 구원의 가능성은 여리고성 사람들 모두에게 열려 있었을지도 모릅니다. 그러나 라합만이 행동으로 그 구원을 거머쥐었습니다.

때로는 삶에서 목숨을 걸고 하나님 편에 서야 할 때가 옵니다.
여리고는 죄악과 우상 숭배가 만연한 곳이었습니다. 바로 그 땅에서 라합은 하나님을 두려워하며 자신을 온전히 드렸습니다. 우리가 서 있는 땅 역시 여리고와 다를 게 없습니다. 우리 또한 라합처럼 하나님의 약속과 세상의 권력 사이에서 선택을 종용당할 때가 올 것입니다. 그때가 오면, 오로지 라합만이 생명을 내놓는 믿음의 결단으로 사망이 선포된 여리고에서 가계의 저주를 끊고 구원을 이루어 냈다는 사실을 기억하십시오. 생명을 내놓는 순종과 믿음 없이는 구원이 이루어지지 않습니다.

진정한 신앙은 관념을 벗어나는 것입니다.
추상의 세계에서는 얼마든지 헌신할 수 있습니다. 그러나 믿음은 관념이 아닙니다. 구체적인 삶 속에서 하는 행동을 보면 그 사람의 믿음을 알 수 있습니다. 중요한 것은 삶 속에서 하나님의 약속을 이루기 위해 헌신을 다짐하고 기도한 대로 인생을 살아내는 것입니다. 신앙은 고상한 상념이 아니라 결단이며, 그에 따른 행동으로 나타납니다.

나는 하나님의 구원을
거머쥐고 있습니까?
❶ 삶 속에서 하나님의 편에 서고 있습니까?
❷ 관념 속 신앙이 아니라 행동하는 신앙을 살아내고 있습니까?

약속을 향해 내딛는 걸음

158

수 3:5-6, 14

하나님은 요단강을 건너는 이스라엘 백성에게 언약궤를 바라보게 하셨습니다. 언약궤 안에는 "만나를 담은 금 항아리와 아론의 싹 난 지팡이와 언약의 돌판들"(히 9:4)이 들어 있었습니다. 언약궤를 바라볼 때마다 하나님의 자비와 은혜, 사랑을 기억하라는 것입니다. 이처럼 하나님을 아는 것이 성결한 삶의 시작입니다. 하나님을 아는 자만이 하나님의 뜻을 좇으며 살아갈 수 있기 때문입니다.

성결함은 하나님 앞에서 인생을 바로 세우는 일입니다.
또 우리의 목표와 나아갈 길이 하나님 앞에 제대로 세워져 있는가를 점검하는 것입니다. 인생길에서 환난과 고통에 맞닥뜨린다면, 괴로움을 피하게 해 달라고 기도하기에 앞서 하나님과의 관계부터 먼저 정립해야 합니다. 지금 눈앞에 요단강이 놓여 있다면, 먼저 삶을 성결케 하고 기도하며 기다리십시오. 하나님의 사람으로 바로 서는 데 방해되는 일을 끊어 내고, 하나님과의 관계를 재정립하십시오. 성결은 우리로 하여금 하나님이 행하시는 기이한 일을 보게 할 것입니다.

하나님은 하나님의 약속을 향해 나아가는 우리의 '과정'을 보십니다.
약속의 땅으로 나아가는 걸음에 앞세운 언약궤에는 신앙의 본질이 담겨 있습니다. 하나님이 약속하신 땅을 얻기 위해 말씀을 따라가겠다는 고백이자 사람의 계략이나 지혜에 의지하지 않겠다는 결단입니다. 가나안이 중요한 이유는 하나님의 약속을 '지킨 자들'에게 주신 땅이기 때문입니다. 하나님이 주신 약속의 성취에는 오랜 시간이 걸릴 수도 있습니다. 그러나 하나님은 믿음으로 끝까지 약속을 지켜 낸 이들로 하여금 성취의 기쁨을 맛보게 하십니다.

하나님의 약속을 늘 기억하며 그 약속이 성취될 것을 믿습니까?

❶ 나는 내 삶을 성결케 하고 있습니까?
❷ 나의 방법과 지혜 대신 하나님의 말씀을 따르고 있습니까?

159
수 4:19-24

기적의 하나님을 영원히 기억하라

요단강을 건넌 후에 하나님은 '기념비'를 세우라고 명령하셨습니다.
하나님이 이스라엘 백성에게 기념비를 세우라고 명령하신 이유는 무엇일까요? 하나님은 이 사건이 일회적으로 기억되기를 원하지 않으셨습니다. 모든 기념비에는 그에 맞는 의미가 있습니다. 신앙인에게 중요한 것은 삶에서 일어나는 사건들을 믿음의 눈으로 바라보고, 믿음으로 해석하는 태도입니다. 하나님은 요단강을 건넌 사건이 이스라엘 백성에게 영원한 표징이 되기를 원하셨습니다.

하나님은 광야와 요단강에서 죽을 뻔했던 이스라엘 백성을 살려 주셨습니다.
은혜를 금세 잊어버리고 불평불만을 쏟아 내던 그들을 구원하신 하나님은 "애굽의 수치를 너희에게서 떠나가게 하였다"(수 5:9)라는 뜻의 '길갈'에 기념비를 세우게 하셨습니다. 이제 기념비 앞에서 그 돌의 의미를 전하는 일이 이스라엘에 맡겨졌습니다. 앞으로 이스라엘 민족은 그들의 가장 수치스러웠던 역사를 지워 주시고, 약속을 이루어 가시는 능력의 하나님을 증거해야 합니다.

이제 이스라엘 백성에게는 기대할 일이 생겼습니다.
그들은 어려움에 부딪힐 때마다 자신들을 인도하셨던 놀라운 기적의 하나님을 기억할 것입니다. 그들은 기념비의 은혜를 영원히 기억할 것이며, 그 기억이 미래를 향한 기대와 소망을 가져다주며 고난을 이길 힘을 줄 것입니다. 오늘날, 우리에게도 마찬가지입니다. 하나님은 어제나 오늘이나 내일이나 동일하신 분이기 때문입니다. 우리 삶 곳곳에 세워진 기념비들의 기억이 우리를 붙잡아 줄 것입니다.

나의 삶에도 하나님이 세우신 기념비가 있습니까?

❶ 나는 하나님이 하신 일을 증거하고 있습니까?
❷ 하나님이 세우신 기념비를 가지고 일상을 살아내고 있습니까?

하나님의 백성이라는 징표

160

수 5:2-9

요단강을 건넌 이스라엘 백성에게 하나님은 할례를 명하십니다. 여리고 사람들은 사기충천한 이스라엘 백성들을 보고 전의를 상실했습니다. 그런 상황에서 군대를 무력화시킬 수 있는 할례를 명하시다니 백성들은 선뜻 이해되지 않았을 것입니다. 그러나 전쟁의 승리는 하나님의 손에 달려 있습니다. 하나님은 이스라엘의 전투력보다 하나님의 백성으로서의 정체성 확립을 더 중요하게 여기셨습니다. 말씀에 순종하여 할례를 행한 이스라엘의 전투력이 약해지더라도 하나님이 그들을 보호해 주실 것입니다.

전쟁을 앞둔 이스라엘에 중요한 것은 승리가 아니었습니다. 하나님의 언약은 인간의 조건적 계약과는 다릅니다. 하나님의 계시에 따라 하나님의 백성으로서 순종을 약속하는 것이 언약입니다. 하나님의 목적은 이스라엘로 하여금 가나안 땅을 차지하게 하시는 것이 아니라 그들을 하나님의 백성으로 삼으시는 것입니다. 하나님은 전쟁을 앞둔 이스라엘 백성에게 할례를 명하심으로써 하나님을 향한 무조건적인 순종을 요구하셨습니다.

하나님이 택하신 백성에게는 그 징표가 있습니다. '길갈'은 어떤 물건이 굴러가는 의성어에서 나온 히브리어 지명입니다. 우리가 하나님의 백성임을 선언하는 순간, 우리의 온갖 수치와 실수, 죄의 문제가 슬그머니 사라지는 것이 아니라 분명하게 소리를 내며 굴러갈 것입니다. 오늘을 사는 우리 역시 하나님께 속한 백성임을 증명해야 합니다. 지금은 마음에 할례를 받음으로써 속사람을 변화시켜 하나님과의 언약의 징표로 삼아야 합니다. 그러면 당신이 하나님의 백성임을 천하 만민이 알게 될 것입니다.

나에게는 하나님의 백성으로서의 징표가 있습니까?

❶ 나는 하나님의 백성으로서 말씀에 순종할 것을 약속합니까?
❷ 나는 하나님과 인격적인 교제를 하고 있습니까?

161

수 6:8-14

하나님의 약속을 침묵으로 기다리라

여리고는 감히 침범할 수 없는 견고한 성이었습니다. 반면 이스라엘은 오합지졸에 불과했습니다. 그런데 하나님은 이스라엘 백성들에게 여리고성을 돌라고 하셨습니다. 군사적 책략으로는 아무런 의미도 없는 일이었습니다. 심지어 지도자 여호수아는 여리고성을 돌 때 침묵하라고 명령했습니다. 이스라엘 백성들은 지도자의 불합리해 보이는 명령에 순종하여 침묵을 지켰습니다. 자칫 무모해 보이기까지 하는 순종을 통해 그들은 끝내 약속을 성취했습니다.

여호수아가 침묵하라고 명령한 데는 분명한 이유가 있었습니다.
우리는 종종 신앙생활에도 자기 생각을 가감 없이 표현할 수 있는 자유가 있다고 생각합니다. 그러나 침묵은 표현보다 더 위대합니다. 하나님의 역사는 사람의 생각대로 이루어지지 않기 때문입니다. 사실, 우리 기도가 이루어지는 것인지, 하나님이 역사하시는 것인지 의심될 때가 가끔 있습니다. 그러나 그때는 의심의 말을 내뱉는 대신에 기도하며 기다리는 지혜가 필요합니다. 하나님은 당신의 뜻과 생각을 끝내 이루시는 분이기 때문입니다.

진정한 순종은 침묵 가운데 증명됩니다.
정작 우리를 힘들게 하는 것은 불합리한 명령에 대한 순종이 아니라 불확실한 결과에 대한 막연한 기대입니다. 지난날 순종한 시간 덕분에 오늘 하나님이 역사하실 것임을 기억하십시오. 하나님의 약속은 사람이 정한 날에 이루어지지 않습니다. 하나님의 뜻에 순종하면, 하나님의 때에 하나님의 방법으로 기적을 베풀어 주실 것입니다. 우리가 할 것은 청종과 순종뿐입니다.

나는 하나님의 약속을 침묵으로 기다리고 있습니까?

❶ 의심의 말 대신 기도하며 기다리기를 택하고 있습니까?
❷ 하나님께 진실한 청종과 순종의 태도를 보이고 있습니까?

실패하더라도
약속은 끝나지 않는다

162

수 7:2-15

전쟁의 승패는 전력에 달려 있지 않습니다.
우리의 싸움은 혈과 육에 대한 것이 아니라 '영적인 전투'입니다. 하나님은 이스라엘 백성들이 전쟁의 과정을 통해 약속을 성취해 가시는 하나님을 신뢰하고 따르기를 원하셨습니다. 그러나 여리고성에서 큰 승리를 거둔 이스라엘 백성은 그들의 능력을 과신하게 되었고, 그 결과 규모가 작은 아이성에서 패배하고 말았습니다. 아이성에서의 실패는 축복을 얻는 것보다 지키는 것이 더 중요하며, 승리를 자랑할 것이 아니라 겸손하게 순종해야 한다는 사실을 보여 줍니다.

교만과 겸손의 차이는 이것입니다.
교만은 무슨 일이든 하나님의 도우심 없이도 잘할 수 있다는 자신만만함입니다. 반면에 겸손은 무슨 일이라도 하나님의 도우심이 필요하다는 절실함입니다. 하나님은 아이성과의 전투가 이스라엘에는 영적 전쟁이 되기를 원하셨습니다. 그들이 하나님의 은혜를 구하는 백성으로 거듭나기를 원하셨기 때문입니다. 광야에서 매일 만나와 메추라기를 공급해 주심으로써 하나님의 은혜를 경험하도록 훈련시키셨던 것처럼, 하나님은 가나안 정복 전쟁을 통해서도 이스라엘을 훈련시키고 계셨습니다.

패배를 경험할지라도 하나님의 약속은 여전히 유효합니다.
과거의 실패로 미래를 두려워하는 사람이 많습니다. 그러나 신앙인은 실패의 원인을 찾아 철저히 회개하고, 하나님께 순종을 다짐함으로써 오히려 미래를 향한 소망을 품습니다. 이것이 하나님이 가르쳐 주신 신앙인의 문제 해결법입니다. 문제를 해결한 후에 우리에게 필요한 일은 하나님과의 약속을 성취하기 위해 전력투구하는 것입니다.

나는 약속을 성취하시는 하나님을 언제나 신뢰합니까?

❶ 하나님과의 약속을 성취하기 위해 지금 내가 해결해야 할 문제는 무엇입니까?
❷ 실패의 경험을 딛고, 하나님의 약속을 바라보며 나아가고 있습니까?

163 하나님의 패턴

시 1:1-6

하나님의 말씀은 의인과 악인 모두에게 주어졌습니다.
의인은 하나님의 말씀을 묵상하고 말씀에 순종하며 살아가는 사람입니다. 반면에 악인은 하나님의 말씀을 듣지 않을 뿐만 아니라 말씀에 어긋나게 살아가는 사람입니다. 그리스도인을 크게 두 부류로 나눌 수 있는데, 하나님의 말씀을 묵상하는 사람과 그렇지 않은 사람입니다. 그리고 이들은 각각 '의인'과 '악인'으로 지칭됩니다.

하나님은 그때도 지금도 말씀하고 계십니다.
하나님의 방법으로 말입니다. 우리는 이를 '하나님의 패턴'이라고 말합니다. 중요한 것은 우리가 하나님의 패턴에 집중하며 하나님의 뜻을 이해하려고 노력하는가입니다. 운동선수들은 경기장을 뛰어다니면서도 수시로 코치의 사인을 확인합니다. 얼마나 가야 할지, 어디에서 멈춰야 할지는 선수 자신보다 경기 전체를 한눈에 보고 파악하는 코치가 더 정확히 알고 있기 때문입니다. 마찬가지로 하나님께 사인을 받으며 인생을 잘 살아내길 원한다면, 하나님의 음성 듣는 법을 배워야 합니다.

말씀을 머리로만 알아서는 능력을 경험할 수 없습니다.
'묵상'을 통해 말씀이 머리에서 가슴으로 전달되어야 합니다. 그래야 삶이 변화합니다. 묵상은 자기 내면에 하나님이 충만히 임하시도록 하여 하나님이 누구이신지를 발견하는 일입니다. 나를 지으신 하나님이 어떤 분이시고, 그 능력과 신실하심을 깨달아 찬양하며 믿음을 고백하는 것이야말로 복된 삶입니다. 묵상은 하나님께 무엇을 얻으려고 익히는 수단이 아니라 하나님을 바라보는 법을 배우는 훈련입니다.

그때나 지금도 말씀하시는 하나님께 늘 귀를 기울이고 있습니까?

❶ 하나님의 패턴에 집중하고 있습니까?
❷ 하나님의 말씀을 묵상함으로써 삶이 변화한 것을 경험했습니까?

하나님의 음성을 듣는 법

164

시 16:8

하나님의 말씀은 특정한 장소에서, 특정한 사람에게 들리는 것이 아닙니다. 모든 곳에서, 모든 사람에게 들립니다. 그러나 말씀을 듣기 위해서는 소란스럽고 복잡한 세상 속에서 '홀로 하나님과 대면하는 묵상 시간'을 가져야 합니다. 주변이 조용해야만 묵상할 수 있는 것은 아닙니다. 시끄러운 환경에서도 하나님을 만날 수 있습니다. 분주한 삶과 시끄러운 모든 문제를 하나님 앞에 내려놓으면, 하나님이 말씀해 주십니다. 지금까지 내가 생각한 방법과는 다른 하나님의 방법이 들리기 시작할 것입니다.

음성을 듣고 말씀을 따라 살아가는 데는 시간과 경험이 필요합니다. '믿음의 조상' 아브라함은 본래 신앙의 모범이 되기에는 부족한 사람이었지만 그는 삶의 중요한 단계로 나아갈 때마다 하나님을 조금씩 더 배워 갔습니다. 아브라함이 믿음의 정점을 보여 준 사건, 곧 아들 이삭을 번제물로 바치기까지는 오랜 세월이 걸렸음을 기억하십시오. 믿음의 경험을 통해 하나님의 신실하심과 사랑, 능력과 지혜를 알아갈수록 순종할 용기가 더욱 솟아납니다.

때로 순종의 길은 한 번도 경험해 보지 못한 길일 수도 있습니다. 그러나 하나님은 우리의 창조주이시며, 우리의 갈 길을 가장 잘 알고 계신 분이시라는 사실을 기억하십시오. 이를 불변의 진리로 새길 때 신앙이 시작됩니다. 믿음 위에서 하나님의 음성을 듣길 열망할 때 말씀과 능력이 내 안에 채워질 것입니다. 그러면 그럴수록 성령의 능력이 내 안에 차고 넘치게 될 것입니다.

나는 시끄러운 세상 속에서도 홀로 하나님과 대면할 수 있습니까?

❶ 삶의 경험을 통해 하나님과 함께하는 법을 배워 가고 있습니까?
❷ 낯선 길 앞에서도 창조주 하나님을 신뢰하고 있습니까?

165   하나님은 말씀하신다
시 119:105

주의 말씀은 "내 발의 등이요 내 길의 빛"(시 119:105)입니다.
하나님의 말씀은 우리의 즉각적인 필요에 응답하는 동시에 장래의 길을 비추어 주는 안내자 역할을 합니다. 하나님의 음성을 듣는 것은 추상적인 차원의 일이 아닙니다. 지금, 이 순간에도 내 삶을 인도하시는 하나님의 음성을 들을 수 있습니다. 하나님은 나도 모르는 나의 세밀한 부분까지 살펴보시고, 나의 작은 신음에도 응답하시는 분입니다.

하나님은 각자에게 가장 적절한 방법으로 말씀하십니다.
우리는 하나님의 음성을 듣는 데 필요한 공식이나 요령이 알고 싶어합니다. 그러나 성경을 찾아보십시오. 하나님의 음성을 들은 사람들에게서 볼 수 있는 일정한 패턴이 있던가요? 그런 것은 없습니다. 하나님은 사무엘에게는 조용하고 세미한 음성으로, 사도 바울에게는 강력한 빛으로 말씀하셨습니다. 이처럼 하나님은 각 사람의 상황과 성향에 맞춰 가장 적절한 방법으로 말씀하시는 분입니다.

하나님의 음성을 듣기 위해서는 그분과의 '친밀함'이 필요합니다.
우리에게 필요한 것은 요령이나 공식이 아닙니다. 하나님을 향한 믿음과 하나님과의 친밀한 교제가 있어야 음성이 들립니다. 아브라함이 처음 하나님을 만났을 때 하나님은 그에게 "너는 너의 고향과 친척과 아버지의 집을 떠나 내가 네게 보여 줄 땅으로 가라"(창 12:1)라고 명령하셨습니다. 그리고 나서 한참 시간이 흐른 뒤 아들 이삭을 제물로 바치라고 명령하십니다. 만일 그런 명령을 내리실 줄을 처음부터 알았더라면, 아브라함은 하나님을 따르지 못했을 것입니다. 하나님은 친밀한 교제 속에서 구체적으로 말씀하시는 분임을 기억하십시오.

나에게 적절한 방법으로 말씀하시는 하나님의 음성을 듣고 있습니까?

❶ 나는 요령을 찾는 대신에 하나님과 친밀한 교제를 나누길 원합니까?
❷ 나는 하나님과 친밀한 교제를 나누며 날마다 성장해 가고 있습니까?

하나님 음성의 일관성

166

시 33:4

하나님의 음성에는 일관성이 있습니다.
하나님은 여러 방법으로 말씀하시지만, 어떤 경우에도 그분의 거룩함은 훼손되지 않습니다. 거룩하신 하나님이 거룩하지 않은 방법으로 인도하시는 일은 없습니다. 다윗이 밧세바를 범한 사건이 하나님의 뜻이 아니었던 것처럼, 하나님의 음성은 비윤리적인 길과 무관합니다. 하나님은 사람의 소원에 따라 일하시는 분이 아닙니다. 하나님 당신의 소원과 선하심으로 일하시는 분입니다. 그러므로 하나님의 음성을 확인하는 가장 중요한 단서는 바로 일관성입니다.

하나님의 음성은 신실함으로 증명됩니다.
하나님이 뜻하시고 말씀하신 것은 반드시 이루어집니다. 우리의 믿음 없음 말고는 그 어떤 것도 하나님의 응답을 방해할 수 없습니다. 하나님은 "내가 생각한 것이 반드시 되며 내가 경영한 것을 반드시 이루리라"(사 14:24)라고 말씀하십니다. 하나님이 허락하시면, 이스라엘이 어떤 막강한 적을 만날지라도 백성의 상황과 관계없이 전쟁에서 승리하게 되어 있습니다. 왜냐하면, 하나님이 직접 싸우시기 때문입니다.

하나님의 음성 앞에서 중립은 없습니다.
하나님의 음성이 들리면, 우리는 어떻게든 응답하게 되어 있습니다. 이때 어떻게 반응하는가가 매우 중요합니다. 사가랴는 기도 응답을 받고도 믿지 못해서 벙어리가 되었습니다. 반면에 그의 아내 엘리사벳은 불가능한 일을 겸손으로 받아들였습니다. 하나님은 사람이 생각하지 못한 방식으로 말씀하시는데, 이때 우리에게 필요한 것이 순종입니다. 순종하면, 확신과 평안이라는 놀라운 경험을 하게 될 것입니다.

나는 하나님의 음성의 일관성을 체험하고 있습니까?

❶ 신실하신 하나님의 음성을 듣고 있습니까?
❷ 순종함으로써 확신과 평안을 얻은 경험이 있습니까?

167 기도는 쌍방 교제다

요일 5:14

기도는 하나님과 인격적인 관계를 맺는 것으로 시작됩니다.
많은 사람이 기도해야 할 문제가 생겨야만 하나님께 나아갑니다. 또 자신의 필요를 일방적으로 아뢰는 것을 기도로 여기기도 합니다. 그러나 성경은 "성령도 우리의 연약함을 도우시나니 우리는 마땅히 기도할 바를 알지 못하나 오직 성령이 말할 수 없는 탄식으로 우리를 위하여 친히 간구하시느니라"(롬 8:26)라고 말합니다. 기도는 일방의 활동이 아니라 하나님과의 쌍방 교제입니다. 이를 통해 우리는 자기 삶을 하나님의 뜻에 맞추어 갑니다.

기도는 하나님이 아닌 우리를 변화시키는 과정입니다.
기도는 내가 원하는 대로 하나님을 움직이는 행위가 결코 아닙니다. 기도는 우리가 하나님의 음성을 듣고, 그분의 뜻에 순종하기를 배우는 과정입니다. 하나님은 우리 기도가 필요하신 분이 아닙니다. 다만 우리 기도를 받기를 원하실 뿐입니다. 우리는 기도하는 가운데 하나님이 우리 삶을 통해 무엇을 하기 원하시는지 깨닫게 됩니다. 그러므로 기도의 가장 중요한 목적은 삶의 초점을 나에게서 하나님께로 돌리는 것입니다.

때로는 무응답이나 거절이 최선의 기도 응답일 수 있습니다.
우리는 종종 내가 최선의 길을 알고 있다고 착각하며 기도합니다. 그러나 하나님은 우리가 아무리 끈질기게 기도하더라도 그 내용이 잘못되었다면 들어주시지 않습니다. 올바른 내용으로 기도하도록 일깨워 주시기도 합니다. 히스기야 왕은 눈물의 기도로 생명을 15년 연장받았지만, 그 시간은 오히려 그를 교만하게 만들었습니다. 때로는 응답되지 않는 기도가 우리에게 더 큰 유익이 될 수 있습니다.

나는 하나님과 쌍방 교제하면서 기도하고 있습니까?

❶ 하나님이 아닌 나를 변화시키는 기도를 하고 있습니까?
❷ 초점을 하나님께 맞추어 기도하고 있습니까?

고난 너머에
부활의 소망이 있다

168

약 5:14-16

세상은 죽음이 끝이라고 말할 때 우리는 시작이라고 말합니다. 질병이나 죽음은 믿음이 있거나 없거나 모든 사람이 겪어야만 하는 심각한 문제입니다. 어떤 사람은 끝없는 절망에 빠지기도 합니다. 그러나 부활 신앙을 가지고 있는 우리에게는 절망이 아닌 또 다른 희망의 이유가 되기도 합니다. 죽음을 경험한 자만이 부활을 경험할 수 있다는 사실을 알기 때문입니다. 고난과 절망 속에서도 회복을 꿈꾸며 기적을 기대하면 역사를 체험하게 될 것입니다.

무언가를 잃었다고 해서 완전히 실패한 것은 아닙니다.
한 청년이 우울한 얼굴로 목사를 찾아왔습니다. "목사님, 사업에 실패해서 전 재산을 날렸더니 가족마저 저를 외면합니다. 모든 걸 잃고 나니 죽고만 싶습니다." 그의 말을 묵묵히 듣고 있던 목사가 말했습니다. "모든 걸 잃었다고요? 죄 사함을 잃었나요? 영생을 잃었나요? 아닙니다. 단지 살 의욕을 잃었을 뿐입니다. 인생의 실패와 성공은 마음먹기에 달렸답니다." 그러면서 성경 한 구절을 읽어 주었습니다. "모든 지킬 만한 것 중에 더욱 네 마음을 지키라 생명의 근원이 이에서 남이니라"(잠 4:23).

사람은 죽이는 능력은 있지만, 살리는 능력이 없습니다.
오직 생명의 주이신 하나님께만 죽은 자를 살리는 능력이 있습니다. 부활은 치유와 회복의 역사가 구체적으로 일어난 사건입니다. 기독교가 능동적이고 미래 지향적이며, 소망의 종교인 것은 바로 부활이 있기 때문입니다. 우리가 보낸 고난의 시간들은 사실 오늘의 부활을 위한 전주곡일 따름입니다.

나는 죽음과 고난을 어떻게 바라봅니까?

❶ 나는 죽음과 고난 너머에 부활의 소망이 있음을 믿습니까?
❷ 고난과 질병을 만날 때 나는 스스로 해결하려고 합니까, 아니면 주님의 치유와 회복의 능력을 의지합니까?

169 성령이 거하시게 하라

롬 8:26-27

우리는 기도할 때 무엇을 구해야 할지 모르는 연약한 존재입니다. 그러나 성령은 이미 "말할 수 없는 탄식으로 우리를 위하여 친히 간구"(롬 8:26)하고 계십니다. 성령은 우리의 상담자가 되셔서 올바른 길을 찾도록 도우십니다. 성령의 음성에 민감하면, 우리의 기도와 삶이 절대로 잘못되지 않습니다. 그러나 완악한 우리는 그 음성을 외면하고, 강퍅한 마음으로 하나님의 도우심을 멀리할 때가 많습니다.

우리의 교만이 성령의 음성을 가로막습니다.
우리는 종종 타인의 조언이나 기도를 거슬려 합니다. 이는 교만이 우리 안에 자리 잡고, 성령의 음성을 들을 수 없도록 귀를 막기 때문입니다. 미국 북장로교 출신의 인도 선교사 존 하이드 역시 친구의 "성령 충만하라"라는 조언에 격분했지만, 결국 자기 내면에 자리 잡은 교만을 깨달았습니다. 그는 성령의 인도하심을 받기로 결심한 후에야 비로소 진정한 기도의 사람이 되었고, 성령의 임재를 강력하게 체험했다고 합니다.

우리가 거룩한 성전이 될 때 성령이 우리 안에 거하십니다.
위대한 하나님의 사람 다윗은 성령이 자신에게서 떠나가는 것을 가장 두려워했습니다. 모든 것이 잘될 때 성령의 도우심 없이도 잘살 수 있다고 여길 때 그는 무서운 죄를 범했습니다. 그리고 그 죄로 인해 성령이 그를 떠나셨음을 깨닫습니다. 성령은 우리가 죄에 점령당할 때는 떠나시지만, 회개하여 거룩한 성전을 회복하면 다시 우리 안에 거하십니다. 성령의 인도하심을 따를 때 우리는 "죄와 사망의 법"(롬 8:2)에서 해방되어 생명과 평안의 길로 나아갈 수 있습니다.

나는 성령이 거하시는 거룩한 성전이 되고 있습니까?

❶ 나의 연약함을 도우시는 성령을 체험하고 있습니까?
❷ 교만으로 성령의 음성을 가로막고 있지는 않습니까?

우리가 성령으로 살면

170

갈 5:25

성령의 임재는 우리를 사명자로 변화시킵니다.
오순절 다락방의 사건이 보여 주듯, 예수님의 증인이 되는 일은 성령의 임재를 통해서만 가능합니다. 성령이 임하시면, 우리는 권능을 받고 비범한 사명자가 됩니다. 성령의 임재 없이 하나님의 일을 하는 것은 자기 능력을 의지하는 것에 불과합니다. 그러나 성령의 인도하심을 받는 사람은 평범한 사람일지라도 성령의 역사를 통해 놀라운 일을 이루어 냅니다.

성령의 인도하심의 증거는 그리스도를 높이는 것입니다.
성경은 "하나님의 영으로 말하는 자는 누구든지 예수를 저주할 자라 하지 아니하고 또 성령으로 아니하고는 누구든지 예수를 주시라 할 수 없느니라"(고전 12:3)라고 말합니다. 성령의 음성은 그리스도를 높이고, 우리 삶을 사역의 자리로 인도합니다. 우리 삶에서 이해되지 않던 일들도 시간이 지나고 보면, 성령의 분명한 계획과 인도하심이 있었음을 깨닫게 됩니다. 성령은 관계 속에서 우리에게 그 길을 구체적으로 제시해 주십니다.

성령 충만은 일회적인 사건이 아닌, 매일 구해야 할 하나님의 선물입니다.
사도 바울은 "오직 성령으로 충만함을 받으라"(엡 5:18)라고 권면할 때 현재 시제를 사용했습니다. 즉 성령 충만은 과거의 사건으로 끝나는 것이 아니라 오늘도 반복되어야 하는 일이라는 뜻입니다. 우리는 스스로 충만하게 될 능력이 없습니다. 성령 충만은 우리가 겸손히 구해야 할 전적인 하나님의 선물입니다. 그러므로 삶의 통제권을 성령께 완전히 맡기고, 그분이 거하실 거룩한 성전이 되십시오.

나는 성령의 임재를 따라 살고 있습니까?

❶ 성령 임재의 증거인 그리스도를 높이는 모습이 내게 나타납니까?
❷ 매일매일 성령의 임재를 구하고 있습니까?

171
잠 3:5-6

환경 속에서 발견하는 하나님의 뜻

믿음의 사람은 환경을 통해 하나님의 음성을 듣습니다.
대다수의 사람들은 눈앞에 펼쳐진 환경만 보고, 모든 것을 판단하려고 합니다. 그러나 믿음의 사람들은 그 환경 속에서 하나님이 무엇을 말씀하시는지를 발견하려고 애씁니다. 거센 바람을 피하는 닭과 달리 그 바람을 타고 더 높이 날아오르는 독수리처럼, 믿음의 지혜는 고통스러운 환경을 도리어 성장의 기회로 삼게 합니다. 중요한 것은 그 상황 가운데서 하나님의 뜻을 발견하는 것입니다.

열린 문이 늘 하나님의 뜻은 아닙니다.
우리는 종종 자기가 원하는 대로 일이 잘 풀릴 때 "하나님이 문을 열어 주셨다"라고 말하곤 합니다. 그러나 사람의 명철에 의지해 열린 문은 오히려 하나님과의 관계를 멀어지게 하는 자충수가 될 수 있습니다. 우리 눈에 열린 문으로 보이는 일이 하나님의 뜻과 공의에 어긋난다면, 그것은 오히려 피해야 할 유혹의 문인 것입니다.

닫힌 문 또한 하나님의 섭리입니다.
믿음의 길을 걷다 보면, 눈앞에서 문이 닫히고 길이 막히는 것처럼 보일 때가 있습니다. 그러나 이는 우리가 생각하지 못한 하나님의 은혜일 수 있습니다. 즉 우리에게 다른 길을 열어 주시기 위함일 수 있다는 뜻입니다. 여리고의 성문은 끝내 스스로 열리지 않았지만, 하나님이 그 견고한 성을 무너뜨리셨습니다(수 6장). 베드로가 옥에 갇혔을 때 하나님은 주의 사자를 보내어 옥문을 열어 주게 하셨습니다(행 5:17-19). 하나님은 우리가 생각하지 못한 방법, 곧 하나님의 방법으로 일하십니다.

나는 환경을 통해 하나님의 음성을 듣고 있습니까?

❶ 하나님의 뜻이 아니라면 열린 문이라도 피해 가고 있습니까?
❷ 닫힌 문을 만날지라도 하나님의 역사를 기대하며 기도합니까?

닫힌 문을 뛰어넘는 하나님의 섭리

172

잠 3:5-6

닫힌 문도 하나님의 섭리 안에서 열릴 수 있습니다.
사람의 시야는 한계가 분명합니다. 우리 눈에 좋은 조건이 보이지 않으면, 닫힌 문으로 여기고 절망하기 일쑤입니다. 그러나 잠언 기자가 "범사에 그를 인정하라 그리하면 네 길을 지도하시리라"(잠 3:6)라고 말했듯이 하나님을 인정하는 사람은 닫힌 문 앞에서도 새로운 길을 만날 수 있습니다. 우리는 '상처 없는 축복'을 받길 원하지만, 하나님은 '상처를 딛고 회복하는 축복'을 주십니다.

하나님의 계획은 절망 속에서도 멈추지 않습니다.
인생에서 닫힌 문을 맞닥뜨리면, 당장은 하나님의 뜻이 멈춘 것처럼 보일 수 있습니다. 그러나 하나님은 때로 우리가 이해할 수 없는 방식으로 일하시며, 우리의 믿음을 통해 더 큰 영광을 드러내시기도 합니다. 베다니의 나사로가 죽었을 때 예수님이 "네가 믿으면 하나님의 영광을 보리라 하지 아니하였느냐"(요 11:40)라고 말씀하신 것처럼, 하나님은 사람의 경험과 지혜로 판단할 수 없는 놀라운 섭리로 일하고 계십니다.

모든 환경에서 하나님을 인정하고 신뢰하십시오.
환경을 바라보고 있노라면 불안해질 수밖에 없습니다. 그런데 하나님을 바라보면 환경은 더 이상 문제가 되지 않습니다. 하나님은 우리 삶의 배경이 되어 주시고, 우리를 해하려고 하는 환경을 오히려 훈련의 장으로 사용하십니다. 하나님을 신뢰하고 그분의 때를 기다리면, 우리가 이해하지 못하는 순간에도 하나님의 뜻이 진행되고 있음을 깨닫게 됩니다. 이것을 깨달을 때 우리는 닫힌 문을 더 이상 두려워하지 않습니다. 오히려 굳게 닫힌 문들을 열어 주실 하나님의 은혜를 더욱 기대하게 됩니다.

나는 모든 환경에서 하나님을 인정하고 신뢰합니까?

❶ '상처를 딛고 회복하는 축복'을 기다리고 있습니까?
❷ 눈에 보이는 환경이 아닌 하나님을 바라보고 있습니까?

173

요 10:3-4, 27

겸손과 믿음으로 듣는 하나님의 음성

우리는 목자의 음성을 듣는 양과 같습니다.
하나님은 어제도, 오늘도, 내일도 우리에게 말씀하십니다. 하나님의 음성을 듣는 사람이 하나님의 종이며 하나님의 일을 합니다. 그런데 하나님은 우리가 원하는 방식이 아닌 하나님의 방식대로 말씀하십니다. 그럼에도 우리는 하나님의 음성을 들을 수 있습니다. 양은 목자의 음성을 알기 때문입니다. 양이 가장 평안할 때는 목자의 음성을 듣고 따라갈 때입니다. 하나님의 음성을 듣고 순종할 때 우리는 참된 평안을 느낄 수 있습니다.

하나님의 음성은 겸손과 믿음을 통해 들을 수 있습니다.
하나님의 음성을 듣기 위한 첫 번째 조건은 겸손입니다. 문제에 부딪혔을 때 교만한 사람은 자기 지식과 경험에 의존합니다. 반면에 겸손한 사람은 그 문제를 가지고 하나님께 나아가 말씀을 구합니다. 이러한 겸손은 '하나님은 반드시 말씀하신다'라는 믿음과 연결됩니다. 믿음은 자기 의지를 스스로 꺾는 일입니다. 내가 원하는 조건이 아닌 하나님의 계획에 삶의 초점을 맞출 때 그분의 온전한 뜻을 비로소 발견하게 됩니다.

하나님의 음성은 기다림을 요구합니다.
서두름은 불신앙의 명백한 증거입니다. 사람의 감동은 하나님의 뜻과 일치하지 않을 때가 많습니다. 홍해 앞에서 이스라엘 백성이 할 수 있는 일은 아무것도 없었습니다. 모세는 "여호와께서 너희를 위하여 싸우시리니 너희는 가만히 있을지니라"(출 14:14)라고 선포했고, 실제로 하나님은 그들로 하여금 바다 가운데 마른 땅으로 행하게 하셨습니다(출 14:16-30). 그러므로 무슨 일을 만나든 조급해하지 말고, 하나님의 때를 기다리며 하나님이 행하실 일을 기대하십시오.

나는 하나님의 음성을 들으며, 하나님의 일을 합니까?

❶ 겸손과 믿음으로 하나님의 음성을 듣고 있습니까?
❷ 감정에 휘둘리지 않고, 하나님의 음성에 귀 기울입니까?

세상의 위치보다
하나님의 가치를

174

요 1:41

우리는 종종 자기 생각과 세상의 기준으로 판단하곤 합니다.
오병이어의 기적에 앞서 빌립이 이백 데나리온을 계산할 때 안드레는 "보리떡 다섯 개와 물고기 두 마리"(요 6:9)를 예수님께 가져왔습니다. 먹일 인원이 5,000명인데, 말이 됩니까? 그러나 안드레는 아무리 하찮은 것이라도 주님의 손이 닿으면 놀라운 기적이 일어날 것을 알았습니다. 자기 생각에 갇히지 않고, 오직 예수님의 마음을 헤아리고, 하나님의 방법을 바라보는 시각을 가졌다는 것은 제자로서의 위대함입니다.

위대한 이인자, 안드레의 위대함은 인격에 있었습니다.
안드레는 가장 먼저 예수님의 제자가 되었고, 또 자기 형제 베드로를 예수님께 인도한 사람입니다. 안드레는 자신이 설 자리를 스스로 정하지 않았고, 자기 역할을 묵묵히 감당했습니다. 어느 신학자는 "베드로 같은 인물보다 안드레 같은 인물이 많아야 건강하고 건실한 교회"라고 말했습니다. 안드레의 진정한 위대함은 자기 자리를 욕심내지 않고, 하나님의 시각을 가졌던 성숙한 인격에 있습니다.

우리의 가치는 오직 하나님에 의해 정해집니다.
안드레에게는 늘 "베드로의 형제"(요 1:40, 6:8)라는 수식어가 따라붙었습니다. 세상의 관점에서 보면, 안드레는 일인자 뒤에 가려진 이인자로 보일 수 있지만, 그는 자신의 위치에 연연하지 않았습니다. 다른 사람들이 나를 어떻게 평가하고 대하는가보다 하나님이 나를 어떻게 바라보시는가가 훨씬 더 중요합니다. 나의 가치는 사람들의 인정에 달린 것이 아니라 오직 하나님의 시선에 달려 있습니다.

나는 나의 가치를 하나님 안에서 정립하고 있습니까?

❶ 세상의 기준이 아닌 하나님의 기준을 따르고 있습니까?
❷ 하나님이 나를 가장 귀한 방법으로 사용하신다는 사실을 신뢰합니까?

175
엡 2:19

하나님의 음성에 집중하지 못하는 이유

우리는 하나님이 말씀하시도록 시간을 내어 드리지 않습니다.
정신없이 빠르게 달려가는 시대를 사느라 묵상을 위해 따로 시간을 내는 데 몹시 인색합니다. 영국의 시인이자 비평가인 S.T. 콜리지는 잠자리에 들 때까지 시간을 낭비하지 않고 공부한다며 자랑했습니다. 그러자 그 말을 들은 한 퀘이커 교도가 "그러면, 생각은 언제 하세요?"라며 그의 허를 찔렀습니다. 우리는 얼마나 바쁘게 사는지 하나님의 부르심에 응답할 시간조차 없습니다. 하나님의 음성을 듣길 원한다면, 귀 기울일 시간부터 확보해야 합니다.

우리는 하나님의 음성에 집중하지 못할 때가 많습니다.
헨리 블랙커비는 어느 강의에서 자신의 경험을 나누며, 가까운 사람의 작은 신호도 듣지 못했던 순간을 소개했습니다. 강의 중 그의 아내가 코에 붙은 휴지 조각을 떼어야 한다고 여러 번 속삭이고 쪽지까지 건넸지만, 그는 그것을 대수롭지 않게 여기며 무시했습니다. 그를 가장 사랑하고, 그가 곤란한 상황에 놓이지 않기를 바랐던 사람이 바로 아내였음에도 불구하고 말입니다. 이처럼 하나님이 우리의 잘못을 깨닫게 하시고 바른 길로 이끄시려 할 때, 그분의 음성을 가리는 가장 큰 장애물은 우리의 교만함과 불순종입니다.

하나님의 음성을 듣는 것은 '관계'의 문제입니다.
성경은 "이제부터 너희는 외인도 아니요 나그네도 아니요 오직 성도들과 동일한 시민이요 하나님의 권속"(엡 2:19)이라고 말합니다. 즉 하나님의 가족이 되었다는 뜻입니다. 하나님의 음성을 듣는 것은 단순히 어떤 기술이나 집중력의 문제가 아닙니다. 우리를 가장 사랑하시는 분, 우리가 잘되기를 바라시는 하나님의 마음을 먼저 헤아려야 합니다.

하나님이 말씀하시도록 시간을 내어 드리고 있습니까?

❶ 불순종을 내려놓고, 하나님께 집중하고 있습니까?
❷ 하나님의 음성을 듣기 위해 시간을 따로 내고 있습니까?

때로 편안한 길이
하나님의 길이 아닐 수 있다

176

사 55:8-9

하나님의 음성을 듣기 위해서는 관계를 깊이 형성해야 합니다.
관계는 대화가 없을 때가 아니라 서로 이해하려 하지 않을 때 멀어집니다. 하나님과의 관계 역시 마찬가지입니다. 하나님은 우리에게 끊임없이 말씀하십니다. 하지만 우리는 그 음성에 응답하는 법을 잘 모릅니다. 하나님과 가까워질수록 그분의 음성에 더 집중할 수 있습니다. 하나님과의 관계가 깊어질수록 신뢰는 쌓여 가고, 하나님의 음성을 통해 역사하시는 성령을 경험하게 될 것입니다.

하나님의 길은 우리가 기대하는 편안한 길이 아닐 수 있습니다.
우리에게 익숙하지 않은 길일지라도 우리는 하나님의 길을 배워야 합니다. 제자들이 예수님을 따르면서도 십자가의 길을 이해하지 못했던 것처럼, 때로 하나님의 길은 우리 계획과 정반대로 보일 수도 있습니다. 그러나 하나님은 결코 우리를 힘들게 하거나 손해를 입히시는 분이 아닙니다. 하나님은 우리 생각보다 더 크고 위대한 계획을 이루기 위해 우리를 하나님의 길로 인도하시는 분임을 기억하십시오.

하나님의 음성을 듣고 따르기 위해 마음으로 준비하십시오.
사도 바울은 복음 전파를 위해 쉬운 길을 택하지 않았습니다. 그는 죄수 신분으로 아그립바 왕 앞에서 복음을 전했고, 결국 순교의 길을 걸었습니다. 우리는 순종의 대가로 편안함을 바라지만, 하나님은 때로 우리에게 헌신과 희생을 요구하십니다. 어떤 길이든 하나님이 인도하시는 대로 따르겠다는 마음의 준비가 되어 있을 때 우리는 하나님의 음성을 듣고 어디든지 따라갈 수 있습니다.

나는 하나님의 음성 듣기를 소망하며 준비하고 있습니까?

❶ 편안하지 않더라도 하나님의 길을 배우고 있습니까?
❷ 어떤 길이든 하나님을 따를 마음의 준비를 하고 있습니까?

177 당황스러운 응답 가운데서

사 55:8-9

하나님의 응답은 우리가 예상하지 못한 방법으로 다가옵니다.
우리는 하나님의 인도하심이 우리가 원하는 편하고 익숙한 길일 것이라 기대합니다. 그런데 당황스럽게도 하나님이 인도하시는 길은 우리 기대와 달라도 너무 다릅니다. 그러나 이성적으로 이해할 수 없는 그 길에도 하나님의 놀라운 계획이 숨어 있습니다. 하나님은 광야에 길을 내어 이스라엘 백성들로 지나게 하셨듯이, 늘 우리 생각을 뛰어넘어 놀라운 역사를 이루어 가십니다.

때로 하나님의 응답은 우리를 혼란스럽게 합니다.
분명히 확신했던 하나님의 응답이 실망스러운 결과로 이어질 때가 있습니다. 병든 가족을 잘 치료하면 회복되리라고 믿었건만, 결국 임종하고 마는 당혹스러움을 겪기도 합니다. 그러나 하나님은 우리가 알지 못하는 더 깊고 완전한 계획을 가지고 계십니다. 우리는 눈에 보이는 치료와 치유에 집중하지만, 하나님의 뜻은 그 영혼의 구원에 있을 수 있습니다.

당황스러운 순간에도 하나님을 온전히 신뢰하십시오.
모세가 시내산에서 하나님의 부르심을 받고 엿새 동안 침묵을 경험했듯(출 24:15-16), 하나님의 응답은 우리의 시간표와 다를 수 있습니다. 그러나 하나님은 결코 늦으시는 법이 없습니다. 시편 기자는 "네 길을 여호와께 맡기라 그를 의지하면 그가 이루시고"(시 37:5)라고 말합니다. 여기서 "맡기라"로 번역된 히브리어 '갈랄'의 기본 뜻은 '굴리다'입니다. 이는 우리의 모든 문제를 하나님께 기도로써 굴려 드리고, 그분이 가장 정확한 때에 응답하실 것을 신뢰하며 기다리라는 뜻입니다. 하나님이 주권적으로 일하심을 믿고 엎드릴 때 우리는 혼란 속에서도 평안을 누릴 수 있습니다.

나는 당혹스러운 순간에도 하나님을 신뢰합니까?

❶ 내 생각과 기대를 뛰어넘으시는 하나님을 경험한 적이 있습니까?
❷ 침묵 속에서도 하나님의 완벽한 때를 기다리고 있습니까?

하나님의 음성에
온전히 순종하라

178

고후 5:7

신실하신 하나님은 우리를 향한 놀라운 계획을 가지고 계십니다. 성경은 "하나님께 나아가는 자는 반드시 그가 계신 것과 또한 그가 자기를 찾는 자들에게 상 주시는 이심을 믿어야 할지니라"(히 11:6)라고 말합니다. 우리는 이 믿음을 가지고 하나님께 나아가야 합니다. 혹시 당황스러운 일을 겪게 되더라도 그것이 하나님의 거룩한 성품을 해치는 일이 아니라면, 우리는 하나님이 행하시는 모든 일을 신뢰해야 합니다.

하나님의 음성에 대한 우리의 응답은 즉각적이며 온전한 순종이어야 합니다. 우리는 종종 내 뜻과 다른 하나님의 뜻에 맞닥뜨리면, 당혹스러움에 순종하기까지 지체하게 됩니다. 요나처럼 하나님의 뜻을 피해 도망가거나, 야곱처럼 하나님과 씨름하며 불신을 드러내기도 하지요. 그러나 다윗은 "주의 계명들을 지키기에 신속히 하고 지체하지"(시 119:60) 않았습니다. 하나님은 한결같이 순종하는 순전한 마음을 훨씬 더 기뻐하십니다.

순종하는 발걸음 위에 하나님의 은혜가 임합니다. 하나님은 순종하는 자에게 힘과 능력과 은혜를 베푸십니다. 순종하지 않는 사람은 순종의 결과를 결코 경험할 수 없습니다. 스카이다이빙을 할 때 낙하산이 펴질 것을 믿고 뛰어내려야만 안전하게 착지할 수 있는 것처럼, 하나님이 어떤 말씀을 하시든지 순종하리라 결심하고 모험에 뛰어드는 사람만이 하나님의 놀라운 역사를 체험하게 됨을 기억하십시오.

나는 하나님의 음성을 듣고, 즉각적으로 온전하게 순종합니까?

❶ 하나님이 행하시는 모든 일을 신뢰합니까?
❷ 순종하기로 결심하고 행동으로 옮긴 덕분에 하나님의 놀라운 역사를 체험한 적이 있습니까?

179 하나님의 음성을 구별하라

요일 4:1

하나님의 음성을 구별하는 첫 번째 기준은 '말씀'입니다.
많은 신앙인이 하나님의 음성과 사탄의 기만적인 속삭임 사이에서 혼란을 겪습니다. 명작일수록 모사품이 많은 것처럼, 사탄은 감정과 감동을 통해 우리를 진리가 아닌 길로 이끌어 성령의 역사에서 멀어지게 합니다. 사탄이 미혹해 올 때 진리의 성령이 우리를 "모든 진리 가운데로 인도"(요 16:13)하심을 기억하십시오. 하나님의 말씀이 가장 명확한 기준입니다. 말씀에 비추어 보면, 거짓은 분명히 드러나게 되어 있습니다.

두 번째 기준은 '순종의 열매'입니다.
사탄은 우리에게 '적당히' 순종해도 된다고 속삭이며 쉽고 편안한 지름길을 제시합니다. 그러나 하나님은 불완전한 순종을 기뻐하시지 않습니다. 또한 사탄은 죄를 합리화하고, 교만과 분열을 부추깁니다. "나는 원래 그런 사람이야!" 하고 자기 분노를 정당화하는 몰염치나 자신을 드러내고 높아지려는 마음은 사탄에게서 옵니다. 반면에 성령은 우리에게 회개와 겸손을 촉구하시며, 화평과 관용과 연합의 길로 인도하십니다. 하나님은 우리를 넓고 쉬운 길이 아닌 말씀대로 살아가는 좁은 길로 인도하신다는 사실을 기억하십시오.

하나님은 '거룩한 수단'을 통해 일하십니다.
사탄은 목적을 달성하기 위해서는 수단과 방법을 가리지 말라고 우리에게 속삭입니다. 그러나 우리는 목표뿐 아니라 그 과정 또한 하나님께 영광이 되어야 한다는 사실을 알아야 합니다. 우리가 거룩한 생각과 순전한 마음으로 온전하게 순종할 때 그 순종하는 발걸음 위에 하나님의 은혜가 임합니다. 오직 거룩하고 겸손한 마음을 가진 자만이 하나님의 음성을 온전히 듣고 따를 수 있습니다.

나는 하나님의 음성을 구별하고 있습니까?
❶ 하나님의 음성을 구별하는 명확한 기준이 무엇입니까?
❷ 하나님의 음성과 사탄의 속삭임을 분별하고 있습니까?

우리도 양처럼 목자의 음성을 들을 수 있다

180
요 10:26-27

하나님의 뜻을 따르는 데 가장 큰 걸림돌은 욕심입니다.
우리는 하나님의 뜻을 행하길 진심으로 원하면서도 '좋은 조건'이라는 유혹에 넘어가 하나님의 더 좋은 뜻을 놓치곤 합니다. 하나님이 시작하신 일은 오직 하나님만이 온전히 이루실 수 있습니다. 하나님의 뜻을 따른다고 해서 나의 꿈과 욕심을 무조건 포기해야 하는 것은 아닙니다. 오히려 순종할 때 하나님의 영광이 드러나고, 우리의 기쁨이 충만하게 된다는 사실을 기억하십시오.

사람의 음성이 아닌 하나님의 음성을 들어야 합니다.
누군가가 하나님이 나에 대해 말씀하시는 것을 들었다며 전해 주면, 혼란에 빠지곤 합니다. 그러나 하나님이 나에게도 동일한 확신을 주시지 않는다면, 그 음성은 하나님의 뜻이 아닐 가능성이 높습니다. 세상은 끊임없이 '좋은'(good) 소리를 들려주며 우리로 하여금 하나님의 '최선'(best)에서 멀어지게끔 합니다. 하지만 하나님을 향한 믿음의 우선순위가 분명하게 세워지면, 세상의 소리와 하나님의 음성을 명확하게 분별할 수 있습니다.

하나님의 음성은 성령의 인도와 내적 평안과 적절한 때를 통해 확증됩니다.
하나님의 뜻을 분별하기 위해서는 먼저 성령에 귀를 기울여야 합니다. 성령은 그 생각이 정말로 하나님에게서 온 것인지를 분명히 확증해 주십시오. 동시에 우리는 평안을 구해야 합니다. 하나님의 뜻 안에 있을 때 누리는 내적 평안은 무엇과도 비교할 수 없는 중요한 표징입니다. 마지막으로, 조급해하지 말고 하나님의 때를 기다려야 합니다. 하나님의 음성을 듣고자 하는 사람에게 하나님은 우리에게도 양처럼 목자의 음성을 구별하는 능력이 있음을 알게 해 주실 것입니다.

나는 목자이신 하나님의 음성을 듣고 있습니까?
❶ 하나님 앞에서 우선순위를 분명히 하고 있습니까?
❷ 성령을 통해 확증과 평안을 구하고 있습니까?

181
신 34:1-7

육안이 아닌 비전의 눈으로

모세는 가나안 땅을 코앞에 두고도 들어가지 못했습니다.
세상 기준으로 보면 실패처럼 보일 수 있습니다. 그러나 하나님은 모세의 죽음을 '패배'가 아닌 '완성'으로 받아들이셨습니다. 하나님이 그에게 보여 주신 것은 육신의 눈으로 볼 수 있는 지형이 아니었습니다. 그러나 그는 단에서부터 소알까지, 감람산 너머의 서해까지, 육안으로는 결코 볼 수 없는 미래의 땅을 보았습니다. 비전의 눈으로 하나님의 약속이 성취됨을 바라본 것입니다.

내 생애에는 그 비전의 땅을 밟지 못할 수도 있습니다.
하나님이 모세에게 주신 것은 꿈의 '실현'이 아니라 '비전의 확인'이었습니다. 그러나 하나님의 약속은 반드시 이루어집니다. 죽음 앞에서 모세는 그 가능성을 보았고, 하나님은 그를 실패자가 아닌 "대면하여 아시던 자"(신 34:10)로 기록되게 하셨습니다. 하나님이 인정하시는 가장 큰 선지자로 기억되게 하신 것입니다.

진짜 비전은 화려함이 아니라 신실함입니다.
미국 뉴욕의 브루클린 태버너클교회의 찬양 사역자 다마리스는 "나는 더 이상 화려한 경력을 바라지 않는다. 주님께 언제나 신실한 사람이 되기를 원한다"라고 고백한 바 있습니다. 비전은 많은 사람에게서 박수받는 업적을 남기는 것이 아니라 마지막까지 하나님을 향한 방향성을 잃지 않는 것입니다.

육안이 아닌 비전의 눈으로 오늘을 살아가고 있습니까?

❶ 지금 내 시야 너머로 하나님의 비전을 보고 있습니까?
❷ 화려함보다 주님 앞에 신실함을 추구하고 있습니까?

예수 안에 살기

182
요 14:8-10

예수 안에 사는 삶은 '행위'가 아닌 '관계'에서 비롯됩니다.
우리는 누군가에게 '좋은 사람'이 되고 싶어 합니다. 주님과의 관계에서도 마찬가지입니다. 최후의 만찬 때에 빌립이 "주여 아버지를 우리에게 보여 주옵소서"라고 청하자 예수님은 "내가 아버지 안에 거하고 아버지는 내 안에 계신 것을 네가 믿지 아니하느냐"라고 말씀하셨습니다(요14:8-10). 예수 안에 사는 삶은 행위로 말미암지 않습니다. 예수님과 친밀한 관계를 맺고, 내 존재가 그분 안에 있음을 깨닫는 데서부터 시작됩니다.

예수 안에 사는 삶은 '복종'이 아닌 '순종'의 삶입니다.
우리는 흔히 순종과 복종을 혼동하곤 합니다. 이 작은 오해가 예수님을 따르는 삶에 방해가 되기도 합니다. 복종은 내 힘으로 주님의 말씀을 따르려는 것으로, 이는 우리에게 의무감과 부담을 안겨 줍니다. 그런가 하면, 순종은 우리 안에 계신 예수 그리스도께 기꺼이 반응하는 것인데, 이는 오직 목자의 음성을 듣고 따르는 양처럼 단순한 반응입니다.

예수 안에 사는 삶은 '자비'를 넘어 '은혜'를 누리는 삶입니다.
자비란 마땅히 받아야 할 형벌을 면하도록 용서받는 것입니다. 그러나 신앙은 용서의 자비 차원에만 머물러서는 안 됩니다. 은혜란 죄 용서를 넘어 풍성함을 얻는 것입니다. 마땅히 받아야 할 형벌을 면제받는 것을 넘어, 그리스도 안에서 풍성한 삶을 누리는 것이 바로 은혜입니다. 주님과 함께하는 길은 그 자체로 즐거운 여정이 됩니다.

나는 예수 그리스도 안에 살고 있습니까?

❶ 나는 행위가 아닌 그리스도와의 관계에 집중합니까?
❷ 복종 대신 순종으로 은혜를 누리고 있습니까?

Chapter

8

은혜,
사소한 순간에도
스며드는 빛

은혜를 한껏 즐기라

183

눅 15:25-32

하나님은 우리에게 은혜를 끊임없이 베풀어 주고 계십니다.
그런데 그 은혜를 깨닫지 못하고, 받은 은혜를 누리지 못하는 것이 문제입니다. 우리는 큰 사건을 통해 체험한 하나님의 은혜를 간증하곤 하는데. 정작 늘 함께 하시는 은혜는 깨닫지 못하거나 즐기지 못합니다. 은혜를 알면, 필연적으로 '감사'가 뒤따르기 마련입니다. 그러나 은혜를 모르면, 감사를 알지 못할 뿐 아니라 불평불만으로 가득합니다.

큰아들은 자기가 한 행동만큼의 보상을 원했습니다.
돌아온 탕자 비유에서 큰아들은 아버지 옆에서 열심히 일했으나, 아버지와의 친밀함이 주는 기쁨은 알지 못했습니다. 큰아들은 친밀함보다는 옳은 행위로 아버지와 관계 맺으려고 했습니다. 그렇기에 자기 기준에 한참 모자란 동생에게 아버지가 은혜를 베푸는 것을 보며 분개할 수밖에 없었습니다.

은혜 가운데 사는 사람은 다른 사람에게도 은혜가 내려지길 바랍니다.
우리는 다른 사람의 인정이나 기대에 미치지 못할 때 실망감으로 삶의 기쁨을 잃곤 합니다. 그러나 "허물과 죄로 죽었던"(엡 2:1) 우리를 살리신 것보다 더 큰 기쁨이 있을까요? 하나님은 이미 생명이라는 가장 큰 은혜를 베푸셨습니다. 이 은혜를 마음껏 누리는 사람은 다른 사람에게도 은혜가 임하기를 바라며 은혜가 내려지면 함께 기뻐합니다.

나는 하나님의 은혜를 즐기고 있습니까?

❶ 보상을 바라는 게 아니라 하나님께 감사하고 있습니까?
❷ 다른 사람에게 임한 하나님의 은혜를 시기 없이 즐거워합니까?

184 하나님께 내려놓으라
롬 7:22-24

삶의 문제는 우리가 모든 것을 통제할 수 있다고 믿는 데서 비롯됩니다. 우리는 자기 죄와 약점을 스스로 이기려고 애쓰며, 제 의지로 모든 일을 해결하려고 합니다. 사도 바울은 자신이 선을 행하길 원하나 죄의 법 아래 묶여 있음을 깨닫고, "오호라 나는 곤고한 사람이로다 이 사망의 몸에서 누가 나를 건져내랴"(롬 7:24) 하고 한탄했습니다. 아무리 노력해도 제힘으로는 완전할 수 없음을 깨달은 것입니다. 바로 이 지점에서 내려놓음이 시작됩니다.

하나님께 맡긴다는 것은 내면의 짐과 내 방식을 내려놓는 것입니다. 우리는 이미 지나간 문제나 해결되지 않은 좌절을 마음속에 품고 살아가느라 스스로 지치곤 합니다. 잠들려고 애쓸수록 잠이 더 달아나듯, 내 힘으로 무언가를 억지로 바꾸려고 하면 할수록 더 큰 좌절감에 빠지기 마련입니다. 하나님은 나의 부족함과 무력함을 이미 알고 계십니다. 그러므로 내가 할 수 없는 일을 붙잡고 씨름하기보다는 그분께 모든 것을 맡기십시오.

모세 이야기는 내려놓음의 교훈을 가장 분명히 보여 줍니다. 하나님께 부름 받은 모세는 그의 힘과 능력을 상징하는 지팡이를 던져 그것이 뱀으로 변하는 것을 보았습니다. 이는 우리가 의지하는 것들이 얼마나 위험한 독이 될 수 있는지를 상징적으로 보여 줍니다. 내 힘과 능력이 아닌 하나님의 은혜로 일할 때 "모든 것이 합력하여 선을"(롬 8:28) 이루는 것을 경험하게 될 것입니다.

나는 하나님 앞에 모두 내려놓는 삶을 살고 있습니까?

❶ 나의 부족함과 연약함을 인정합니까?
❷ 나의 재능과 힘까지 온전히 하나님께 맡기고 있습니까?

율법에서 죽기

185

롬 7:6

율법의 목적을 알아야 무거운 짐에서 벗어날 수 있습니다.
율법 자체는 선하지만, 율법으로는 그 누구도 의롭게 될 수 없습니다. 율법의 역할은 거울처럼 우리 죄를 비추어 보여 죄를 깨닫게 하는 것입니다. 그러나 거울이 더러운 얼굴을 닦아 줄 능력은 없듯이, 율법은 죄를 알게 할 뿐 그 죄를 해결해 줄 능력이 없습니다. 율법 아래 살면, 계속되는 실패와 죄책감으로 말미암아 좌절감만 쌓입니다. 율법에서 벗어나는 유일한 길은 오직 율법에 대하여 죽는 것뿐입니다(참조, 갈 2:19).

율법에 대하여 죽으면, 예수 그리스도 안에서 새로운 피조물이 됩니다.
사도 바울은 "우리가 얽매였던 것에 대하여 죽었으므로 율법에서"(롬 7:6) 벗어났다고 선언합니다. 이는 그리스도와 연합함으로써 율법의 지배하에서 벗어남을 의미합니다. 이전의 모든 묶은 방식에서 벗어나 오직 예수 그리스도 안에서 새롭게 될 때 새로운 피조물로서 하나님을 섬길 수 있게 됩니다.

신앙인은 율법이 아닌 사랑과 은혜의 법으로 살아야 합니다.
하나님은 우리가 율법을 지키기 위해 전전긍긍하는 것을 원하지 않으십니다. 자녀를 향한 부모의 사랑은 그 법이 요구하는 것 이상입니다. 진정한 그리스도인의 삶은 내주하시는 성령의 인도를 따라 사는 삶이지 어떤 행위를 해야 할지 고민하는 삶이 아닙니다. 그러므로 하나님의 사랑과 은혜의 법에 기대어 사십시오. 그러면 진정한 기쁨과 자유를 비로소 맛보게 될 것입니다.

나는 율법 대신 사랑과 은혜의 법으로 살아갑니까?

❶ 율법의 목적을 이해하고, 그 짐을 내려놓았습니까?
❷ 예전 방식에서 벗어나 새로운 피조물로서 하나님을 섬깁니까?

186 승리하는 삶의 비결
골 3:1-3

승리하는 삶은 죄가 아닌 그리스도께 초점을 맞춥니다.
인생의 많은 고민은 죄와 싸우는 자신의 연약함에 몰두하는 데서 비롯됩니다. 죄에 집중하여 죄를 이기려고 애쓰는 것은 육신의 생각일 뿐이며, 이는 결국 사망과 정죄만을 가져옵니다. 그래서 바울은 "위의 것을 찾으라"(골 3:1)라고 권면하였습니다. 그러므로 죄에서 벗어나려는 노력을 멈추고, 시선과 마음을 그리스도께 두십시오. 이러한 생각의 전환이 곧 죄를 이기는 삶의 첫걸음입니다.

죄를 이기는 능력은 그리스도 안에 감추어진 새로운 정체성에 있습니다.
우리가 땅의 것을 더 이상 생각하지 않고 "위의 것"을 생각할 수 있는 것은 우리에게 그럴 만한 힘이 있기 때문이 아닙니다. 바로 "너희가 죽었고 너희 생명이 그리스도와 함께 하나님 안에"(골 3:3) 감추어져 있다는 선언 덕분입니다. 우리는 옛 자아에 대하여 이미 죽었으며 그리스도와 함께 다시 살아났습니다. "생명의 성령의 법"이 "죄와 사망의 법"을 압도할 때(롬 8:2), 우리는 "새로운 피조물"(고후 5:17)로 거듭니다.

"위의 것"을 구할 때 의무가 아닌 사랑에 이끌려 살게 됩니다.
사랑하면, 오히려 법이 요구하는 것 이상을 자발적으로 기쁘게 행합니다. 그리스도 안에서 거듭나면, 행동을 이끄는 동기가 완전히 달라집니다. '죄짓지 않으려고' 애쓰거나, '하나님께 잘 보이려고' 봉사해야 한다는 의무감에 매이지 않는다는 뜻입니다. 이것이 우리가 은혜 안에서 죄책감 없이 자유를 누리며 사는 방식입니다.

나는 그리스도로 인해 승리하는 삶을 살고 있습니까?

❶ 죄가 아닌 그리스도께 초점을 맞춥니까?
❷ 의무가 아닌 사랑에 이끌리어 살아갑니까?

분명하게 드러나는 하나님의 뜻

187

딤후 3:16

하나님의 뜻을 알기 위해서는 올바로 질문해야 합니다.
많은 그리스도인이 하나님의 뜻을 알기 원하면서도, 자기 인생에 초점을 맞춘 질문들에 갇히고는 합니다. 그러나 하나님의 뜻을 알려면 '내 인생을 향한 하나님의 뜻'을 묻는 게 아니라 오로지 '하나님의 뜻'을 물어야 합니다. 즉 내 의지를 내려놓고, 하나님이 내 안에서 자유롭게 행하실 수 있도록 자신을 내어 드려야 진정한 자유함을 누릴 수 있습니다.

하나님의 뜻은 열심히 노력한다고 찾아지는 것이 아닙니다.
오히려 하나님과 친밀한 교제를 나누는 중에 찾을 수 있습니다. 우리는 기도 응답으로 여러 선택지가 주어질 때 '올바른 선택'을 하려고 고민하며 불안감에 빠지곤 합니다. 이는 하나님의 뜻을 내 생각과 내 뜻으로 분별하려다가 빠지는 자가당착입니다. 하나님이 우리에게 원하시는 것은 열심의 결과가 아니라 그저 당신과 친밀한 교제를 나누는 것임을 기억하십시오.

하나님의 뜻은 성령과 동행할 때 분명해집니다.
우리는 하나님의 뜻을 신비한 체험 속에서 찾으려고 합니다. 그러나 이는 하나님의 뜻은 언제나 선하시고 온전하신 그분의 성품과 일치한다는 사실을 간과한 것입니다. 마음속의 생각이나 결단이 하나님의 성품과 어긋나지 않는다면, 우리가 하나님의 뜻 안에서 성령과 동행하고 있다는 증거입니다. 그리스도를 의지하며 성령과 친밀한 교제를 나눌 때 우리의 선택은 자연스럽게 하나님의 뜻을 이루는 길이 됩니다.

나는 분명하게 드러나는 하나님의 뜻을 발견하고 있습니까?

❶ 하나님께 올바른 질문을 합니까?
❷ 특별한 계시가 아니라 성령과의 동행을 바라고 있습니까?

188 잠잠히 하나님만 바라보기

습 7:17

절망적인 순간에도 울지 말아야 할 이유가 있습니다.
하나님을 신뢰한다는 말은 하나님을 기다린다는 말과 같습니다. 절망적인 순간에도 하나님을 신뢰하면, 상황과 관계없이 소망을 가지고 하나님을 바라볼 수 있습니다. 우리는 하나님이 소소한 일에 응답하지 않으신다며 실망하고 원망을 쏟아 내기도 하지만, 하나님은 그런 우리를 크고 깊은 사랑으로 지켜보십니다.

하나님의 크신 사랑에 보답할 방법은 없습니다.
우리는 하나님을 향한 우리의 작은 사랑을 시끌벅적하게 표현하려고 합니다. 그런데 스스로 노력해서 얻은 자격이나 행동으로는 하나님의 은혜를 누릴 수 없습니다. 우리는 그저 하나님이 베푸시는 것을 받아 누리기만 할 뿐입니다. 행위로 가늠하자면, 우리는 결단코 평안을 누릴 수 없습니다. 그러므로 우리를 잠잠히 바라보고 계시는 하나님께 집중하십시오.

하나님은 우리의 치장한 모습을 사랑하시는 게 아닙니다.
하나님은 나의 모든 거짓과 추한 모습을 낱낱이 아시면서도 내 안에 임하여 주십니다. 성경은 여전히 죄 많고 연약한 존재인 나를 향해 하나님이 "너로 말미암아 기쁨을 이기지 못하시며 너를 잠잠히 사랑하시며 너로 말미암아 즐거이 부르며 기뻐하시리라"(습 3:17)라고 말합니다. 그러므로 자기 자신을 하나님의 사랑하시는 자로 바라보고 가치 있게 여기길 바랍니다.

나는 하나님만 잠잠히 바라보고 있습니까?
❶ 절망적인 순간에도 하나님을 신뢰합니까?
❷ 치장하지 않은 모습 그대로 자신을 하나님께 내어 드립니까?

거룩한 마음과 자세

189

느 12:27-30, 43-47

거룩함을 회복하는 것이 예배의 시작입니다.
성벽 봉헌을 앞두고 이스라엘 백성이 가장 먼저 한 일은 '정결하게 하는 것'이었습니다. 제사장과 레위 사람들을 시작으로 온 백성이 자기 몸과 성문과 성벽을 정결하게 했습니다(느 12:30). 이는 하나님께 나아가기 위해서는 거룩함을 회복하는 준비가 반드시 필요함을 보여 줍니다. 모든 예배와 헌신은 거룩한 마음과 자세를 갖추는 것에서 시작되어야 합니다.

질서 있는 예배가 하나님께 영광을 올려 드립니다.
봉헌식은 질서 정연하게 진행되었습니다. 노래하는 자들이 각처에서 모여들었고, 성벽 위에서 두 무리로 나뉘어 행진하며 감사 찬송을 불렀습니다. 이는 다윗과 솔로몬 시대의 규례를 따른 것으로, 그들의 예배는 혼란스럽지 않고 질서 있게 드려졌습니다. 하나님을 향한 기쁨과 열정은 질서 있고 온전한 예배의 형식을 통해 표현되어야 하며 이로써 하나님의 영광이 드러납니다.

헌신은 예배의 중요한 완성입니다.
백성은 제사장과 레위 사람들을 위해 "율법에 정한 대로 거제물과 처음 익은 것과 십일조를"(느 12:44) 기쁘게 거두어 곳간에 쌓았습니다. 이는 성전 봉헌의 기쁨과 은혜가 물질적인 헌신으로 이어졌음을 보여 줍니다. 백성은 제사장과 레위 사람들이 생계를 걱정하지 않고, 하나님을 섬기는 일에 온전히 집중할 수 있도록 헌신했습니다. 이처럼 진정한 예배는 하나님을 향한 헌신을 통해 공동체의 사역을 돕는 구체적인 행동으로 완성됩니다.

나는 거룩한 예배를 위해 어떻게 준비하고 있습니까?

❶ 하나님께 예배드리기 전에 몸과 마음을 정결하게 합니까?
❷ 물질의 헌신이 하나님을 향한 기쁨과 감사에서 우러나오는 온전한 예배의 일부임을 믿습니까?

190 은혜가 다스리는 삶
요 1:15-17

비가 잘 내리지 않는 광야에서도 농작물은 자랍니다.
눈에 보이지 않는 이슬이 밤마다 내리기 때문입니다. 인생을 바꿀 놀라운 일이 매일 일어나지는 않습니다. 그러나 놀랍게도 이슬 같은 은혜가 날마다 우리에게 내려집니다. 세례 요한은 광야에서 "메뚜기와 석청"(마 3:4)을 먹고, 더위와 추위를 견디며 살았습니다. 그런 상황에서도 예수 그리스도로 인해 기뻐하며 하나님의 은혜를 찬양했습니다.

율법은 우리에게 뭔가를 채우라고 끊임없이 요구합니다.
그러나 우리 손에 가득 쥔 것들은 어느 순간 안개처럼 사라지고야 맙니다. 반면에 은혜는 우리에게 뭔가를 베풀라고 끊임없이 말합니다. 하나님의 은혜는 베풀고 베풀어도 결코 떨어지는 법이 없습니다. 늘 하나님이 채워 주시기 때문입니다. 율법은 모세를 통해 전해진 '금지 사항'들입니다. 그러나 은혜는 예수 그리스도를 통해 주어진 '한없는 사랑'입니다.

하나님을 믿는 사람들에게는 특권이 있습니다.
어떤 상황에서도 감사함으로 하나님의 은혜를 누리며 사는 것입니다. 외로워도 슬퍼도 예수 그리스도께서 계시기에 울지 않는 것이 바로 은혜입니다. 우리는 은혜를 받고 나면 하나님을 위해 뭔가를 이루어야 한다고 생각합니다. 매 순간, 고난 중에도 이슬 같은 하나님의 은혜를 발견하고 고백한다면, 진정으로 은혜가 다스리는 삶을 살 수 있을 것입니다.

하나님을 믿는 사람으로서 특권을 누리며 살아갑니까?

❶ 이슬 같은 은혜를 날마다 깨닫습니까?
❷ 베풀수록 더 채워 주시는 하나님의 은혜를 누리고 있습니까?

우리를 피해 가지 않는 기근

191

창 12:19-20, 13:1-4

이 땅의 기근은 믿는 사람을 피해 가지 않습니다.
우리는 신앙을 자연법칙을 벗어나는 일로 여깁니다. 그래서 가능한 한 이 세상과 무관하게 살아가는 길을 찾으려고 합니다. 결국, 신앙의 문제는 믿는 자가 인생의 기근을 만나도 어떻게 살아내는가의 문제입니다. 중요한 것은 그 결정이 가져올 결과에 대해 신앙인으로서 분명히 책임지고, 반응해야 한다는 것입니다.

아브람은 기근을 피해 애굽으로 내려가는 잘못된 결정을 했습니다.
가나안에 들어와 하나님의 은혜를 고백하며 예배드렸던 아브람은 기근을 지나며 예배를 잊었습니다. 잘못된 결정을 내렸던 아브람은 고난 중에 하나님과 더욱 친밀한 관계를 맺게 되었습니다. 그리고 첫 예배를 드렸던 믿음을 회복했습니다. 예배하는 자는 기근 속에서도 하나님의 인도하심을 경험합니다.

하나님은 수치를 당하고 있던 아브람의 인생에 개입하셨습니다.
아브람은 다시 제단을 쌓은 곳에서 하나님을 향한 감사를 회복했습니다. 하나님이 주신 약속을 이루어 가는 데는 많은 희생과 아픔과 책임이 따릅니다. 그러나 신앙은 아픔의 과정을 통해 하나님의 은혜를 더욱 깨달아 가는 과정입니다. 고된 현실 속에서도 하나님의 은혜를 발견하고 감사하며 예배드릴 때 하나님이 우리의 수치를 지워 주십니다.

인생의 기근 가운데도 믿음을 잃지 않고, 예배를 드리고 있습니까?

❶ 한때 고난 중에 믿음을 잃었으나 감사를 회복한 적이 있습니까?
❷ 아픔의 과정을 통해 하나님의 은혜를 더욱 깨달았습니까?

192 버림으로 얻는 축복

창 13:14-18

복은 받는 것보다 간직하는 것이 더욱 중요합니다.
동고동락했던 아브람과 롯은 부의 축복으로 인해 가족애가 상할 위기에 처했습니다. 아브람은 믿음의 사람답게 손익을 계산하지 않고, 조카 롯에게 먼저 선택할 기회를 주었습니다. 롯이 선택한 땅은 곧 멸망할 소돔과 고모라였습니다. 그저 풍요로움을 인생의 우선순위로 삼은 것입니다. 우리가 좇는 풍요는 언제 사라질지 모르지만, 하나님이 허락하신 풍요는 하나님이 지켜 주십니다.

하나님은 또다시 황량한 곳으로 내몰린 아브람의 인생을 역전시키십니다.
롯은 복을 '찾아' 떠났으나, 하나님은 아브람이 서 있는 곳을 복으로 '바꾸어' 주시겠다고 하십니다. "너는 눈을 들어 너 있는 곳에서 북쪽과 남쪽 그리고 동쪽과 서쪽을 바라보라"(창 13:14)라고 말씀하십니다. 하나님이 아브람에게 주신 축복은 소유가 아닌 비전이었습니다. 눈앞의 환경을 보면 절망스럽지만, 눈을 들면 소망이 보입니다.

풍요로운 땅을 택한 롯을 나쁘게 평가할 근거는 없습니다.
그러나 그는 하나님이 그에게 은혜를 베푸실 여지를 남기지 않았습니다. 반면에 아브람은 하나님의 약속 앞에 제단을 쌓고, 예배를 드렸습니다. 축복을 구하는 제사가 아니라 감사를 올리는 예배였습니다. 오로지 하나님만을 바라보고 감사한 아브람의 인생을 하나님이 다시 한 번 역전시켜 주셨습니다.

하나님이 보시기에 좋은 믿음의 선택을 하며 살아갑니까?
❶ 상황에 굴하지 않고, 눈을 들어 하나님을 바라봅니까?
❷ 눈앞의 이익보다 하나님을 선택하며 살아갑니까?

억울함의 사슬에서 자유하라

193
창 14:17–15:1

억울한 상황에서도 하나님의 약속을 붙잡으면, 인생이 역전됩니다. 아브람이 전쟁에서 승리하고도 소돔 왕의 전리품을 모두 거절했을 때 세상 사람들의 눈에는 그가 하나님을 믿는 바람에 억울하게 손해 본 것처럼 보였습니다. 하지만 하나님은 아브람을 외면하지 않으셨습니다. 환상 중에 아브람에게 임하여 "나는 네 방패요 너의 지극히 큰 상급이니라"(창 15:1)라고 말씀하셨습니다. 오늘날 우리에게도 하나님은 "방패"요 "지극히 큰 상급"이십니다.

하나님은 복수 대신 용서를 요구하십니다.
억울한 일을 당하면, 분노에 사로잡혀 복수할 기회를 찾기 쉽습니다. 그러나 복수는 우리 몫이 아닙니다. 오히려 의지로써 복수할 정당한 권리를 포기해야 합니다. 용서는 상대방의 잘못을 묵인하거나 잊는 것이 아니라 분노까지도 하나님께 맡기는 것입니다. 그럼으로써 우리는 억울함의 사슬에서 자유하게 되고, 우리 삶을 하나님께 온전히 맡길 수 있게 됩니다.

진정한 인생 역전은 하나님과 올바른 관계를 맺는 것입니다.
성경은 "아브람이 여호와를 믿으니 여호와께서 이를 그의 의로"(창 15:6) 여기셨다고 말합니다. 여기서 "의"란 하나님과의 올바른 관계를 의미합니다. 인생 역전은 억울한 상황이 반전되는 것이 아니라, 상황은 여전하여도 하나님과 올바른 관계를 맺음으로써 평안을 얻는 것입니다. 하나님은 올바른 관계 안에서 우리의 영원한 방패와 상급이 되어 주십니다.

억울한 상황에서도 하나님의 약속을 붙잡고 있습니까?

❶ 복수하는 대신에 기꺼이 용서합니까?
❷ 어떤 상황에서도 하나님과 올바른 관계를 맺는 데 집중합니까?

194 더딜지라도 확인될 언약

창 16:1-3, 15-16, 17:1-5

조바심으로 하나님의 약속 이행을 재촉해서는 안 됩니다.
아브람은 조바심에 아내 사래의 권유로 여종 하갈을 통해 이스마엘을 낳았습니다. 우리도 마찬가지입니다. 하나님의 약속이 더디 이루어질 것 같으면, 인간적인 방법을 동원해서라도 문제를 해결하려고 합니다. 그러나 조바심은 불화와 고통을 가져올 뿐입니다. 기다림은 고통스럽지만, 때로 우리가 할 수 있는 가장 합리적인 결단입니다. 왜냐하면, 하나님의 약속은 변함없으며 반드시 이루어질 것이기 때문입니다.

하나님은 전능하시기에 우리가 온전하기를 바라십니다.
아브람이 99세가 되던 해에 하나님이 그에게 다시 나타나 "나는 전능한 하나님이라 너는 내 앞에서 행하여 완전하라"(창 17:1)라고 말씀하셨습니다. 전능하신 하나님은 당신이 정하신 법을 한 치의 오차도 없이 지키시는 분입니다. 하나님 앞에서 완전하게 행한다는 것은 전능하신 하나님께 부끄럽지 않게 사는 것을 뜻합니다.

구원은 은혜와 믿음의 합작품이며, 믿음은 아픔을 동반한 책임입니다.
사도 바울은 우리가 "그 은혜에 의하여 믿음으로 말미암아 구원을"(엡 2:8) 받았다고 말합니다. 아브람에게 하나님은 언약의 증표로 할례를 명하셨는데, 할례는 물리적인 아픔을 동반하는 행동이며, 이는 믿음이란 책임이 따르는 총체적인 행위입니다. 은혜의 약속을 붙잡기 위해 자신을 내려놓는 아픔을 감수할 때 우리는 비로소 율법의 지배에서 벗어나 자유와 은혜가 다스리는 삶을 살게 됩니다.

언젠가는 성취될 하나님의 언약을 기다리고 있습니까?

❶ 인간적인 방법을 내려놓고, 하나님의 일하심을 기다립니까?
❷ 전능하신 하나님 앞에서 온전하게 살아가려고 노력합니까?

헛웃음을 웃음으로 바꾸시는 하나님

195
창 21:1-7

우리는 종종 하나님의 약속을 듣고 헛웃음을 짓습니다.
하나님이 100세 된 아브라함과 99세 된 사라에게 아들을 주겠다고 약속하셨을 때 그들은 속으로 웃었습니다. 기쁨의 웃음이 아니라 현실적인 한계 앞에서 하나님의 약속이 너무 비현실적으로 느껴졌기 때문입니다. 이처럼 하나님의 약속과 현실 사이의 엄청난 간극 때문에 믿음이 흔들릴 수 있습니다.

인생 역전이란 하나님의 약속이 성취되는 과정의 하나입니다.
하나님의 약속은 때로 더디게 성취되는 것처럼 느껴집니다. 아브라함과 사라는 오랜 기다림 끝에 인간적인 방법으로라도 약속을 성취하려다가 고통을 겪었습니다. 그러나 하나님은 내내 침묵하실지라도 결국 말씀하신 것을 이루는 분입니다. 삶의 모든 과정이 하나님의 크심을 깨닫는 믿음의 여정입니다.

하나님은 헛웃음을 온전한 웃음으로 바꾸십니다.
하나님은 "말씀하신 대로 사라를 돌보셨고" "말씀하신 시기가 되어" 아들을 낳게 하셨습니다(창 21:1-2). 사라의 웃음은 모두가 함께하는 기쁨의 웃음이 되었습니다(창 21:6). 이처럼 진정한 축복은 나 혼자만의 성공이 아니라, 하나님의 기적적인 역사를 통해 얻은 기쁨을 다른 사람들과 함께 나누는 것입니다. "너는 복이 될지라"(창 12:2)라는 말씀은 하나님이 허락하시는 일로 나를 비롯한 모두가 함께 기뻐하라는 뜻입니다.

나의 지각을 넘어 약속을 지키실 하나님을 신뢰합니까?

❶ 하나님의 약속을 붙잡고, 인내하며 살아가고 있습니까?
❷ 하나님이 허락하신 일로 나뿐 아니라 다른 사람들도 기쁘게 하고 있습니까?

196

창 22:1-3, 11-14

시험은 믿음을 증명하는 통로다

하나님이 평안한 때에 믿음을 시험하시는 이유가 있습니다.
아브라함은 이삭을 낳고 나서 주변이 안정되자 하나님 없이도 복의 근원이 될 수 있겠다고 생각했을 것입니다. 이에 하나님은 아브라함에게 그의 가장 사랑하는 독자 이삭을 번제물로 바치라는 시험을 내리셨습니다. 하나님은 시험을 통해 우리 신앙을 점검하게 하고, 우리가 무엇을 가장 소중히 여기는지를 돌아보게 하십니다.

하나님의 말씀에 즉시 순종하는 것이 진정한 믿음입니다.
하나님이 아들 이삭을 번제물로 바치라고 명령하시자 아브라함은 아침 일찍 일어나 지체 없이 순종했습니다. 그는 "하나님이 능히 이삭을 죽은 자 가운데서 다시 살리실 줄로 생각"(히 11:19)하고 믿었습니다. 하나님 안에서의 인생 역전은 우리의 이해를 뛰어넘는 담대한 믿음의 행동으로 말미암아 이루어집니다.

하나님의 예비하심은 순종의 자리에서만 경험할 수 있습니다.
아브라함이 번제단에 누운 아들을 잡으려 칼을 들자 하나님이 그를 불러 멈춰 세우고는(창 22:12) 예비해 두신 어린 양을 보게 하셨습니다. "여호와 이레"(창 22:14)의 축복은 모든 것을 내려놓고, 즉시 순종하기로 결단한 사람에게 주어집니다. 내 계획을 내려놓고, 하나님이 인도하시는 삶의 자리로 나아갈 때 우리는 비로소 "여호와 이레"의 하나님이 예비하신 놀라운 축복을 경험하며 그분의 신실하심을 증언하게 될 것입니다.

고민하지 않고, 지체 없이 말씀에 순종하며 살아갑니까?

❶ 평안할 때도 복을 헤아리기보다는 하나님께 집중합니까?
❷ 내 계획을 내려놓고, 즉시 순종하는 삶을 살고 있습니까?

인간의 기준과는 다른 하나님의 축복

197
창 23:12-20

아브라함에게는 죽음조차도 약속의 성취였습니다.
아내 사라의 죽음은 슬픈 일이었지만, 동시에 하나님이 주신 약속의 땅에서 처음으로 그의 소유지를 갖게 되는 계기가 되었습니다. 오랜 시간 나그네로 살았던 아브라함이 사라의 무덤을 마련하며 비로소 약속의 땅에 그의 영원한 거처를 마련할 수 있었습니다. 이처럼 믿음의 사람에게 죽음은 모든 것이 끝나는 비극이 아니라, 하나님이 계획하신 축복이 시작되고 완성되는 지점입니다.

믿음의 유산은 죽음으로 끝나지 않고, 다음 세대로 이어집니다.
아브라함과 사라는 약속의 땅에 묻혔지만, 그들의 이야기는 거기서 멈추지 않았습니다. 성경은 "아브라함이 죽은 후에 하나님이 그의 아들 이삭에게 복을"(창 25:11) 주셨다고 말합니다. 하나님의 약속은 한 사람의 육체적 삶을 초월하여 믿음을 통해 다음 세대로 이어지는 영원한 언약입니다.

하나님의 축복은 인간의 기준을 따르지 않습니다.
축복은 이스마엘이 아닌 이삭에게로, 에서가 아닌 야곱에게로, 므낫세가 아닌 에브라임에게로 이어졌습니다. 이는 하나님의 약속이 혈통이나 전통이 아닌, 그분의 주권과 신실함에 있음을 증명합니다. 믿음은 죽음과 고난 앞에서도 하나님의 약속을 신뢰하며 "모든 것이 합력하여 선을"(롬 8:28) 이루게 하시는 은혜를 바라보는 것입니다.

인간의 기준을 따르지 않는 하나님의 축복을 신뢰합니까?

❶ 우리 눈에 보이는 끝이 하나님이 주실 축복의 시작점임을 믿습니까?
❷ 한계를 넘어 약속을 이루실 하나님의 섭리를 기대합니까?

198 예수님을 만나면 달라진다

눅 5:27-32

예수님의 부르심은 사람의 가치를 새롭게 합니다.
예수님은 "레위라 하는 세리가 세관에 앉아 있는 것을 보시고 나를 따르라"(눅 5:27)라고 말씀하셨습니다. 그저 스쳐 지나가듯 보신 것이 아니라 목자의 심정으로 그를 주목하여 보셨고, 그의 수치심과 외로움까지 꿰뚫어 보셨습니다. 그리고 그의 과거와 현재뿐 아니라 미래도 보셨습니다. 예수님의 사랑은 사랑받을 만한 가치가 있어서 하는 사랑이 아닙니다. 오히려 사랑하심으로써 가치를 창조하십니다.

예수님의 부르심에 어떻게 반응하는가가 중요합니다.
예수님이 레위에게 "나를 따르라"라고 말씀하시자 그는 즉시 "모든 것을 버리고 일어나"(눅 5:28) 주님을 따랐습니다. 이는 그가 추구했던 삶의 목표가 돈에서 존재로 바뀌는 순간이었습니다. 그는 모든 것을 버리면서도 슬퍼하지 않았고, 오히려 예수님을 집으로 초대하여 큰 잔치를 열었습니다. 예수님을 만난 사람은 감출 수 없는 기쁨으로 복음을 전하게 됩니다.

"너희가 어찌하여 세리와 죄인과 함께 먹고 마시느냐"(눅 5:30).
예수님은 인기를 좇는 것과는 거리가 먼 분이셨습니다. 죄인들의 친구가 되신 이유는 그들을 구원하기 위함이었습니다. 우리를 향한 하나님의 부르심은 우리에게 어떤 자격이 있어서가 아닙니다. 그저 우리를 사랑하셔서 우리의 모든 수치와 죄를 용서하시고, 우리를 구원의 길로 인도하시겠다는 하나님의 은혜입니다.

나의 가치를 새롭게 만드시는 예수님을 따르고 있습니까?

❶ 예수님을 만난 기쁨으로 인해 복음을 전하는 삶을 살아갑니까?
❷ 내 모든 수치와 죄를 지우시는 하나님의 사랑을 바라봅니까?

고통은 영광의 흔적이 될 것이다

199

막 10:46-52

예수님에게 마지막 희망을 건 사람은 부르짖습니다.
바디매오는 앞을 보지 못하므로 길에서 구걸하며 살아야 했습니다. 그의 장애는 육체적 고통을 넘어서 장애를 죄의 결과로 여기는 사람들 때문에 위축될 수밖에 없는 '수치'였습니다. 제자들조차 길에서 "날 때부터 맹인 된 사람"을 보고, 예수님께 "랍비여 이 사람이 맹인으로 난 것이 누구의 죄로 인함이니이까 자기니이까 그의 부모니이까" 하고 물을 정도로 장애에 대한 편견이 강한 시대였습니다(요 9:1-2).

세상은 연약한 우리를 죄와 수치심의 감옥에 가두려 합니다.
하지만 예수님은 "네게 무엇을 하여 주기를 원하느냐"(막 10:51) 하고 물으실 뿐만 아니라 구원을 베풀어 주십니다. 바디매오는 예수님의 부르심에 자신의 생명과도 같았던 겉옷을 내버리고 뛰어 일어났습니다. 이는 과거의 삶을 버리고, 새로운 삶을 시작하겠다는 결단을 보여 줍니다.

예수님은 우리를 구원하기 위해 피의 대가를 치르셨습니다.
사도 바울이 "우리가 환난 중에도 즐거워하나니 이는 환난은 인내를, 인내는 연단을, 연단은 소망을 이루는 줄 앎이로다"(롬 5:3-4)라고 선언한 바와 같이 고통은 인내와 연단을 통해 소망을 이루는 과정임을 기억해야 합니다. 그러므로 인생의 고통은 우리를 향한 하나님의 사랑과 은혜가 얼마나 큰지를 증명하는 영광의 흔적이 될 것을 믿으십시오.

예수님의 부르심을 따라 새로운 삶을 살고 있습니까?

❶ 예수님으로 인해 수치심으로부터 자유로워졌습니까?
❷ 내가 겪었던 고통의 흔적으로 하나님의 영광을 나타내고 있습니까?

200
눅 7:11-17

긍휼히 여기시는 주님을 만나라

예수님이 기적을 베푸시는 기준은 무엇입니까?
예수님이 나인성 과부의 죽은 아들을 살려 주신 것은 그 어머니를 불쌍히 여기셨기 때문입니다. 그녀가 어떤 착한 행위를 했거나 어떤 자격이 있어서가 아니라 외아들을 잃은 슬픔으로 가득 찬 아픔을 보신 것입니다. 이처럼 예수님의 마음을 움직이는 것은 우리의 완벽함이나 기대가 아닙니다. 예수님은 우리의 애통한 마음에 들어와 위로해 주시고, 새로운 기적을 만드십니다.

때로는 고통이 은혜의 통로가 되기도 합니다.
과부의 아들이 살아나자 "모든 사람이 두려워하며 하나님께 영광을"(눅 7:16) 돌렸습니다. 이는 그들이 초자연적인 역사를 목격하고 경외감을 느꼈기 때문입니다. 때로 인생이 삶보다 죽음에 더 가깝게 느껴질지라도, 우리의 슬픔과 고통을 긍휼히 여기시는 주님을 만나면, 감사의 고백을 하게 될 것입니다.

예수님의 기적을 목격한 사람들은 어떻게 반응했을까요?
나인성 과부에게 임했던 기적은 한 여인만을 위한 것이 아니었습니다. 사람들은 "하나님께서 자기 백성을 돌보셨다"(눅 7:16)라는 거룩한 소식을 전하였습니다. 거룩하신 주님이 내 마음속에 들어오시면, 두려움에 떨릴 수도 있습니다. 그러나 곧 그 두려움은 감사로 변하고, 찬양이 될 것입니다. 하나님이 나와 함께하신다는 사실을 알면, 우리는 세상이 주는 근심과 걱정에서 해방됩니다.

나를 돌보시는 하나님을 깨닫고 있습니까?
❶ 나의 애통한 마음에 찾아오실 예수님을 기대합니까?
❷ 하나님으로 인해 세상의 근심과 걱정으로부터 자유합니까?

신앙의 자격지심

201

눅 7:2-10

거절에 대한 두려움이 있으면, 어려울 때 도움을 청하기가 어렵습니다.
신앙에 있어 자격지심은 교만만큼이나 큰 문제입니다. 종의 병을 고쳐 달라고 청한 백부장이 예수님이 친히 방문해 주시는 것을 정중히 사양했던 이유는 주님을 감히 청할 수 없을 정도로 큰 존재로 여겼기 때문입니다. 예수님은 그에게서 자격이 아닌 믿음을 보셨습니다. 이처럼 하나님의 도우심이 필요할 때 우리에게 필요한 건 자격이 아니라 믿음입니다.

백부장은 '이미' 예수님을 자기 삶의 주로 시인하고 있었습니다.
예수님을 만나기 전부터 '이미' 그의 삶에는 선행과 하나님을 향한 경배가 있었습니다. 우리는 종종 경건과 거리가 먼 삶을 살다가 예수님을 극적으로 만나 삶이 변한 사람의 간증을 듣고 부러워하곤 합니다. '자유롭게 제 마음대로' 살았던 삶이 부러운 것입니다. 그러나 진짜로 부러워해야 할 것은 오롯이 경건하게 사는 삶임을 잊지 마십시오.

예수님은 백부장의 믿음을 놀랍게 여기셨습니다.
그리고 그의 청대로 종의 병이 낫게 해 주셨습니다. 백부장에게 어떤 변화가 일어났다는 말은 없습니다. 그러나 하나님을 경외하는 자로서 자기 종에게 예수님의 은혜를 전하는 통로가 된 백부장이야말로 이 이야기의 진짜 주인공입니다. 하나님의 은혜를 알면, 주님을 계속해서 만나게 되고, 주님과의 만남이 우리로 하여금 믿음의 길을 계속 걸어가게 합니다. 백부장의 믿음을 칭찬하시던 주님의 음성을 들으시길 바랍니다.

'이미' 예수님을 삶의 주로 시인하며 살아가고 있습니까?

❶ 예수님은 나의 자격이 아닌 믿음을 보신다는 사실을 믿습니까?
❷ 지금 나의 삶에 임한 은혜를 누리며 살아가고 있습니까?

202 연약한 믿음도 괜찮아

눅 8:42-48

예수님은 스스로 드러내지 못하는 연약한 믿음도 외면하지 않으십니다.
열두 해 동안 혈루증을 앓던 여인은 병마로 인해 사회로부터 소외되어 외로운 삶을 살아야 했습니다. 그녀는 주님 앞에 감히 나서지 못한 채 많은 무리 뒤에 숨을 정도로 소극적이었지만, 예수님의 옷 가에라도 손이 닿으면 나을 수 있겠다는 믿음이 있었습니다. 예수님은 "내게 손을 댄 자가 누구냐"(눅 8:45) 하고 물으셨습니다.

예수님은 우리의 오랜 고통과 당장의 절박함을 아십니다.
두려움에 떨며 엎드린 여인을 예수님은 "딸아"(눅 8:48) 하고 부르셨습니다. 당시에 "딸"이라는 호칭은 아름답고 성숙한 여인을 부르는 말로, 이는 그녀의 정체성이 병든 여인에서 하나님의 귀한 자녀로 바뀌었음을 의미합니다. 예수님은 그녀의 몸뿐 아니라 영혼까지 구원해 주시어 12년간의 수치와 고통에서 벗어나게 하셨습니다.

"평안히 가라"(눅 8:48)라는 말씀은 가서 새로운 삶을 시작하라는 뜻입니다.
여인은 질병과 외로움의 고통에서 벗어나 비로소 깊은 평안을 얻었습니다. 예수님은 고통과 절망 속에서 신음하는 우리를 구원하기 위해 이 땅에 오셨습니다. 우리의 모든 것을 아시는 주님은 고통받는 우리를 위로하실 뿐만 아니라 새로운 계획과 소망을 주십니다. 육체적인 치유를 넘어, 지난 세월의 모든 근심과 두려움으로부터 자유로워지라고 축복해 주십니다.

나는 예수님을 만나고자 하는 간절함이 있습니까?

❶ 주님의 은혜로 고통에서 벗어나 평안을 얻은 경험이 있습니까?
❷ 주님과 동행하며 주님이 주신 새로운 삶을 살고 있습니까?

흔들려도 괜찮아

203

눅 24:13-15

엠마오로 향하던 두 제자는 바로 옆에 계신 주님을 알아보지 못했습니다. 예수님의 십자가 처형으로 절망한 나머지 눈이 가려져 있었던 것입니다. 그러나 예수님이 "모세와 모든 선지자의 글로 시작하여 모든 성경에 쓴 바 자기에 관한 것을 자세히 설명"(눅 24:27)해 주시니 그들의 마음이 뜨거워지기 시작했습니다. 주님의 말씀을 듣고 마음이 뜨거워지면, 절망으로 가려져 있던 눈이 열려 비로소 주님을 바라볼 수 있게 됩니다.

주님과 인격적으로 만나면, 삶의 의욕과 추진력이 회복됩니다.
두 제자는 예수님을 알아보자마자 즉시 엠마오를 떠나 예루살렘으로 돌아갔습니다. 그들이 엠마오로 내려가며 나누었던 이야기는 절망으로 가득했지만, 부활하신 주님을 만난 후 예루살렘으로 돌아가 전한 이야기는 확신으로 가득 차 있습니다. 이처럼 주님은 우리 삶에 찾아오셔서 우리 삶의 방향을 절망에서 소망으로 바꾸어 주십니다.

부활하신 주님을 만나면, 기꺼이 복음에 빚진 자의 삶을 살게 됩니다.
주님을 만난 사람은 기쁜 마음으로 복음을 전하고자 하는 열망에 사로잡힙니다. 주님과의 만남은 우리 삶의 방향을 바꿀 뿐만 아니라 우리가 소유한 시간과 명예를 무엇을 위해 사용해야 할지에 대한 분명한 가치관을 심어 줍니다. 부활의 주님이 우리 인생에 분명한 목적이 있음을 알려 주시기 때문입니다.

주님으로 인해 절망에서 소망으로 바뀐 경험이 있습니까?
❶ 복음에 빚진 자의 삶을 살아가고 있습니까?
❷ 말씀을 통해 뜨거워진 마음으로 주님을 바라보고 있습니까?

204

눅 24:31-33

혼탁한 세상 속에서 길을 찾다

믿음을 지키는 것이 불가능해 보일 때가 있습니다. 온 땅이 타락하고 부패하여 하나님의 의가 사라진 것처럼 보이고, 하나님을 믿는 삶의 모범을 찾아보기가 힘든 요즘입니다. 노아가 살던 시대도 이와 같았습니다. 그런데도 그 혼탁한 세상 속에서 노아는 "의인이요 당대에 완전한 자"(창 6:9)로 불렸습니다. 이는 그가 세상의 기준에 굴하지 않고, 자신이 걸어야 할 길을 분명히 알고 있었음을 보여 줍니다.

노아는 목표가 보이지 않는 상황에서도 묵묵히 하나님을 따랐습니다. 그가 걸어간 길은 단순한 고행길이 아니라 하나님의 은혜를 경험하고 누리는 여정이었습니다. 이는 인생의 목표를 향해 달려가는 것도 중요하지만, 하나님이 인도하시는 대로 묵묵히 나아가는 것이 더 중요함을 보여 줍니다. 우리도 인생의 광야에서 목표가 아닌 방향, 즉 하나님과의 동행을 나침반 삼아야 합니다.

노아가 의인으로 불릴 수 있었던 것은 그가 하나님께 은혜를 입었기 때문입니다. 노아는 주변 환경과 타락한 세상의 가치관에 물들지 않고, 오직 하나님께 받은 은혜로 살았습니다. 우리 인생 역시 마찬가지입니다. 우리가 자기 힘과 경험에 의존하지 않고, 오직 하나님의 은혜를 의지할 때, 우리는 죄악이 가득한 세상에서 길을 잃지 않고 믿음으로 나아갈 수 있습니다. 그러면 예측 불가능한 삶의 여정에서도 하나님이 예비하신 길을 발견하고, 그분과 동행하는 복을 누리게 될 것입니다.

길을 잃고 헤맬 때, 하나님과의 동행을 추구하고 있습니까?

❶ 인생 광야에서 나를 인도하시는 하나님의 은혜를 경험한 적이 있습니까?
❷ 내 인생의 목표와 방향은 무엇입니까?

은혜 안에 산다는 것

205
고후 6:1

은혜를 받는 것과 누리며 살아가는 것은 다릅니다.
하나님은 은혜를 받은 우리가 그 은혜를 갚기보다는 누리며 살아가기를 원하십니다. 은혜를 누린다는 것은 삶의 자리와 여정에서 하나님의 은혜를 경험하며 살아가는 것입니다. 우리는 은혜를 경험하면, 종종 그것을 갚기 위해 무슨 일이라도 해야 한다고 생각합니다. 그러나 하나님이 원하시는 것은 우리와 동행하는 것입니다.

하나님 앞에서 우리는 어떤 존재입니까?
야고보서 기자는 이렇게 말합니다. "내일 일을 너희가 알지 못하는도다 너희 생명이 무엇이냐 너희는 잠깐 보이다가 없어지는 안개니라"(약 4:14). 이 말씀은 덧없이 사라지는 안개와 같은 우리를 사랑하시는 하나님의 은혜를 다시금 새기게 합니다. 지금 내가 무엇을 갖고 있느냐보다, 이슬처럼 내리는 하나님의 은혜를 알고 감사하느냐가 더 중요하지 않겠습니까?

고난 중에도 함께하시는 하나님의 은혜를 기억하십시오.
사도 바울은 고린도교회에 권면합니다. "우리가 하나님과 함께 일하는 자로서 너희를 권하노니 하나님의 은혜를 헛되이 받지 말라"(고후 6:1). "헛되이 받지 말라"는 다른 말로 "헛되게 만들지 말라"는 뜻일 것입니다. 고난 중에도 주시는 은혜를 가벼이 흘려보내지 말고, 감사함으로 기억하고 삶 속에서 계속 누리길 바랍니다.

지금 은혜를 받는 것에 머물지 않고 누리며 살아가고 있습니까?

❶ 내 삶에서 하나님의 은혜를 보지 못하게 가로막는 것은 무엇입니까?
❷ 고난 속에서도 함께하시는 하나님의 은혜를 어떻게 하면 계속 기억할 수 있을까요?

206

느 9:1-3, 16-22

은혜를 기억하고 진심으로 회개하라

진정한 부흥은 철저한 회개에서 시작됩니다.
성벽 재건 이후 이스라엘 백성은 영적 부흥을 위해 자발적으로 모였습니다. 이 모임의 핵심은 금식하며 굵은 베옷을 입고 티끌을 뒤집어쓰는 것입니다(느 9:1). 이는 단순한 의식이 아니라 죄를 깊이 뉘우치는 참 회개를 보여 줍니다. 이처럼 건강한 영적 부흥은 겉모습의 변화가 아닌 내면의 죄를 철저하게 깨닫고 회개하는 것에서 출발합니다.

하나님의 은혜를 기억할 때 진정한 회개를 할 수 있습니다.
이스라엘 백성의 회개는 막연한 후회가 아니었습니다. 그들은 하나님의 구원 역사를 되새기며 회개했습니다. 하나님이 아브라함을 택하시고 언약을 세우신 일(느 9:7-8), 그들의 열조가 애굽에서 고난받을 때 구원하신 일(느 9:9), 그리고 광야에서 40년간 신실하게 돌봐 주신 일(느 9:19-21)을 기억했습니다. 그러므로 하나님의 끝없는 은혜를 기억하고, 진심으로 회개하십시오.

회개는 하나님의 긍휼을 경험하는 통로입니다.
이스라엘 백성은 그들의 죄와 조상들의 허물에도 불구하고 하나님이 버리지 않으셨음을 찬양했습니다(느 9:17). 이 고백은 회개가 절망으로 끝나는 것이 아니라 하나님의 용서와 긍휼을 경험하는 은혜의 통로가 됨을 보여 줍니다. 진정한 회개는 우리를 하나님의 사랑 앞으로 다시 나아가게 하고, 새로운 시작의 기쁨을 누리게 합니다.

나는 하나님의 은혜를 기억하며 수시로 회개합니까?

❶ 나는 뉘우침을 넘어 참된 회개로 나아가고 있습니까?
❷ 내 죄뿐 아니라 조상들의 허물까지도 자복하며 깊이 회개해 본 적이 있습니까?

하나님과의 관계를 회복하라

207

느 9:7-9, 16-22

하나님과의 관계 회복은 세상과 단절하는 용기에서 시작됩니다.
성벽 재건에 성공한 이스라엘 백성은 하나님과의 관계를 회복하기 위해 모였습니다. 이들은 회개하는 마음으로 금식하며 "모든 이방 사람들과 절교하고 서서 자기의 죄와 조상들의 허물을 자복"(느 9:2)함으로써 하나님께 나아갔습니다. 여기서 이방 사람과 절교한다는 것은 우상 숭배나 세속적인 가치관과 단절하겠다는 단호한 결단을 의미합니다.

하나님을 향한 고백이 신앙의 핵심입니다.
백성들은 자기들의 죄를 고백하는 동시에 "주는 하나님 여호와시라"(느 9:7) 하고 하나님의 위대하심과 신실하심을 찬양했습니다. 아브라함에게 약속을 주시고 그 약속을 이루신 하나님, 애굽에서 고난받던 백성을 건지시어 광야로 인도하신 하나님을 기억했습니다. 이처럼 하나님과의 관계 회복은 자신의 부족함을 인정하고, 그럼에도 변함없는 하나님의 사랑을 고백하는 데서부터 시작됩니다.

하나님을 기뻐하는 마음이 삶의 동력이 됩니다.
백성들의 깨달음은 단순한 감정적 체험에 머물지 않고, 삶을 변화시키는 동력으로 작용했습니다. 이들은 말씀을 읽고 죄를 자복하며 하나님께 경배함으로써(느 9:3) 하나님과의 관계를 회복했습니다. 하나님을 기뻐하는 마음과 그분을 향한 찬양이 삶의 모든 행위의 원동력이 될 때 영적 부흥이 일어나고 신앙은 더욱 견고해집니다.

하나님과의 관계 회복을 위해 어떤 노력을 하고 있습니까?

❶ 하나님과의 관계를 막는 것은 무엇입니까?
❷ 내 삶에서 그분을 기뻐하고 찬양하는 구체적인 방법은 무엇일까요?

208 기쁨은 헌신으로 이어진다

느 12:27-30, 43-47

회복의 절정은 온 백성의 기쁨으로 나타납니다.
느헤미야와 이스라엘 백성은 성벽 재건을 마친 후 감격스러운 봉헌식을 거행했습니다. 온 백성은 이 행사를 위해 예루살렘으로 모였고, 감사와 찬양의 노래가 온 성에 가득했습니다(느 12:27). 성경은 "부녀와 어린아이도 즐거워하였으므로 예루살렘이 즐거워하는 소리가 멀리 들렸느니라"(느 12:43)라고 기록하였습니다. 온 공동체에 기쁨이 퍼져 나갔음을 강조한 것입니다.

봉헌의 기쁨은 하나님이 주신 선물입니다.
성벽 봉헌식은 단순한 완공 축제가 아니었습니다. 이는 하나님께 드리는 예배였습니다. 제사장과 레위 사람들은 몸을 정결하게 했고, 백성 또한 자신을 정결하게 했습니다. 정결해진 무리는 성벽 위에서 두 무리로 나뉘어 행진하며 감사 찬송을 불렀습니다. "하나님이 크게 즐거워하게 하셨음이라"(느 12:43)라고 기록된 바와 같이 이는 인간의 힘으로는 이룰 수 없는 큰 기쁨이요 하나님의 은혜였습니다.

기쁨은 하나님께 드리는 헌신으로 이어집니다.
봉헌식 후에 백성은 율법에 따라 제사장과 레위 사람들을 위해 곳간에 십일조와 제물을 쌓았습니다. 이는 성전에서 하나님을 섬기는 이들을 즐거운 마음으로 돌보려는 마음에서 우러나온 헌신이었습니다(느 12:44). 진정한 부흥의 기쁨은 감사와 찬양에 머물지 않고, 하나님과 그분의 사역을 기쁘게 섬기는 헌신으로 자연스럽게 이어집니다.

하나님의 은혜로 기쁨을 되찾아 본 적이 있습니까?

❶ 하나님의 큰 은혜를 기억하며 감사와 찬양을 드린 적이 있습니까?
❷ 기쁘게 헌신하며 섬김으로 공동체의 영적 건강에 기여하고 있습니까?

Chapter

9

감사,
평범한 하루에
숨겨진 선물

감사를 누리는 사람

209
시 121:1-8

감사를 표현하는 사람만이 누리는 은혜가 있습니다.
열 명의 나병환자가 예수님께 나음을 청했고, 모두 나음을 얻었습니다. 그러나 그중 한 사람만 예수님께 돌아와 감사 인사를 올렸습니다. 그 덕분에 그는 "네 믿음이 너를 구원하였느니라"라는 말씀을 들었습니다(눅 17:12-19). 우리는 하나님이 주신 것을 누리며 사는 사람들입니다. 은혜를 베풀어 주신 분을 바라보는 것이 곧 감사임을 기억하십시오.

눈을 들어야 보이는 것이 있습니다.
시편 기자는 "내가 산을 향하여 눈을 들리라 나의 도움이 어디서 올까"(시 121:1)라고 노래했습니다. 그가 바라본 것은 산의 웅장함이나 자연의 신비가 아니라 만물을 창조하신 하나님이었습니다. '지금' 당하는 어려움은 우리를 힘겹게 하지만, 억지로라도 '눈을 들어' 하나님을 바라보십시오. "나의 도움"이 어디서 오는지를 깨닫게 될 것입니다.

하나님은 졸지도 주무시지도 않으며 우리를 영원히 지키십니다.
시편 121편에는 '지키다'라는 단어가 여섯 번이나 반복됩니다. 하나님은 우리에게서 한시도 눈을 떼지 않으십니다. 절망적인 상황이라도 우리의 도움이 천지를 지으신 하나님에게서 온다는 사실을 알면, 상황에 굴하지 않고 감사할 수 있습니다. 우리를 지키시는 하나님은 "졸지도 아니하시고 주무시지도"(시 121:4) 아니하십니다.

나는 눈을 들어 하나님을 바라보고 있습니까?

❶ 졸지도 주무시지도 않고 나를 지켜 주시는 하나님을 경험한 적이 있습니까?

❷ 지금부터 영원까지 나를 지키시는 하나님께 감사를 표현합니까?

210 '이미' 모든 것을 주셨다

빌 4:6-7

우리는 모든 것이 허용되어야 축복이라고 생각합니다.
그러나 때로는 금지가 더 큰 축복입니다. 하나님의 선하심을 믿는다면 금지하시는 뜻도 헤아리며 감사할 수 있습니다. 그러나 믿지 못한다면, 금지하시는 뜻을 헤아리기는커녕 선하심조차 의심하게 되고, 아낌없이 베풀어 주시는 하나님의 은혜에 감사함을 잊고 아쉬워하게 됩니다. 아쉬움은 모든 감사를 앗아가 버릴 만큼 강력합니다.

감사를 잊은 인생은 필연적으로 육신의 정욕을 따르게 됩니다.
그러나 영성이 되살아나면, 감사로 모든 부족함을 덮어 정욕을 이길 수 있습니다. 우리 주변에는 선악과처럼 "먹음직도 하고 보암직도 하고 지혜롭게 할 만큼 탐스럽기도 한"(창 3:6) 것이 많습니다. 그러나 그것들을 다 가진다고 해도 아쉬움은 채워지지 않습니다. 오히려 탐욕만 늘 뿐입니다. 그러므로 아쉬운 마음이 들 때마다 일부러라도 '이것으로 충분하다'라고 고백하십시오. 감사야말로 탐욕을 이기는 최선의 방법입니다.

먼저, 하나님이 베풀어 주신 것들에 감사해 보십시오.
그러면 우리에게 필요하지 않은 것은 주시지 않는 하나님의 지혜를 깨닫게 될 것입니다. 그 후 마음에 평강이 찾아올 것입니다. 하나님이 주신 것들에 감사할 때 오히려 인생이 더 풍요로워지고 만족감이 생깁니다. 감사하며 살아가는 한, 만족은 계속된다는 사실을 기억하십시오.

하나님이 이미 모든 것을 주셨다고 고백하며 살고 있습니까?

❶ 아쉬움이 생길 때마다 하나님이 이미 베풀어 주신 은혜를 떠올립니까?
❷ 감사의 영성으로 탐욕을 이기고 있습니까?

말씀은 감사를 붙잡게 한다

211
살전 2:13

하나님의 말씀은 믿는 자 가운데서 역사합니다.
사도 바울은 데살로니가 교인들이 "하나님의 말씀을 받을 때에 사람의 말로 받지 아니하고 하나님의 말씀으로"(살전 2:13) 받으므로 감사가 끊이지 않는다고 말합니다. 만약 사람의 말로 받았다면, 세상의 유혹에 쉽게 넘어갈 수밖에 없었을 것이기 때문입니다. 하나님의 말씀은 믿는 자 가운데서 역사하며 감사를 잃지 않도록 붙잡아 줍니다.

의심과 왜곡은 감사를 잡아먹어 버립니다.
하나님이 아담에게 선악과를 금하시며 "네가 먹는 날에는 반드시 죽으리라"(창 2:17)라고 말씀하셨는데, 뱀은 하와에게 "하나님이 참으로 너희에게 동산 모든 나무의 열매를 먹지 말라 하시더냐"(창 3:1)라고 말하며 하나님의 말씀을 왜곡했습니다. 이때부터 하와는 '금지된 것'보다 '받은 은혜'가 훨씬 큰데도 의심을 품게 되었습니다. 왜곡을 통해 불순종에 정당성을 부여하는 사탄을 경계하십시오.

하나님의 말씀이 우리 마음과 생각을 지키십니다.
하나님의 말씀이 우리 속에서 역사하여 마음 아플 정도로 지적하실 때 구차하게 변명하지 마십시오. 대신에 온전히 받아들이고, 오히려 감사하십시오. 말씀 덕분에 마음속 욕망에 지지 않고, 생명의 근원을 지킬 수 있기 때문입니다. 말씀이 곧 인생의 복이라는 사실을 잊지 마십시오.

하나님의 말씀을 온전히 받아들입니까?
❶ 말씀이 나를 감사로 이끌고 있습니까?
❷ 나의 마음과 생각을 지키시는 말씀의 능력을 체험하고 있습니까?

212

고전 10:29-30

부정적인 자의식을 극복하는 힘

하나님이 인생에 찾아오시면 죄를 감출 도리가 없습니다.
숨겨진 죄가 드러날 테니 두렵습니다. 그러나 하나님의 낯을 피한다고 문제가 해결됩니까? 타락의 원죄가 있는 인간이 하나님 앞에 설 때 부끄러움과 두려움을 느끼는 것은 당연합니다. 수치심으로 죄를 가리느니 차라리 있는 모습 그대로 하나님 앞에 나아가는 편이 낫습니다. 죄인을 품으시는 사랑의 하나님을 신뢰하십시오.

하나님의 거절과 제한이 못마땅합니까?
하나님이 선악과를 금하신 것은 아담과 하와를 억압하시기 위함이 아니었습니다. 오히려 금지를 통해 사람이 하나님과 올바른 관계를 맺고, 건강하게 살아갈 길을 열어 놓기 위함이었습니다. 하나님이 내 삶에 '금지'나 '모자람'을 주실 때 그것 또한 축복임을 기억하십시오. 중독과 같은 속박에서 벗어나 절제하며 살도록 돕는 영적 유익이기 때문입니다.

죄의식과 부정적인 자의식에서 벗어나는 방법은 '감사'입니다.
자의식이 건강한 사람은 하나님이 자신의 부족함까지도 용납하심을 알기에 두려워하지 않습니다. '감사의 고백'은 부정적인 자의식을 극복하고, 어떤 상황에서도 축복과 은혜를 누리게 하는 힘입니다. 하나님은 우리의 감사 고백을 기쁘게 받으십니다. 매사에 감사하면, 타인의 기준이나 비난에 흔들리는 일이 없을 것입니다.

수치심 때문에 하나님 앞에 나아가지 못한 적이 있습니까?

❶ 모자람이 하나님의 축복이라는 사실을 인정합니까?
❷ 나의 부족함을 용납하시는 하나님을 믿고, 감사합니까?

감사로 불의함에 도전하라

213
엡 5:1-4

신앙은 날마다 자라납니다.
인생은 고통의 연속이지만, 고통이 누구에게나 공평하게 찾아오는 것은 아닙니다. 특히 신앙의 사춘기에는 내 고통이 제일 커 보이고, 하나님이 베푸시는 은혜가 불공평하게 보입니다. 불공평함에 불평을 늘어놓으면서 살 것인지 아니면 고통과 은혜의 형평성을 받아들이고 하나님과의 관계를 새롭게 정립할 것인지를 선택해야 합니다.

사도 바울은 "오히려 감사하는 말을 하라"(엡 5:4)라고 조언합니다.
사실, 감사하는 말을 한다고 해서 상황이 당장 달라지지는 않습니다. 그러나 억울함을 표출하고 불평과 증오의 말을 하는 행위는 부정적인 결과만 낳을 뿐입니다. 감사를 고백할 때 우리는 여전한 현실 속에서 새로운 동기를 발견하게 됩니다. 그로써 앞으로 살아갈 세상이 변화해 가는 것을 체험할 수 있습니다.

감사는 불의한 세상과 '다른 방향'의 삶을 살게 합니다.
사도 바울은 "음행과 온갖 더러운 것과 탐욕은 너희 중에서 그 이름조차도 부르지 말라"(엡 5:3)라고 경고합니다. 활을 쏘려면, 과녁의 반대 방향으로 시위를 당겨야 하지 않습니까? 그 당기는 힘이 크면 클수록 활은 공기를 힘차게 가르며 과녁에 꽂힙니다. 감사는 불의한 세상을 과녁으로 삼아 활시위를 당기는 과정과도 같습니다.

감사함으로 삶의 방향을 바꾸고 있습니까?

❶ 하나님의 은혜가 불공평해 보일 때조차 나는 믿음을 붙잡습니까?
❷ 불의한 세상에서 나는 감사의 언어로 말하고 있습니까?

214

살전 5:16-18

감사로 다시, 다시, 다시

"범사에 감사하라"(살전 5:18)라는 말씀은 권면이 아닌 명령입니다. 하나님은 죄에 빠진 우리를 버려두지 않으시고, 범사에 감사하는 삶을 통해 새로운 피조물로 거듭나게 하십니다. 감사는 환경의 문제가 아니라 태도의 문제입니다. 우리 삶은 실수로 얼룩질 수는 있을지언정 절대로 실패하지 않습니다. 감사할 때 우리에게 백지가 새로 주어지기 때문입니다. 그러므로 어떠한 상황에서도 감사하기로 선택하십시오.

감사는 삶 속에서 내리는 의지적 결단입니다.

탈무드는 "세상에서 가장 사랑받는 사람은 모든 사람을 칭찬하는 사람이고, 가장 행복한 사람은 모든 것에 감사하는 사람이다"라고 말합니다. 부정적인 생각은 우리를 부정적인 상황에 가둡니다. 그러나 슬픔이 변하여 기쁨이 되고, 절망이 변하여 소망이 되게 하시는 하나님께 감사함으로 나아가는 자는 새 힘을 얻습니다.

'다시' 또는 '다시는'이 구약에 526번, 신약에 203번 등장합니다.

이 말의 주어는 대부분 하나님입니다. 하나님이 '다시' 시작하시니 우리도 다시 시작할 수 있습니다. 하나님이 회복을 명하시니 우리가 다시 시작할 힘을 얻습니다. 내 능력이 아닌 하나님의 능력으로 말입니다. 다시 시작하는 것은 결과와 상관없습니다. 상황에 굴하지 않고 고백하는 감사가 가져오는 '다시'는 우리로 하여금 믿음의 삶을 살게 하는 원동력입니다.

범사에 감사하려고 의지적 결단을 내리고 있습니까?

❶ 말씀을 읽고, 다시 시작할 힘을 얻습니까?
❷ 하나님의 능력으로 다시 시작할 힘을 얻고 있습니까?

하나님께 초점을 맞추라

215
롬 8:28

요셉은 하나님이 그의 고난을 "선으로"(창 50:20) 바꾸셨다고 말합니다. 여기서 '바꾸다'의 히브리어 '하샤브'는 본래 '의도하다'라는 뜻입니다. 즉 요셉의 형제들이 악한 의도로 그를 해하려 하였으나 하나님은 선한 결과를 의도하셨음을 의미합니다. 그러므로 하나님의 관점에서 인생을 새롭게 보십시오. 내 삶에 어떤 일이 펼쳐지고 있든지 결국 하나님이 선을 이루어 가실 것을 확신하게 될 것입니다(참조, 롬 8:28).

시편 136편에는 하나님께 "감사하라"라는 말이 26번이나 반복됩니다. 이스라엘의 역사 가운데서 일어난 모든 일에 대해 하나님께 감사하라는 뜻입니다. 하나님이 어떤 기이한 일을 행하셨기 때문이 아니라 행하신 모든 일에 감사해야 합니다. 우리 삶의 모든 영역을 주관하심에 감사하십시오. 세상은 기뻐할 일이 있어야 감사하지만, 기뻐할 일이 없어도 감사하는 것이 신앙입니다. 감사는 오로지 하나님께만 초점을 맞추는 것입니다.

감사는 하나님을 향한 전적인 믿음과 신뢰에서 우러나옵니다. 하나님께 감사하며 찬양하는 사람에게서는 기쁨을 앗아갈 수 없습니다. 주어진 모든 상황에 감사하며 초점을 하나님께 맞추는 것은 성숙한 신앙을 가진 사람만이 할 수 있는 일입니다. 감사의 초점을 하늘에 둔다는 것은 우리 삶의 기준을 하늘에 두고 산다는 뜻입니다. 하나님이 베푸시는 '그것'에 감사하지 말고, '그것을 주시는' 하나님께 감사하십시오.

나의 감사는 하나님께만 초점을 맞추고 있습니까?

❶ "모든 것이 합력하여 선을" 이루게 하시는 하나님을 신뢰합니까?
❷ 삶의 기준을 하늘에 두고 있습니까?

216 감사는 표현하는 것이다

눅 17:11-19

기적을 체험하여도 온전한 구원에는 이르지 못하는 경우가 있습니다. 감사할 줄 모르면, 영생을 얻지 못합니다. 믿음에는 필연적으로 감사가 따르게 되어 있습니다. 예수님이 지나가실 때 나병환자 열 명이 "우리를 불쌍히 여기소서"(눅 17:13) 하고 소리쳤습니다. 신앙인이라면, 누구든지 주님께 기적을 베풀어 달라고 소리 높여 간구할 수 있습니다. 그러나 주님이 베풀고자 하시는 것은 기적만이 아니라 구원입니다.

은혜받은 것을 인정하고, 고마움을 표현하는 것이 '감사'입니다. 나병환자 열 명 가운데 예수님께 돌아와 감사 인사를 올린 사람은 한 명뿐이었습니다. 나머지 아홉 명도 분명 주님께 감사한 마음이 있었겠지만, 표현하지는 않았습니다. 예수님은 "큰 소리로 하나님께 영광을 돌리며"(눅 17:15) 돌아온 한 사람에게 몸의 병이 낫는 것보다 더 큰 선물, 곧 "구원"(눅 17:19)을 베풀어 주셨습니다.

예수님의 발 아래에 엎드리어 감사한 한 명은 사마리아 사람이었습니다. 당시 사마리아인은 유대인에게 배척당하는 소외된 존재였습니다. 그런 사마리아인이 유대인의 발밑에 엎드려 감사를 표현하기란 쉬운 일이 아니었을 겁니다. 기대하지 않았던 사람에게서 나오는 감사 표현은 더 큰 감동을 줍니다. 지금까지 주님께 감사를 표현하지 않고 살아왔다면, 오늘 감사를 표현해 보십시오. 주님이 놀라시고 기뻐하실 것입니다.

하나님께 감사를 표현하며 살고 있습니까?
❶ 간구에 머무르지 않고, 감사로 영광을 돌립니까?
❷ 내가 표현한 감사에 주님이 기뻐하신다는 사실을 압니까?

그럼에도 기뻐할 수 있는 이유

217

빌 1:1-5

사실, 빌립보서는 '옥중서신'이 아니라 '주중서신'입니다.
사도 바울은 "그리스도 예수 안에서"(빌1:1) 빌립보 교인들에게 편지한다고 인사합니다. 그는 언제나 '주 안에' 있었으므로 감옥에서든, 빈 들에서든, 사막에서든, 바다 한가운데에서든 상관없이 "은혜와 평강"(빌1:2)을 말할 수 있었습니다. 이처럼 은혜와 평강은 외부 요인이 아닌 마음 상태에 달려 있음을 알 수 있습니다.

교회 공동체의 올바른 관계는 '복음의 교제'에서 출발합니다.
빌립보 교인들은 바울이 함께 있지 못하는데도 복음을 위한 일을 계속해 나갔습니다. 사도 바울은 감옥 안에 있었고, 빌립보 교인들은 경제적으로 여유롭지 못했지만, 그럼에도 이들이 계속해서 "기쁨"과 "은혜"를 이야기할 수 있었던 것은 모두 복음 안에서 "은혜에 참여한 자"들이었기 때문입니다(빌1:4,7).

하나님은 어떤 것도 '선'으로 바꾸시는 분입니다.
때로 휘어진 곡선처럼 보이는 인생사가 하나님이 보실 때는 직선일 수도 있습니다. 사도 바울이 감옥에 갇혔을 때 사람들은 이제 그가 사도의 직책을 더 이상 수행할 수 없으리라고 생각했을 것입니다. 그러나 감옥에서 그의 주옥같은 편지들이 탄생했습니다. 바울은 "내가 당한 일이 도리어 복음 전파에 진전이 된"(빌1:12) 것을 기뻐하였습니다.

외부적 요인에 상관없이 '주 안에서' 기뻐하고 있습니까?

❶ 복음 안에서의 교제로 기쁨의 공동체를 만들고 있습니까?
❷ 지금보다 못한 상황에서도 하나님을 기대할 수 있습니까?

218 복음에 합당한 삶

빌 1:27-30

사도 바울은 교인들이 한뜻으로 "복음의 신앙을 위하여 협력"하기를 바랐습니다. "그리스도의 복음에 합당하게 생활하라"(빌 1:27)라는 것은 교회 공동체가 합심하여 복음을 들고 세상으로 나아가라는 뜻입니다. 복음을 들고 나가는 순결한 양들이 세상의 이리들과 싸워서 이길 방법은 하나뿐입니다. 한마음, 한뜻으로 똘똘 뭉치는 것입니다. 총알이 빗발치는 전쟁터에서 서로에게 목숨을 맡기는 것이 "협력"입니다.

복음의 삶을 사는 사람은 "대적하는 자들"(빌 1:28)을 두려워하지 않습니다.
사도 바울은 대적하는 자들을 두려워하지 말고 싸우라고 말합니다. 사탄은 우리가 두려워할 상대가 아니라 싸워서 이겨야 할 대적입니다. 하나님께 복종하는 자는 두려워할 것이 없습니다. 하나님께 무릎 꿇은 자는 결단코 세상에 굴복하지 않습니다. 복음을 들고 나가는 사람의 칼은 절대로 무뎌지거나 부러지지 않는다는 사실을 기억하십시오.

복음에 합당하게 살면, 고난도 받는 법입니다.
복음의 삶을 살며 고난을 견딜 수 있는 데는 이유가 있습니다. 우리가 "은혜" 안에 있기 때문입니다. 고난보다 은혜를 크게 느끼는 사람이 강한 사람입니다. 고난보다 은혜가 크면, 충분히 이겨 낼 수 있습니다. 은혜 가운데 거할 때 고난은 더 이상 우리에게 위협이나 괴로움이 될 수 없습니다. 은혜를 고백하는 것이야말로 복음의 삶을 사는 비결입니다.

나는 복음에 합당하게 생활하고 있습니까?

❶ 공동체와 합심하여 복음을 들고 세상으로 나아가고 있습니까?
❷ 어려움 속에서도 고난보다 은혜를 고백하고 있습니까?

예수님의 마음을 가지라

219
빌 2:1-4

교회 안에서의 갈등은 대개 '좋은 뜻'에서 '좋은 일'을 하려다가 벌어집니다. 사도 바울은 "아무 일에든지 다툼이나 허영으로 하지"(빌 2:3) 말라고 권면합니다. 영어 성경(NIV)은 "다툼"을 '이기적인 야망'(selfish ambition)으로, "허영"을 '헛된 자만심'(vain conceit)으로 번역했습니다. 이기적인 야망과 헛된 자만심을 극복하는 길은 "오직 겸손한 마음으로 각각 자기보다 남을 낫게"(빌 2:3) 여기는 것입니다.

기쁨을 충만하게 하는 비결은 "예수의 마음"을 품는 것입니다(빌 2:5). 사도 바울은 빌립보 교인들에게 "각각 자기 일을 돌볼뿐더러 또한 각각 다른 사람들의 일을"(빌 2:4) 돌보라고 말합니다. 그것이 바로 예수 그리스도의 마음이기에 그 마음을 품으라는 것입니다. 영어 성경은 "예수의 마음"을 각각 예수님과 '똑같은 태도'(attitude, NIV), '똑같은 마음'(mind, KJV), '예수 그리스도의 마음에 꼭 들어맞는 마음'(mind, ESV)으로 번역했습니다.

채움의 기적은 완전한 비움에서 시작됩니다. 예수님은 하나님과 동일하신 분입니다. 그런 주님이 우리를 위해 "오히려 자기를 비워 종의 형체를"(빌 2:7) 취하셨습니다. 하나님의 마음을 따르기 위해 자신을 비우신 것입니다. 이처럼 주님의 마음과 딱 맞는 사람이 되려면, '자기 비움'을 해야 합니다. 내 마음을 비우면, 주님의 마음이 들어옵니다.

예수님의 마음을 가지고 기쁨을 충만히 하고 있습니까?

❶ 겸손한 마음으로 타인을 나보다 낫게 여깁니까?
❷ 예수님을 따르는 '자기 비움'으로 주님과 마음을 맞추고 있습니까?

220 생각만 해도 좋은 사람

빌 2:25-30

에바브로디도는 바울의 '형제'요 '동료 사역자'였습니다.
당시 로마는 투옥된 사람을 그저 가둬둘 뿐, 음식이나 생필품은 제공하지 않았습니다. 빌립보 교회는 사랑하는 바울이 옥에 갇히자 필요한 돈과 물품을 보낼 계획을 했고, 에바브로디도가 그 일의 적임자였습니다. 에바브로디도는 약 1,200km를 달려가 바울의 옥바라지를 하였습니다. 그런 에바브로디도가 병들자 바울은 그를 빌립보 교인들에게로 되돌려 보냅니다.

에바브로디도를 수식하는 두 단어는 '기쁨'과 '존귀함'입니다(참조, 빌 2:29).
성경에는 에바브로디도에게 어떤 '큰 사명'이 주어졌다거나, 엄청난 일을 했다는 내용은 찾아볼 수 없습니다. 옥에 갇힌 사도 바울을 돌보는 일, 어쩌면 허드렛일로 여겨졌을 법한 일을 했을 뿐입니다. 그러나 그는 자신에게 주어진 일을 형식적으로 하지 않았습니다. 사도 바울에게 그는 복음을 위해 함께 싸운 "군사"(빌 2:25)와도 같았습니다.

'동역자'는 이해득실에 따라 이합집산하는 사람들이 아닙니다.
끝까지 함께할 수 있는 사람, 함께하는 삶의 목적이 더 중요하기에 자기 것을 내려놓고 기꺼이 희생할 수 있는 사람, 무언가를 요구하기보다 서로를 위해 가장 좋은 것을 생각하는 사람이 동역자입니다. 동역자는 그리스도께서 주신 사명을 위해 아름다운 동료 관계를 쌓아 갑니다. 예수로 물드는 예수의 동역자들은 서로 생각만 해도 기쁜 사람이 됩니다.

나에게는 생각만 해도 기쁜 '그 사람'이 있습니까?

❶ 그리스도께서 주신 사명을 위해 아름다운 동료 관계를 쌓고 있습니까?
❷ 단순히 사람을 돕는 게 아니라 사명을 살아내고 있습니까?

마음의 할례를 받은 사람

221
빌 3:1-3

기쁨을 빼앗기지 않으려면, 주의해야 할 것들이 있습니다.
당시 빌립보 교회에는 기쁨을 앗아 가는 율법주의와 자유주의라는 도둑들이 있었습니다. 율법주의는 타인을 칭찬하지 않습니다. 늘 자신을 남들보다 '낫게' 여기며 서로가 잘났다고 자랑하는 사람들 가운데 기쁨은 존재할 수 없습니다. 예수님은 율법주의자들의 위선을 꾸짖으셨습니다. 가장 무서운 해악은 자신이 행하는 악을 악으로 생각하지 않는 것입니다.

진정으로 마음의 할례를 받은 사람에게는 특징이 있습니다.
그는 자기 힘이 아닌 "하나님의 성령으로 봉사"(빌 3:3)합니다. 영어 성경은 '봉사'를 종종 'worship'으로 표현합니다. 즉 "하나님의 성령으로 봉사"하는 것은 곧 하나님의 성령 안에서 예배하는 것입니다. 그러므로 봉사의 기쁨이 사라졌다면, 하나님을 예배하는 정신이 살아있는지부터 점검해야 합니다.

오로지 예수님을 자랑하며 자기 육체를 의지하지 마십시오.
마음의 할례를 받은 사람은 그리스도만을 자랑합니다. 즉 그들에게 "주님이 하셨습니다"라는 말은 의례적인 표현이 아니라 진정한 고백입니다. 우리는 무언가를 혼자 이뤄 낼 능력이 없습니다. 그렇기에 자기 힘을 믿으면 틀림없이 실족하게 됩니다. 우리가 신뢰할 분은 오로지 하나님 한 분뿐임을 기억하십시오.

마음의 할례를 받은 흔적이 있습니까?

❶ 예배하는 정신으로 봉사의 기쁨을 누리고 있습니까?
❷ 힘을 빼면, 힘을 주시는 주님을 경험하고 있습니까?

222 새로운 가치

빌 3:4-12

새로운 가치를 발견하면, 새로운 삶이 시작됩니다.
사도 바울의 삶 역시 예수님을 만나기 전과 후가 확연히 달랐습니다. 이전의 그는 부모로부터 물려받은 로마 시민권과 스스로 노력해서 얻은 바리새인의 지위 등 '육신의 의'에 가치를 두고 살던 사람이었습니다. 그러나 예수님을 만나고 나서는 그가 자랑하던 모든 것이 무의미해졌고, 심지어 "배설물"(빌 3:8)로 여기기까지 하였습니다.

진짜를 만나는 순간, 가짜는 의미를 상실합니다.
예수님을 만나는 순간, 이전의 자랑거리는 그 가치를 잃고 맙니다. '배설물'은 마땅히 잃어버려도 괜찮은 것입니다. 즉 그리스도만 얻을 수 있다면, 다른 것은 쓰레기로 여겨도 좋다는 뜻입니다. 우리는 진짜같이 보이는 가짜들 사이에서 살아갑니다. 그 속에서 거짓 기쁨에 속기도 합니다. 그러나 사도 바울이 그러했듯, 진짜를 발견하고 나면 거짓은 버리게 됩니다.

사도 바울은 그리스도의 가치를 발견했기에 역동적으로 살 수 있었습니다.
당시 바울은 감옥에 갇혀 있었습니다. 그러나 주어진 상황을 최대로 활용하여 복음을 전할 기회로 삼았습니다. 왜냐하면, 하나님이 계속 일하고 계심을 알았기 때문입니다. 그렇기에 그의 눈에는 감옥이 아닌 하나님과 함께 달려갈 길이 보였습니다. 이처럼 그리스도 안에서, 그리스도께서 주시는 진정한 삶의 가치를 발견하면, 인생을 살아갈 기쁨이 솟아납니다.

예수 그리스도를 만나고 나서 새로운 삶을 살고 있습니까?

❶ 그리스도 외에 자랑할 것이 아직 남아있지는 않습니까?
❷ 나의 상황이 아닌 하나님과 함께 달려갈 길을 바라보고 있습니까?

주 안에서 기뻐하기로 작정하라

223

빌 4:1-7

교회를 흔드는 가장 효과적인 방법은 외부의 공격이 아닌 내부의 분열입니다. 이것이 사탄의 전략입니다. 사도 바울은 "주 안에서 같은 마음을 품으라"(빌 4:2)라고 권면합니다. 이를 영어 성경(NIV)은 "agree with each other in the Lord"라고 번역했습니다. 즉 '뜻을 맞추라'라는 말입니다. 주 안에 굳게 서기 위해서는 서로를 인정하고, 존중해야 합니다. 이것이 사탄의 계략에 휘말리지 않는 최고의 방법입니다.

"주 안에서 항상 기뻐하라"(빌 4:4)라는 말씀은 명령입니다.
지금 처한 상황을 고려해서 기쁨을 생각해 보라는 말이 아닙니다. 어떤 상황에서든지 주님 안에서 기뻐하기로 작정하라는 것입니다. 인생의 근심과 걱정은 대부분 환경의 변화에 따른 것들입니다. 그러나 '주님 안에' 있다면 환경과 상관없이 주님이 주시는 기쁨을 누릴 수 있습니다.

주 안에 있기에 우리는 염려하지 않을 수 있습니다.
주님은 지금도 우리와 함께하고 계십니다. 주님이 계시기에 우리는 염려하지 않고, 그분께 기도와 간구로 아뢸 수 있습니다. 주님과 밀착되어 사탄에게 틈을 내주지 않는다면, 우리는 계속해서 기쁨을 누릴 수 있습니다. 기쁨을 누리는 비결은 '주 안에서' 내 일을 하는 것입니다. 주님의 '임재' 가운데 인생을 살아가는 것입니다.

어떤 상황에서든 주 안에서 기뻐하기로 작정했습니까?

❶ 주님이 계시기에 염려 대신 기도와 간구를 택하고 있습니까?
❷ 서로를 인정하고 존중하며 사탄의 계략을 막아 내고 있습니까?

224

눅 10:38-42

하나님 중심의 삶이 예배다

성공적인 삶의 비결은 하나님을 삶의 중심에 두는 것입니다.

하나님 중심적인 삶은 곧 예배의 삶으로 이어집니다. 분주한 마르다와 달리 마리아가 주님의 말씀을 경청하는 "좋은 편"(눅 10:42)을 택한 것처럼, 예배는 단순히 하나의 행위가 아니라 삶의 모든 것을 결정하는 가장 중요한 선택입니다. 진정한 예배를 통해 순종이 훈련되고, 우리는 삶의 중요한 고비마다 주님을 바라볼 힘을 얻습니다.

하나님 중심적인 삶은 '헌신'을 통해 나의 의지를 내려놓는 것입니다.

예배는 일정한 장소에서 일정한 시간에 드리는 행위입니다. 나의 일정을 조정하고 불편을 감수하는 실제적인 믿음의 행위인 예배는 곧 헌신입니다. 모세가 떨기나무 불꽃 앞에서 신을 벗으라는 명령에 순종한 것처럼, 예배는 내가 의지할 대상을 제거하고, 하나님 앞에 맨발로 서는 훈련입니다.

예배는 하나님께 부름 받고, 사명자로 나아가는 출발점입니다.

예배 시간을 소홀히 하는 것은 신앙의 힘이 약해질 때 나타나는 첫 번째 현상입니다. 시간이 없다는 핑계는 "하나님을 중요하게 생각하고 있지 않다"라는 고백과 같습니다. 예배를 통해서 하나님과 인격적인 만남을 가질 때 우리 삶에는 변화가 일어나고, 위기의 순간에도 능력을 발휘할 힘을 얻습니다.

나는 하나님을 삶의 중심으로 삼고 있습니까?

❶ 헌신을 통해 나의 의지를 내려놓고 있습니까?
❷ 예배를 통해 순종을 훈련하고 있습니까?

죽으면 죽으리이다

에 4:7-17

하나님 중심의 삶은 믿음의 동역을 통해 완성됩니다.
에스더가 민족을 구한 위대한 사역은 혼자 힘으로 한 것이 아닙니다. 위기의 순간에 금식하며 목숨을 걸었던 모르드개와 유다인들의 중보기도와 동역이 있었기에 가능한 일이었습니다. 동역은 단순한 심정적 도움이 아닙니다. 동역은 작은 일부터 큰일까지 함께 감당하며 영적 성장을 이루는 핵심 요소입니다.

동역은 "죽으면 죽으리이다"(에 4:16)라는 각오로 멍에를 함께 메는 헌신입니다.
에스더는 유다 민족의 멸절 위기 앞에서 "네가 왕후의 자리를 얻은 것이 이 때를 위함이 아닌지 누가 알겠느냐"(에 4:14)라는 모르드개의 도전에 직면했습니다. 이 깨달음은 에스더가 자신의 안위를 내려놓는 결단으로 이어졌습니다. 목숨을 거는 일은 작은 일에서부터 비롯됩니다. 작은 일을 함께하는 사람이 큰일도 함께할 수 있습니다.

진정한 영향력은 생존이 아닌 죽음을 초월하는 믿음에서 나옵니다.
에스더의 목표가 생존이었다면, "죽으면 죽으리이다"라는 용감한 결단은 불가능했을 것입니다. 에스더는 죽음의 위기 앞에서 타협하는 대신에 왕의 마음을 움직이실 하나님의 역사를 신뢰하며 금식하며 기도했습니다. 사람들은 죽음을 각오하고, 믿음을 지키는 용감한 태도에 감명합니다. "의인의 간구는 역사하는 힘이 큼"(약 5:16)을 믿으십시오.

믿음의 동역으로 하나님 중심의 삶을 살아가고 있습니까?

❶ 작은 일에서부터 동역을 이루고 있습니까?
❷ 타협 대신 하나님께 기도하기를 택합니까?

226 영적 순결의 원리

삼상 1:1-11

순결은 온전한 신뢰 관계에서 시작됩니다.
순결은 부부간의 신뢰를 바탕으로 금이 가지 않은 온전한 상태를 의미합니다. 순결한 가정의 원리는 서로를 변함없이 사랑하는 두 사람의 관계에 있습니다. 하나님과의 관계도 마찬가지입니다. 부부의 관계에서처럼 어떤 어려움에도 흔들림 없이 하나님을 의지하고, 사랑하는 것이 영적 순결의 원리입니다(참조, 신 6:5).

순결을 유지하는 비결은 변치 않는 예배의 삶과 헌신에 있습니다.
한나는 매년 "만군의 여호와께 예배하며 제사를"(삼상 1:3) 드렸습니다. 브닌나의 핍박 속에서도 예배는 계속되었습니다. 영적 순결은 어떤 상황에서도 문제의 해법을 다른 데서 구하지 않고, 하나님께 기도하는 '일상의 리듬'을 유지할 때 가능합니다. 어떤 어려움에도 신앙의 일상성을 깨뜨리지 않는 것이 영적 순결을 지키는 방법입니다.

시기와 질투는 영적 순결을 깨뜨립니다.
브닌나는 자식이 있었음에도 한나를 질투하여 핍박했습니다. 사울 왕도 다윗을 질투하여 핍박하다가 결국 하나님에게서 멀어졌습니다. 이처럼 질투는 가진 것이 아무리 많아도 피해의식에 사로잡히게 합니다. 하나님은 순결한 사람, 즉 거룩한 그릇을 사용하기를 원하십니다. 그러므로 영적 순결을 지키는 것이 중요합니다. 다른 흠결은 부수적인 것들에 불과합니다.

예배의 삶과 헌신으로 영적 순결을 지키고 있습니까?

❶ 어떤 어려움에도 흔들림 없이 하나님을 의지하고 사랑합니까?
❷ 시기와 질투를 내려놓고, 영적 순결을 지키고 있습니까?

고난 속에 숨겨진 유익

227
룻 1:15-18

하나님은 조건이 아닌 고난 가운데 순종하는 태도를 보십니다.
룻은 이스라엘에 저주받은 모압 족속의 이방 여인이었습니다. 또 시어머니 나오미를 따라 유대 땅으로 왔을 때는 과부라는 조건이 더해지니 최악의 상황이 되었습니다. 그러나 하나님의 축복은 환경이나 조건에 근거하지 않습니다. 룻은 기꺼이 시어머니와 고난을 함께하기로 선택하고, "어머니의 하나님이 나의 하나님"(룻 1:16)이 됨을 고백했습니다.

고난은 믿음을 성장시키는 필수 과정입니다.
우리는 고통과 불안, 반대 속에서도 하나님을 신뢰할 때 그분의 능력과 뜻을 확실히 알게 됩니다. 아브라함이 아들 이삭을 제물로 바치는 일을 거부했다면, '믿음의 조상'이 될 수 없었을 것입니다. 마찬가지로 룻이 기꺼이 시어머니를 따라 유대 땅으로 오지 않았더라면 예수님의 족보에 기록될 수 없었을 것입니다.

모든 고난에는 하나님이 예비하신 도움이 있습니다.
룻이 어머니와 함께 고난을 겪기로 결심했을 때 하나님은 이미 보아스와의 러브 스토리를 준비해 두셨습니다. 이는 하나님이 아브라함의 아들 이삭 대신 번제물로 드릴 숫양을 모리아 산 위에 예비해 두셨던 "여호와 이레"의 복과 같습니다(창 22:8-14). 우리가 하나님의 길을 걷기로 결심할 때 하나님은 이미 우리를 도울 손길을 예비하고 계십니다.

고난 속에도 하나님께 순종하기를 선택하고 있습니까?

❶ 고난을 통해 우리를 완성시키실 하나님을 신뢰합니까?
❷ 고난을 통해 드러날 하나님의 역사를 기대하고 있습니까?

228 동역의 능력

행 16:11-15

말씀을 사모하는 사람들의 기도로 놀라운 사역의 전환이 시작됩니다. 사도 바울은 아시아로 향하려 했으나 "예수의 영이 허락하지" 아니하셨습니다(행 16:6-7). 밤에 환상 속에서 "마게도냐 사람 하나가 서서 그에게 청하여 이르되 마게도냐로 건너와서 우리를 도우라"(행 16:9) 하는 소리를 듣고, 방향을 바꾸었습니다. 이는 사역의 방향이 개인의 의지가 아닌 말씀을 듣고자 간절히 사모하며 기도하는 사람들의 필요에 따라 정해진다는 뜻입니다.

진정한 동역은 상호 존중을 바탕으로 한 헌신을 통해 영적 유익을 만들어 냅니다. 루디아는 복음을 받은 후에 사도 바울 일행을 자기 집으로 초청했습니다. 이는 단순한 호의가 아니라, 하나님의 사역을 돕고자 하는 적극적인 동역의 헌신이었습니다. 루디아의 헌신으로 말미암아 "그와 그 집이 다 세례를 받고"(행 16:15) 구원을 얻는 역사가 일어났습니다. 이처럼 동역자를 '사랑 안에서 귀히 여기는' 태도는 공동체의 영적 유익으로 돌아옵니다(살전 5:12-13).

가정과 교회의 축복은 온 가족이 함께하는 동역을 통해 다음 세대로 이어집니다. 루디아와 경건한 여인들이 간절히 말씀을 구하며 기도하자 서방을 향한 복음의 길이 열렸고, 루디아의 집은 서방 최초의 교회가 되었습니다. 이는 온 가족이 함께 사역에 헌신했기에 가능한 일이었습니다. 교회의 축복은 단순히 건물이 커지는 게 아닙니다. 루디아의 가정처럼 온 가족이 하나님 중심의 삶을 살며 사역에 동참할 때 하나님의 축복이 부어집니다.

진정한 동역으로 영적 유익을 만들어 내고 있습니까?

❶ 동역자들을 사랑 안에서 가장 귀히 여기고 있습니까?
❷ 하나님의 사역에 참여하고자 적극적으로 동역하고 있습니까?

그리스도의 피, 화해의 능력

229
엡 2:13-19

우리는 그리스도의 피로 가까워진 사람들입니다.
이는 본래 아무런 관계가 없던 사람들이 그리스도의 피로써 이제는 형제자매가 되었다는 뜻입니다. 예수 그리스도께서는 십자가로 원수 된 것을 소멸하시고, 죽음의 벽을 허무셨습니다. 우리 역시 그리스도의 보혈로 말미암아 마음속 편견과 분열의 담을 허물어야 합니다. 그리하여 인종, 지역, 계층 등 세워진 담을 허무는 화해의 사람이 되어야 합니다.

십자가 복음은 과거의 죄뿐 아니라 '억울함'이라는 감정까지 잊게 합니다.
화목을 이루는 데 가장 큰 장애물은 과거의 상처와 억울함입니다. 십자가의 복음이 아니고는 과거를 잊기 어렵습니다. 예수님이 억울하다고 생각하셨다면, 십자가를 지실 수 없었을 것입니다. 고난을 겪으면서도 오히려 기뻐하고, 억울한 일을 당하면서도 주님의 억울하심을 떠올리는 것이 신앙의 역설적인 진리입니다. 그리스도 안에서 우리의 과거는 잊혔습니다.

진정한 연합과 화합은 성령의 조명을 통해 내 문제를 인정하는 데서 시작됩니다.
주님이 주시는 화해와 연합의 능력이 발휘되기 위해서는 먼저 내 속에 있는 문제의 근원부터 파악해야 합니다. 성령의 조명을 통해 자기중심적인 교만과 죄성을 볼 때 비로소 다른 사람을 향한 비난을 멈추고, 화합으로 나아갈 수 있습니다. 작은 일에서부터 내 욕심보다는 타인의 필요를 채워 가는 희생과 용납을 실천함으로써 아름다운 공동체를 이루어 가십시오.

십자가 보혈로 편견과 분열을 넘어서고 있습니까?

❶ 십자가 복음으로 과거의 상처를 이겨 냈습니까?
❷ 성령의 조명으로 내 속을 먼저 비추어 보고 있습니까?

230

요 4:5-30

이웃 사랑의 증거는 성품의 변화다

이웃 사랑은 그리스도의 보혈에 감사하는 것에서 시작됩니다.
내 몸 하나 건사하기도 힘든 세상에서 이웃 사랑을 실천하기란 쉽지 않은 일입니다. 그러나 하나님은 우리로서는 도저히 사랑할 수 없는 사람도 사랑하시는 분입니다. 이 사실을 알면, 이웃 사랑에 관해 다시 생각할 수밖에 없습니다. 그리스도의 피가 멀리 있던 우리를 그리스도 예수 안에서 가까워지게 하였습니다(엡 2:13). 예수님은 많은 사람이 피하던 사마리아 여인에게 먼저 다가가셨습니다. 그 사람이 어떤 사람이든 그 사람을 사랑하기 위해 의지적으로 다가갈 때, 비로소 이웃 사랑은 시작됩니다.

이웃 사랑과 연합의 능력을 증명하는 가장 확실한 증거는 성품의 변화입니다.
인생을 살아가는 데 있어 중요한 것은 능력이나 지식이 아닌 '성품'입니다. 그리스도의 피로 인해 성품이 변화하는 것이 신앙의 원리입니다. 성경은 "누구든지 그리스도 안에 있으면 새로운 피조물이라 이전 것은 지나갔으니 보라 새것이 되었도다"(고후 5:17)라고 선포합니다. 하나님은 우리의 능력이 아닌 성품, 곧 화해의 능력을 보십니다.

이웃을 '전도 대상자'로 보면, 조건 없는 사랑을 실천할 수 있습니다.
우리가 이웃을 사랑해야 하는 이유는 간단합니다. 주님이 우리를 무조건적으로 사랑하셨기 때문입니다. 예수 그리스도께서는 "우리의 화평"이요 "막힌 담을 자기 육체로" 허신 분입니다(엡 2:14). 사랑할 이유가 없는 사람에게도 사랑을 베푸는 것, 이것이 바로 받은 사랑을 전해야 할 우리의 사명입니다.

성품의 변화로 이웃 사랑과 연합의 능력을 증명하고 있습니까?

❶ 누구든지 하나 되게 하시는 그리스도의 보혈을 신뢰합니까?
❷ 사랑할 이유가 없는 사람 역시 사랑하고 있습니까?

모든 것이 감사의 이유다

231

약 1:17

우리는 하나님이 주신 것을 누리는 존재들입니다.
누림 가운데 하나님이 창조하신 세상과 하나님이 주시는 것들에 탄성을 지르며 감사를 표현할 때, 하나님이 얼마나 기뻐하실까요? '감동'(感動)이 '무엇을 느낌으로써 마음이 움직이다'라는 뜻이라면, '우리가 누림으로써 고마움을 느끼는 것'이 '감사'(感謝)라고 할 수 있을 것입니다. "모두 하나님이 주셨습니다!"라는 고백이야말로 가장 깊은 감사의 표현이 아니겠습니까?

주변을 가만히 돌아보면 좋겠습니다.
나를 둘러싼 모든 환경과 내게 다가오는 기회와 관계가 모두 하나님에게서 왔음을 깨닫는 순간, 마음 깊은 곳에서 감동이 일어납니다. 그리고 그 감동은 자연스럽게 감사한 삶으로 이어집니다. 감사의 고백은 우리의 예배를 더욱 단단하게 세웁니다. 최고의 감사는 하나님께 받은 은혜를 예배를 통해 표현하는 것입니다.

감사에 목말라 있습니까?
삶의 의미를 붙들기 위해 감사를 주제로 한 말씀을 찾아 듣는 사람이 많습니다. 말씀을 읽다가 종종 눈을 들어 맑고 높은 하늘, 봄에 돋아나는 새순, 나무가 만들어 내는 그늘, 가을빛으로 물드는 산, 눈 덮인 겨울 풍경을 보십시오. 존재하는 모든 것이 우리에게 감동을 주지 않습니까? 이미 우리는 감사의 바다 한가운데 서 있음을 기억하십시오.

지금 누리는 모든 것은 하나님이 주신 것임을 고백하고 있습니까?

❶ 내가 누리고 있으나 그냥 지나쳐 버린 감사의 제목은 무엇입니까?
❷ 오늘 하루를 감사의 눈으로 본다면, 무엇이 새롭게 보입니까?

232 지키시고 도우시는 여호와

시 23:4, 121:1-3

도움은 '천지를 지으신 여호와'에게서 옵니다.
시편 121편은 누가 지었는지 알 수 없지만, 예루살렘으로 올라가는 이스라엘 백성들이 늘 읊조리며 그 마음을 지키던 노래였습니다. "나의 도움은 천지를 지으신 여호와에게서로다"(시 121:2)는 하나님과의 관계가 올바로 세워진 사람만이 할 수 있는 고백입니다. 감사는 단순한 감정의 표현이 아니라, 하나님과의 바른 관계 속에서 흘러나오는 고백입니다.

감사의 영성이 얼마나 강력한지를 보여 주는 흥미로운 사건이 있습니다.
1967년에 발발한 중동전쟁에서 이스라엘은 주변 국가들의 연합 공격 앞에 압도적으로 불리한 상황이 되었습니다. 그러나 당시 이스라엘군을 지휘하던 모세 다얀 장군은 아랍 연합군의 항복을 받아 냈습니다. 그는 "우리에게 승리를 안겨 준 무기는 원자 폭탄이 아니라 시편 121편이다"라고 고백했습니다. 어려움 앞에서 하나님을 바라보고, 문제보다 크신 하나님께 시선을 돌릴 때 감사의 고백이 능력이 됨을 보여 주는 이야기입니다.

시편 23편과 121편은 전 세계 성도가 가장 사랑하는 시편입니다.
얼핏 보면 상당히 목가적인 풍경인 것 같지만, 내용을 가만히 들여다보면 그렇지 않습니다. "사망의 음침한 골짜기"(시 23:4)에서 "이스라엘을 지키시는"(시 121:4) 하나님, 그리고 "지팡이와 막대기"(시 23:4)를 들어 위험한 상황에서 구해 주시는 하나님을 찬송합니다. 또한 "졸지도 아니하시고 주무시지도"(시 121:4) 아니하며 우리를 지키시고 도우시는 하나님을 찬송합니다. 환난을 당하거든 하늘을 보십시오. 그때마다 하늘로부터 쏟아지는 은혜를 경험하게 될 것입니다.

문제 상황 가운데 하나님을 바라보며 감사하고 있습니까?

❶ 나의 도움이 "천지를 지으신 여호와에게서"(시 121:2) 옴을 믿습니까?
❷ 나를 붙들어 주신 하나님의 은혜 가운데 하나만 골라서 감사를 표현해 보세요.

어떻게 지키시느냐가 중요하다

233

시 63:1, 121:1-8

시편 63편은 물이 없어 마르고 황폐한 땅에서 부르는 노래입니다. 살다 보면, "사망의 음침한 골짜기"(시 23:4)를 지날 때가 있습니다. 그럴 때마다 "주는 나의 하나님이시라"(시 63:1)를 고백하십시오. 시편 121편의 기자는 1-2절은 자신이 주어가 되어 말하다가 3-8절은 "너"라는 이인칭을 여섯 번이나 사용하여 자신을 응원하고 있습니다. 절망감에 눈을 들어 하나님을 바라보고는 새로운 소망을 가지고 자신을 응원하게 된 것이 아닐까요?

하나님은 멀리서 지켜보시는 분이 아닙니다.
오히려 가까이에 계셔서 우리가 비틀거릴 때 붙들어 주시는 분입니다. 《메시지 성경》은 "여호와께서 너를 실족하지 아니하게 하시며"(시 121:3)를 "네가 헛디디지 않게 하시며"(He won't let you stumble)라고 번역했습니다. 이처럼 하나님은 우리가 균형을 잃을 때 손으로 붙잡아 주십니다. 또한 "졸지도 아니하시고 주무시지도"(시 121:4) 아니하시며 어떤 위기에서도 우리를 건져 주십니다.

하나님은 내 오른쪽에서 나의 그늘이 되시는 분입니다(시 121:5).
하나님은 조용하면서도 완벽하게 나를 보호해 주십니다. 그늘은 우리가 만들 수 없습니다. 우리 위에 크신 분이 있어야 생깁니다. 또 그늘은 눈에 띄지 않지만, 늘 곁에 있습니다. 하나님은 우리를 이처럼 조용히 감싸 보호하고 계십니다. 감사는 이러한 은혜의 그늘을 바라볼 때 자연스럽게 흘러나옵니다.

지금 내 삶에서 황폐하게 느껴지는 영역은 어디인가요?

❶ 하나님이 나를 붙들어 주셨던 때가 언제입니까?
❷ 나는 오늘도 하나님의 "그늘" 아래에서 안전합니까?

234
출 13:21-22

하나님은 나의 영원한 경호자이시다

이스라엘의 광야와 출애굽 여정에서 걸었던 광야를 생각해 봅니다. 하나님이 "낮의 해"와 "밤의 달"이 우리를 해치지 못하게 하신다는 말씀은 출애굽기의 "구름 기둥"과 "불 기둥"을 떠올리게 합니다(시 121:6; 출 13:21). 광야에서 구름 기둥과 불 기둥으로 이스라엘 백성을 보호하셨던 하나님은 지금도 우리 삶의 뜨거운 순간과 차가운 순간을 모두 살피고 계십니다. 우리가 느끼지 못하는 사이에도 계속해서 보호하고 계신다는 사실을 떠올릴 때, 마음속 깊은 곳에서 감사가 흘러나옵니다.

하나님이 지키신다는 것은 단순히 길을 알려 준다는 말씀이 아닐 수 있습니다. 이스라엘 백성이 대낮에 광야를 걸을 때, 하나님이 구름으로 해를 가려 주시지 않았다면, 걷기가 매우 힘들었을 것입니다. 또 밤을 지날 때, 불 기둥이 없었다면 추워서 잠을 잘 수 없었을 것입니다. 결국, 우리 인생을 돌아보면 낮 동안은 해와 같은 문제들이, 밤에는 달과 같은 예측할 수 없는 두려움이 찾아오지만, 그 모든 순간에 하나님이 곁에 계심을 알 수 있습니다.

하나님은 "지금부터 영원까지"(시 121:8) 지켜 주시는 분입니다. 대통령 경호실이 하는 일은 대통령을 철통같이 지키는 것입니다. 2-3주 전부터 일정과 장소를 점검하고 지킵니다. 그러나 여기에도 허점은 있습니다. 영원히 지킬 수는 없다는 것입니다. 그러나 하나님은 영원히 지켜 주십니다. 내 영혼도, 내 소유도, 내 생명도, 가정과 자녀도, 내 꿈까지도 영원히 지켜 주십니다.

일상생활에서 하나님의 보호하심을 느끼고 있습니까?

❶ 위험에서 지키신다는 하나님의 약속이 감사로 이어지고 있습니까?
❷ "지금부터 영원까지" 지키신다는 말씀을 감사로 받아들입니까?

4

사명으로 이끄는 손길,
삶으로 증거하다

Chapter
10

사랑,
끝까지 품어 주시는
따스한 품

사랑 안에 두려움이 없다

235
요일 4:18

가정은 치열한 경쟁 사회에서 지친 마음이 쉴 수 있는 공간입니다. 그러나 현실을 들여다보면 오히려 가정이 감정의 전쟁터가 되는 경우가 적지 않습니다. 서로 상처를 주고받는 가운데 화가 쌓이니 다툼을 피하려고 일부러 늦게 귀가하기도 합니다. 결국, 가정이 무너지는 이유는 능력 부족이나 성격 차이보다, 서로를 향한 사랑의 상실 때문일 것입니다. 가정을 새롭게 하는 힘은 권위나 권세가 아니라 자발적 희생임을 기억하십시오.

사랑보다 주도권을 지키는 데 더 집중할 때 관계가 뒤틀립니다.
미국 사회학자 윌라드 윌러는 많은 결혼이 불행한 이유가 '사랑을 주기보다 권력을 행사하려는 마음'에 있다는 사실을 발견했습니다. 사실 사랑을 표현하지 못하는 이유도 '거절될까 두려운 마음' 때문입니다. 사랑을 고백하면 주도권을 잃을까 두려운 것이죠. 그래서 사랑을 시작할 기회를 놓칩니다. 누군가를 사랑한다고 말하는 것은 가장 용기 있는 선택인데 말입니다.

사랑을 권력으로 이해하는 사람은 진정한 사랑의 기쁨을 누리지 못합니다.
상대방을 정복의 대상으로 삼고, 감정적 우위를 즐기는 사람은 누군가를 진심으로 사랑함으로써 얻는 깊은 만족을 경험하지 못합니다. 정복하는 사랑은 끝없는 갈망만 남길 뿐, 마음이 채워지지는 않습니다. 성경은 "사랑 안에 두려움이 없고 온전한 사랑이 두려움을 내쫓는다"(요일 4:18)고 분명히 말합니다. 온전한 사랑으로 두려움을 내쫓으십시오.

상대를 바꾸려 하기보다 먼저 사랑을 표현할 용기가 있습니까?

❶ 내가 먼저 사랑하기보다 주도권을 잡으려고 하지는 않습니까?
❷ 하나님이 주시는 두려움을 내쫓을 사랑이 오늘 내 가정에 어떻게 나타나길 바랍니까?

236 진정한 영향력

고전 13:1

사랑으로 진리를 말할 때 사람이 변화합니다.
진리를 따라 살고자 하는 이들에게 가장 마음 아픈 순간은 배척당할 때입니다. 분명 나는 옳은 말을 했고 하나님의 말씀을 선포했는데 왜 사람들은 받아들이지 않을까 하는 억울한 마음이 듭니다. 그러나 사람의 삶을 변화시키는 것은 진리 자체가 아니라 사랑이 담긴 진리입니다. 사랑 없는 진리는 사람의 마음을 닫게 만들고 때로는 상처를 주기도 합니다.

사랑이 없는 진리는 사람들을 불편하게 합니다.
어떤 사람들은 진리를 말한다는 명분 아래 상대방의 마음을 아프게 하고도 스스로 의롭다고 여깁니다. 그러나 그런 의로움에는 변화의 능력이 없습니다. 오늘날 우리 사회가 혼란스러운 이유는 사람들이 바른말을 하지 않아서가 아니라, 사랑 없이 바른말을 하기 때문입니다. 결국 사람을 변화시키는 힘은 권력이 아니라 사랑의 능력입니다.

희생과 사랑의 삶이 말보다 훨씬 큰 울림을 줍니다.
진정한 영향력은 요란한 외침이 아닌 보이지 않는 곳에서 조용히 흘러가는 사랑의 힘에서 시작됩니다. 이 땅에 하나님 나라는 언제나 소리 없이 번져 갔습니다. 진리가 힘을 잃은 것이 아니라 진리를 전하는 사랑의 마음이 부족하기에 변화가 일어나지 않는 것입니다. 오늘 우리의 말과 행동에 사랑이 담겨 있는지 점검해 보기를 바랍니다.

상대방을 진심으로 사랑하는 마음에서 진리를 전합니까?

❶ 내 말보다 사랑의 삶이 더 큰 울림을 내고 있습니까?
❷ 오늘 내가 전한 진리에 사랑이 담긴 한마디는 무엇입니까?

하나님의 관심

237

롬 8:15

나에게 하나님은 문제 해결사입니까?
아니면 사랑의 아버지입니까? 하나님이 우리에게 주신 것은 모든 문제를 해결할 초능력이 아니라 아프고 힘들 때 "아빠 아버지"(롬 8:15)를 부를 수 있는 권세입니다. 우리는 종종 "왜 하나님은 능력으로 내 문제를 해결해 주시지 않는가?" 하고 불평하지만, 하나님은 능력보다 더 큰 능력, 문제 해결보다 더 깊은 은혜, 곧 사랑을 우리에게 주십니다.

하나님은 능력이 부족하거나 무심하신 분이 아닙니다.
많은 이가 하나님의 능력을 의심하는 이유는, 하나님이 나의 큰 고통은 외면하면서 남의 사소한 바람은 들어주시는 분처럼 보이기 때문입니다. 하나님을 '내 기도에 응답하셔야만 전능자'로 여긴다면, 큰 오해입니다. 사실, 우리 문제의 범위는 끝이 없고, 우리 기준은 모호합니다. 기도에 공식은 따로 없습니다. 선하신 하나님의 사랑에 기대어 기도할 뿐입니다.

우리의 관심은 문제 해결에 있지만, 하나님의 관심은 사랑의 관계에 있습니다.
우리는 병든 가족을 보며, 고통으로 울부짖는 자녀를 보며, 억울하게 상처받는 사람들을 보며 당장 문제를 해결해 달라고 부르짖습니다. 그러나 하나님은 크신 능력으로 문제를 즉시 해결해 주시기보다는 오히려 문제 가운데서 우리와 함께하기를 원하십니다. 그리하여 크신 사랑으로 우리를 자녀 삼으셨고, 하나님을 "아빠"라고 부를 수 있게 허락하셨습니다.

나에게 하나님은 문제 해결사가 아닌 아버지입니까?

❶ 문제 속에서도 하나님이 함께하심을 믿습니까?
❷ 고난 속에서 "아빠 아버지"께 도움을 청할 용기가 있습니까?

238 인생 목표
요일 4:18

우리 인생의 목표는 '행복'이 아닙니다.
행복은 우리가 좇아야 할 인생의 목표가 아니라 삶에서 자연스럽게 얻어지는 열매일 뿐입니다. 우리는 원하는 것을 얻기 위해 환경과 상황을 통제하려 하지만, 우리의 진정한 목표는 순간적인 만족이 아닙니다. 우리는 순간적인 만족을 쫓기보다, 어떤 상황에서도 하나님과 동행하며 선한 가치를 따라 살아가는 믿음의 사람으로 서야 합니다.

우리는 평안한 순간에만 하나님이 동행하고 계신다고 생각합니다.
그러나 성경은 우리 삶이 평탄할 때뿐 아니라 고난과 역경에 부딪혔을 때도 주님이 동행하심을 가르쳐 줍니다. 주님은 "푸른 풀밭"과 "쉴 만한 물가"는 물론, 가장 어두운 골짜기를 지날 때도 우리와 함께하십니다(시 23:2-4). 어떤 상황에서도 동행하여 주시는 하나님은 "온전한 사랑"(요일 4:18)이십니다.

통제하려는 마음을 내려놓으십시오.
우리는 큰 역경을 마주하거나 삶이 실패했다고 느낄 때, 스스로 그 문제를 해결하려는 유혹에 빠지곤 합니다. 그러나 인생을 스스로 조율하려는 욕심을 내려놓고, 하나님께 온전히 맡겨 보십시오. 하나님의 만지심을 경험할 수 있을 것입니다. 또한 하나님의 사랑과 참된 자유가 내 인생에 흘러들어옴을 느끼게 될 것입니다. 그러므로 하나님의 임재를 소망하며 기다리십시오.

나의 인생 목표는 무엇입니까?
❶ 고난과 역경의 순간에도 동행하시는 하나님을 신뢰합니까?
❷ 내 인생을 통제하려는 욕구를 주님 앞에 내려놓습니까?

권력 대신 사랑을 택하라

239
빌 2:5-8

권력이 우리를 행복하게 해 줄 것이라는 건 흔한 착각입니다.
성경은 "모든 것이 가하나 모든 것이 유익한 것은 아니요 모든 것이 가하나 모든 것이 덕을 세우는 것은 아니니"(고전 10:23)라고 말합니다. 권력의 진정한 기능은 타인을 보호하는 것입니다. 나의 지위나 소유를 유지하고 확장하는 것이 아니라, 누군가의 행복을 위해 권력을 사용할 때 진정한 사랑이 가능합니다.

이 세상을 바꾸는 건 권력이 아닌 사랑입니다.
예수님은 "근본 하나님의 본체"(빌 2:6)이십니다. 즉 하나님의 능력이 있으시다는 뜻입니다. 그러나 그분은 "자기를 비워 종의 형체를"(빌 2:7) 가지셨습니다. 이는 "종의 형체"를 가지기 위해 모든 권력을 사용하지 않기로 작정하셨다는 말입니다. 사람들이 하나님의 힘으로 십자가에서 내려오라고 조롱했지만, 예수님은 끝까지 힘을 사용하지 않으셨습니다. 그저 사랑하셨습니다.

하나님의 사랑과 은혜를 체험한 사람은 무의식적인 영향을 받습니다.
그 사랑이 삶을 지배하고, 삶에 변화를 불러일으킵니다. 주님은 그리스도의 몸 된 교회를 이 땅에 세우셨습니다. 믿음은 우리를 향한 주님의 사랑을 아는 데서 끝나는 것이 아니라, 우리 역시 그분을 사랑한다고 고백하는 것입니다. 오늘 우리가 부르심을 받고 존재하는 이유를 생각한다면, 권력과 사랑 사이에서 우리가 마땅히 행할 길이 명확해질 것입니다.

나는 권력과 사랑 중 무엇을 따르고 있습니까?

❶ 누군가의 행복을 위해 내가 가진 것을 사용하고 있습니까?
❷ 주님의 사랑을 아는 데서 그치지 않고, 사랑을 고백하고 있습니까?

240 왜곡된 사랑의 방식, 주도권
요 13:1

우리는 사랑의 중요성을 이미 잘 알고 있습니다.

그러나 사랑을 행하기란 쉽지 않습니다. 사랑하기보다는 상대방에게 영향력을 행사하기를 원하기 때문입니다. 사랑에는 희생이 따른다고 여기면서도, 내 것을 포기하면 그 사람에게 영향력을 행사할 무기를 잃어버린다고 생각합니다. 결국, 조금의 손해도 보지 않으려는 '주도권' 다툼 때문에 하나님이 의도하신 사랑이 왜곡됩니다.

예수님의 사랑은 우리가 생각하는 사랑과는 아주 다릅니다.

세상의 논리로 따지면, 예수님은 "자기 사람들을 사랑하시되 끝까지 사랑"(요 13:1)하시느라 십자가에서 모든 주도권을 빼앗기셨습니다. 주님이 십자가 위에서 "다 이루었다"(요 19:30)라고 말씀하셨는데도 우리는 지금도 힘겨루기를 하고 있습니다. 주도권 다툼이야말로 가장 왜곡된 사랑의 유형입니다.

진짜로 사랑하면, '이상한 평등'이 찾아옵니다.

서로서로 종노릇하려고 하는 기이한 현상이 벌어진다는 뜻입니다. 사랑하기에 희생할 때 진정한 사랑이 완성됩니다. 그러므로 사랑한다면, 주도권 다툼을 포기하고 하나님의 인도하심을 기다리십시오. 이기려고만 했던 그 사람과의 관계에서 주도권을 행사하려는 욕심을 내려놓고, 그저 사랑하기로 결심하십시오.

나는 주도권 싸움을 내려놓고 사랑하되 끝까지 사랑하고 있습니까?

❶ 빼앗기지 않으려는 힘겨루기 대신 다 내어 주는 사랑을 하고 있습니까?
❷ 사랑으로써 '이상한 평등'을 누리고 있습니까?

나를 낮게, 남을 낮게

241

빌 2:2-3

빌립보서는 복음의 본질을 설명하는 책입니다.
그런데 이것은 사실 교회 내 다툼 때문에 쓰였습니다. 유오디아와 순두게를 비롯한 빌립보 교인들이 하나님을 사랑하지 않은 것이 아닙니다. 교회 안에 신실함과 봉사가 없던 것도 아닙니다. 문제는 사랑의 방법과 생각하는 양식이 달랐다는 것입니다. 이에 사도 바울은 "마음을 같이하여 같은 사랑을 가지고 뜻을 합하며 한마음을"(빌 2:2) 품으라고 권면합니다.

마음을 같이할 수 있는 유일한 방법이 있습니다.
기꺼이 누군가의 '종'이 되어 주는 것입니다. 종은 주인의 마음에 맞추려고 노력하는 사람입니다. 하나님을 섬기며 열심히 일하고, 복음을 전파하면서도 그리스도를 닮아 가지 않는다면, 아직 종이 되지 않은 겁니다. 하나님의 일을 하면서도 여전히 주도권을 잡으려고 싸우는 것입니다. 그러나 주도권 다툼은 공동체에 해악을 가져올 뿐입니다.

강요는 결코 사랑이 아닙니다.
《메시지 성경》은 빌립보서 2장 3절의 "다툼"을 "Don't push your way to the front"(앞쪽으로 자기 길을 밀고 나가지 마라)라고 표현하고, 또 "허영"을 "don't sweet-talk your way to the top"(달콤한 말로 정상에 올라가려 하지 마라)으로 표현했습니다. 이처럼 자기 방법을 강요하고, 부드러운 말일지라도 자기 뜻을 관철시키려는 태도는 사랑이라고 할 수 없습니다. 나보다 남을 "낮게" 여겨야 한마음을 품는 아름다운 공동체가 될 수 있습니다.

나는 마음을 같이하여 아름다운 공동체를 만들고 있습니까?

❶ 누군가의 주인이 아니라 종이 되려고 합니까?
❷ 나를 낮게, 남을 낮게 여기고 있습니까?

242 사랑으로 진리를 말하라

고전 13:1-3

개인의 삶과 세상을 변화시키는 건 단순한 진리가 아닙니다.
진리에도 '사랑'이 있어야 합니다. 사랑 없는 진리는 사람들에게 죄책감을 주어 불편하게 합니다. 어쩌면 자신은 의롭다고 생각하여 진리로써 타인의 마음을 아프게 하는 데 쾌감을 느끼는 사람이 있을지 모릅니다. 그러나 그 의로움에는 변화의 능력이 없습니다. 아무리 신비한 말일지라도 사랑이 없다면 소음에 불과합니다. 사랑은 변화를 일으키는 강력한 힘이 있습니다.

산을 옮길 만큼의 믿음이라도 사랑이 없으면 소용없습니다(고전 13:2).
믿음으로 권세 있게 말한 것이 다 이루어지는 것은 성도들의 바람일 것입니다. 그러나 그 산을 옮겨서 무엇을 할 것인지, 그것이 무엇을 위한 믿음인지 주님이 묻지 않으시겠습니까? 사랑이 없다면, 아무것도 아닙니다. 교회가 하는 모든 일에서 하나님의 사랑이 나타나야 합니다.

진정한 영향력은 소리 없이 번져 갑니다.
일본의 성자로 불리는 가가와 도요히코는 일본 도시를 폭격하다가 격추당한 미국의 비행 조종사들을 구하기 위해 일했습니다. 그리스도의 사랑이 포로들을 돌보라고 강권하셨기 때문입니다. 그는 수감자들을 돌보느라 정작 자신의 폐결핵은 제대로 치료하지 못하여 전쟁이 끝난 후에도 쇠약해진 목소리가 돌아오질 않았습니다. 그러나 그의 희생과 사랑의 삶은 말보다 더 큰 소리를 내며 선한 영향력을 끼쳤습니다.

나는 사랑으로 진리를 말하고 있습니까?

❶ 나는 의롭다는 생각에 사랑 없는 진리를 이야기하고 있지는 않습니까?
❷ 모든 일에 하나님의 사랑을 보이고 있습니까?

사랑이 빠진 언어

243

고전 13:1-3

사랑이 빠진 언어는 소음에 불과합니다.
성경은 방언을 능숙하게 하고, 배우지도 않은 언어들을 자유롭게 구사하며, 천사의 말까지 할 수 있다고 해도 사랑이 없으면 "울리는 꽹과리"(고전 13:1)에 불과하다고 말합니다. 언어 능력이 삶을 얼마나 편하게 하고, 인정과 유익을 가져다주는지 우리는 잘 압니다. 그러나 사랑이 빠진 언어는 불협화음을 낼 뿐입니다.

어떤 대단한 능력도 사랑이 없으면 무익합니다.
사도 바울은 "내가 예언하는 능력이 있어 모든 비밀과 모든 지식을 알고 또 산을 옮길 만한 모든 믿음이 있을지라도"(고전 13:2)라고 말할 때 모두 과거형으로 표현했습니다. '경험해 보니 사랑이 없으면 아무 유익이 없더라'라는 뜻입니다. 하나님은 언제나 '능력 있는 사람'보다 '사랑 있는 사람'을 통해 역사를 이루어 가셨습니다. 그러므로 사랑은 은사보다 앞서야 하고, 능력보다 깊어야 합니다.

예수님은 십자가 위에서 능력을 사용하지 않으셨습니다.
억울하다고 외치지도 않으셨습니다. 하나님의 아들의 권세로 얼마든지 내려올 수 있으셨는데도 그저 두 팔을 벌린 채 십자가에서 조용히 죽음을 받아들이셨습니다. 마치 "내가 너희를 이렇게 사랑한다"라고 말씀하시듯, 양팔을 활짝 펼쳐 우리를 품으셨습니다. 우리에게 주어진 구원은 뛰어난 능력으로 이루어지는 것이 아니라 한없는 사랑으로 이루어진 것입니다.

나는 능력보다 사랑을 더 우선순위에 두고 살아가고 있습니까?

❶ 내 말과 행동 속에서 '사랑이 없는 소음'이 나고 있지는 않습니까?
❷ 십자가의 사랑을 기억하며 오늘 누구에게 사랑을 실천할 수 있을까요?

244 은사보다 중요한 것

고전 13:1-3

사랑을 입은 자만이 사랑을 흘려보낼 수 있습니다.
예수님은 십자가 위에서 능력을 포기한 채 기꺼이 죽으셨습니다. 이는 우리를 향한 끝없는 사랑 때문이었습니다. 주님은 우리도 그러한 사랑의 메신저가 되기를 기대하십니다. 문제는 예수님의 기대와 우리 삶 사이에 차이가 있다는 것이지만, 은사보다 중요한 것은 주님을 얼마나 사랑하는가입니다.

막달라 마리아의 이야기는 사랑의 본질을 보여 줍니다.
그녀는 일곱 귀신 들렸던 어두운 인생에서 구원받는 은혜를 입었고(눅 8:2), 그 은혜가 뜨거운 사랑으로 이어졌습니다. 그래서 아무도 예수님의 부활을 기대하지도 못했던 새벽에 주님의 시신만이라도 보고자 무덤을 찾아갔습니다. 주님은 바로 그 사랑을 기억하시고, 그녀에게 가장 먼저 모습을 나타내셨습니다. 이처럼 평소에 주님과 동행하던 사람이 사랑을 행동으로 옮길 수 있습니다.

사랑은 논리를 뛰어넘습니다.
사랑은 수많은 은사의 체험보다도 훨씬 뛰어납니다. 고린도교회에는 은사와 능력이 넘쳐났지만, 바울은 사랑이 없으므로 "아무 유익이 없느니라"(고전 13:3)라고 말합니다. 하나님은 사랑으로 사용하라고 많은 것을 주셨는데, 그 속에 사랑이 없으니 아무리 훌륭한 것이라도 쓸모없게 된 것입니다. 사랑이야말로 하나님이 우리에게 가장 원하시는 열매입니다.

내 삶의 중심에는 사랑이 있습니까?

❶ 나는 평소에 주님을 사랑하는 마음으로 일하고 공부합니까?
❷ 내 은사와 일들이 사랑으로 쓰임받고 있습니까?

세상의 논리와는 다른 하나님의 법

245

눅 23:22-25

빌라도는 성경에서 세상을 대표하는 인물 중 하나입니다. 그는 두 번이나 예수님이 죄가 없다고 말했습니다(눅 22:4, 14). 하지만 무리가 "큰 소리로 재촉"(눅 23:23)하자 자기 소신을 버렸습니다. 권력 유지에 불리할 수도 있다고 여겼기 때문입니다. 그럼으로써 권력은 지켰는지 모르지만, 권위는 잃고 말았습니다. 다수의 편에 서는 순간, 자신이 옳다고 생각하는 것을 행할 능력을 상실했기 때문입니다.

하나님의 방법은 세상의 생각과 다릅니다. 하나님은 지혜 있고 강한 것들 대신에 미련하고 약한 것들을 택하십니다(참조, 고전 1:27). 힘을 열망하지 않는 사람만이 하나님 앞에서 충성된 삶을 살 수 있고, 사람 사이의 인기를 신경 쓰지 않은 사람만이 거침없이 진리를 말할 수 있기 때문입니다. 세상의 가치를 따르지 않으면, 자기 자신을 "거룩한 산 제물"(롬 12:1)로 드리는 데 거리낌이 없습니다.

그리스도인은 이 땅에서 하나님의 법으로 살아가는 사람입니다. 하나님 나라의 법은 오로지 '사랑'입니다. 힘이 아닌 하나님을 사랑하며 살 때, 주변 사람들을 사랑으로 섬길 때 결국 사랑이 이깁니다. 하나님 나라는 힘과 권력에 있지 않습니다. 성경은 세상에서 실패한 것 같은 사람들의 성공적인 이야기를 담아내고 있습니다. 이것이 신앙의 역설입니다.

나는 세상의 논리가 아닌 하나님의 법을 따라 살고 있습니까?

❶ 세상의 힘이 아닌 하나님께 충성된 삶을 살고 있습니까?
❷ 하나님을 사랑하며 주변을 사랑으로 섬기고 있습니까?

246 분노를 이겨 내는 능력

욥 5:2

분노는 우리를 하나님의 사랑에서 멀어지게 합니다.
성경에서 쓰인 "분노"(욥 5:2, 36:13)에 해당하는 영어 단어 'resentment'는 라틴어 're-'(다시)와 'sentire'(느끼다)가 결합한 데서 유래하였습니다. 즉 분노는 반복해서 느끼는 감정으로 억울함을 동반합니다. 분한 감정을 억지로 풀려고 하면 할수록, 분노는 되레 더 커질 뿐입니다. 쉽사리 해결되지 않는 분노가 우리의 일상생활은 물론 신앙의 심연에도 존재합니다.

하나님은 우리를 "자유를 위하여"(갈 5:13) 부르셨습니다.
우리를 억압하는 죄와 사망의 권세로부터 자유하게 말입니다. 문제는 이 자유를 가지고 서로를 사랑할 수도 있고, 물고 뜯을 수도 있다는 것입니다. 하나님이 주신 자유로 분노를 표출하기로 선택한다면, 우리를 향한 하나님의 축복과 계획을 누릴 수 없습니다. 그러므로 비난과 원망의 감정이 밀려올 때 상처 난 마음을 가지고 주님 앞에 나아가십시오.

용서할 때 하나님의 능력을 체험할 수 있습니다.
그러나 용서는 우리의 의지적 결단으로 가능한 게 아닙니다. 오로지 하나님이 주시는 사랑의 은사로 가능한 것이며, 기도 가운데 순종하기로 결심할 때 비로소 용서할 수 있습니다. 분노로 고통스러운 순간에도 하나님은 무자비한 악까지 선용하시는 분이심을 믿고, 모든 악한 감정을 주님께 넘겨 드리십시오. 그러면 하나님의 사랑이 분노를 이길 힘을 주실 것입니다.

나는 하나님의 사랑 안에서 분노를 이겨 내고 있습니까?

❶ 분노의 감정이 차오를 때 하나님께 솔직히 고백합니까?
❷ 억울함을 갚기보다 용서하기를 택합니까?

하나님의 능력을 매순간 의지하는가?

247

롬 8:32

그리스도인에게도 고통과 괴로움은 계속 찾아옵니다.
하나님은 "자기 아들을 아끼지 아니하시고"(롬 8:32) 우리를 위하여 내주셨습니다. 어느 누가 그 정도로 우리를 깊이 사랑하겠습니까? 그런데 우리는 하나님을 어떤 답을 도출할 수 있는 공식쯤으로 여기고 싶어 합니다. 이는 입으로는 "하나님은 전능하신 분"이라고 말하면서 실상은 하나님이 우리에게 복종해 주시기를 바라는 마음입니다.

하나님은 정말로 세상의 문제와 고통을 방관하고 계신 걸까요?
하나님은 언제 어디서든 기적을 행하실 수 있는 분입니다. 그러나 그분은 예수님의 십자가 죽음으로 우리를 향한 사랑을 보여 주셨습니다. 세상을 뒤집어 놓으실 충분한 능력이 있으신데도 끝까지 당신의 능력을 사용하지 않음으로써 죽기까지 사랑하심을 친히 보여 주셨습니다.

사랑으로 다가오신 하나님은 오늘도 우리 삶 속에서 역사하고 계십니다.
특히 우리가 죄와 유혹을 이겨 낼 수 있도록 도우십니다. 사탄의 유혹에서 자유로운 사람은 아무도 없습니다. 구원받은 자의 삶은 유혹에서 벗어난 삶이 아니라 유혹을 이겨 낼 능력을 소유한 삶입니다. 하나님은 우리를 사랑하시기에 우리가 유혹을 넉넉히 이길 수 있도록 힘을 주십니다. 혼탁한 세상에서 우리의 아버지 되시는 하나님이 친히 우리를 인도하여 주실 것입니다.

나의 삶에서 역사하시는 하나님의 능력을 매 순간 의지합니까?

❶ 괴롭고 슬플 때 자기 아들을 아끼지 않고 내주신 하나님을 생각합니까?
❷ 구원받은 자로서 마땅히 유혹을 이겨 내며 살고 있습니까?

248

눅 7:47

사랑을 받은 사람만이 사랑할 수 있다

적게 용서받은 사람은 적게 사랑합니다.
그렇다고 세상에서 방탕하게 살며 큰 죄를 저질러야 하나님을 더 사랑할 수 있다는 뜻은 아닙니다. 하나님께 용서받을 것이 있음을 인정하는 자가 사랑할 수 있다는 말입니다. 사랑의 첫걸음은 타인을 향한 사랑이 아니라 하나님을 향한 사랑에서부터 시작됩니다. 그렇기에 사랑은 인격의 문제가 아니라 신앙의 문제입니다. 사랑하는 것보다 용서받는 것이 먼저입니다.

누군가를 사랑하기가 힘들 때는 나를 살리신 하나님의 은혜를 생각하십시오.
사랑하는 비결은 사랑받으며 사는 것입니다. 사랑받지 못하면, 잠시는 몰라도 계속 사랑할 수가 없습니다. 사랑받아 본 사람이 사랑할 줄 안다는 말은 참말입니다. 그러므로 사랑하기로 결심했다면, 먼저 하나님과의 관계부터 회복하십시오. 그리고 하나님의 사랑을 듬뿍 받으시길 바랍니다.

사도 바울이 말하는 사랑의 첫 번째 특징은 '오래 참음'입니다(고전 13:4).
오래 참는다는 것은 상황 파악을 미처 못 해서라거나 잘못된 행동을 방관하는 게 아닙니다. 단지 약한 불에서 천천히 끓도록 하는 것입니다. 누군가에 대한 분노로 사랑하기가 어렵다면, 분노의 불꽃을 약하게 하고 기다리십시오. 그리고 우리를 대하여 오래 참으시는 주님을 생각하십시오(벧후 3:9).

나를 먼저 사랑하신 하나님의 사랑을 생각하고 있습니까?

❶ 나를 먼저 용서하신 하나님의 사랑을 알고 있습니까?
❷ 나를 참으시는 하나님의 인내를 깨닫고 있습니까?

'굳이'의 친절

249

눅 19:1-10

예수님은 삭개오를 그냥 지나치지 않으셨습니다.
수많은 사람이 이미 예수님을 따르고 있었습니다. 게다가 할 일이 많으셨을 예수님은 '굳이' 삭개오의 집에서 묵겠다고 하셨습니다. 그 친절함이 한 사람의 인생을 바꾸어 놓았습니다. 제자들과 군중의 눈에는 보이지 않았던, 돈을 모으느라 주변 사람을 다 잃고 아파하던 삭개오의 고독함을 예수님은 꿰뚫어 보셨습니다.

사실, 삭개오는 주님의 친절을 받을 자격이 없는 사람이었습니다.
하지만 정의의 잣대로 온전히 평가받을 사람은 세상에 없습니다. 우리도 언젠가는 같은 잣대로 헤아림을 받을 것입니다. 그래서 주님은 정의가 아닌 사랑의 눈으로 우리를 바라보기로 결심하셨습니다. 그리고 모두가 꺼리며 피하던 세리장 삭개오에게 다가가 친절을 베푸셨습니다. 예수님은 세리와 죄인과 함께 먹고 마시며 친구가 되어 주셨습니다.

의무감에서 벗어나 의지적으로 베푸는 것이 진짜 친절입니다.
성경은 "기회 있는 대로 모든 이에게 착한 일을"(갈 6:10) 하라고 말합니다. 친절에는 수고가 따릅니다. 예수님은 삭개오뿐 아니라 사마리아 수가성 우물가의 여인(요 4:5-42), 열두 해를 혈루증으로 앓아 온 여자(막 5:25-34) 등에게도 정의의 잣대로는 베풀 수 없는 친절을 베푸셨습니다. 이것이 바로 그리스도의 사랑입니다.

나는 차마 손을 내밀기 어려운 사람에게도 친절을 베풉니까?

❶ 친절을 베풀기 위해 누구보다도 앞장서고 있습니까?
❷ 정의의 잣대 대신 사랑의 잣대를 택합니까?

250 시기심은 사랑의 대적이다

롬 12:3

시기심은 사랑의 가장 큰 적입니다.
시기심은 작게 시작하더라도 결국 감당할 수 없이 커지는 특징이 있습니다. 성경에 등장하는 비극적 사건들은 주로 시기심으로 일어났습니다. 부하 다윗을 시기한 사울 왕, 동생 요셉을 시기한 형들, 예수님을 인정할 수 없었던 바리새인과 사두개인 등이 그렇습니다. 시기심은 누군가의 삶을 힘들게 할 뿐 아니라 자기 삶 또한 망가뜨립니다.

시기심은 여호와를 신뢰하지 않을 때 솟아납니다.
누군가에게 일어나는 일이 나에게 일어난 일보다 더 큰 축복으로 보일 때 사람들은 불공평하다고 느낍니다. 이 불공평함의 배후에는 자신이 하나님께 사랑받고 있는지를 확신하지 못하는 슬픔이 있습니다. 사도 바울의 지적을 거꾸로 하면, "믿음의 분량대로 생각하지 못하는 사람은 마땅히 생각할 그 이상의 생각을 품는다"라고 할 수 있습니다. 이런 생각에서 불만족과 시기심이 나오는 법입니다.

시기심은 다른 사람을 인정하거나 배려하지 않습니다.
그러나 겸손과 기다림은 다른 사람을 향한 하나님의 계획과 사랑을 인정합니다. 이미 나를 향한 하나님의 사랑이 충분하다는 믿음이 있다면, 겸손할 수 있습니다. 누군가를 향한 하나님의 일하심을 진정으로 축복할 수 있습니다. 진정한 겸손은 스스로 비천하게 여기는 것이 아니라 자기 자리를 잘 아는 것입니다.

하나님께 의지함으로 사랑의 대적인 시기심을 이겨 내고 있습니까?

❶ 나는 하나님께 사랑받는 존재임을 깨닫고 있습니까?
❷ 타인을 향한 하나님의 일하심을 진정으로 축복합니까?

사랑은 무례히 행하지 아니하며

251

고전 13:5

'무례함'은 합당한 대우를 받지 못한다고 느낄 때 나오는 불평입니다. 사랑은 무례하지 않습니다. 이미 과분한 사랑을 받았기 때문입니다. 우리는 이미 죄인에서 하나님의 자녀가 되는 놀라운 선물을 받았습니다. 걱정과 근심, 두려움으로 가득하던 인생이 소망과 기쁨, 기대가 가득한 삶으로 변화했습니다. 그런데 지금 내 삶을 '하나님의 은혜'가 아닌 '당연한 권리'로 생각하기 시작하는 순간, 무례해지기 쉽습니다.

진짜 사랑은 도저히 친절할 수 없는 상황에서도 예의를 갖춥니다. 주님이 우리의 사랑을 구원의 전제 조건으로 요구하셨다면, 우리는 주님의 사랑을 알지 못했을 것입니다. 사실, 사랑은 매우 일방적이며, 받기보다 먼저 주는 것입니다. 성경은 우리가 누릴 권리보다 사랑이 더 중요하다고 가르칩니다. 우리가 누려 마땅한 권리가 아닌 사랑의 눈으로 세상을 바라보면, 화를 내거나 무례하게 대하지 않을 수 있습니다.

우리는 그리스도로 옷을 입는 순간, 신분이 달라졌습니다. 하나님이 우리를 자녀로 삼아 주셨으므로 우리는 왕의 자녀가 되었습니다. 세상은 왕의 자녀들이 어떻게 살아가는지 주목하여 볼 것입니다. 우리가 친절하게 대하면 그리스도를 친절한 분으로 생각하고, 우리가 너그럽게 대하면 그리스도를 너그러운 분으로 생각할 것입니다. 이것이 우리가 무례히 행하지 말아야 할 이유입니다.

나는 왕의 자녀답게 예의를 지키며 살아가고 있습니까?

❶ 이미 하나님께 받은 선물을 감사하며 살고 있습니까?
❷ 나는 삶의 태도로 하나님을 높여 드리고 있습니까?

252 자신만을 생각하는 것은 사랑이 아니다

고전 13:5

이기심은 자기중심적인 판단과 생각에서 나옵니다.
우리는 이 땅에 하나님 나라가 임하기를 기도하면서도 속으로는 세상이 나를 중심으로 돌아가기를 원합니다. 이기심이 자기중심적 사고에서 나오는 행위라면, 이기심을 극복하는 방법은 자기중심적 사고에서 하나님 중심적 사고로 전환하는 것입니다. 성경은 "하나님은 사랑이시라"(요일 4:16)라고 말합니다. 사랑은 상대방에게 요구하는 것이 아니라 먼저 보여 주는 것입니다.

성 어거스틴은 삶의 우선순위를 분명히 밝혔습니다.
"하나님을 사랑하십시오! 그리고 마음대로 하십시오!" 하나님을 사랑하면, 다른 사람도 자연스럽게 사랑하게 됩니다. 하나님을 사랑하지 않는 자기애는 이기적일 수밖에 없습니다. 이기심을 따르는 사람은 상황에 따라 사랑도 행동도 바꾸게 되어 있습니다. 변질된 욕망 속에는 진리가 존재하지 않습니다.

이기심을 물리치기 위해서는 십자가를 묵상해야 합니다.
하나님이 인간의 몸을 입고 이 땅에 오신 이유는 인간의 몸을 입지 않고는 그 사랑을 설명할 방법이 없으셨기 때문입니다. 이처럼 태생적인 인간의 이기심을 극복하기 위해서는 다른 사람처럼 되어 보려는 사랑이 필요합니다. 자기중심적 세계관에서 다른 사람의 세계관으로 들어가는 것입니다. 십자가 아래서 나를 죽이고, 그리스도의 사랑 안으로 들어가십시오.

나는 십자가를 묵상하며 이기심을 물리치고 있습니까?

❶ 자기중심의 사고를 내려놓고, 하나님 중심의 사고를 합니까?
❷ 이기심으로 인한 분노를 거부하고 있습니까?

사랑은 진리와 함께한다

253

고전 13:6

사랑은 언제나 진리와 함께합니다.

진리는 불의와 함께 기뻐하거나 함께하지 않습니다. 그렇기에 사랑에는 명확한 기준이 있습니다. 불의한 행위는 사랑이 아니라는 것입니다. 지금 내가 하는 사랑이 진정한 사랑인지 의구심이 든다면, 스스로 질문해 보십시오. 그 사랑으로 인해 온전한 사랑의 열매가 맺히고 있는가 말입니다. 진정한 사랑은 진리와 함께 기뻐합니다.

진리는 어렵거나 멀리 떨어져 있는 신비한 일이 아닙니다.

단지 옳은 것을 기뻐하고, 불의한 것을 기뻐하지 않을 뿐입니다. "즐거워하는 자들과 함께 즐거워하고 우는 자들과 함께 울라"(롬 12:15)라는 말씀이 잘 적용되는 사람이 있다면, 그 사람을 사랑하고 있는 것입니다. 우리가 무엇에 기뻐하는가를 보면, 우리가 무엇을 사랑하는지를 분명히 알 수 있습니다. 사랑의 진리는 함께 기뻐하고, 슬퍼하게 합니다.

하나님은 사랑을 우리에게 부어 주시고, 강권하십니다.

비록 우리는 온전한 사랑을 할 줄 모르나 하나님은 우리를 온전히 사랑하십니다. 그 사실을 알면, 우리 자신은 부족하지만 온전한 사랑을 향해 나아가고자 하는 의지를 갖게 됩니다. 가슴에 하나님의 사랑을 품고 깨어 기도할 때 하나님은 우리를 옳은 길로 인도해 주십니다. 그리고 하나님의 사랑은 불의를 절대로 기뻐하지 않는다는 사실을 깨닫게 하십니다.

나는 다른 사람들과 함께 즐거워하고, 함께 슬퍼합니까?

❶ 어떤 명예나 지위가 아닌 그 사람을 사랑하고 있습니까?
❷ 부족하더라도 온전한 사랑을 향해 나아가고 있습니까?

254 사랑으로 허물을 덮어 주라

고전 13:7

당시 고린도교회는 총체적 난국에 빠져 있었습니다. 각기 좋아하는 지도자를 따라 패가 갈려 있었고, 교회 밖에 있는 사람도 짓지 않을 죄를 지었을 뿐만 아니라 교회 내 다툼이 난무한 상황이었습니다. 그런 상황 가운데서 바울이 해결책을 제시합니다. 바로 '사랑'입니다. 하나님께 부름 받은 한 형제자매임을 기억하고 서로 사랑하자는 것입니다. 새끼손가락이 곪아서 아프더라도 잘라 내지 않는 이유는 '한 몸'이기 때문입니다.

진정한 사랑은 수치를 덮어 줍니다.
아담과 하와는 불순종의 결과로 수치를 느끼게 되었습니다. 그러자 창조주 하나님이 가죽옷을 지어 입혀 주셨습니다. 부모가 아기에게 옷을 입히듯이, 아담과 하와에게 옷을 입히시고 덮어 주셨습니다. 그들의 수치를 가려 주신 것입니다. 더 나아가 하나님은 독생자 예수를 보내시어 우리 대신 십자가에서 수치를 당하게 하셨고, 그의 수치로 우리가 나음을 입었습니다.

덮어 준다는 것은 단순히 가려 준다는 의미가 아니라 '믿어 준다는 것'입니다.
믿을 만해서가 아니라 사랑하기 때문에 믿고 싶은 것입니다. 다시 실망하거나 상처받게 될지라도 사랑하니까 믿어 줍니다. 죄에 걸려 넘어지기를 반복하는 우리를 하나님이 한결같이 믿어 주시므로 우리 믿음이 날로 성장합니다. 우리 소망이 끝나지 않는 이유는 하나님이 우리를 향한 소망의 끈을 놓지 않으시기 때문입니다.

사랑으로 모든 것을 믿어 주고 있습니까?
❶ 다시 실망하고 상처받을지언정 계속 믿어 주고 있습니까?
❷ 하나님이 나를 믿어 주시기에 넘어져도 다시 일어납니까?

헤세드, 하나님의 일방적인 사랑

255

출 34:5-6

하나님의 사랑은 자격이나 조건을 따지지 않는 '일방적인' 사랑입니다.
성경은 하나님이 "자비롭고 은혜롭고 노하기를 더디 하고 인자와 진실이 많은"(출 34:6) 분이라고 말합니다. 이러한 성품은 성경의 여러 곳에서 언급되고 있습니다. 자비와 은혜를 베풀고, 노하기를 더디 하려면 상당한 의지가 필요합니다. 하나님은 우리를 사랑하기로 작정하셨으며, 어떤 것도 그 사랑을 막을 수 없습니다.

하나님이 사랑하시는 이유를 우리는 알 수 없습니다.
잘못된 신앙 자세 중 하나가 하나님의 사랑을 그대로 받아들이지 못하고, 사랑의 이유를 찾으려고 하는 것입니다. 이러한 생각은 은혜를 행위로 갚으려는 '공로주의'에서 기인합니다. 그러나 하나님의 신실하신 사랑, 곧 헤세드는 우리의 행위나 조건과는 무관합니다. 그 사랑에 보답하는 길은 그저 받은 은혜에 감사하는 일뿐입니다.

하나님은 우리로 인해 기뻐하십니다.
하나님은 세상을 창조하실 때마다 "보기에 좋구나"라는 말씀을 반복하셨습니다(참조, 창 1장). 특히 사람을 창조하시고 나서는 "심히 좋다"라고 말씀하셨습니다(창 1:31). 하나님이 사람에게서 뭔가를 얻어서 좋아하셨던 것이 아닙니다. 그저 보기만 해도 좋으셨던 것입니다. 이것이 사랑입니다. 하나님은 오늘도 우리를 보며 기뻐하십니다.

하나님의 일방적인 사랑을 알고 있습니까?

❶ 그 무엇도 나를 향한 하나님의 사랑을 막을 수 없음을 믿습니까?
❷ 하나님의 사랑을 받아들이며 감사하고 있습니까?

256 사랑을 입은 자의 증거

눅 7:36-50

여인이 향유 옥합을 들고 예수님을 찾아온 것은 매우 무모한 일이었습니다. 성경은 이 여인이 '죄인'이었다고 말합니다(참조, 눅 7:37). 상황을 보니 그녀가 어떤 죄를 지었는지 동네 사람들은 다 알고 있었던 듯합니다. 그런데도 여인은 자신을 정죄하고 비난할 게 뻔한 바리새인의 집을 자기 발로 찾아왔습니다. 이유는 단 하나, 예수님이 그곳에 계신다는 소식을 들었기 때문입니다. 여인은 예수님께 용서받은 은혜를 잊지 않았습니다.

여인은 자신이 가장 소중히 여기던 옥합을 깨뜨렸습니다. 예수님 발치에서 깨뜨린 옥합은 그녀의 삶에서 가장 소중히 여기던 가치를 상징하는 물건이었습니다. 그러나 그것을 깨뜨림으로써 이전 삶의 허무와 작별하고, 새롭게 살 것을 결단했을 것입니다. 옥합을 깨뜨리는 데 얼마나 큰 용기가 필요했을까요? 삶의 용기는 주님을 바라볼 때 나옵니다. 오직 주님만 바라볼 때 삶의 허무를 깨뜨릴 용기를 얻습니다.

하나님의 사랑을 입고 구원받은 자의 증거는 '평안'입니다. 예수님은 여인에게 "네 믿음이 너를 구원하였으니 평안히 가라"(눅 7:50)라고 말씀하셨습니다. 이 말씀은 하나님의 사랑을 온전히 경험한 여인뿐 아니라, 그 사랑을 경험할 모든 사람을 향한 선언입니다. 우리는 모두 십자가의 보혈로 사랑받았습니다. 그러니 자기 삶의 자리로 평안하게 돌아가십시오. 그 사랑을 가슴에 품고, 세상으로 나아가십시오.

나는 주님이 주시는 평안 속에서 살아가고 있습니까?

❶ 나의 과거가 어떠하든 용서하시는 주님의 사랑을 경험했습니까?
❷ 주님을 바라보는 용기로 나만의 옥합을 깨뜨려 본 적이 있습니까?

부족한 사랑일지라도

257
요 21:7

베드로는 예수님이 체포되시던 날 밤에 주님을 세 번이나 부인했습니다. 사랑에 '실패'한 베드로에게 예수님이 찾아오십니다. 우리는 하나님을 잊어도 하나님은 우리를 잊지 않고 찾아오십니다. 사랑은 우리의 고백이 아닌 하나님의 고백에서 시작되었는데, 우리가 사랑에 실패해도 하나님은 우리 삶에 찾아오셔서 여전히 사랑을 말씀하십니다. 하나님의 한없는 사랑은 베드로와 우리에게 똑같이 일어나는 일입니다.

예수님은 베드로에게 "네가 나를 사랑하느냐"(요 21:15-17) 하고 세 번 물으셨습니다. 처음 두 번은 주님을 사랑한다고 대답했던 베드로가 마지막 세 번째에는 차마 그렇다고 대답하지 못하고, 주님이 아신다고만 대답했습니다. 예수님은 그의 '부족한 사랑'을 알고 계셨습니다. 베드로는 두려움으로 잠시 주님을 모른다고 했던 자신의 연약함을 스스로 비참해하면서도 마음속에 여전히 주님을 품고 있었습니다. 주님은 그 사랑을 아셨습니다.

"내 어린 양을 먹이라 … 내 양을 치라 … 내 양을 먹이라"(요 21:15-17). 주님은 베드로에게 당신의 '양'들을 부탁하셨습니다. 그에게 다시 사랑할 기회를 주신 것입니다. 하나님이 연약한 우리에게 사명을 주시는 이유는, 우리 마음속에 주님을 향한 사랑이 있기 때문입니다. 부족할지라도 사랑하고, 사랑받을 수 있습니다. 주님을 사랑한다면, 쓰임 받을 수 있습니다. 먼저 사랑하신 주님이 지금도 여전히 우리를 사랑하고 계시기 때문입니다.

나는 부족할지라도 여전히 주님을 사랑하고 있습니까?

❶ 나는 주님의 무조건적인 사랑 안에 거하고 있습니까?
❷ 주님이 맡기신 사명을 잘 감당하며 살아가고 있습니까?

258

호 6:1-6

힘써 알자, 힘써 사랑하자

하나님은 광야에서 이스라엘 백성을 인도하며 동행하셨습니다. 그들은 늘 현존하시는 하나님을 체험했습니다. 그러나 가나안 땅에 들어가 정착해 농사를 지으며 살게 되자 하나님을 잊어버리고, 가나안의 풍속을 따르기 시작했습니다. 하나님은 이스라엘의 사랑이 뜨거운 태양이 떠오르면 흔적도 없이 사라지는 "아침 구름이나 쉬 없어지는 이슬"(호 6:4) 같다며 한탄하셨습니다.

"너는 음란한 여자를 맞이하여 음란한 자식들을 낳으라"(호 1:2). 하나님은 호세아 선지자에게 받아들이기 어려운 명령을 내리셨습니다. 이에 그는 창녀 고멜과 결혼하였으나 고멜은 툭하면 바람을 피웠고, 심지어 다른 남자의 아이를 낳아 오기까지 했습니다. 그런데도 하나님은 고멜을 받아들이라고 말씀하십니다. 바로 우리를 향한 하나님의 마음을 보여 주고자 하신 것입니다. 하나님은 심판이 아닌 용서와 사랑을 원하십니다.

호세아는 "우리가 여호와를 알자 힘써 여호와를 알자"(호 6:3)라고 말합니다. 백성들은 하나님께 번제물을 바치는 것이 제일 잘하는 일인 줄 알았지만, 하나님은 "번제보다 하나님을 아는 것을"(호 6:6) 원한다고 말씀하십니다. 하나님이 어떤 분이신지를 알아야 우리가 옳게 행동할 수 있고, 하나님을 제대로 사랑할 수 있습니다. 그러니 하나님을 힘써 알자는 말은 하나님을 힘써 사랑하자는 말과 동의어 같습니다.

나는 하나님을 힘써 사랑하고 있습니까?

❶ 사라지는 얕은 사랑이 아니라 변함없는 사랑으로 사랑합니까?
❷ 자비 베풀기를 원하시는 하나님을 알고 있습니까?

논쟁을 멈추라

259

마 22:14, 34-37

혼인 잔치 비유(마 22:2-14)에서 왜 한 사람만 내쫓김을 당하였을까요? 성경은 그가 "예복"을 입지 않았기 때문이라고 말합니다. 예복을 입는 것은 초청하신 분을 존중한다는 뜻입니다. 모두가 하나님의 초청을 받고 사랑을 입지만, 그 사랑을 자기 것으로 소유하는 사람은 그리 많지 않습니다. 예수님은 "청함을 받은 자는 많되 택함을 입은 자는 적으니라"(마 22:14)라고 말씀하십니다.

바리새인과 사두개인과 율법사가 예수님을 시험하였습니다(마 22:15-40). 그들은 자칭 율법에 능통한 자들이었으니 예수님의 대답에서 허점을 발견하면 하나님을 향한 자신들의 사랑을 증명할 수 있으리라 생각했던 모양입니다. 그러나 '율법적'이란 사랑 없이 주님께 나아가는 자의 특징입니다. 율법적인 삶을 사는 사람은 늘 누군가를 정죄할 수밖에 없습니다. 율법은 하나님을 향한 사랑이 아닌, 오직 죄의 유무에만 관심을 기울이게 합니다.

예수님은 첫째 계명과 둘째 계명으로 대답하셨습니다.
"네 마음을 다하고 목숨을 다하고 뜻을 다하여 주 너의 하나님을 사랑하라"(마 22:37)라는 첫째 계명은 '들으라'라는 뜻의 히브리어 '쉐마'로 불리는 유대인의 가장 중요한 신앙 고백이자 기도문입니다. 둘째 계명은 "네 이웃을 네 자신같이 사랑하라"(마 22:39)입니다. 주님은 하나님이 사랑으로 주신 계명을 지식으로 바꿔 버린 이들에게 다시 사랑을 말씀하셨습니다.

나는 지식과 논쟁을 내려놓고, 주님과의 사랑을 회복했습니까?

❶ 사랑으로 나를 초청해 주신 하나님을 존중합니까?
❷ 규칙이나 이유를 따지지 않고 순수하게 주님을 사랑하고 있습니까?

260 이렇게 사랑하라!

눅 10:25-37

강도 만난 자의 비유에는 제사장, 레위인, 사마리아인 등이 등장합니다. 세 사람 모두 길을 지나다가 강도 만난 사람을 봤지만, 제사장과 레위인은 "그를 보고 피하여"(눅 10:31-32) 지나쳤고, 사마리아인만이 그를 "보고 불쌍히 여겨"(눅 10:33) 멈추어 도와주었습니다. 불쌍히 여김은 저 사람이 나와 관계가 있다고 생각할 때 생기는 감정입니다. 오늘 우리는 다시 사랑하기 위하여 내 이웃이 누구인지를 명확하게 알아야 합니다.

오직 사마리아인만이 이웃이 되어 주었습니다.
예루살렘에서 여리고로 내려가는 길은 유대 지역입니다. 그러니 강도 만난 사람은 유대인이었을 확률이 높습니다. 그런데 그를 도운 사람은 유대인에게 배척받던 사마리아인이었습니다. 그는 강도 만난 자를 위해 시간을 내고, 비용을 감수하고, 자신을 희생했습니다. 나를 배척하는 사람에게도 이웃이 되어 주는 것이야말로 진정한 이웃 사랑입니다.

예수님은 "누가 강도 만난 자의 이웃이 되겠느냐"(눅 10:36)라고 물으셨습니다.
우리는 지금껏 나에게 누가 '이웃'인지를 찾았습니다. 그러나 주님은 누가 그의 이웃이 되어 주겠느냐고 물으십니다. 이것은 혁명적인 질문으로 사랑의 새로운 방식을 생각하게 합니다. 사마리아인처럼 가던 길을 멈추고 주목하여 시간과 돈을 들여 돕는 이웃이 되십시오. 그러면 언젠가는 누군가가 나의 이웃이 되어 줄 것입니다.

나는 내 이웃을 찾기보다 누군가에게 이웃이 '되어' 주고 있습니까?

❶ 의도적으로 가던 길을 멈추고 누군가를 도운 적이 있습니까?
❷ 누군가를 위해 기꺼이 자신을 희생한 적이 있습니까?

사랑이 이긴다

261

롬 8:15, 28

그리스도인은 "양자의 영"(롬 8:15)을 받은 사람입니다. 이 말은 하나님이 우리의 의붓아버지가 되신다는 말이 아니라, 우리가 자녀가 되는 권리를 받았다는 뜻입니다. 우리가 완벽한 존재여서 하나님의 사랑을 받는 게 아닙니다. 그 사랑을 받았다고 해서 우리에게 아무런 문제가 생기지 않는다는 말도 아닙니다. 하나님이 우리 아버지가 되시니 그 사랑 안에서 새로운 인생을 살게 되었다는 뜻입니다.

하나님의 사랑 안에서 우리는 더 이상 원망을 가슴에 품지 않습니다. 오히려 그 원망의 대상을 통해 우리 삶에서 일하시는 하나님의 능력을 보게 됩니다. 하나님을 믿는다는 것은 우리 삶의 불협화음을 아름답고 선한 선율로 만들어 가시는 하나님의 능력을 믿는 것입니다. 고통스러운 순간에도 "모든 것이 합력하여 선을"(롬 8:28) 이루게 하실 하나님을 신뢰하십시오. 하나님의 사랑은 어떤 불의나 원망도 이길 능력이 있기 때문입니다.

사랑의 하나님은 우리에게 넉넉히 이길 힘을 주십니다(롬 8:37). 때로는 실패할지라도, 삶의 중요한 것을 잃게 되었을지라도 하나님은 언제나 우리에게 말씀하십니다. 우리를 사랑하시는 그 사랑으로 언제나 힘을 주시겠다고 말입니다. 그 누구도, 그 어떤 것도 우리를 "우리 주 그리스도 예수 안에 있는 하나님의 사랑에서"(롬 8:39) 끊을 수 없습니다. 하나님의 사랑이 우리로 하여금 이기게 하십니다.

나를 사랑하시는 하나님의 사랑으로 이기고 있습니까?

❶ 자연스레 생겨나는 원망의 감정을 하나님께 내어 드립니까?
❷ 하나님의 사랑으로 고난을 딛고 다시 일어난 경험이 있습니까?

Chapter

11

능력,
부르심에 합당하게
행할 힘

내 안에서 일하시는 하나님

262

빌 2:13

진정한 소망의 원천은 "내 안에서 행하시는 하나님"입니다. 사도 바울이 "너희 안에서 행하시는 이는 하나님"(빌 2:13)이라고 말합니다. 우리 삶에 소망이 있는 이유는 바로 하나님이 우리 안에서 일하고 계시기 때문입니다. 하나님과 하나 될 때, 우리는 고난 가운데서도 소망을 가질 수 있습니다. 소망이 있다면 어떤 상황에서도 흔들리지 않을 수 있습니다.

소망은 고난 가운데서 "순금같이"(욥 23:10) 되어 나올 것을 믿는 확신입니다. 고난의 긴 터널을 지나는 동안 우리를 지켜 주는 것은 바로 소망입니다. 성경은 하나님을 사랑하는 자들에게는 "모든 것이 합력하여 선을"(롬 8:28) 이룰 것이라고 말합니다. 말씀에서 얻는 확신이 눈앞의 고난을 이겨 낼 수 있는 여유를 우리에게 줍니다. 또 다가올 즐거움을 위해 당면한 어려움을 참는 힘이 되기도 합니다.

주님은 우리가 실의에 빠진 자리에 찾아오십니다. 베드로는 예수님을 배신한 뒤에 실의에 빠져 있었습니다. 그러나 예수님은 그를 내버려 두지 않고 찾아와 회복시키셨습니다. 주님이 주신 새 소망은 베드로에게만 머물지 않고, 주변에 나누어지는 축복이 되었습니다. 이처럼 주님은 우리에게 소망을 주실 뿐만 아니라, 우리가 그 소망을 전하는 메신저가 되기를 원하십니다. 신실하신 하나님을 믿고 소망을 품으십시오.

나는 '내 안에' 계신 하나님으로부터 소망을 얻습니까?

❶ 내 소원이나 기대가 아닌, 하나님이 원하시는 모습으로 살아갑니까?
❷ 어떤 상황에서도 흔들리지 않는 소망을 품었습니까?

263 지혜와 어리석음의 기준

사 55:7-9

어리석은 자와 지혜로운 자를 구분하는 기준은 간단합니다.
바로 '여호와를 의식하는가, 의식하지 않는가'입니다. 성경은 여호와를 의식하지 않는 것은 "악인의 길"(사 55:7)이라고 분명히 말합니다. 하나님의 뜻을 떠난 불의한 생각은 악하기 때문입니다. 이러한 관점에서 지혜로움은 무엇을 '아는' 차원의 문제가 아닙니다. 지혜는 '의인의 삶'을 사는 것입니다. 하나님을 알아야 그분의 생각을 좇아 살 수 있기 때문입니다.

내 생각과 하나님의 생각이 같으리라고 착각하지 마십시오.
우리는 '편리함'과 '안락함'을 추구합니다. 그런데 하나님은 우리에게 안락함을 택하라고 말씀하지 않으셨습니다. 내 선택이 하나님의 뜻에 어긋날 수 있음을 명심하십시오. 내가 생각한 길이 아닌 하나님의 길을 선택할 때, 하나님은 우리의 잘못된 선택을 긍휼히 여기시고, 너그러이 용서해 주실 것입니다.

하나님의 생각은 우리와 다릅니다.
분명한 것은 하나님이 행하시는 일은 모두 선하다는 사실입니다. 간혹 하나님이 섭섭하게 느껴질 정도로 우리를 혹독하게 연단시키실 때가 있습니다. 이는 우리가 하나님만 바라보며 살게 하도록 주시는 축복의 훈련입니다. 하나님만을 바라보는 것이 신앙의 본질이며, 우리가 악인의 길로 빠지지 않을 유일한 방법이기 때문입니다.

나는 지혜로운 자입니까, 어리석은 자입니까?
❶ 편안함이 아닌 하나님의 뜻을 택하고 있습니까?
❷ 인간의 잣대가 아닌 하나님의 기준으로 세상을 바라봅니까?

다시, 지혜의 길로

264

시 94:8-9

지혜와 분별력은 어느 날 갑자기 생기지 않습니다. 끊임없이 훈련해야만 얻을 수 있습니다. 기도의 응답 역시 마찬가지입니다. 기도하지 않던 사람이 위기 앞에서 갑자기 기도한다고 해서 즉각 응답이 일어나지는 않습니다. 평소 하나님의 영성에 사로잡혀 훈련된 사람이 위기의 순간에 지혜로운 결단을 하는 것입니다. 지혜로운 삶을 살기 위해서는 삶의 모든 영역에서 지혜로 결단해야 합니다.

지혜로운 사람은 하나님께 길을 묻습니다.
성경은 "너희 중에 누구든지 지혜가 부족하거든 모든 사람에게 후히 주시고 꾸짖지 아니하시는 하나님께 구하라 그리하면 주시리라"(약 1:5)라고 말씀합니다. 잘못된 길로 빠졌을 때, 그 사실을 모르는 경우는 거의 없습니다. 그 길에서 벗어나야 한다는 사실을 알면서도 의지가 제대로 작동하지 않을 뿐입니다. 하나님께 의지를 구하고, 지혜를 구하십시오.

지혜로운 사람은 유혹에 빠지지 않습니다.
하나님 앞에서는 아무것도 감출 수 없다는 사실을 알기 때문입니다. 어떤 유혹과 시험에 부딪혀도 하나님이 지켜보시리라는 것을 의식하십시오. 고난과 수고와 오랜 인내는 생명과 열매를 가져옵니다. 이것이 하나님이 광야에서 이스라엘 백성을 훈련시키신 이유이기도 합니다. 훈련된 지혜로운 사람은 큰 시련 앞에서 오히려 하나님의 큰 기적을 기대합니다.

나는 지혜와 분별력을 얻기 위해 훈련하고 있습니까?

❶ 나의 의지가 아닌 하나님의 의지대로 살아갑니까?
❷ 유혹과 시험 앞에서도 나를 지키실 하나님을 신뢰합니까?

265
약 1:2-5

성령의 열매
"인내"

성령의 사람은 쉽게 흔들리거나 포기하지 않습니다.
왜냐하면 주님이 우리의 소망 되심을 분명히 알기 때문입니다. 야고보서 기자는 시험을 당하더라도 "온전히 기쁘게 여기라"(약1:2)라고 말합니다. 시험은 인생의 끝이 아니며, 소망의 삶을 살아가는 과정이기 때문입니다. 환난 중에도 그리스도께서 우리의 소망 되심을 고백할 때 우리 삶에는 인내의 열매가 맺히기 시작합니다.

성경은 "인내를 온전히 이루라"(약1:4)라고 말합니다.
인내란 포기하지 않고 버티는 것입니다. 인내는 우리를 사랑하기로 작정하신 하나님의 사랑에서 출발합니다. 우리를 향해 오래 참으시는 하나님의 사랑을 경험한 사람은 어떤 일이 있어도 하나님이 나를 버리지 않으실 것을 알게 됩니다. 이 사실로 말미암아 인내하며 소망 가운데 거할 수 있으며 우리 역시 환경과 상황에 흔들리지 않고 하나님을 사랑하며 살아가게 됩니다.

그러나 "인내" 자체가 그리스도인의 목표는 아닙니다.
인내를 통해 온전한 신앙인이 되는 것이 우리의 목표입니다. 인내를 뜻하는 헬라어 '마크로튀미아'는 '길다'와 '마음'의 합성어로, '길게 가는 마음'이라는 뜻입니다. 믿음이 성장해 갈수록 성숙한 신앙의 표시인 인내가 요구하는 길 또한 길어집니다. 고난의 광야나 "사망의 음침한 골짜기"(시23:4)를 벗어나는 방법은 끝까지 가는 것임을 기억하십시오.

나에게는 인내의 열매가 있습니까?

❶ 어떤 상황에서도 하나님이 나를 버리지 않는다는 믿음이 있습니까?
❷ 환경과 상황에 흔들리지 않고, 하나님을 사랑합니까?

성령의 열매
"희락"

266

요 15:9-11 / 약 1:2-5

하나님이 주시는 기쁨은 순간적인 즐거움이 아닙니다.
기쁨의 열매는 하나님의 사랑을 입은 자들에게 주어지는 특권입니다. 즉 완전한 기쁨은 하나님으로부터 오는 것입니다. 아무리 즐거운 일일지라도 진정한 기쁨의 근원 되시는 하나님을 떠나서는 참 기쁨이 될 수 없습니다. 그리스도인의 분명한 정체성을 가지고 살아간다면, 어떤 환경에 처하든지 우리의 참 기쁨은 영향을 받지 않습니다.

성경은 "시험을 당하거든 온전히 기쁘게 여기라"(약 1:2)라고 말합니다.
아브라함은 오랜 기다림 끝에 얻은 아들 이삭을 제물로 바치라는 하나님의 시험을 받습니다. 참으로 어려운 시험이었지만, 그는 많은 믿음의 경험으로 하나님을 굳게 신뢰했습니다. 그 덕분에 시험에 통과하였고, 아브라함은 더욱 견고한 믿음 위에 올라서게 됩니다. '그 시험' 가운데 아브라함이 본 소망이 바로 하나님이 주시는 은혜의 기쁨, '카리스'입니다.

"여러 가지 시험"(약 1:2)을 당할 때 우리는 깨어짐을 경험하기도 합니다.
그러나 그것을 통해 교만한 마음을 떨치고, 믿음이 더욱 단단해질 수 있습니다. 비록 시험은 고통스럽지만, 하나님의 방법으로 다루어 주시기를 기도하면, 깊은 곳에서 솟아나는 기쁨이 있습니다. 이 기쁨은 어렵게 찾아서 발견하는 보석과도 같습니다. 그 안에는 아주 반짝이는 찬란한 눈물이 있습니다.

나는 시험을 당할 때도 기쁨을 잃지 않습니까?
❶ 희락의 근원 되시는 하나님이 주시는 기쁨을 누리고 있습니까?
❷ 고통스러울 때도 하나님의 방법으로 다루어 주시기를 기도합니까?

267

사 26:1-4

성령의 열매
"화평"

그리스도인의 인생에도 문제는 일어납니다.
하나님의 약속은 문제없는 인생이 아니라 문제 속에서 발견하는 '평강'입니다. 진정한 평강은 주를 "신뢰"함으로써 찾아옵니다(사 26:3). 즉 주님과의 관계 속에서 오는 것입니다. 인생의 문제와 갈등 사이에서도 평강을 이루어 내야 합니다. 화평의 열매를 거두어야 합니다. 이를 위해서는 '평화의 수고'가 필요합니다.

우리가 "화평"을 잃어버리는 이유는 대개 인간관계의 실패 때문입니다. 다른 사람의 처지에서 생각하면, 이해할 수 있는 일이 많습니다. 예수님은 "근본 하나님의 본체시나 하나님과 동등됨을 취할 것으로 여기지 아니하시고 오히려 자기를 비워 종의 형체를 가지사 사람들과 같이"(빌 2:7) 되셨습니다. 이것이 하나님이 사람과의 깨어진 관계를 바로 세우고, 화평을 이루시는 방법입니다.

풍랑이 일 때는 오히려 깊은 바닷속으로 들어가면 고요함을 찾을 수 있습니다. 사람 때문에 마음이 상하여 "평강"을 잃었다면, 하나님과의 깊은 교제 가운데로 들어가 보십시오. 문제의 파도가 아무리 높게 몰려와도 곧 잔잔함을 되찾게 될 것입니다. "이스라엘을 지키시는 이는 졸지도 아니하시고 주무시지도"(시 121:4) 아니한다고 했습니다. 그 깊은 교제 가운데서 "모든 지각에 뛰어난 하나님의 평강"(빌 4:7)이 임하여 화평의 열매를 맺게 될 것입니다.

나는 화평의 열매를 위해 평화의 수고를 하고 있습니까?

❶ 먼저 이해와 관용을 베풀기 위해 노력하고 있습니까?
❷ 요동치는 환경 속에서도 잠잠히 하나님을 신뢰하고 있습니까?

성령의 열매
"사랑"

268

요일 4:7-11

하나님의 사랑은 우리를 있는 그대로 '받으시는 사랑'입니다. 이 사랑을 알 때 우리는 비로소 '자존감'이 높아집니다. 사람들의 말 몇 마디에 좌지우지되지 않습니다. 우리 인생은 다른 사람이 나를 어떻게 보느냐가 아니라 하나님이 나를 어떻게 보시느냐에 따라 결정됩니다. 하나님이 나를 "이처럼 사랑"(요 3:16)하시는 것보다 더 중요한 사실이 어디에 있겠습니까? 나는 하나님이 사랑하시는 존재임을 인정하십시오.

하나님의 사랑을 알지 못하면, 자신을 다른 사람과 비교하게 됩니다. 프로와 아마추어의 차이는 기준이 절대적인가 상대적인가입니다. 하나님의 사랑이라는 절대적인 기준을 알면, 타인과 자신을 비교할 필요가 없습니다. 다른 사람의 평가에 민감해하지 마십시오. 성령의 열매는 하나님의 놀라운 사랑에서부터 싹을 틔웁니다. 하나님의 사랑을 알면, "우리도 서로 사랑하는 것이 마땅"(요일 4:11)함을 깨달을 것입니다.

우리가 사랑의 열매를 맺지 못하는 이유는 실천하지 않기 때문입니다. 사랑은 동사입니다. 수고하지 않으면, 열매를 얻지 못합니다. 받은 사랑의 감동을 실천하려는 의지와 수고가 없다면, 어떤 것도 이루어지지 않습니다. 아무리 능력 있는 일을 행했다 할지라도 사랑이 없다면 하나님께 속한 것이 아닙니다. 그러니 오늘, 주님이 주시는 사랑으로 섬길 대상을 찾아보십시오. 사랑의 수고로 성령의 열매를 맺어 가시길 바랍니다.

하나님이 나를 있는 그대로 사랑하심을 믿습니까?

❶ 그 사랑 안에서 자존감을 회복합니까?
❷ 사랑받은 존재답게 사랑의 열매를 맺고 있습니까?

269

민 12:1-3 / 시 37:7-11

성령의 열매
"온유"

온유함은 유약함과 다릅니다.
온유한 사람은 자기 고집을 꺾고, 상대방을 인정하며 받아들입니다. 온유한 사람은 다른 사람에게 부정적이거나 배타적이지 않고, 긍정적이며 수용적입니다. 온유한 사람의 특징은 성숙이며, 그 성숙은 담대함과 섬세함이 조화된 성품입니다. 하나님 앞에서 담대히 살아가며 동시에 사람들을 배려하고 살피는 친절함이 바로 온유함입니다.

온유함은 끊임없는 인내와 노력 없이는 불가능한 성품입니다.
성경은 모세가 "온유함이 지면의 모든 사람보다"(민 12:3) 더한 사람이라고 말합니다. 그러나 그는 과거에 의분으로 사람을 죽이기까지 했으며 자신을 비난하는 말을 참지 못한 적도 있었습니다. 그랬던 그가 어느덧 화나고 억울한 마음을 하나님께 가져가는 사람이 되었습니다. 원수를 직접 갚지 않고, 하나님께 맡기게 된 것입니다.

모세는 자신을 비방했던 미리암의 나병을 고쳐 달라고 기도했습니다(민 12:1-13). 억울하거나 분노가 치밀 때 그리스도인이 할 수 있는 일은 온전히 하나님께 맡기는 것입니다. 그리고 나서 용서의 단계로까지 나아가야 합니다. 진정한 용서는 상대방을 축복하며 시작됩니다. 물론 용서가 쉽지는 않습니다. 중요한 것은 끓어오르는 화를 하나님께 맡기고, 나는 용서하기로 결단하는 것입니다. 더 나아가 그 사람을 축복하겠다고 마음먹는 것입니다.

나는 끝없는 인내와 노력으로 온유함을 지키고 있습니까?

❶ 나는 억울함과 분노마저 하나님께 맡기고 있습니까?
❷ 온유함을 내면에 길들이기 위해 하나님께 구하고 있습니까?

성령의 열매
"절제"

270

고전 9:24-27

절제는 자신을 다스리는 능력입니다.
절제가 성령의 열매 중 하나인 이유는 자신의 의지로는 불가능하기 때문입니다. 우리는 성령께서 주시는 능력으로 매일매일 절제의 열매를 키워 갑니다. 성령의 역사는 우리 삶에서 새로운 의지를 불러일으킵니다. 그러나 절제의 노력이 없으면, 본성이 언제든지 옛날로 돌아갈 준비를 하고 있습니다. 평소에 늘 좋은 것, 생명력 있는 것을 선택하는 훈련이 필요합니다.

인생의 경주는 단거리가 아닌 마라톤입니다.
우리 인생은 한 구간으로 결정되지 않습니다. 인생의 마라톤을 달리는 동안에 여러 가지 변수가 개입할 수는 있지만, 기본 조건은 누구에게나 동일하다는 것을 기억하십시오. 문제는 경주에 임하는 마음 자세입니다. 절제 없는 신앙의 달음질에서 절대로 승리할 수 없습니다. 하나님 나라와 하나님을 향한 변치 않는 열정을 품되, 절제하는 삶을 살아야 합니다.

절제는 저절로 생기지 않습니다.
절제의 열매는 하나님께 가까이 나아갈 때 비로소 얻을 수 있습니다. 하나님이 한결같이 내 결단의 이유가 되실 때 절제가 가능합니다. 우리는 날마다 예수 그리스도라는 푯대를 향해 달려갑니다. 주님을 가까이 대면하기 위해 절제된 삶을 살 때 우리는 신앙의 경주를 성공적으로 마칠 수 있습니다.

나는 절제를 훈련하며 하나님과 가까이하고 있습니까?

❶ 좋은 것, 생명력 있는 것을 선택하고 있습니까?
❷ 언제나 하나님 앞에서 삶을 결단하고 있습니까?

271
삼하 9:3-8

성령의 열매
"자비"

'자비'는 그리스도인의 정체성을 분명하게 나타냅니다.

자비란 '다른 사람에게 잘해 주려는 좋은 마음'입니다. 내 입장만 고집하지 않고, 상대방의 입장에서 생각할 때 자비할 수 있습니다. 자비가 성령의 열매인 이유는 단순한 감동의 차원이 아니라 자기 백성을 위해 눈물 흘리시는 하나님의 마음에서 비롯되기 때문입니다. 다른 사람들을 배려하고, 그들과 함께 기뻐하고 함께 슬퍼하며 눈물을 흘릴 수 있는 성품입니다.

다윗은 사울 왕의 시기와 질투 때문에 황무지 같은 곳에서 지내야 했습니다.

이유 없이 고통을 감내해야 했던 추격전 가운데 다윗은 자신의 원수인 사울 왕을 죽일 기회를 만납니다. 사람들은 그 기회를 붙잡으라 했지만, 다윗은 하나님을 바라보며 기다렸습니다. 그리고 그는 칼 대신 자비를 택했습니다. 그 자비의 선택 앞에서, 원수였던 사울의 마음이 움직였고 그에게서 축복의 말을 듣게 됩니다(삼상 24:19-22).

하나님의 자비하심이 필요 없는 사람은 아무도 없습니다.

우리가 하나님께 자비를 입었다면, 우리 역시 누군가에게 자비를 베풀어야 합니다. 하나님과 원수 되었던 내가 하나님께 용서받고 자비를 얻었다는 사실을 기억한다면, 우리가 자비를 베풀지 못할 사람이 있겠습니까? 그런데도 아직 자비의 마음을 갖지 못했다면, 하나님께 구하십시오. 우리는 모두 하나님의 자비하심에 빚진 자들임을 잊지 마십시오.

나는 자비를 통해 그리스도인의 정체성을 드러내고 있습니까?

❶ 내가 받은 하나님의 자비를 기억합니까?
❷ 내가 하나님의 자비를 필요로 하는 만큼 나 역시 자비를 베풀며 살아갑니까?

성령의 열매
"양선"

272

행 11:24

"양선"은 성령의 능력으로 착한 일을 행하는 것입니다.
단순히 양을 안고 있는 것이 아니라, 양을 사랑하기에 목숨까지 내어놓으시는 '선한 목자'이신 주님의 성품을 닮아 가는 것입니다. 즉 양선은 하나님의 마음과 뜻에 들어맞는 착함입니다. 사마리아인만이 강도 만난 이웃을 돕지 않았습니까?(눅 10:30-34) 그에게 적용할 수 있는 성품이 바로 양선입니다.

바나바는 양선이 무엇인지를 잘 보여 주는 인물입니다.
사람들은 예수님의 제자들을 핍박했던 사울의 회심을 믿지 않았습니다. 그들은 자신들이 보고 경험했던 사울만을 기억하고 있었기 때문입니다. 그때 사울을 믿어 주고 초대교회의 가장 위대한 지도자로 성장할 수 있도록 뒷받침해 준 사람이 바로 바나바입니다. 교회는 사람을 정죄하고 판단하는 곳이 아니라 사람을 살리고 세움으로써 성령의 역사를 일으키는 곳입니다.

사도행전의 중요한 순간마다 바나바가 있었습니다.
바나바는 바울이 사역할 수 있는 길을 열어 주었고, 그와 함께 안디옥에 1년간 머물며 사역했습니다. 그러나 그들은 제2차 전도 여행 때 마가의 동행 문제로 다툰 뒤 갈라서고 말았습니다. 바나바는 마가를 끝까지 챙겼고, 마가는 끝내 사도 바울의 인정을 받았으며 마가복음의 저자가 되었습니다. 이처럼 양선은 사람을 떠나보내지 않고, 주께로 돌아오게 하는 성품입니다.

나는 사람을 살리고 세우는 양선의 열매를 맺고 있습니까?

❶ 성령의 능력으로 착한 일을 행하고 있습니까?
❷ 나로 인해 다른 사람이 주께로 돌아오고 있습니까?

273

마 25:14-25

성령의 열매
"충성"

하나님의 뜻이 있는 곳에 내 뜻을 두는 것이 충성입니다.
세상은 사람을 소유로 평가하지만, 하나님은 존재를 보십니다. 달란트 비유에서 주인의 관점은 '얼마를 남겼느냐?'가 아닌 '어떤 사람이었느냐?'입니다. 우리는 어떤 삶을 살았느냐에 따라 평가받을 것입니다. 충성된 사람은 내가 하고 싶은 것과 하나님의 명령을 따라 하는 것을 분명히 구분합니다. 하나님을 뜨겁게 사랑하는 자만이 충성의 열매를 맺습니다.

충성의 열매는 성실로 나타납니다.
모든 달란트에는 쓰임이 있습니다. 아무리 작은 것이라도 가치가 있습니다. 믿음으로 작은 일에 충성하는 자는 하나님이 귀히 사용하십니다. 믿음이 있는 자는 하나님 앞에서 늘 준비된 자이기 때문입니다. 성실함은 주님 앞에서가 아니라 일상에서 증명됩니다. "무슨 일을 하든지 마음을 다하여 주께 하듯"(골 3:23) 충성하는 진정한 하나님의 사람입니다.

비유 속의 주인은 "오랜 후에"(마 25:19) **돌아와 달란트를 회계했습니다.**
주인을 기다리는 자세에서 믿음이 있는 사람과 없는 사람이 나뉩니다. 언젠가는 주인이 돌아올 것을 믿는 사람만이 충성된 삶을 삽니다. 이 믿음이 없이는 인내도, 연단도, 소망도 없을 것입니다. 오랜 후에 분명히 하나님은 우리 삶을 회계하실 것입니다. 우리가 얼마나 신실하게 충성을 다했는지를 말입니다.

나는 성실로 충성을 다하고 있습니까?

❶ 소유가 아닌 존재를 보시는 하나님 앞에 충성을 다합니까?
❷ 삶 속 작은 일에도 하나님의 사람답게 살고 있습니까?

타협하지 말고
과감하게 개혁하라

274

느 13:1-15, 23-25, 31

신앙의 타협이 가져온 결과를 보십시오.
느헤미야가 잠시 자리를 비운 사이에 예루살렘에 영적인 타락이 일어났습니다. "하나님의 전의 방을 맡은 제사장 엘리아십이" 성벽 재건을 방해했던 대적, 암몬 사람 도비야를 위해 성전 뜰에 방을 마련해 주었고, 이 거룩한 공간은 세속적인 물건들로 채워졌습니다(느 13:4-7). 이는 신앙의 타협이 하나님의 성전인 우리 마음을 더럽히는 결과를 초래함을 보여 줍니다.

거룩함을 회복하기 위해서는 과감한 개혁이 필요합니다.
느헤미야는 타락한 현장을 보고 깊이 근심하며 과감한 행동에 나섰습니다. 그는 도비야의 세간을 모두 내던지고, 성전의 방을 정결하게 한 후 원래 거룩한 목적대로 사용하게 했으며, 백성이 십일조를 하도록 꾸짖고 다시 제자리에 세웠습니다(느 13:8-12). 이처럼 무너진 신앙을 바로 세우기 위해서는 세속적인 것과 타협하지 않고, 거룩함을 침해하는 요소를 과감히 제거하는 결단이 필요합니다.

진정한 개혁은 하나님을 향한 헌신으로 이루어집니다.
느헤미야의 개혁은 단순히 외적인 질서 회복에 그치지 않았습니다. 그는 모든 개혁을 마무리하며 "내 하나님이여 나를 기억하사 복을 주옵소서"(느 13:31)라고 기도했습니다. 이는 개혁의 주체이신 하나님께 은혜를 구하는 겸손한 기도로, 자신의 행위가 아닌 하나님의 기억에 의지하는 신앙을 보여 줍니다. 이처럼 진정한 개혁은 개인의 영적 책임감과 하나님을 향한 헌신에서 비롯됩니다.

나는 나의 영적 공간을 거룩하게 지키고 있습니까?

❶ 탐욕이나 세속적인 가치관에 자리를 내주고 있지는 않습니까?
❷ 신앙의 원칙이 무너진 현장을 목격했을 때 그것을 바로잡기 위해 과감히 행동할 용기가 있습니까?

275 핍박을 두려워하지 말라
마 5:10-12

예수님은 "의를 위하여 박해를 받은 자"(마 5:10)가 복이 있다고 말씀하십니다. 이는 세상의 가치관과는 전혀 다른 역설적인 축복입니다. 세상은 평안과 칭찬을 추구하지만, 성경은 믿음이 손해 보고 어려움을 당하는 순간에 증명된다고 말합니다. 우리의 믿음은 손해와 고통을 감수할 때 그 능력을 드러냅니다.

아픔 없는 성장은 없습니다.
자람을 위한 고통은 필연입니다. 마찬가지로 그리스도인이 성숙하게 자라나는 데에 박해로 인한 고통은 필연입니다. 이것은 '가치 있는 아픔'이요 '의미 있는 고통'입니다. 그러므로 예수님이 "의를 위하여 박해를 받은 자"에게 "기뻐하고 즐거워하라"(마 5:10-12)라고 하신 말씀은 진리를 모를 때는 역설적으로 들리지만, 진리를 알면 당연한 말씀으로 들립니다.

"박해"는 하늘 백성의 고유한 전통입니다.
예수님은 "너희 전에 있던 선지자들도 이같이 박해하였느니라"(마 5:12)라고 말씀합니다. 믿음의 선진들은 고난과 박해를 기쁨으로 감내했습니다. 서머나교회의 폴리갑 감독이나 주기철 목사가 흘린 순교의 피는 결코 헛되지 않습니다. 세상의 눈에는 낭비처럼 보일지 모르지만, 그들의 희생은 복음의 열매를 맺고, 우리에게 믿음의 길을 보여 주는 증거가 됩니다.

손해와 어려움 속에서 나의 믿음이 드러남을 알고 있습니까?

❶ 의를 위하여 박해받을 때 기뻐하고 즐거워할 수 있습니까?
❷ 세상의 눈에는 낭비로 보일지라도 믿음의 희생은 값진 열매를 맺는다는 것을 믿습니까?

물러나지 않으면 패배하지 않는다

276
막 2:4-5

중풍병자에게 일어난 일을 보십시오.
예수님이 가버나움에 오셨다는 소식은 중풍병자에게 마지막 희망이었을 것입니다. 스스로 움직일 수 없는 사람에게 예수님께 가면 고침을 받을 수 있다는 말이 얼마나 간절하게 들렸겠습니까? 다행히도 그에게는 믿음의 친구들이 있었고, 그들은 무리 때문에 복잡한 가운데서도 물러서지 않았습니다.

물러서지 않은 덕분에 지붕을 뚫겠다는 지혜가 생긴 것이 아닐까요?
말씀을 묵상하던 중 한 단어가 유독 눈에 들어왔습니다. "작은 자야"(막 2:5). 예수님이 그를 그렇게 부르신 이유를 생각하게 되었습니다. 작은 자라는 의미는 스스로 아무것도 할 수 없는 '무기력'한 사람이 아니었을까요? 이 단어를 영어 성경(NIV)은 "아들아"(Son)로 번역했습니다. 예수님께 그 사람은 믿음으로 나아온 '사랑받는 아들'이었습니다.

만약 친구들이 많은 무리를 보고 바로 포기했다면 어떻게 되었을까요?
우리의 신앙이 흔들리는 가장 큰 이유도 바로 너무 빨리, 너무 쉽게 뒤로 물러서는 데 있습니다. 우리는 "뒤로 물러나 멸망할 자가 아니요… 믿음을 가진 자"(히 10:39)입니다. 믿음은 종종 '끝까지 서 있는 힘'을 의미합니다. 믿음의 사람은 장벽 앞에서 멈추는 대신, 하나님이 여실 새로운 길을 기대하며 한 걸음 더 내딛습니다.

지금 내 삶의 어떤 장애물 앞에서 쉽게 물러서고 있지는 않습니까?

❶ 스스로 약하고 부족하다고 느낄 때 여전히 나를 "아들·딸"로 부르시는 주님의 음성을 듣습니까?
❷ 하나님이 보여 주실 '새로운 길'을 기대합니까?

277

시 46:1-3

두려워하지 아니하리로다

하나님은 우리의 "피난처"(시 46:1)**이십니다.**
피난처는 삶의 위기 가운데 우리를 보호해 주는 곳입니다. 때로 인생의 위기로 인해 헐떡거릴지라도 쉼을 얻어 갈 수 있는 장소입니다. 하나님이 우리 삶의 피난처가 되시므로 어떤 상황에서도 우리를 보호해 주실 것입니다. 우리가 사탄에 맞서서 담대할 수 있는 이유가 바로 이것입니다.

또한 하나님은 우리의 "힘"(시 46:1)**이십니다.**
출애굽 한 이스라엘이 광야에서 보낸 40년 세월 동안 하나님은 당신이 어떻게 그들의 힘이 되어 주시는지를 분명하게 보여 주셨습니다. 아무리 큰 능력일지라도 나와 상관이 없다면, 무슨 유익이 있겠습니까? 하나님은 이스라엘을 밤에는 불기둥으로, 낮에는 구름 기둥으로 인도하셨고, 먹을 것이 없을 때는 만나와 메추라기를 내려 주셨습니다. 그것도 매일 말입니다.

승리의 경험은 평생 살아가는 힘이 됩니다.
하나님의 능력을 체험한 사람은 환난 앞에서도 두려워하지 않고, 오히려 용기를 냅니다. 어려울 때, 하나님의 도우심을 경험한 기억이 영혼에 깊이 새겨져 있기 때문입니다. 하나님은 우리가 "하나님은 우리의 피난처시요 힘이시니 환난 중에 만날 큰 도움"(시 46:1)이심을 매일매일 고백하길 원하십니다.

나는 어떤 상황에서도 두려워하지 않을 수 있습니까?

❶ 나를 도우신 하나님에 대한 기억이 내 영혼에 새겨져 있습니까?
❷ 환난을 당해도 두려워하기보다는 용기를 냅니까?

타임아웃!

278

시 27:14

큰 시련이 큰 기적을 낳습니다.
이스라엘 역사에 있어서 가장 위대한 기적은 홍해를 건넌 사건일 것입니다. 홍해를 건너는 큰 기적 이전에 큰 위기가 있었습니다. 바로의 군대가 뒤쫓는 절체절명의 순간에 모세는 "너희는 두려워하지 말고 가만히 서서 여호와께서 오늘 너희를 위하여 행하시는 구원을 보라"(출 14:13)라고 하였습니다. 우리의 가능성이 끝난 자리에서 주님을 바라볼 때, 기적이 일어납니다.

하나님의 기적은 근본적인 문제를 해결합니다.
이스라엘 백성에게 홍해는 은혜의 장소였지만, 추격자들에게는 진멸의 장소였습니다. 이스라엘을 뒤쫓던 애굽 군대를 완전히 제하여 주신 것입니다. 홍해 앞에 선 것처럼 인생이 가로막힌 것 같을 때, 하나님의 능력을 바라보십시오. 애굽에서 노예 생활을 했던 이스라엘의 두려움의 근원을 홍해에서 완전히 제거해 버리신 하나님의 능력을 구하십시오.

내 생각으로 아무것도 할 수 없을 때는 자신에게 '타임아웃'을 외쳐야 합니다.
위기 상황에서 가만히 서 있기란 쉽지 않습니다. 그러나 하나님의 얼굴을 바라보기 위해서는 하던 일을 잠시 멈추어야 합니다. 하나님은 당신의 얼굴을 바라는 사람에게 기적을 행하시는 분이기 때문입니다. 머리로 이리저리 재고 계산만 한다면, 기적은 일어나지 않습니다. 하나님의 행하심은 언제나 우리 생각을 뛰어넘습니다. 그래서 기적이라고 하지 않겠습니까?

나는 위기 상황에 부딪히면 자신에게 타임아웃을 외칩니까?

❶ 인생길이 막힌 것 같은 답답한 상황에서 나는 무엇을 바라봅니까?
❷ 위기 앞에 두려워하지 않고, 잠잠히 하나님을 기다릴 수 있습니까?

279 절제가 최고의 전략

고전 9:24-27

사도 바울은 "이기기를 다투는 자마다 모든 일에 절제하나니"라고 말합니다. 여럿이 달음질할지라도 "오직 상을 받는 사람은 한 사람"(고전 9:24)입니다. 달음질하는 목표가 분명해야 합니다. 받으려는 상이 '구원의 면류관'임을 생각한다면, 그 상을 위해 노력하지 않을 수 없습니다. 목표를 향해 달려갈 때, 부수적인 것들은 과감히 잘라 내십시오. 절제가 최고의 전략입니다.

선박에 Load line(적재 한계선)이 있듯이 영혼에도 Lord line(신앙의 선)이 있습니다. 로드 라인(Load line)이 배의 안전을 위해 짐을 실은 선체가 물속에 잠기는 한도를 나타내듯이 영혼의 로드 라인(Lord line)은 멍에의 무게로 영혼이 가라앉는 한도를 나타냅니다. 영혼의 로드 라인(Lord line)을 깊이 내려 잡아 멍에를 주께 많이 맡길수록 우리 인생의 짐이 가벼워짐을 느낄 수 있습니다. 마찬가지로 인생에서 구원과 상관없는 것을 비워 내야만 십자가를 능히 질 수 있습니다.

영혼의 로드 라인 지키기를 습관화하려면, 인내를 훈련해야 합니다. 자기 영혼의 로드 라인을 분명히 인식할 때까지는 수많은 시행착오를 겪어야 할 것입니다. 그 과정에서 우리를 괴롭히는 일이 생길 수 있습니다. 몸에 밴 습관을 고치거나 버리기는 쉽지 않습니다. 오래 밴 습관일수록 더욱 힘든 법입니다. 세상이 주는 "무거운 멍에"(왕상 12:11)의 습관을 버리고, 절제로써 영혼의 로드 라인을 지키기까지 인내하십시오.

내 영혼의 로드 라인 (Lord line)을 깊이 내려 잡고 있습니까?

❶ 신앙의 분명한 목표가 있습니까?
❷ 영혼의 로드 라인 지키기를 습관화하기 위해 나는 무엇을 절제하고 있습니까?

오늘의 만나, 오늘의 은혜

280
출 16:4, 16-21

신앙은 매일의 삶에서 하나님의 은혜를 깨닫는 것입니다.
하나님은 이스라엘 백성이 광야의 은혜를 깨달아 알 수 있도록 절제하는 훈련을 시키셨습니다. 매일 아침마다 그들에게 만나를 주셨지만, 안식일 전날을 제외하고는 한 사람당 "한 오멜씩"만 거두게 하셨습니다(출 16:16). 인간이란 하루하루 하나님의 새로운 은혜가 필요한 존재임을 가르쳐 주고자 하신 것입니다. 하나님은 "날마다 일용할 양식"(눅 11:3)을 주시는 분입니다.

우리에게는 오늘의 은혜가 필요합니다.
먹을 것이 지천으로 깔린 오늘을 살아가는 우리에게는 "만나"가 더 이상 필요하지 않습니다. 그러나 유혹과 슬픔이 많은 이 세상에서 그리스도인으로 산다는 것은 광야를 지나는 이스라엘 백성만큼이나 곤고합니다. 우리는 본능적인 소유욕으로 더 큰 만족감과 안락함을 누리길 원하지만, 이는 물질로는 절대로 채울 수 없습니다. 오직 하나님만이 채워 주실 수 있습니다.

은혜를 받는 것이 중요하지만, 받은 은혜를 잊지 않는 것 또한 중요합니다.
사도 바울은 끊임없이 자신을 쳐서 복종하게 했습니다. 남에게 복음을 전파하고 나서 정작 자신은 버림받을까 두려웠기 때문입니다. 날마다 주시는 새로운 은혜에 감사를 잊지 않는 태도가 중요합니다. 그러기 위해서는 쉬지 말고 기도해야 합니다. 처음 받았던 은혜, 처음 받았던 하나님의 사랑을 잊지 않기 위해서 말입니다.

나는 오늘의 만나, 오늘의 은혜로 살아갑니까?

❶ 처음 받은 은혜와 사랑을 잊지 않기 위해 노력합니까?
❷ 어제의 만나가 아닌 오늘의 은혜를 구하고 있습니까?

281

시 46:5 / 왕하 18:9-19:35

절망의 밤을 지나 승리의 새벽으로

초강대국 앗수르가 예루살렘을 포위하고, 유다를 공격했습니다. 말이 전쟁이지 남유다는 북이스라엘의 멸망을 목격한 뒤 전의를 상실한 상태였습니다. 앗수르 왕은 유다의 견고한 성읍들을 쳤고, "은 삼백 달란트와 금 삼십 달란트를"(왕하 18:14) 요구했습니다. 유다 왕 히스기야는 "성전과 곳간에 있는 은을 다 주었고 … 여호와의 성전 문의 금과 자기가 모든 기둥에 입힌 금을 벗겨 모두 앗수르 왕에게"(왕하 18:15-16) 주어야 했습니다.

위기의 순간에 위대한 신앙인 히스기야 왕이 있었습니다. 앗수르는 랍사게를 보내어 남유다가 하나님을 믿는 것까지 조롱했습니다. 사실, 이 전쟁은 하나님이 경고하셨는데도 우상숭배를 일삼던 유다 백성을 향한 경고였습니다. 히스기야는 영적 책임을 통감하며 굵은 베옷을 입고 성전에 들어가 기도했습니다. 남유다 군대는 여전히 두려움에 사로잡혀 있었지만, 히스기야는 오로지 하나님만을 의지하였습니다. 이것이 바로 믿음입니다.

절망의 밤을 기도로 보낸 히스기야는 승리의 새벽을 맞이합니다. 전날 밤까지 자명했던 패배가 새벽에 경이로운 승리로 변모했습니다. 이전 밤까지 어떤 상황이었는지는 중요하지 않습니다. 우리 힘과 소망이 완전히 사라진 자리에 하나님의 손길이 임하십니다. 하나님은 고통의 현장에 우리와 함께 계십니다. 아무리 대적이 우리 앞을 견고하게 가로막을지라도, 우리가 해야 할 일은 하나님을 의뢰하는 것입니다.

세상이 나를 욱여쌀지라도 하나님을 의뢰합니까?

❶ 인간적인 방법이 보이지 않아도 하나님이 계시기에 담대합니까?
❷ 상황에 흔들리지 않고 기도하기를 택하고 있습니까?

절망 가운데 빛나는 영광

282

요 11:1-4, 17-23

나사로, 마르다, 마리아 삼 남매는 예수님과 친밀한 교제를 나누는 사이였습니다. 그중 마리아는 "향유를 주께 붓고 머리털로 주의 발을"(요 11:1) 닦은 바 있고, 나사로는 예수님이 "사랑하시는 자"(요 11:3)로 불렸습니다. 예수님은 나사로의 죽음을 전해 들으시고는 "이 병은 죽을병이 아니라 하나님의 영광을 위함"(요 11:4)이라고 말씀하셨지만, 이 특별한 믿음의 가정에 '그리스도의 능력'은 아직 나타나지 않았습니다.

하나님은 절망 가운데 영광을 나타내십니다.
예수님이 나사로의 집에 도착하셨을 때는 이미 그가 죽어 나흘이나 지났을 시점이었습니다. 모든 가능성이 사라져 버린 때였습니다. 그러나 주님은 상황을 역전시키십니다. 나사로의 가족이 슬픔에 빠져 있는 동안, 그들을 잊고 계셨던 게 아니라 영광을 드러낼 준비를 하고 계셨던 겁니다. 이처럼 우리가 절망의 골짜기를 지날 때, 주님은 영광의 회복을 준비하고 계십니다.

마르다와 마리아의 믿음에는 한계가 있었습니다.
그들은 주님이 오시면, 모든 문제가 해결되리라고 믿었습니다. 그런데 그 믿음은 나사로가 죽는 순간 사라져 버렸습니다. 죽은 자를 살리실 것이라는 믿음은 없었기 때문입니다. 문제의 범위가 믿음의 한계를 넘어 버린 것입니다. 그러나 진짜 믿음은 한계 상황에서 새롭게 시작됩니다. 믿음의 사람은 문제 속에서 하나님의 역사를 체험하기 마련입니다.

절망 가운데서도 나타날 하나님의 영광을 기대합니까?

❶ 나의 믿음의 한계는 어디까지입니까?
❷ 나의 삶에는 '그리스도의 능력'이 나타나고 있습니까?

283
요 1:12 / 행 3:1-8

하나님의 자녀로서 권세를 선포하라

하나님의 자녀로서 권세를 가진 것과 능력을 나타내는 것은 다른 문제입니다. 예수님이 혼인 잔치의 비유에서 설명해 주셨듯이, 모두가 잔치에 청함을 받았으나 전부 그 잔치에 참여하는 것은 아닙니다. 이처럼 예수님을 주로 고백하며 하나님의 자녀가 되는 권세를 받았을지라도, 모두가 동일한 능력을 보이는 것은 아닙니다. 오직 주님의 임재가 있어야만 자녀 된 능력을 나타내며 살 수 있습니다.

믿음은 하나님의 자녀로서의 권세를 능력으로 선포하는 것입니다.
기도는 입술, 즉 말로 하는 것입니다. 하나님이 자녀 된 우리에게 주신 권세가 있음을 알고 선포하면, 강한 능력이 나타납니다. 믿음은 가슴 속에 품어 두는 생각이 아닙니다. 하나님은 우리가 믿음의 권세를 선포하기를 원하십니다. 하나님의 자녀 된 우리에게는 이미 권세가 주어졌음을 기억하고 담대히 선포함으로써 능력을 나타내십시오.

주님이 원하시는 기도를 하십시오.
주님은 자녀 된 우리가 인생의 풍랑을 향하여 선포하기를 원하십니다. '성령 행전'은 주님을 따라다니며 말씀을 듣는 믿음에서 성령을 체험하고 난 후 능력을 행하는 믿음으로 바뀌면서 시작되었습니다. 때로 주님은 우리의 간구만이 아니라 자녀로서의 권세를 가지고 선포하는 기도를 듣길 원하십니다. 위기의 순간에 떨고만 있지 말고, 기도로써 믿음을 단호히 선포하십시오.

나는 하나님의 자녀로서 능력을 나타내며 살고 있습니까?

❶ 나에게 주어진 자녀로서의 권세를 선포하고 있습니까?
❷ 인생의 풍랑을 만나도 성령의 능력을 힘입어 이기고 있습니까?

하나님을 알면, 담대해진다

출 3:13-22

모세는 위대하신 이름과 능력을 가지신 하나님을 만났습니다.
평생을 그분과 동행하며 하나님을 섬기는 종이 되었고, 그로 인해 평범했던 그의 삶은 위대한 사명으로 채워졌습니다. 왕궁에서 40년간 공부하고도 실패만 거듭했던 모세는, 스스로 계신 하나님을 만난 순간 위대한 믿음의 사람이 되었습니다. 우연히 하나님을 만난 것이 아니라, 하나님이 친히 찾아오신 것이었습니다. 모세는 하나님께 붙들려 그분의 심부름을 시작했습니다.

모세의 생애가 보여 주는 사명의 의미는 명확합니다.
하나님을 아는 순간, 그의 삶은 의미를 얻고 목적을 가지게 됩니다. 한때의 실패로 미디안의 목동이 되어 도피 생활을 하던 모세는, 백성을 광야에서 가나안 땅까지 인도하는 위대한 사명을 수행했습니다. 그가 이렇게 큰일을 할 수 있었던 이유는 오직 "나는 나다"라고 말씀하시는 스스로 계신 하나님의 능력과 동행하심이 그의 삶에 있었기 때문입니다.

모세에게 하나님은 물이자 음식이었고, 그늘이자 빛이 되셨습니다.
하나님은 모세에게 이스라엘 자손에게 가서 "스스로 있는 자가 나를 너희에게 보내셨다"(출 3:14)라고 말하라 말씀하셨습니다. 이는 모세를 하나님의 대사로 파송하셨음을 의미합니다. 백성들은 군대도, 자금도 없는 한 평범한 사람을 보며 당연히 의심했지만, 모세는 확신과 담대함을 가질 수 있었습니다. 왜냐하면 그를 보내신 분이 바로 스스로 계시며 전지전능하신 하나님이기 때문입니다. 하나님을 아는 순간, 두려움과 의심은 담대함과 확신으로 바뀝니다.

나의 삶에서 하나님의 이름을 아는 경험은 얼마나 깊습니까?

❶ 하나님이 보내신 사명을 감당하기 위해 내가 붙들어야 할 확신은 무엇입니까?
❷ 담대함과 확신은 어디에서 비롯됩니까?

285
출 14:15-16

선포할 때 움직이시는 하나님

믿음의 권세가 있다는 사실을 깨닫는 것은 놀라운 일입니다. 고속도로를 달리는 거대한 덤프트럭도, 공중을 가르는 비행기와 전투기도, 대통령의 한 마디에는 모두 멈추거나 움직입니다. 능력은 그 물체에 있지만, 움직이게 하는 힘은 '권세'에 있습니다. 하나님은 우리에게 바로 이 권세를 주셨습니다. 하나님의 자녀가 된다는 것은 단순한 신분의 변화가 아니라, 잃어버렸던 권세를 다시 회복하는 것입니다. 배고픈 왕자가 "밥 좀 주세요" 하고 구걸하지 않고, 당당히 명령할 수 있는 것처럼 말입니다.

하나님은 믿음의 권세를 사용하기를 기다리십니다. 홍해 앞에서 모세가 두려움에 눌려 울부짖었을 때 하나님은 오히려 "왜 내게 부르짖느냐? 너에게 준 지팡이를 들어 바다를 가르라"(참조. 출 14:15-16)라며 책망하셨습니다. 하나님은 모세가 이미 받은 '권세'를 사용하기를 원하셨던 것입니다. 제자들이 풍랑 속에서 두려움에 떨며 예수님을 깨웠을 때도 주님은 "어찌 믿음이 없느냐"(막 4:40) 하고 꾸중하셨습니다. 주님은 우리가 위기의 순간마다 하나님이 주신 권세로 담대히 선포하기를 원하십니다.

성령은 우리를 '말씀을 듣는 제자'에서 '능력을 행하는 사도'로 변화시키십니다. 믿음의 권세는 마음속에서만 조용히 머물지 않습니다. 선포되는 순간 능력이 됩니다. 하나님은 오늘도 "너희 말이 내 귀에 들린 대로 내가 너희에게 행하리니"(민 14:28)라고 말씀하십니다. 성령은 우리가 머뭇거리며 간구만 하는 신앙에서 벗어나 담대히 말하고, 명령하고, 선포하는 믿음의 사람으로 성장하기를 원하십니다. 이때부터 기적이 나타나기 시작합니다.

문제가 닥칠 때 두려움에 묶이지 않고, 믿음의 권세를 선포합니까?

❶ 하나님이 이미 내게 주신 권세를 잊은 채, 여전히 '구걸하는 기도'만 하고 있지는 않습니까?
❷ 내 말이 하나님의 능력이 흘러가는 통로로 쓰이고 있습니까?

문제 속에서 만나는 하나님의 능력

286

약 1:2

문제가 있는 곳에 기적이 있습니다.
우리 인생의 비극은 자신의 부족함을 모르고 만족하며 살아가는 데 있습니다. 부족함을 아는 사람만이 비로소 그것을 극복할 수 있습니다. "네가 말하기를 나는 부자라 부요하여 부족한 것이 없다 하나 네 곤고한 것과 가련한 것과 가난한 것과 눈 먼 것과 벌거벗은 것을 알지 못하는도다"(계 3:17). 문제를 직시하지 못하는 사람은 자신의 한계를 깨닫지 못하고, 성장하지 못합니다. 그러나 문제를 알면, 그곳에서 하나님의 역사가 시작됩니다.

어떤 문제를 만나든지 하나님께 감사하는 것이 신앙입니다.
"내 형제들아 너희가 여러 가지 시험을 당하거든 온전히 기쁘게 여기라"(약 1:2)라는 말씀처럼 어떤 어려움을 만나든지 기쁘게 여기십시오. 우리 주변에는 약점 때문에 오히려 잘된 사람들이 많이 있습니다. 장애물을 만났을 때, 무릎 꿇고 기도할 수 있다는 사실이 축복이 됩니다.

인생을 살아가면서 우리는 수많은 문제와 어려움에 직면합니다.
결국 깨닫게 되는 진리는, 인생의 문제는 '앎'이나 '인간의 노력'으로 해결되는 것이 아니라, 믿음을 통해서만 해결된다는 것입니다. 주님의 손길이 우리에게 닿을 때 그 능력은 기적을 만들어 냅니다. 믿음은 때로 모험이며 새로운 변화의 시작입니다. 지금까지 의지해 왔던 가치관을 내려놓고 주님을 신뢰하며 나아갈 때 우리 삶은 하나님의 능력이 나타나는 현장이 됩니다.

나는 내 삶의 부족함과 문제를 직시하고 있습니까?

❶ 어려움을 만났을 때 먼저 감사하며 하나님께 나아갑니까?
❷ 문제 속에서 하나님의 능력이 일하실 수 있음을 신뢰하고 있습니까?

Chapter

12

찬양,
모든 것을 주님께
돌려 드리는 노래

감사와 찬양의 고백을 드리라

287

시 103:1-2

송축은 하나님께 감사와 찬양으로 나아가는 문입니다.
송축은 단순히 감사를 표하는 것을 넘어 하나님이 어떤 분이신지를 깨달을 때 터져 나오는 기쁨과 감격의 찬양입니다. 하나님이 우리에게 행하신 일에 대한 감사가 하나님과의 교제로 들어가는 문이라면, 하나님의 존재 자체에 대한 찬양은 그 문을 통과한 후에 드리는 최고의 경배입니다.

진정한 감사는 은혜를 깊이 체험한 사람의 마음에서 우러나오는 고백입니다.
마음이 담기지 않은 선물이 불쾌감을 주듯이 하나님은 마음 없는 제물보다 진심으로 감사하고 찬양하는 마음을 가장 기뻐하십니다. 예수님의 발 앞에서 향유 옥합을 깨뜨렸던 여인(눅 7:36-50)이나 열 명의 나병환자 중 유일하게 돌아와 인사를 드렸던 사마리아 사람(눅 17:11-19)을 생각해 보십시오. 주님은 그들의 감사를 크게 기뻐하셨습니다.

감사와 찬양이 막히면, 영혼이 숨 쉬지 못합니다.
바쁜 일상 속의 부주의함과 끝없는 탐욕은 감사와 찬양을 방해하는 큰 장애물들입니다. 기도로써 장애물들을 제거하십시오. 그리고 슬플 때는 받은 복들을 세어 보고, 힘들 때는 하나님의 영광스러운 속성들을 나열해 보십시오. 감사와 찬양이 절로 나올 것입니다.

나는 어떤 환경에서도 하나님의 은혜를 기억하며 감사합니까?

❶ 바쁜 일상에서 하나님의 손길을 놓치지 않기 위해 노력하고 있습니까?
❷ 내 영혼을 숨 쉬게 하실 하나님을 향해 감사와 찬양의 고백을 드리고 있습니까?

288 넉넉히 이기는 자

롬 8:37

육체의 정욕이 부추기는 대로 따르지 마십시오.
유혹 자체가 죄가 아니라, 그 유혹에 넘어가는 것이 죄입니다. 유혹으로 가득 찬 세상에서 승리하는 길은 성령의 능력에 의뢰하는 것뿐입니다. 육체로 오신 예수님 역시 성령과 더불어 치열한 유혹에 맞서 승리하셨습니다. 우리 또한 예수님을 따라 하나님을 "아빠 아버지"(막 14:36)라 부를 수 있기에 모든 일에 "넉넉히"(롬 8:37) 이길 수 있습니다.

찬양은 능력과 사랑을 경험하는 통로입니다.
하나님의 능력은 단순히 문제를 해결하는 힘이 아닙니다. 우리를 사랑하시기에 과식이나 과소비 같은 삶의 균형을 깨뜨리는 나쁜 습관이나 반복적인 죄, 곧 중독을 넘어설 수 있도록 인도해 주십니다. 우리를 사랑하시는 하나님의 능력으로 우리는 자신의 연약함을 이길 수 있을 뿐만 아니라 모든 일에 넉넉히 이길 수 있음을 선포합니다. 그러나 선포하는 것으로 끝나는 것이 아니라 기도하고 인내해야 합니다.

과거의 죄가 다시 떠올라 우리를 괴롭히는 것은 사탄의 괴계입니다.
하나님의 사랑과 능력 안에서 승리하면, 죄의 권세는 과거 속으로 사라집니다. 과거의 죄가 우리를 짓누르지 못하는 것은 하나님이 우리를 완전히 용서하셨기 때문입니다. 토니 캠폴로가 말했듯, 우리가 기억해야 할 것은 예수님이 이미 그 모든 죄를 덮으셨다는 사실입니다. 하나님의 능력과 사랑이 우리로 하여금 다른 사람의 죄를 용서하게 하고, 이를 통해 다른 사람도 용서의 삶을 살아가게 하는 능력으로 이어집니다.

나는 유혹 앞에서 하나님의 능력을 믿고 찬양합니까?

❶ 하나님이 주신 사랑과 능력으로 승리한 경험이 있습니까?
❷ 과거의 죄와 실수를 하나님 안에서 놓아주고, 다른 사람도 용서할 수 있습니까?

다른 것을 보지 않겠다는 결심

289

히 12:1-2

주만 바라보기 위해서는 다른 것은 보지 않겠다는 결심이 필요합니다. 주님께 시선을 고정하려면, 바라보지 말아야 할 것들이 있기 때문입니다. 주만 바라보는 것은 수많은 소리 가운데 주님의 음성을 듣기 위해 온 정신을 집중하는 것과도 같습니다. 하나님은 수많은 사람 가운데 '나'를 구별하여 보십니다. '나' 역시 오직 주님만 바라볼 수 있어야 합니다. 주님만 바라보고 따를 때 우리는 자신이 해야 할 일을 알고, 결단할 수 있습니다.

성경은 종종 우리의 신앙생활을 "경주"(히 12:1)에 비유합니다.
우리는 현재 이 땅에 속해 있지만, 하늘나라를 향해 가는 사람들입니다. 그렇기에 이 땅이 아닌 하늘나라를 바라보는 순례자가 되어 신앙의 경주를 완주해야 합니다. 소망을 하늘나라에 둘 때 우리 신앙이 좀 더 명확해집니다. 지금은 이 세상을 치열하게 살아가고 있지만, 언젠가 하나님이 우리 이름을 부르실 때 우리는 본향으로 돌아가게 될 것입니다.

경주에 방해가 되는 것이 있다면, 빨리 떨쳐 버려야 합니다.
"푯대를 향하여"(빌 3:14) 달려가는 사람은 죄의 문제를 해결해야 힘차게 달음박질할 수 있습니다. 예수님을 바라보며 살아가면, 해야 할 일과 하지 말아야 할 일을 구별하게 됩니다. 결단에는 대가가 필요하다는 생각에 주저하는 사람이 많지만, 주저하면 절대로 순례자가 될 수 없습니다. 끝까지 "선한 싸움"을 싸우고, "달려갈 길"을 마치길 바랍니다(딤후 4:7).

나는 주님을 바라보며 신앙의 경주를 하고 있습니까?

❶ 주님의 음성을 듣기 위해 온 정신을 집중합니까?
❷ 이 땅이 아닌 하늘나라를 바라보고 있습니까?

290 인생에는 멈춤이 필요하다

행 8:34-40

성령에 이끌려 복음을 전하던 빌립은 예상치 못한 한 사람을 만납니다. 에디오피아 여왕의 "모든 국고를 맡은 관리인 내시"(행 8:27)를 만난 것입니다. 그는 이방인이었지만, 하나님을 믿는 사람이었습니다. 영적인 관심이 있던 그는 빌립이 다가오자 수레를 '멈추어' 말씀을 듣고, 세례까지 받았습니다. 우리는 멈춤의 시간을 아깝게 여기곤 합니다. 그러나 멈춤이 있었기에 내시가 구원을 얻었습니다. 이처럼 인생에는 때때로 멈춤이 필요합니다.

우리는 때로 인생 여정 중에 길을 잃곤 합니다.
특히 영생과 생명을 향한 길을 잃었다면, 일단 멈춰 서서 하나님을 바라봐야 합니다. 성경의 많은 사람이 하나님의 마음에 합할 때 잃었던 길을 되찾고 문제를 해결 받았습니다. 우리는 주님이 인정하시는 믿음의 삶을 살아가고 있습니까? 오늘, 인생의 발걸음을 잠시 멈추고, 하나님의 주권을 진지하게 생각해 보길 바랍니다.

내 삶이 하나님의 뜻과 다른 방향으로 흐를 때 죄가 됩니다.
화살이 잘못된 과녁을 향하고 있다면, 아무리 열심히 살아온 인생일지라도 무의미해지고 맙니다. 신앙생활에 열심을 다 한다고 해서 그 방향이 옳다고만은 할 수 없습니다. 습관적인 예배에 감격을 잃었다면, 자신의 즐거움 때문에 봉사한다면, 예수님이 내 삶과 연결되어 있지 않다면, 지금이 바로 잠시 멈추어 점검해야 할 시간입니다.

방향이 잘못되었다면, 멈추어 설 용기가 있습니까?

❶ 나는 주님이 인정하시는 믿음의 삶 가운데 살고 있습니까?
❷ 신앙생활에서 옳은 방향으로 열심을 다 하고 있습니까?

인생의 유턴

291
행 8:34-40

기도가 만사를 변화시킨다는 말은 기도의 본질을 왜곡한 것입니다.
기도는 무엇보다 먼저 '나'를 변화시키는 것이기 때문입니다. 바라봐야 할 목표, 변하지 않는 가치를 발견했다면, 내면에서 방향 전환이 일어나야 마땅합니다. 나를 변화시키기 위해서는 하나님의 말씀을 들어야 합니다. 그 말씀이 내 삶을 송두리째 흔들어 놓을지라도 말입니다. 하나님의 은혜가 내 속에서 '의지'를 불러일으켜 주실 때 변화가 시작됩니다.

일단 발걸음을 멈추고 진지하게 생각해 보십시오.
성경에 나오는 모든 사람의 병이 고침을 받고, 문제가 해결된 것은 아니었습니다. 하나님께 합한 사람이 되었을 때, 예수님의 명령에 귀 기울였을 때 그들은 문제를 해결 받았습니다. 마가복음에 나오는 부자 청년은 말씀은 들었으나, 따를 용기가 없으므로 근심하여 돌아갔다고 되어 있습니다(막 10:17-22). 과연 주님이 인정하시는 믿음이 내 삶 가운데 있느냐가 중요합니다. 내가 원하는 방식이나 길이 아닐지라도 하나님의 인도하심을 따르길 바랍니다.

인생의 방향을 전환했다면, 이제부터 봐야 할 표지판은 '직진'입니다.
방향 전환에 성공했다면, 새로운 방향을 향해 곧게 나아가십시오. 멈춤이 방향을 전환하기 위한 것이었다면, 방향 전환은 앞으로 달려가기 위함입니다. 우리가 가야 할 길은 좁은 길이기에 조금만 옆으로 새도 죄악으로, 세상으로 빠지기 쉽습니다. 그러므로 길의 방향을 제대로 잡았다면, 흔들리지 말고 직진하십시오.

나는 내가 가야 할 길을 향해 방향 전환을 완료했습니까?

❶ 잠시 멈추어 하나님이 인도하시는 방향을 찾고 있습니까?
❷ 이제 한 방향으로 흔들림 없이 직진하고 있습니까?

292 성령의 거울

고전 10:11-13

구원의 은혜는 모두에게 베풀어졌으나, 모두가 그 구원을 얻는 것은 아닙니다. 우리가 구원의 은혜를 소유하지 못하면, 하나님이 슬퍼하십니다. 성경은 하나님이 기뻐하시는 사람이 되기 위해서는 '지켜야 할 것'을 지키라고 권면합니다. 그 '지켜야 할 것'이 무엇인지를 보려면, '거울'을 들여다봐야 합니다. 착각의 거울이 아닌, 나를 가장 선명하고 정확하게 비출 거울 말입니다.

사람은 자기 내면을 스스로 들여다볼 수 없습니다.
우리 속에는 근원적인 욕심과 죄의 문제들이 도사리고 있기 때문입니다. 우리의 거울은 깨졌고, 변질되었습니다. 죄와 욕심으로 인해 전적으로 타락해 버렸습니다. 그렇기에 우리는 나의 기준이 아닌 예수님의 기준으로 자신을 들여다봐야 합니다. 그러면 지금 내가 얼마나 거짓과 위선으로 가득 차 있는지를 깨닫게 될 것입니다.

우리에게는 '성령의 거울'이 필요합니다.
자기 내면을 적나라하게 들여다보는 것은 매우 당황스럽고 부끄러운 일입니다. 그러나 성령의 거울을 통해 자신을 들여다보며 통곡해 보지 않은 사람은 삶을 바꿀 수 없습니다. 사탄은 우리를 넘어뜨리려고 호시탐탐 노리지만, 성령의 거울로 자기 내면을 점검하며, 주어진 삶을 정성껏 살아갈 때 우리는 능력 있는 삶을 살 수 있습니다.

나는 '성령의 거울'로 나의 내면을 들여다봅니까?

❶ 예수님의 기준으로 내 안의 거짓과 위선을 떨쳐 냅니까?
❷ '성령의 거울' 앞에서 회개와 결단의 눈물을 흘려 본 적이 있습니까?

불의한 겉옷을 벗어 버리라

293

창 39:7-23

죄가 하나님과의 관계에 미치는 악영향은 분명합니다.
요셉은 그것을 알았기에 죄의 유혹에 넘어가지 않을 수 있었습니다. 이처럼 하나님을 의식하는 사람은 죄짓지 않으려고 항상 조심합니다. 그러나 근원적으로 나약한 인간이기에 언제 죄의 유혹에 넘어갈지는 알 수 없습니다. 그렇기에 요셉은 유혹의 여지를 아예 차단해 버렸습니다. 악에 한 번이라도 넘어가면, 걷잡을 수 없게 되기 때문입니다.

죄인은 '죄짓는 것'보다 '들키는 것'을 더 무서워합니다.
그러나 하나님의 사람은 '들키는 것'보다 '죄짓는 것'을 더 두려워합니다. 요셉은 자기 옷을 버려두는 한이 있더라도 죄의 자리에서 재빨리 도망쳤습니다. 하나님의 사람은 자신의 명예를 지키는 것보다 죄의 자리에서 벗어나는 것을 더 중요하게 생각합니다. 요셉은 눈에 보이지 않으시는 하나님을 두려워했으나 사람들의 시선은 두려워하지 않았습니다.

하나님 앞에서 불의한 겉옷을 과감하게 벗어 버리십시오.
하나님은 하나님의 편에 서는 사람들을 버려두시는 분이 아닙니다. 하나님은 끝내 요셉을 '형통한 사람'으로 만드셨습니다. 여기에 신앙의 진리가 숨겨져 있습니다. 하나님을 위해 모든 것을 포기하고 무명으로 돌아가려고 할 때 하나님은 오히려 우리에게 승리를 주십니다. 순간순간 하나님을 의식하며 결단하는 것이 중요합니다.

나는 불의한 겉옷을 과감하게 버렸습니까?

❶ 하나님과의 관계를 위해 악의 근원을 확실히 차단했습니까?
❷ 사람의 시선보다 하나님을 먼저 생각하고 있습니까?

294 하나님을 바라보라

시 43:1-5

이스라엘의 위대한 왕, 다윗의 시편은 대개 괴로움을 토로하는 시입니다. 다윗은 낙망의 심연 속에서도 하나님을 향해 부르짖었습니다. 이처럼 우리에게 중요한 건 '바라보아야 할 대상'입니다. 성경 속 믿음의 영웅들은 오점 없는 인생을 산 사람들이 아닙니다. 그들의 오점을 오히려 아름답게 만드시는 하나님의 역사를 체험한 사람들입니다. 그러므로 지금 처한 상황과 형편에 낙심하지 마십시오. 하나님을 바라보고, 오히려 찬송하십시오.

하나님을 바라보는 것은 불확실함 속에서 확실함을 보는 것입니다. 가장 근원적인 것을 바라볼 때 우리는 삶의 부수적인 것들을 포기하게 됩니다. 신앙생활의 시작은 포기입니다. 자신을 버리지 않고는 결코 하나님을 따를 수 없습니다. 십자가는 세상과 함께 질 수 없습니다. 하나님을 따르는 사람은 우리 인생이 좁은 길을 걷는 여정임을 실감하며 살아가는 사람입니다.

우리 삶에는 건너야 할 홍해와 요단강이 있습니다. 그런데 스스로 건너갈 능력이 없습니다. 이스라엘 백성은 요단강을 건널 때 언약궤를 바라봤습니다. 언약궤를 봐야 하나님의 인도하심을 알 수 있었기 때문입니다. 지금 인생의 요단강 앞에 서 있다면, 우리를 도우시는 하나님을 바라보고 찬송하는 믿음이 필요합니다.

나는 건너가야 할 강 앞에서 하나님을 바라봅니까?

❶ 나의 근원이신 주님을 바라보며 삶의 부수적인 것들을 기꺼이 포기하고 있습니까?

❷ 나는 나의 발걸음이 아닌 하나님의 인도하심을 바라봅니까?

부르심에 대한 확신

295
행 16:6-10

우리는 부르심을 어떤 특정한 사역으로 생각하곤 합니다.
그러나 진정한 부르심은 사역이 아닌 삶에 있습니다. 삶의 능력은 우리가 '선교사가 되어야만' 나타나는 것이 아니라, 어디서든 '선교사의 삶'을 살 때 나타납니다. 극적인 부르심만 있는 것은 아닙니다. 평범한 일상에도 부르심이 있습니다. 하나님은 직책이나 직분보다는 '어떻게 사느냐'를 더 중요하게 보십니다.

바울의 마게도냐 선교는 비장한 기다림 끝에 받은 부르심이 아니었습니다.
그는 "성령이 아시아에서 말씀을 전하지 못하게"(행 16:6) 하시니 그저 주어진 환경에서 여전히 복음을 전했습니다. 바울은 매 순간 성령님과 동행하고 교통하는 사람이었습니다. 그 덕분에 평범한 일상 중에 환상을 보고, 깨달음을 얻었습니다. 이처럼 일상을 충실하게 살다 보면, 부르심에 대한 확신과 능력을 경험하게 됩니다.

우리는 궁수이신 하나님의 화살일 뿐입니다.
그런데 화살에 불과한 사람이 궁수이신 하나님의 자리에 서려고 하니 문제입니다. 화살은 궁수가 쏘는 대로 날아가 박힐 뿐입니다. 그것이 바로 부르심입니다. 하나님은 특정한 사람만이 아니라 우리 모두를 각자의 삶 속에서 부르십니다. 부르심을 받았다면, 매 순간 우리를 인도하시는 하나님을 따라가십시오. 그것이 능력 있는 삶의 비결입니다.

나는 하나님의 부르심을 확신하고 있습니까?

❶ 하루를 충실하게 사는 동안에도 부르심의 확신과 능력을 경험합니까?
❷ 일상에서 매 순간 인도하시는 하나님을 따릅니까?

296 매일의 용기

단 1:8, 3:18

용기는 어느 날 갑자기 생기지 않습니다.
매일매일 삶의 작은 결단을 통해 만들어집니다. 다니엘은 사소하게 넘길 수 있는 일에서부터 용기 있게 결단을 내렸던 사람입니다. 이방의 음식으로 자신을 더럽히기를 거부한 것입니다(단 1:8). 작은 구멍으로도 둑이 무너지는 법입니다. 작은 일에 용기를 낼 때, 편리함이 아닌 옳은 일을 따르기 시작할 때 비로소 인생에 변화가 일어납니다.

다니엘은 큰 고난 중에도 용기 있는 선택을 했습니다.
다니엘서에서 가장 극적인 장면은 사자 굴에 던져졌다가 건져진 사건일 것입니다. 왕의 금령에도 불구하고, 하나님께 기도하는 습관을 용기 있게 지킬 수 있었던 이유는 그가 늘 하나님께 감사하는 사람이었기 때문입니다. 다니엘이 하나님 앞에 뜻을 정하기로 용기 있게 결단하자 하나님이 그를 붙잡아 주셨습니다.

그리스도인이야말로 진짜 용기 있는 사람입니다.
하나님 앞에 자기 죄를 고백하고, 용서를 빌 줄 아는 용기가 있습니다. 그리스도인은 길이 아닌 목표를 바라보며 걷는 사람들입니다. 그러니 사소한 것에서부터 시작하여 하나님 앞에서 용기 있는 결단을 하십시오. 하루하루 그렇게 살아내다 보면, 결정적인 순간에 큰 용기를 내는 멋진 삶을 살게 될 것입니다.

나는 매일매일 용기 있는 선택을 합니까?
❶ 편리함이 아닌 옳은 일을 따르고 있습니까?
❷ 하나님 앞에 뜻을 정하기로 작정하는 용기가 있습니까?

현재에서 미래를 바라보는 감사

297

시 50:23

'사랑'과 더불어 성경에 가장 많이 쓰인 말이 '감사'입니다.
이유는 간단합니다. 사랑도 감사도 결코 쉬운 일이 아니기 때문입니다. "감사로 제사를 드리는 자"(시 50:23)란 '행위를 옳게 하는 자'입니다. 바로 그런 사람에게 하나님은 구원을 보여 주신다고 약속하셨습니다. 그러니 감사야말로 구원받은 자의 특권입니다. 감사야말로 구원받은 자가 살아가는 삶의 방식입니다.

'감사'와 '하나님의 영광'은 서로 밀접한 관계가 있습니다.
예수님은 일어날 일에 대하여 미리 감사 기도를 하시곤 했습니다. 그리고 하나님이 그 기도를 들으시고 영화롭게 하셨습니다. 예수님의 공생애 사역을 보면, 기적을 일으키시기 전에 이미 받은 것을 감사하시는 모습을 여러 곳에서 볼 수 있습니다. 여기에 축복의 중요한 원리가 있습니다. 미래에 대한 감사와 믿음이 기적과 축복을 가져온다는 것입니다.

문제를 마주했을 때 우리는 도움의 손길을 외부에서 찾으려고 합니다.
그러나 예수님은 이미 우리 속에 있는 것, 기적을 창조할 무엇이 우리에게 있음을 보고 계십니다. "은과 금은 내게 없거니와 내게 있는 이것을 네게 주노니"(행 3:6). 성전 미문에 앉은 "나면서 못 걷게 된 이"(행 3:2)를 본 베드로와 요한은 예수 이름의 권세와 능력을 믿었습니다(행 3:6). 하나님을 믿는다면, 지금 내가 무엇을 가졌는지는 중요하지 않습니다. 내가 가진 것을 하나님이 어떻게 사용하시느냐가 중요합니다. 하나님의 능력을 믿는 사람들은 현재에서 미래를 바라보며 감사하는 삶을 살아갈 수 있습니다.

나는 지금 내가 처한 상황에서도 미래를 바라보며 감사합니까?

❶ 나는 구원받은 자의 특권인 감사를 누리고 있습니까?
❷ 문제 앞에서 나의 도움을 외부에서 찾고 있지는 않습니까?

298

히 11:33-40

견디는 믿음이 우리를 승리로 이끈다

믿음과 축복에는 일정한 공식이 없습니다. '세상이 감당하지 못하는 사람'이란 보통 생각하듯이 믿음으로 큰 고난을 이겨 낸 사람들만은 아닙니다. 성경은 "조롱과 채찍질뿐 아니라 결박과 옥에 갇히는 시련"(히 11:36) 같은 비교적 소소한 고난을 이긴 사람들 역시 세상이 감당하지 못한다고 말합니다. 죽기까지 믿음을 지키는 것도 훌륭한 믿음이요, 궁핍이나 불편함을 기꺼이 견디는 것도 훌륭한 믿음입니다.

하나님의 사람임을 선명하게 드러낼 때 하나님이 우리 인생을 책임지십니다. 하나님을 믿는 사람에게 소망은 환경의 문제가 아닙니다. 다니엘이 보여 준 것처럼 사자 굴에 던져지는 순간에도 하나님이 함께하심을 믿는 것이 소망입니다. 사도 바울은 감옥에 갇히고, 매를 맞고, 폭풍우에 시달리면서도 소망을 잃지 않았습니다. 하나님 역시 바울을 단 한 번도 실망하게 하신 적이 없습니다.

견디는 믿음이 우리를 승리로 이끕니다. 견디는 믿음은 소극적으로 보일지 모르지만, 실상은 가장 적극적인 믿음입니다. 우리는 늘 이겨야 한다고 생각하지만, 하나님은 견디는 믿음을 통하여 역사를 이루어 가십니다. 견디는 동안, 우리 신앙이 자라나 세상이 감당할 수 없는 힘을 발휘하게 되기 때문입니다. 믿음은 이기는 것이요, 견디는 것이요, 세상이 감당하지 못할 하나님의 사람이 되는 것입니다.

소망을 가지고 믿음으로 견디고 있습니까?

❶ 삶의 전반적인 영역에서 하나님의 사람임을 드러내고 있습니까?
❷ 늘 이기려 하기보다는 '견디는 믿음'을 가지고 살아갑니까?

온유한 사랑, 엄격한 사랑

299

요 10:11-15

온유한 성품은 하나님의 시선으로 세상을 바라보는 사람의 특징입니다.
예수님은 양의 마음을 헤아리셨습니다. 아픔을 겪고, 눈물을 흘리는 사람들의 마음을 헤아리기를 원하셨습니다. 중요한 것은 '원칙'보다 '마음'입니다. 우리에게는 주님의 성품, 선한 목자의 심정이 필요합니다. 하나님의 시선에서는 우리 모두 용서와 긍휼이 필요한 사람들이라는 사실을 알아야 온유한 성품을 가지게 됩니다.

우리는 때로 '온유'를 핑계 삼아 다른 사람의 잘못에 눈감으려고 합니다.
그러나 그것은 참된 사랑이 아니라는 사실을 기억하십시오. 온유하신 예수님도 바리새인들을 향해 "독사의 자식들아 너희는 악하니 어떻게 선한 말을 할 수 있느냐"(마12:34)라며 질책하셨습니다. 그들이 잘못된 삶에서 돌이키기를 원하셨기 때문입니다. 어렵고 힘든 이야기는 그 영혼을 사랑하는 사람만이 할 수 있습니다.

가장 어려운 사랑은 '엄격한 사랑'입니다.
'엄격한 사랑'이란 '사랑하는 사람이 잘되길 바라는 마음에서 나오는 헌신적인 행동'입니다. 때로는 엄격한 사랑으로 인해 관계가 깨지는 아픔을 겪을 수도 있습니다. 그러나 분명한 것은 잠시의 평화를 위해 잘못을 교정하지 못한다면, 더 큰 아픔을 경험하게 되리라는 것입니다. 친밀한 관계와 사랑의 지속을 위해서는 때로 투쟁이 필요하기도 합니다.

나는 하나님의 시선으로 세상을 바라보고 있습니까?

❶ 내가 먼저 받은 용서와 긍휼을 다른 사람에게로 흘려보내고 있습니까?
❷ 나의 '온유'는 진정한 목자의 온유입니까, 아니면 평온을 유지하려는 온유입니까?

300 기쁨 수업
빌 4:4

성숙한 기쁨은 "주 안에서"(빌 4:4) 얻는 구원의 확신에서 비롯됩니다. 환경이나 소유는 우리의 기쁨에 어떤 영향도 줄 수 없습니다. 사도 바울은 어떤 형편에든지 자족하기를 배운 사람입니다(빌 4:11-12). 그의 기쁨은 환경에 좌우되지 않고, 오직 "주 안에서" 샘솟았습니다. 환경을 지배하는 이 기쁨의 성품은 영적인 훈련과 거룩한 습관을 통해 배우고 익힐 수 있습니다.

사람에게 휘둘리지 말고, "그리스도 예수의 마음"(빌 2:5)을 품으십시오. "그리스도 예수의 마음"을 품는 것은 공동체 내에서 기쁨을 회복할 수 있는 유일한 방법입니다. 용서는 우리에게 기쁨을 알게 하시는 하나님의 선물입니다. 하나님은 우리에게 용서할 힘을 주셨습니다. 용서를 결단하는 영적 훈련을 통해 우리는 용서의 대상자와 "주 안에서 같은 마음을"(빌 4:2) 품을 수 있게 됩니다.

자기만족을 추구하는 데서는 결코 기쁨을 찾을 수 없습니다. 오히려 기쁨은 '희생'을 통해 완성됩니다. "하나님이 세상을 이처럼 사랑하사 독생자를"(요 3:16) '주신' 것처럼, 희생 없이는 참사랑도 없습니다. 그런데 희생적인 사랑은 영적 재충전이 있을 때만 가능합니다. 이를 통해 희생과 용서를 계속 실천할 수 있습니다. 그리고 계속적인 희생과 용서를 통해 우리는 마침내 성숙한 성품의 기쁨을 얻게 됩니다.

나는 '그리스도의 마음'을 품어 기뻐하고 있습니까?

❶ 영적 훈련과 거룩한 습관을 통해 기쁨을 배워 가고 있습니까?
❷ 계속적인 희생과 용서로 성숙한 기쁨을 누리고 있습니까?

안락함을 벗어나는 믿음

301

신 1:29-33

가 보지 않은 길은 누구에게나 두려움을 불러일으킵니다. 모세는 약속의 땅 가나안을 목전에 두고 마지막으로 설교합니다. 그는 아직도 두려워하는 이스라엘 백성에게 "무서워하지 말라 두려워하지 말라"(신 1:29)라고 말합니다. 그들은 자신들의 힘과 능력으로는 가나안 입성에 성공할 수 없다고 생각했습니다. 그러나 성공 여부는 우리의 완벽한 준비가 아닌, 하나님을 향한 믿음에 달려 있습니다.

하나님의 약속을 잊으면 머뭇거리게 됩니다.
하나님은 "먼저 그 길을 가시며 장막 칠 곳을 찾으시고 밤에는 불로, 낮에는 구름으로"(신 1:33) 그들이 갈 길을 지시하셨습니다. 그런데도 이스라엘의 출애굽 1세대가 가나안 땅에 들어가지 못한 이유는 하나님을 믿지 않았기 때문입니다. 우리는 미지의 길을 두려워하지만, 사실 그 길은 하나님이 먼저 가시어 이미 안전하게 만들어 놓으신 길입니다. 그러므로 우리보다 앞서가시는 하나님을 신뢰하고, 힘 있게 나아가십시오.

언제까지 광야에서 캠프파이어만 하겠습니까?
우리는 광야 같은 삶에서 따뜻하고 안락한 캠프파이어 주변에만 머물러 있고 싶어 합니다. 그러나 주변이 어두워야 별빛이 보이는 것처럼, 우리 믿음은 안락함을 벗어나서야 비로소 온전히 빛을 발합니다. 진정한 믿음은 캠프파이어의 안락함을 버리고, 하나님의 인도하심을 따라 미지의 길을 걷는 용기입니다. 하나님을 온전히 믿고 그분과 동행할 때, 우리는 주님을 높이며 감사의 노래를 부르게 될 것입니다.

나는 아직 광야의 캠프파이어에 머물러 있습니까?

❶ 나보다 앞서가시는 하나님이 길을 안전하게 만드심을 믿습니까?
❷ 안락함을 버리고 하나님의 품으로 뛰어들 때, 어떤 놀라운 은혜를 기대할 수 있을까요?

302 믿음과 수고가 필요하다
고후 5:17

"그리스도 안에 있으면"(고후 5:17) 우리는 언제든 새로운 피조물이 될 수 있습니다. 성령의 능력이 우리를 새롭게 하시며, 이전의 잘못과 약함을 깨뜨리는 능력을 주십니다. 사도 바울은 우리에게는 죄를 이길 만한 힘이 없음을 깨닫고 나서야 하나님의 선하시고 온전하신 뜻을 위해 하나님의 능력으로 자유롭게 살게 되었다고 말하니 역설적입니다. 그리스도 예수 안에서 우리는 과거의 상처와 약함을 깨뜨리고, 새롭게 하시는 성령의 능력을 경험하게 합니다.

유혹에서 자유로운 사람은 아무도 없습니다.
구원받은 후에도 우리는 삶 속에서 유혹과 어려움에 흔들리곤 합니다. 그러나 찬양을 통해 하나님의 능력을 경험하면, 우리는 마음에 안정을 얻고, 혼란 속에서도 감사와 경배로 하나님께 나아갈 힘을 얻습니다. "모든 것이 하나님께로서 났으며 그가 그리스도로 말미암아 우리를 자기와 화목하게"(고후 5:18) 하심을 기억하고, 유혹을 이겨 내십시오.

실제로 많은 사람이 은혜를 경험하고도 유혹에 흔들립니다.
영국 출신의 선교사 제임스 O. 프레이저는 강력한 부르심을 받고 중국과 미얀마 국경을 넘나들며 선교했지만, 매 순간 영적 싸움을 해야 했습니다. "그러므로 나의 사랑하는 자들아 너희가 나 있을 때뿐 아니라 더욱 지금 나 없을 때에도 항상 복종하여 두렵고 떨림으로 너희 구원을 이루라"(빌 2:12)라는 말씀처럼 구원은 은혜로 주어지지만, 그것을 소유하기 위해 믿음과 수고가 필요합니다.

나는 그리스도 안에서 새로운 피조물이 되었음을 믿습니까?

❶ 찬양을 통해 내 마음이 하나님께 더 가까워지고 있습니까?
❷ 내 삶 속에서 믿음과 수고가 함께 이루어지고 있습니까?

광야 길을 기억하라

303

신 8:1-3, 14-16

하나님이 찾으시는 사람은 완성형 인간이 아닙니다.
사람의 성품은 사는 내내 다듬어져 가는 것입니다. 인생에는 스스로 해결할 수 없는 문제가 너무도 많습니다. 해결 방법을 찾지 못해 절망하는 그곳에서 하나님을 바라볼 때 우리는 '은혜'를 경험합니다. 철저히 낮아지고 낮아져 겸손의 성품 밖에는 가질 수 있는 것이 없을 때 비로소 은혜의 삶이 시작됩니다.

하나님이 이스라엘을 40년간 광야를 걷게 하신 데는 이유가 있습니다.
하나님은 인간의 내면을 꿰뚫어 보십니다. 스스로 무언가를 할 수 있다고 생각하여 하나님을 의지하지 않는 것은 죄인의 본성입니다. 그런데 하나님의 백성이 되는 데 가장 중요한 요소는 '겸손'입니다. 그래서 하나님은 광야에서 이스라엘을 철저하게 '낮추는 작업'을 하셨습니다. 하나님의 도우심 말고는 기댈 곳이 없는 연약한 존재임을 철저히 깨닫게 하셨습니다.

광야는 광활하지만, 수많은 위험이 도사리고 있는 곳입니다.
하나님은 그곳에서 이스라엘 백성이 주님만을 의지하는 겸손을 배우길 원하셨습니다. 반석에서 물을 내셨고, 하늘에서 만나와 메추라기를 내려 주셨으며, 전쟁 가운데 승리하게 하셨습니다. 지금 인생의 광야에 서 있다면, 그곳에서 하나님을 만나야 합니다. 교만했던 옛 자아를 벗어 버리고, 겸손으로 은혜를 덧입으십시오. 하나님의 축복은 무릎을 꿇는 자의 몫입니다.

나는 광야에서 겸손을 배우고 있습니까?

❶ 나를 다듬어 가시는 하나님께 나를 내어 드리고 있습니까?
❷ 겸손으로 진정한 하나님의 백성이 되었습니까?

304 비전의 성품

히 11:24-27

우리가 세상을 바라보는 방법은 두 가지입니다.
눈에 보이는 대로 보는 것과 보이는 것 너머에 있는 하나님의 비전을 보는 것입니다. 비전을 품은 사람은 어떤 문제에 부딪혀도 굴하지 않습니다. 하나님이 그 문제를 능히 해결해 주실 것을 믿기 때문입니다. 그러므로 비전을 품은 사람은 하나님의 능력을 소유한 사람입니다. 그렇기에 문제를 만나면 오히려 기대하게 됩니다. 다른 프레임으로 인생을 바라보는 것입니다.

비전의 성품을 가진 사람은 거절할 줄 압니다.
비전을 이루기 위해서는 비전을 가로막는 방해물을 헤쳐 나가야 하기 때문입니다. 대개 방해물은 화려하고 편안하며 쉬운 길인 경우가 많습니다. 그래서 비전의 사람에게는 필연적으로 '자기 통제력'이 요구됩니다. 거절 역시 훈련과 연습이 필요한데, 믿음의 결단이 있으면 충분히 감당할 수 있음을 기억하십시오.

비전의 성품을 가진 사람의 또 다른 특징은 고난을 즐기는 것입니다.
모세는 하나님의 부르심을 받은 뒤, 비전의 삶을 살며 '자기 통제력'을 갖추게 되었습니다. 그 결과, 어떤 고난이 닥쳐도 인내하며 승리하는 사람이 되었습니다. 우리 앞에도 인생의 광야가 펼쳐져 있습니다. 이곳을 불평하며 지나느냐, 은혜를 체험할 기회로 여기고 고난마저도 즐기며 지나느냐는 우리 몫입니다.

나는 비전의 프레임으로 세상을 바라보고 있습니까?

❶ 인생의 유혹을 거절하는 결단을 합니까?
❷ 눈앞에 펼쳐진 광야의 시간을 즐기며 통과하고 있습니까?

여호와 하나님

305

출 3:13-22

사명은 내 능력으로 감당하는 것이 아닙니다.
나를 보내신 이의 '권위'로 감당하는 것입니다. 하나님은 모세에게 "나는 스스로 있는 자"(출 3:14; I am who I am, NIV)라고 밝히시며 당신의 자존하심과 절대적인 능력을 계시해 주셨습니다. 모세는 이 위대하신 이름을 듣고 평생을 하나님과 동행했습니다. 이처럼 우리를 보내신 이의 '권위'를 아는 것이 그리스도인의 사명 감당의 근거가 됩니다.

하나님은 우리의 모든 필요를 채워 주시는 분입니다.
"나는 스스로 있는 자"라는 하나님의 이름의 의미는 "나는 네가 필요한 그 무엇이다"로 해석할 수 있습니다. 다윗이 "여호와는 나의 반석이시요 나의 요새시요 … 나의 구원의 뿔이시요 나의 산성이시로다"(시 18:2)라고 고백했듯이, 하나님의 이름을 아는 우리는 질병과 위험이 가득한 세상에서 두려워할 게 없습니다. 하나님 한 분이면 족합니다.

하나님의 이름을 아는 것은 곧 '하나님을 경험하는 삶'을 사는 것입니다.
신앙생활이란 우리 삶에서 그 위대하신 이름을 체험하고 고백하는 일입니다. 우리는 아직 광야에 서 있습니다. 매일 곤경에 빠지고, 시련을 겪습니다. 그러나 우리 옆에는 은혜와 능력을 약속하신 하나님이 함께 계십니다. 거친 환경에 있을지라도 하나님을 가까이할 수 있는 특권을 가진 한, 우리는 두려워할 것이 없습니다.

나는 하나님의 이름을 아는 삶을 살고 있습니까?

❶ 내가 필요한 모든 것이 되어 주시는 하나님을 신뢰합니까?
❷ 하나님을 가까이할 수 있는 특권으로 담대하게 살아갑니까?

306 여호와 이레

창 22:1-14

사람의 순종보다 하나님의 선하심과 준비하심이 먼저입니다.
우리는 흔히 아브라함이 이삭을 향해 칼을 들었기에 숫양이 나타났다고 생각하지만, 사실은 하나님이 숫양을 미리 준비해 두신 것입니다. "여호와 이레"(창 22:14)는 아브라함의 순종이라는 행위 이전에, 하나님의 사랑과 축복이 먼저였음을 깨닫게 하는 믿음의 신비입니다. 하나님은 과거의 신뢰를 통해 미래의 약속도 의지하게 만드십니다.

참믿음과 광신의 차이는 하나님의 선하심에 대한 전적인 신뢰의 유무입니다.
참믿음이 하나님의 선하심에 인생을 건다면, 광신은 자기 확신에 집착하는 것입니다. 아브라함이 번제단에 누운 이삭을 죽이려 할 때 그는 숫양을 발견하리라고는 생각지 못했습니다. 그러나 그는 이삭에게 "번제할 어린 양은 하나님이 자기를 위하여 친히 준비하시리라"(창 22:8)라고 말한 바 있습니다. 이는 하나님의 선하심을 전적으로 신뢰한다는 고백이었습니다.

"여호와 이레"는 믿음의 증명을 통해 미래를 온전히 하나님께 맡기는 것입니다.
성경은 숫양의 출현이 초자연적인 사건이라고 말하지 않습니다. 그런 암시 또한 없습니다. 자신의 미래를 하나님께 온전히 맡긴 아브라함이 새로운 눈으로 숫양을 발견했을 뿐입니다. 우리는 고백해야 합니다. "누가 우리를 그리스도의 사랑에서 끊으리요 환난이나 곤고나 박해나 기근이나 적신이나 위험이나 칼이랴"(롬 8:35). 여호와 이레 하나님이 함께하십니다.

내 미래를 하나님께 온전히 맡기고 있습니까?

❶ 내가 스스로 해결하려고 붙잡고 있는 것은 무엇입니까?
❷ 하나님이 이미 준비하셨음을 믿는 믿음으로 나아갈 수 있습니까?

여호와 닛시

307

출 17:8-16

출애굽 한 이스라엘은 첫 전투로 아말렉을 마주합니다.
군기도 물도 없이 피곤에 지친 이스라엘에게는 상대가 안 되는 싸움이었습니다. 그러나 전쟁의 승패는 아래에서 싸우는 여호수아와 군대의 전투력이 아닌, 산꼭대기에서 모세가 들어 올린 기도 손에 의해 결정되었습니다. 이는 전쟁의 주권이 철저하게 하나님께 있음을 이스라엘로 하여금 깨닫게 하시려는 의도였습니다.

"여호와 닛시"는 불평을 멈추고, 하나님을 신뢰하겠다는 믿음의 고백입니다.
이스라엘이 광야에서 물을 찾지 못하므로 "여호와께서 우리 중에 계신가 안 계신가"(출 17:7) 하고 다투며 여호와를 시험할 때 아말렉이 공격해 왔습니다. 하나님은 당신이 그들과 함께 계심을 분명히 보여 주기 위해 이 전쟁을 허락하셨습니다. 환난과 고통을 당할 때 우리가 기억해야 할 이름이 바로 "여호와 닛시"입니다. 이제 불평을 멈추고, 하나님을 믿으십시오.

"여호와 닛시"는 우리 삶에서 두려움을 이기는 '깃발'이 됩니다.
깃발은 용기와 힘을 불어넣는 응원 도구로 사용됩니다. "여호와 닛시"는 인생에서 어떤 대적을 만나도 이길 힘을 주는 깃발입니다. 예수님은 "세상에서는 너희가 환난을 당하나 담대하라 내가 세상을 이기었노라"(요 16:33)라고 말씀하셨습니다. 환난을 당하거든 "여호와 닛시"를 기억하십시오. 하나님이 우리의 깃발, 우리의 방패가 되어 주실 것입니다.

나는 어떤 상황에서도 불평하기보다는 하나님을 신뢰합니까?

❶ 고통이 깊을수록 더 큰 하나님의 능력을 기대합니까?
❷ 환난을 당할 때 "여호와 닛시"를 부릅니까?

308 여호와 샬롬

삿 6:22-24

하나님과의 친밀함을 잃을 때 평안 또한 사라집니다.
사사 시대에 이스라엘 백성은 "여호와의 목전에 악을 행하였으므로"(삿 6:1) 미디안의 압제를 받게 되어 평안을 잃고 말았습니다. 이처럼 우리가 하나님을 버리고 "자기 소견에 옳은 대로"(삿 17:6) 행할 때 평안은 사라집니다. 그러나 우리가 돌이켜 회개하면, 하나님이 용서와 구원을 베풀어 주십니다. 우리가 평안을 회복하길 원하시기 때문입니다.

"여호와 샬롬"은 관계의 회복을 통해 얻는 안심과 담대함입니다.
하나님은 미디안을 치시기 전에 기드온에게 먼저 "바알의 제단을 헐며 그 곁의 아세라 상을"(삿 6:25) 찍어 버리라고 명하셨습니다. 이처럼 평강의 하나님을 경험한 사람은 그분과의 관계 회복을 위해 담대하게 악을 제거해야 합니다. 하나님이 함께하심을 확신할 때 우리는 모든 불확실성 속에서도 안심하고 담대하게 행할 수 있습니다.

우리가 하나님을 경험하든 못하든, 하나님은 늘 우리와 함께 계십니다.
우리는 불확실성 때문에 평안을 잃곤 합니다. 그러나 평강의 하나님은 우리가 모든 것을 알 때가 아니라, 그분의 인도하심을 받는다는 확신을 가질 때 만나 주십니다. 하나님이 늘 우리 곁에 계심을 믿고, 우리 마음을 살피시는 그분을 발견할 때 참 평안이 찾아옵니다. 하나님이 주시는 평안이 지쳐 쓰러진 우리를 다시 사명의 길로 나아가게 합니다.

나는 하나님과의 친밀함 속에서 평안을 누립니까?

❶ 하나님과 관계를 회복하여 담대함을 얻었습니까?
❷ 하나님이 주신 평안을 얻고, 사명의 길로 나아갑니까?

여호와 로이

309
시 23:1-6

신앙은 사망의 음침한 골짜기에서도 두려워하지 않는 것입니다.

목자가 양을 위하여 목숨을 버릴 수 있는 이유는 바로 친구이기 때문입니다. 십자가에서 죽으시기까지 우리를 사랑하신 목자 예수님이 계시기에 우리는 "사망의 음침한 골짜기"(시 23:4)에서도 두려워하지 않을 수 있습니다. 때로 "주의 지팡이와 막대기"(시 23:4)가 매섭게 느껴질지라도 우리가 해를 입지 않도록 지키시려는 주님의 선한 마음임을 알아야 합니다.

목자이신 하나님을 신뢰하기에 우리는 절망 속에서도 간절히 부르짖습니다.

다윗은 자신이 "기가 막힐 웅덩이와 수렁"에 빠졌을 때 목자이신 하나님이 반드시 구해 주실 것을 믿고 부르짖어 기도하며 기다렸습니다(시 40:1-2). 부르짖는 기도는 믿음으로 하나님께 아픔을 호소하고 치유 받는 시간입니다. 다윗의 부르짖음은 절망이 아닌 소망과 찬양으로 끝을 맺습니다.

"여호와 로이"는 구원자이신 하나님과 동행하며 만사형통을 누리는 삶입니다.

우리는 선한 목자가 우리를 끝까지 구원으로 인도하여 부족함이 없게 하시고, 종국에는 승리하게 하실 것을 믿습니다. 어떤 고난이 닥쳐도 "우리를 사랑하시는 이로 말미암아 우리가 넉넉히 이기느니라"(롬 8:37)라는 말씀을 믿어야 합니다. 이것을 믿음으로 고백할 때 우리는 어떤 어려움에서도 만사형통을 경험하며 하나님과 동행하는 삶을 살게 될 것입니다.

나는 절망 속에서도 목자 되시는 하나님을 간절히 찾습니까?

❶ 종국에는 승리하게 하실 하나님을 신뢰합니까?
❷ 지금 나의 부르짖음이 소망과 찬양으로 변하리라는 사실을 믿습니까?

310 여호와 라파
출 15:22-27

"여호와 라파"는 병과 마음을 치유하시려는 하나님의 사랑의 선언입니다.
이스라엘 백성은 애굽에서 열 가지 재앙을 목격한 것과 광야에서 질병에 시달렸던 기억 탓에 공포에 질려 있었습니다. 마라의 쓴 물 사건은 이스라엘 백성이 질병 자체보다 질병이 가져오는 절박한 상황을 더 두려워했음을 잘 보여 줍니다. 하나님은 이스라엘의 불안한 마음을 어루만져 주실 뿐만 아니라 어떤 질병도 고쳐 주실 수 있는 분임을 확실하게 보여 주셨습니다.

질병은 우리를 죄에서 돌이키시려는 하나님의 사랑일 수 있습니다.
모든 질병을 죄의 결과로 일반화할 수는 없습니다. 우리가 건강 관리를 소홀히 하여 찾아오는 질병은 '인과율'에 의한 것입니다. 반면에 불순종으로 인해 질병이 찾아오기도 합니다. 그러나 이는 죄를 심판하려는 형벌이 아닙니다. 이미 그리스도께서 십자가의 죽음으로 우리의 형벌을 해결하셨습니다. 이때의 질병은 죄에서 돌이켜 하나님께로 돌아오라는 사랑의 징계입니다.

"여호와 라파" 하나님은 거룩한 삶의 회복을 원하십니다.
하나님은 우리가 건강한 것을 무조건 축복으로 오해하지 않도록 질병을 통해 우리의 잘못된 욕망을 보게 하십니다. 그리하여 잘못된 욕망을 보고 죄의 길에서 돌이키게 함으로써 다시금 구원의 길로 나아가도록 인도하십니다. "여호와 라파", 곧 치료하시는 하나님은 늘 우리 곁에서 우리의 회복을 준비하고 계십니다.

나는 "여호와 라파"의 능력에 힘입어 거룩한 삶을 회복했습니까?

❶ 나의 질병이 인과율에 의한 것인지, 불순종에 의한 것인지 구별하고 있습니까?
❷ 질병뿐만 아니라 근본적인 불안까지 치유하실 하나님을 신뢰합니까?

겸손의 유익

벧전 5:6

우리는 종종 자신을 드러내고 싶어 하고, 인정받고 싶어합니다. 하지만 하나님은 "겸손하라, 때가 되면 너희를 높이시리라"(벧전 5:6)라고 말씀하십니다. 높아짐은 우리가 만들어 내는 결과물이 아니라, 하나님의 손이 높여 주실 때 비로소 이루어집니다. 나의 부족함을 드러낼 때, 겸손의 길이 열립니다. 우리가 낮아짐으로써 주님이 높여 주시는 높임은 절대 무너지지 않습니다.

하나님은 겸손한 자에게 지혜를 주십니다.
교만은 자아가 살아있는 사람의 특징입니다. 교만한 사람은 잘난 척하며 하나님을 외면한 채 배우려고 하지 않습니다. 그러나 겸손한 사람은 자신의 부족함을 알기에 하나님께 지혜를 구합니다. 하나님은 겸손하게 귀를 기울이고, 하나님께 길을 묻는 자에게 말씀하십니다. 약속하신 대로 보혜사 성령님을 통해 우리가 해야 할 것이나 말해야 할 것을 생각나게 하십니다(요 14:26).

지혜는 겸손한 자의 특권입니다.
하나님은 "스스로 낮추고 기도하여 내 얼굴을 찾으면… 그들의 땅을 고칠지라"(대하 7:14)라고 부흥을 말씀하십니다. 부흥이란 단순히 사람이 많아지고 일이 잘되는 현상이 아니라, 메마른 땅에서 새 생명이 솟아나는 변화입니다. 무너졌던 삶이 회복되고, 우상이 자리 잡았던 곳에 하나님 나라가 시작되는 사건입니다. 그렇기에 하나님은 먼저 스스로 낮추라고 말씀하십니다. 겸손한 그릇만이 하나님의 축복을 담을 수 있기 때문입니다.

하나님 앞에서 무엇을 내려놓아야 겸손의 자리에 설 수 있습니까?

❶ 하나님의 지혜를 구하기보다 내 생각을 앞세우고 있지는 않습니까?
❷ 하나님이 내 삶 속에 이루기를 원하시는 '부흥'은 어떤 모습일까요?

312
빌 4:4

기뻐하기로 선택하라

기쁨은 단순한 감정이 아니라, 성숙한 성품이 만들어 내는 열매입니다.
성숙한 믿음의 사람은 사랑하며 기뻐하고, 용서하며 기뻐하고, 섬기며 기뻐합니다. 그래서 환경이 흔들어도 기쁨은 흔들리지 않습니다. 환경에 지배당하기보다 환경을 새롭게 바라보고, 그 안에서 하나님이 주시는 의미를 발견하기 때문입니다. 사도 바울이 그런 사람이었습니다. 그의 기쁨은 상황을 초월한 기쁨이었고, 오직 예수님 안에 있다는 사실에서 비롯된 기쁨이었습니다.

사도 바울은 환경에 의해 좌우되지 않기를 선택합니다.
감옥에 갇혔을 때, 그는 감옥이라는 환경에 영향받지 않고, 주 안에 거한다는 사실에만 집중했습니다. 그는 "주 안에서 항상 기뻐"(빌 4:4)하기로 선택했습니다. 그리고 그의 선택 위에서 하나님의 역사가 일어났습니다. 환경에 휘둘리는 사람은 상황에 따라 마음이 휘청거리지만, 주 안에 거하는 사람은 절망적인 상황 속에서도 기쁨으로 주를 찬양하며 새로운 길을 엽니다.

염려를 내려놓을 때, 기쁨의 문이 열립니다.
우리에게서 기쁨을 빼앗아 가는 가장 큰 적은 염려입니다. 염려는 실제보다 더 큰 그림자를 만들어 우리 마음을 잠식합니다. 오늘날 많은 사람이 힘들어하는 공황장애, 불안, 두려움 등도 결국 '안 좋은 일이 일어날 것만 같은 생각'에 뿌리를 두고 있습니다. 바울은 이 염려를 단호하게 다뤘습니다. 염려하지 않기로 결심했고, 하나님께 맡기기로 선택했습니다. 기쁨은 결심에서 시작되고, 믿음으로 자라납니다.

환경에 휘둘리지 않고, 주 안에서 기쁨을 선택하고 있습니까?

❶ 지금 내 마음을 흔드는 염려는 무엇입니까?
❷ 주 안에서 기뻐하기 위해 오늘 내가 실천해야 할 작은 순종은 무엇입니까?

하나님의 인도하심을 따르는 길

313

잠 3:5-6

참 평안을 누리려면, 평안의 근원이 어디에 있는지를 알아야 합니다. 우리가 평안을 잃는 가장 큰 이유는 '불확실성' 때문입니다. 모든 것을 알고, 모든 가능성을 확인한 뒤에 움직이고 싶어 하지만, 인생길은 그런 식으로 열리지 않습니다. 그렇다면 하나님이 주시는 평안이란 무엇일까요? 인도하심을 따라 걷다 보면 결국 목적지에 이르게 되리라는 믿음, 하나님이 매 순간 나를 이끌고 계신다는 확신에서 오는 평안입니다.

이 평안의 원리를 보여 주는 이야기가 있습니다.
소설가 서영은의 《노란 화살표 방향으로 걸었다》에 이런 경험담이 나옵니다. 그녀는 무려 40일 동안 산티아고 순례길을 걸었는데, 길을 잃지 않고 갈 수 있었던 것은 '노란 화살표' 덕분이었다는 것입니다. 우리도 마찬가지입니다. 폭풍과 어둠 속에서 길을 잃었다고 느끼는 순간이 오더라도 하나님의 인도하심을 신뢰하고 걸으십시오. 곧 마음에 평안이 깃들 것입니다.

우리의 작은 결단이 하나님을 향하는 '노란 화살표'입니다.
하나님은 우리가 눈에 보이는 것만 의지하는 것이 아니라, 보이지 않는 하나님을 신뢰하며 찬양하는 사람으로 자라기를 원하십니다. 그러므로 폭풍과 어둠 속에서 길을 잃었다고 느끼는 순간이 오더라도 하나님의 인도하심을 신뢰하기로 결단하십시오. 곧 마음에 평안이 깃들 것입니다. 마음에서 두려움을 걷어 내면, 시야가 넓어지고 방향이 분명해집니다.

불확실한 상황에서도 하나님이 인도하신다는 것을 믿습니까?

❶ 평안을 잃어버린 순간, 하나님과의 관계를 먼저 살피십니까?
❷ 담대함과 확신은 내 능력이 아니라 하나님과의 동행에서 옴을 믿습니까?

2부의 '신앙 에세이'는 《모든 날이 은혜
스럽다》와 《모든 날이 감사하다》에서
발췌한 글들입니다.

2부

일상에서 느끼는 손길

1 week

하나님을 위해 뭘 하냐고요

목회하면서 깨달아 가는 것이 있습니다. 하나님을 위해 뭔가를 열심히 한다고 하는데 별로 하나님과 친밀해지는 것 같지도 않고, 사실 하나님도 그리 기뻐하시지 않는 것 같습니다. 우리가 하나님을 위해 무엇을 할 수 있을까요? 우리가 하는 일이 하나님께 얼마나 필요한 일일까요? 그렇게 한다고 우리가 얼마나 하나님의 마음을 만족시킬 수 있을까요?

한때는 하나님을 위해 목숨을 바친다는 말, 삶의 모든 것을 포기하고 헌신한다는 말이 참 위대하다고 생각했습니다. 하나님이 그런 말들을 참 기뻐하시겠다고 생각했습니다. 그런데 요새는 별로 그런 것 같지도 않다는 생각이 듭니다. 나를 하나님께 바친다고 해서 그게 하나님께 얼마나 큰 가치가 있을까요? 때로는 내 열심이 하나님을 앞서가 오히려 하나님을 힘들게 할 때가 있을 수 있겠다는 생각도 듭니다.

그래서 결심했습니다. 하나님을 위하여 어떤 일을 하기보다, 그냥 하나님과 함께 가면 좋겠다고요. 사실, 우리가 고민해야 할 것은 하나님을 위해 사는 것이 아니라, 하나님과 동행하고 있느냐의 물음일 것 같습니다. 하나님을 사랑한다는 것은 그분과 동행한다는 것이겠지요. 하나님 그리고 성령님과 동행하는 사람이 하는 행동은 모든 것이 하나님을 위하는 일이 되지 않겠습니까?

우리의 능력 없음에 대한 한탄도, 하나님을 위해 한 일에 대한 자랑도 더 이상 필요치 않은 것처럼 말이죠. 신앙의 깊이를 더하면 할수록 하나님을 위해 무엇을 해야 한다는 부담감은 내려놓으면 좋겠습니다. 그 대신, 매일매일 하나님과 동행하기 위한 몸부림이 살아 있다면 좋겠습니다.

나는 인애를 원하고 제사를 원하지 아니하며 번제보다 하나님을 아는 것을 원하노라 | 호 6:6

욕심과 질투에서 자유하십시오

2 week

우리는 관계를 통해 하나님이 주신 축복을 누리며 삽니다. 지금 함께하는 이웃과의 관계가 축복으로 느껴진다면 우리는 가장 행복한 사람들입니다. J. D. 그리어는 《담장을 넘는 크리스천》에서 아주 멋진 말을 했습니다. "하나님은 이 세상을 창조하시고 '좋다'고 하셨지만, 완벽하게 만들지는 않으셨다"라고 말이죠. '완벽하지 않다'라는 말은 곧 좀 더 좋은 세상을 만들어 가라는 명령입니다.

관계도 마찬가지입니다. 비록 지금 우리에게 주어진 관계가 완벽하지 않더라도 좀 더 좋은 관계로 만들어 가야 합니다. 관계를 좋게 만들지 못하는 주범이 있는데, 바로 욕심과 질투라는 놈입니다. 욕심은 자신이 더 가지고 싶은 마음에서 생기는 것이고, 질투는 상대방이 가진 것을 시기하는 마음에서 생기는 것입니다. 욕심은 자기 마음에 상처를 주어 병이 생기게 하고, 질투는 자기 영혼에 상처를 주어 점점 죽어 가게 합니다. 욕심은 자기 마음이 아픈 것으로 끝나지만, 질투는 상대방과의 관계를 파괴하기도 합니다.

언제부터인가 그런 생각이 들었습니다. 내가 가지지 못한 것을 가진 사람이 주변에 있다면, 참 행복한 일이라고 말이죠. 어쩌면 그 사람들과 함께하라고 하나님이 나에게 부족함을 허락하신 건 아닐까요? 그렇게 생각하니 누군가 나보다 잘하는 사람이 보이면, 질투가 나기보다는 함께하고 싶은 마음이 듭니다. 함께하는 이들이 잘되는 것이 내게 큰 축복일 수 있겠다는 생각도 합니다.

좋은 것을 더 좋게 만들도록 하나님이 우리를 이 자리에 함께 부르셨다는 생각에 참 행복합니다. 자유하십시오! 욕심과 질투로부터….

헛된 영광을 구하여 서로 노엽게 하거나 서로 투기하지 말지니라 | 갈 5:26

3 week

광야도 끝은 옵니다

광야는 늘 우리가 예상하지 못했던 일들이 일어나는 곳입니다. 우리가 예측할 수 없고, 기대할 수 없는 곳이기에 가장 선명하게 하나님의 인도하심을 받을 수 있는 곳이기도 합니다. 인생의 광야를 지나고 있는 우리 모두에게 하고 싶은 말이 있습니다. "우리가 광야를 지나고 있지만 돌아올 곳이 있다는 것을 알았으면 좋겠다. 광야의 시간을 지나고 있는 우리에게 신앙의 고향이 있다는 것을 알았으면 좋겠다."

광야를 지나는 모두에게 든든한 버팀목이 있습니다. 바로 우리가 의지할 수 있는 분입니다. 조금만 귀를 기울이면 들을 수 있는 음성이 있습니다. 하나님의 음성이 있다는 것은 믿는 우리에게 특권 중 특권입니다.

25년 전, 저 역시 유학생으로 광야의 시간을 지났던 적이 있습니다. 영어 때문에 얼마나 힘들었던지, 1년쯤 지났을 때 좀 더 쉬운 과정으로 바꾸고 싶은 마음이 들었습니다. 이미 목사가 되어 가족을 데리고 유학을 왔는데, 또 굳이 미국 목사가 되기 위한 과정을 3년씩이나 밟아야 하는지 의문이 들었습니다. 그때 한 선배 목사가 이런 말을 저에게 해 주었죠. "김 목사님! 한 번 포기하면, 또 포기하게 돼요. 이왕 시작했으니 끝내 보세요."

그 말은 광야에 있던 제게 나침반이 되어 주었습니다. 그렇게 한 과정, 한 과정 끝내다 보니 이제는 광야를 지나는 다른 사람들을 격려할 수 있게 됐습니다. 광야는 힘들고 지치고 위험한 곳이기는 하지만, 누군가를 만날 수 있고 새로운 경험을 할 수 있는 곳이기도 합니다. 무엇보다 광야를 통과하고 나면 돌아갈 곳이 있다는 사실이 우리를 붙들어 주는 힘이 됩니다.

네가 물 가운데로 지날 때에 내가 너와 함께할 것이라 강을 건널 때에 물이 너를 침몰하지 못할 것이며… | 사 43:2

기도한다면서
떼쓰고 있지는 않습니까

4
week

헬무트 틸리케라는 독일의 복음주의 신학자는 기도에 관하여 아주 의미 있는 말을 했습니다. 마태복음 7장에서 예수님이 기도에 관해 말씀하실 때 "두드리라"(마 7:7)라고 하신 이유가 우리 생각과 다르다는 것입니다. 우리는 '두드림'을 그저 필요를 구하는 행동으로 해석하는데, 사실 주님은 존귀하신 하나님 앞에 우리가 '서 있다'라는 뜻으로 말씀하셨다고 합니다.

즉 하나님 앞에서 두드리는 행위는 함부로 쉽게 기도할 수 없다는 것을 의미합니다. "하나님, 제가 들어가도 되나요? 하나님, 제가 기도해도 되나요?"라고 물어야 합니다. 그것이 그분의 인격 앞에 우리가 서 있다는 증거입니다. 문을 두드리고 나서 존귀하신 하나님을 만나게 될 때, 그곳에서 참된 기도가 시작됩니다.

하나님을 존중하지 않는 기도란, 내 마음대로 하나님을 통제하려는 아주 불경한 태도로 드리는 기도가 아닐까요? 사실, 하나님 앞에서 나를 통제하는 것이 기도인데 말입니다. 그런 의미에서 본다면, "구하라"(마 7:7)는 하나님의 뜻을 구하는 기도를 하라는 의미가 아닐까요? "찾으라(마 7:7) 역시 하나님의 마음과 눈으로 인생 문제를 찾으라는 의미가 아닐까요?

믿음의 선배들이 아픈 가슴을 부여잡고, 하나님 앞에서 "아버지!"라고 외쳤던 절규는 하나님 앞에 모든 것을 내려놓고 기다렸던 마음이 아니었을까요? 결과를 예측하고 떼를 쓰는 것이 아니라, 전적으로 포기하고 순종하는 마음의 외침이 아니었을까요?

하나님께서 구하시는 제사는 상한 심령이라 하나님이여 상하고 통회하는 마음을 주께서 멸시하지 아니하시리이다 | 시 51:17

5 week

좋아합니까, 사랑합니까

좋아하는 것(Like)과 사랑하는 것(Love) 사이에 미묘한 차이가 있습니다. 어떤 목사님이 이런 구분을 해 놓았더군요.

"좋아하는 것은 그 사람으로 인해 내가 행복해졌으면 하는 것이고, 사랑하는 것은 그 사람이 나로 인해 행복해졌으면 하는 것이다. 좋아하면 욕심이 생기고, 사랑하면 그 욕심을 포기하게 된다. 만약에 지구가 멸망하는 날, 탈출할 수 있는 우주선을 타게 된다면 좋아하는 사람은 내 옆자리에 태우고 싶고, 사랑하는 사람은 내 자리를 주고 싶어진다."

즉 좋아하면 자신의 감정에 충실하게 되고, 사랑하면 상대방의 감정에 충실하게 되는 것 아닐까요? 여기에서 많은 신앙의 문제가 풀리는 것 같습니다. 열심히 교회를 다니고 예수님이 좋다고 소리 질러도 변하지 않는 사람들이 이해됩니다. 단지 자신이 좋아하는 것을 하기 때문이고, 주님의 마음과 감정에는 별로 관심이 없기 때문인 듯합니다.

요즘 참 부끄러운 우리 신앙의 모습들, 교회의 모습들이 보입니다. 예수님이 좋아서 모인 우리가 내 감정에 더 충실한 것 같습니다. 좋으면 함께하지만, 마음이 맞지 않으면 언제든 싸울 준비와 버릴 준비가 되어 있습니다. 좋아하는 마음으로는 우리에게 주어진 십자가를 지기가 쉽지 않은 듯합니다. 하지만 사랑하는 마음이면, 주어진 십자가에서 주님의 마음이 보이지 않을까요?

내가 좋아하지 않는 것을 이길 수 있는 마음은 주님을 사랑하는 마음입니다. 주님을 좋아합니까, 아니면 사랑합니까?

사람이 친구를 위하여 자기 목숨을 버리면 이보다 더 큰 사랑이 없나니 | 요 15:13

억지로라도 화목을 이루세요

6 week

인생을 살다 보면, 하기 싫어도 억지로 해야 하는 일들이 종종 있습니다. 불경한 말 같지만, 예배 역시 억지로라도 드려야 하는 때가 있습니다. '억지로'라는 말에는 조금은 부정적인 의미가 있습니다. 자발적이지 않고 때로는 강요에 의한 것이라는 느낌 때문이죠. 말씀을 묵상하다가 구약 시대의 예배인 화목제와 화목제물에 대해 깨달은 것이 있습니다. 화목제물은 감사제, 낙헌제, 혹은 서원제를 드리며 소를 잡아 제물로 드리는 것입니다. 화목제물은 유일하게 제사를 드린 후 사람들이 함께 나누어 먹습니다.

그런데 조금 이상한 규정이 있는데, 화목제물은 제사를 드리고 난 후 하루 혹은 이틀이 가기 전에 모두 먹어야 한다는 것입니다. 소를 한 마리 잡으면, 그 양이 대단합니다. 그것을 나눠 먹으려면, 자기가 알고 있는 사람들 혹은 좋아하는 사람들만 초대해서는 다 먹을 수 없습니다. 그러니 자기와 원수진 사람도 초청해야 합니다. 그렇게 억지로라도 제물을 나눠 먹다 보면, 화목을 이루게 됩니다. 아마도 하나님이 우리를 화목하게 하시려는 방법인 것 같습니다. 이처럼 하나님은 자발적인 예배만 받으시는 것 같지는 않습니다. 때로는 억지로 하는 순종을 통해서도 화목을 이루십니다. 화해를 생각해 보세요. 만일 우리가 원하는 때에만 화해한다면, 화해가 얼마나 이루어질까요?

우리 주님이 화목제물이 되셨다는 말씀이 참 깊게 다가옵니다. 하나님과 우리 사이의 화목과 사람과 사람 사이의 화목은 그렇게 낭만적이거나 자발적인 것은 아니었다는 생각이 듭니다. 그러나 순종의 제물이 화목을 만들었습니다. 억지로라도 할 수밖에 없는 일을 떠올려 봅시다. 그것이 예배라고 생각해 봅시다. 어쩌면 예배의 혁명이 억지로 시작될지도 모릅니다.

네가 네 하나님 여호와의 말씀을 청종하면 이 모든 복이 네게 임하며 네게 이르리니 | 신 28:2

7 week

사랑하기 힘들다면 사랑받을 때입니다

목회자의 가장 큰 부담은 설교 준비가 안 될 때도 설교해야 한다는 것입니다. 이때는 머리와 가슴에 채워진 것이 더 이상 남아 있지 않다는 것을 의미하기도 합니다. 물이 고이기도 전에 바가지로 퍼 올리면, 바닥난 가슴 밑바닥에 바가지가 자꾸 닿아 아프기 시작합니다.

아무것도 생각나지 않을 때는 생각날 때까지 기다려야 하고, 너무 몸이 힘들 때는 충전될 때까지 쉬어야 하고, 인내가 바닥났을 때는 내 속에서 믿음이 작동해야 하는데, 문제는 위기에 대처하는 방법을 제대로 배우질 못했다는 것입니다.

저도 그랬던 것처럼 신앙인들이 빠지는 오류가 있습니다. 은혜를 받으면, 모든 게 해결된다고 생각하는 것입니다. 마치 은혜를 받으면, 슈퍼맨이 되는 것처럼 말입니다. 그런데 제 생각엔 은혜는 우리를 슈퍼맨으로 만드는 것이 아니라 하나님 앞에 진정한 사람이 되게 합니다. 하나님의 도우심 없이는 살 수 없는 존재임을 아는 것 말입니다.

그래서 은혜를 받으면, 강해지기보다 점점 더 약해지는 것 같습니다. 사도 바울은 작은 가시조차도 없애고 슈퍼맨처럼 일할 것을 꿈꿨는데, 하나님은 그를 그렇게 만들지 않으셨습니다. 사도 바울은 오히려 이런 깨달음을 얻습니다. 하나님이 자신에게 가시를 주신 이유는 교만하지 않도록, 하나님을 끝까지 의지하도록 하기 위해서라고 말이죠.

아무것도 생각나지 않고, 아무것도 하기 싫고, 더 이상 가슴에 뜨거움이 남아 있지 않을 때는 더욱 힘을 낼 때가 아니라, 하나님의 은혜를 구하며 채워져야 할 때입니다. 사랑을 받아야 할 때라는 뜻입니다.

이는 내가 그 피곤한 심령을 상쾌하게 하며 모든 연약한 심령을 만족하게 하였음이라 하시기로
| 렘 31:25

누가 환난에
맞설 수 있겠습니까

8 week

언젠가 유튜브에서 뉴욕 타임스퀘어교회의 카터 콜론 은퇴목사의 설교를 들은 적이 있습니다. 9·11 테러 사건 이후에 마지막 때를 준비하라는 메시지였습니다. 그는 "하나님이 우리를 지으시고 이 땅에 보내신 이유는 환난을 견디고, 더욱 단단해지는 것"이라고 말했습니다. 그러니 다가오는 시험이나 환난을 피하거나 두려워하지 말고, 견디고 이기십시오.

하나님이 우리에게 진정한 믿음을 주셨다는 것은, 불 같은 시험 가운데서 증명됩니다. 진정한 믿음이 있다면, 환난 가운데 점점 단단해질 것입니다. 반대로 거짓 믿음 가운데 살았다면, 불 같은 시험 앞에서 여지없이 무너지게 될 것입니다. 오늘 우리에게 찾아오는 시험과 환난은 각기 다릅니다. 하지만 그 가운데서 진정한 믿음이 무엇인지 드러나게 될 것입니다.

불 시험을 치르는 것은 무척 힘듭니다. 하지만 우리가 점점 더 단단해진다는 믿음이 있다면, 능히 환영할 수 있을 것입니다. "시험아! 나에게 오라. 내가 더욱 견고해지리라!"라고 말입니다. 시험과 환난을 무서워하지 않는 믿음이 있다는 것이 참 멋지다는 생각이 듭니다.

시험과 환난에 분명한 이유가 있다면, 견딜 만하지 않을까요? 그것이 우리를 연단하는 것이라면, 더 환영할 만한 것이 아닐까요? 우리가 겪는 환난과 시험을 자기 잘못으로 인한 재앙과 구별할 수 있다면 말입니다. 어떤 일이 나에게 오더라도 그것이 나의 믿음을 단단하게 하기를, 환난을 피하기보다는 맞설 수 있기를 바랍니다.

다만 이뿐 아니라 우리가 환난 중에도 즐거워하나니 이는 환난은 인내를, 인내는 연단을, 연단은 소망을 이루는 줄 앎이로다 | 롬 5:3-4

9 week

동행이란 그에 관해 알아가는 것

누군가와 동행을 '시작'하는 것은 그리 어려운 일이 아닙니다. 하지만 그 사람과 '계속' 동행하기는 쉽지 않습니다. 계속해서 동행하려면 그 사람에 대하여 많이 알아야 합니다. 좋아하는 것과 싫어하는 것이 무엇인지 말이죠.

신앙생활을 하면서 가장 많이 말하는, 그리고 바라는 것 중 하나가 '성령님과 동행하고 싶어요'가 아닐까요? 쉽지는 않지만, 지속적으로 성령님과 동행하려면 그분이 좋아하는 것과 싫어하는 것을 알아야 합니다. 성령님이 어떤 분인지, 그분의 생각은 무엇인지….

성령님이 제일 싫어하시는 일은 '성령님을 근심'하게 하는 일입니다. 옳은 일인 줄 알고 했는데 마음이 불편해진다면, 성령님을 근심하게 하는 일일 수 있습니다. 우리가 죄를 행할 때 성령님이 함께하시지 않는다고 하죠. 그런데 단순한 행위의 죄를 넘어서서 성령님이 기뻐하시지 않으면, 그것 또한 죄입니다.

신앙 여정이라는 말이 있습니다. 신앙은 마치 여행과 같습니다. 그 여행길에서 많은 시행착오를 거치면서 배워 가는 것입니다. 성령님을 전혀 배려하지 않고, 성령님과 함께하기 위한 불편함을 감수하지 않으면서 "성령님! 저에게 오셔서 제 삶에 동행해 주세요!"라고 말하는 것은 명백한 립 서비스에 불과합니다. 성령님을 구하는 우리의 기도는 삶의 패턴을 성령님께로 바꾸겠다는 결단입니다.

성령님과 동행한다는 것은 성령님이 우리에게 맞춰 주시는 것이 아니라, 우리가 성령님께 맞추어 가는 아주 철저한 신앙의 여정입니다. 성령님과 동행하는 삶을 살면, 우리 신앙이, 우리가 속한 공동체가, 우리 교회가 조금은 달라질 것입니다.

내가 이르노니 너희는 성령을 따라 행하라 그리하면 육체의 욕심을 이루지 아니하리라 | 갈 5:16

소통이 안 된다고요

10
week

요즘 사람들이 참 힘들어하는 것이 있습니다. '소통'이 되지 않는다는 것이죠. 아이러니한 것은 요즘처럼 소통하려고 애쓰는 때가 없었다는 사실입니다. 소통이 어려운 이유는 노력하지 않기 때문이 아니라 소통의 의미를 잘못 생각하기 때문인 것 같습니다. 다시 말해서 누군가와 의견을 맞추려고 이야기를 나누지만, 자기 의견이 관철되지 않으면 소통이 되지 않는다고 생각하는 것입니다.

하나님이 깨닫게 하신 소통 방법이 있습니다. 소통이란 서로의 생각이 일치하거나 서로가 만족할 수 있는 이상을 발견하는 것이 아니라, 올바른 방향으로 각자 달려가는 것이라고 말입니다. 신앙적으로 말한다면, 내 생각을 내려놓고 하나님의 생각을 향해 가는 것입니다. 하나의 길이 아니라 사방에서 말이죠.

하나님과 소통이 되지 않는 것 같습니까? 아무리 기도해도 응답이 되지 않나요? 혹 하나님의 생각과 별개로 내 뜻이 관철될 때까지 떼쓰고 있는 것은 아닐까요?

"주님을 보게 하소서 … 내 뜻과 내 생각 내려놓고"라는 찬양 가사가 있습니다. 내 뜻과 내 생각으로는 소통할 수 없습니다. 조급해하지 말고, 내 생각대로 되지 않는 것에 안달하지 말고, 고난의 시간을 지나도 그 길이 결코 잘못되지 않았음을 확신하며 나아갑시다.

교회는 사람의 생각을 맞추는 공동체가 아니라는 것을 기억합시다. 나와 너무나 다른 사람들이 만나서 하나님의 뜻을 향해 함께 열심히 달려가는 것이 교회임을, 마치 모자이크처럼 서로 다른 조각들이 아름다운 하나의 그림을 만들어 가는 것이 진정한 소통임을 기억합시다.

몸은 하나인데 많은 지체가 있고 몸의 지체가 많으나 한 몸임과 같이 그리스도도 그러하니라 … 너희는 그리스도의 몸이요 지체의 각 부분이라 | 고전 12:12, 27

11 week

고약한 사람을 가졌습니까

흔히 성질이 유별나고 주변을 괴롭게 하는 사람을 향해서 우리는 "참 고약한 사람이야"라고 말합니다. 이 말의 유래가 참 흥미롭더군요. 전해 오는 이야기 가운데 세종 시대에 '고약해'라는 신하가 있었다고 합니다. 이 사람이 세종이 하는 일에 얼마나 반기를 드는지, 세종은 자신에게 반기를 드는 사람이 나타나면 "고약해 같은 놈"이라고 했답니다. 그런데 그런 그에게 세종은 대사헌이라는 자리까지 줍니다. 세종의 위대함을 엿볼 수 있는 일화입니다.

세종은 우리가 바람직한 리더십을 이야기할 때 종종 회자되는 인물입니다. 그의 시대에는 유능한 신하들이 많이 나타나는데, 뭐 꼭 그때만 특별한 시기였던 것이 아니겠죠. 세종은 주변 사람들을 말하고, 일하고, 움직이게 해서 스스로 실력을 발휘하게 만들었다고 합니다. 어쩌면 고약해가 세종을 만났으니 망정이지, 다른 왕의 신하였다면 무인도 같은 곳으로 열 번은 더 유배갔을지 모를 일입니다.

신앙적으로 생각해 볼까요? 우리는 종종 성령님이 역사하시던 시대를 부러워합니다. "왜 그때는 그렇게 엄청난 역사가 일어났는데 이 시대는 조용한가?" 하지는 않습니까? 아니죠. 우리가 성령님이 역사하시도록, 성령님이 일하시도록 살고 있는가를 물어야 합니다. 성령님이 일하시도록 나를 내려놓지 않으면 어떤 역사도 경험하지 못합니다.

우리는 종종 주변에 좋은 사람들이 있는 것을 부러워합니다. 그렇다면 과연 나는 주변에 좋은 사람들이 있도록 살고 있습니까? 고약한 사람이 우리 주변에 있어야 합니다. 그 고약한 사람이 나의 인격과 성품을 만들어 주고 있을지 모릅니다. 함석헌 옹의 글이 생각나는군요. "그대 고약한 사람 하나를 가졌는가?"

철이 철을 날카롭게 하는 것같이 사람이 그의 친구의 얼굴을 빛나게 하느니라 | 잠 27:17

너로 충분하단다

12
week

소위 크리스천 명문 가정에서 태어나 가족의 기대를 안고, 아버지의 뒤를 이어 목사가 된 분이 있었습니다. 목사 아들이 그렇듯이 그분도 모범생으로 자라며 마음에 채워지지 않는 그 무엇이 있었답니다. 남들이 부러워하는 환경에서 목사가 되었지만, 정작 이분은 하나님의 음성을 듣는다는 목사나 좋은 은사를 가진 목사들이 부러워 늘 기도했답니다.

"하나님 저에게도 저런 은사를 주세요! 뜨거운 열정도 주세요." 하지만 그런 일은 일어나지 않았고, 여전히 갈급한 마음을 가지고 있었습니다. 한번은 영성 훈련에 참여하여 기대하고 기도했지만, 역시나였습니다.

'왜 내게는 남들이 받는 은혜와 뜨거운 역사가 일어나지 않는가?' 그렇게 안타까움으로 기도하던 중 마음속에서부터 하나님의 세미한 음성이 들려왔습니다. "아들아, 괜찮아. 괜찮아. 너는 이미 충분한 내 아들이야!"

그 간증이 제 마음도, 그리고 그곳에 함께했던 많은 사람의 마음도 울렸습니다. 우리는 뭔가 굉장한 은사로 하나님의 일을 해야 하나님을 기쁘시게 할 수 있다고 생각합니다. 그러다 보니 현실은 '늘 부족한 나' 앞에서 좌절하죠. 열심히 살아도 채워지지 않는 공허함이 있습니다. 그런데 하나님 아버지는 그런 우리 모습 그대로도 괜찮다고 말씀하십니다! 우리는 모두 참 부족한 사람들이기에 그분의 간증이 가슴에 와닿았던 것 같습니다.

하나님을 위해 삶을 내어 드리며 애쓴 모든 사람에게 이렇게 말해 주고 싶습니다. "괜찮아. 괜찮아. 너는 이미 충분한 하나님의 아들이고 딸이야." 우리의 어깨를 두드리며 괜찮다고 말씀하시는 세미한 하나님의 음성이 들리십니까?

너의 하나님 여호와가 너의 가운데에 계시니 그는 구원을 베푸실 전능자이시라 그가 너로 말미암아 기쁨을 이기지 못하시며 너를 잠잠히 사랑하시며 너로 말미암아 즐거이 부르며 기뻐하시리라 하리라 | 습 3:17

13 week 고통의 속량

우리 삶에 질병과 고통, 아픔이 찾아왔을 때 그 아픈 마음과 형편을 함께 나누지 못하고 혼자 안고 가는 성도가 있습니다. 자신이 당하는 고통이 혹 '하나님의 심판은 아닐까?' 하는 두려움이 있기 때문입니다. 문제는 자신이 고통당하는 모습을 누군가가 보면 '저주'로 여길지도 모른다는 생각에 스스로를 감옥에 가둔다는 것입니다.

더욱 무서운 것은 우리를 힘들게 하는 누군가가 아주 심각한 어려움을 당할 때 하나님이 그를 심판하신다고 말하며 자기 의를 증명하려는 것입니다. 나를 힘들게 하던 사람이 갑자기 사업이 망해 어려움을 겪으면, "거 봐요! 하나님이 살아 계시잖아요"라며 으스댑니다.

만일 하나님이 우리를 그렇게 심판하셨다면, 지금 우리 가운데 세상에 존재할 사람은 아무도 없을 듯합니다. 자신을 향한 저주든 상대방을 향한 저주든, 그것은 우리 스스로를 깊이 가두는 참으로 무서운 감옥입니다.

제자들이 날 때부터 맹인 된 사람을 보고, "이 사람이 맹인으로 난 것이 누구의 죄로 인함이니이까"(요 9:2) 하고 묻자, 예수님은 그 사람을 고쳐 주셨을 뿐만 아니라, 그로써 하나님의 영광을 나타내셨습니다. 필립 얀시는 이것을 "고통의 속량"이라고 표현했습니다. 고통을 통해 하나님의 은혜를 깨닫게 되는 것 말입니다. 고통이 우리를 속량합니다. 하나님의 은혜로 말이죠. 저주의 감옥에서 나오십시오! 질병과 가난 그리고 고통 가운데서 우리를 속량하시는 하나님의 은혜가 보이기 시작하면, 자유함을 누릴 수 있습니다. 주님은 우리를 심판하기 위해 이 땅에 오신 게 아니라 구원하기 위해 오셨습니다. 우리를 자유하게 하려고 오셨습니다. 사탄에게 빼앗겨 버린 복음을 다시 찾아야 할 때입니다.

너희 믿음의 확실함은 불로 연단하여도 없어질 금보다 더 귀하여 예수 그리스도께서 나타나실 때에 칭찬과 영광과 존귀를 얻게 할 것이니라 | 벧전 1:7

두려움이 용기가 되는 건 찰나입니다

14
week

'두려움의 정체'에 대하여 생각해 봅니다. 두려움이란 내가 기대했던 일이 일어나지 않을 때 경험하는 감정이 아닐까요. 그러고 보니 두려움이 우리 삶에서 떠나지 않는 이유가 분명합니다. 내 마음대로, 내가 원하는 대로 되는 일이 없기 때문이 아닐까요? 두려움이 찾아오는 순간, 우리는 적나라한 자기 모습을 봅니다. 하나님을 믿는다고 생각했던 내 모습이 얼마나 비참할 수 있는지를 발견합니다. 오병이어의 기적을 경험했던 제자들이 배를 타고 갈릴리를 건널 때 폭풍 속에서 주님을 보고서 유령이라고 생각했던 것을 보면 참 신기하기도 합니다.

제자들이 바다에서 파도를 만난 것보다 그 파도 가운데서 주님을 알아보지 못한 것이 문제입니다. 제자들이 주님을 보지 못한 것이 아니라 그들 눈앞에 보이는 주님을 유령으로 착각했다는 것이 문제입니다. 두려움 속에 찾아오신 주님이 이렇게 말씀하셨습니다.

"내니 두려워하지 말라"(막 6:50). 이 부분을 영어 성경(NIV)은 "Take courage! It is I. Don't be afraid"라고 번역합니다. 두려움 가운데 필요한 것은 다름 아닌 '용기(courage)'입니다. 우리가 용기를 낼 수 있는 이유는 바로 옆에서 속삭여 주시는 주님이 계시기 때문입니다. 주님을 가장 생생하게 만나는 곳은 바로 거친 바다 한가운데입니다! 그리고 그 주님을 가장 강렬하게 붙잡아야 할 순간이 있다면, 두려움이 엄습해 올 때입니다.

삶에서 기대하지 않았던 일들, 예기치 못했던 일들이 일어나면 거친 파도가 밀려오는 것처럼 느껴집니다. 거친 파도 가운데 주님이 계시지 않는다면, 무섭고 외로울 수밖에 없습니다. 파도는 언젠가는 잠잠해질 것입니다. 가장 큰 두려움은 내가 붙잡고 살아가는 주님에 대한 기대가 끝나는 것입니다.

내가 하나님을 의지하고 그 말씀을 찬송하올지라 내가 하나님을 의지하였은즉 두려워하지 아니하리니 혈육을 가진 사람이 내게 어찌하리이까 | 시 56:4

15 week — 짐이 없다면 성장도 없습니다

군목으로 임관하기 전에 훈련받던 시절이 있었습니다. 마지막 훈련은 군장을 지고 200킬로미터를 행군하는 것이었죠. 행군을 떠나기 전에는 등의 짐이 부담스러웠습니다. 어떻게든 그 무게를 줄여야 한다고 생각했고, 다들 같은 생각이었습니다. 그런데 행군하며 짐이 짐스럽지 않다는 것을 깨달았습니다. 50분 걷고 10분 쉴 때는 그 짐을 베고 누울 수 있습니다. 그 짐 안에는 먹고 자는 장비들이 들어 있습니다. 짐이 있어 쉴 수 있고, 잘 수 있고, 먹을 수 있습니다. 오랜 길을 가야 한다면, 짐은 결코 짐이 아닙니다.

때로 우리는 '무거운 짐'이 '거룩한 부담'이라는 것을 잊고 살기에 삶이 버겁게만 느껴지는 것 같습니다. 그런데 어느 순간, 짐이 감사하게 느껴집니다. 우리가 조금은 성숙해진 것 아닐까요?

오래전 제 노트에 끄적여 놓았던 글귀를 함께 나누고 싶습니다.

"내 등에 짐이 없었다면, 나는 세상을 바로 살지 못했을 것입니다. 이제 보니 내 등의 짐은 나를 바르게 살도록 한 귀한 선물이었습니다. 내 등에 있는 짐의 무게로 남의 고통을 느꼈고, 이를 통해 사랑과 용서도 알았습니다. 이제 보니 내 등의 짐은 나를 성숙시킨 귀한 선물이었습니다. 내 등의 짐 덕분에 나는 늘 나를 낮추고 소박하게 살았습니다. 물살이 센 냇물을 건널 때는 등에 짐이 있어야 물에 휩쓸리지 않고, 화물차가 언덕을 오를 때는 짐을 실어야 헛바퀴가 돌지 않듯이 내 등의 짐이 나를 불의와 안일의 물결에 휩쓸리지 않게 했으며, 삶의 고개 하나하나를 잘 넘게 하였습니다. 모든 짐이 내 삶을 감당하는 힘이 되어 오늘도 최선의 삶을 살게 합니다."

다만 이뿐 아니라 우리가 환난 중에도 즐거워하나니 이는 환난은 인내를, 인내는 연단을, 연단은 소망을 이루는 줄 앎이로다 | 롬 5:3-4

고통 속에서 자유하십시오

16
week

우리는 흔히 뭔가를 통제할 수 있을 때 자유하다고 생각합니다. 하지만 이 세상에 일어나는 일들 가운데 우리가 통제할 수 있는 것이 그리 많지 않습니다. 그래서 통제할 수 없는 고통 가운데 자유하기란 더욱 쉽지 않은 듯합니다. 그런데 하나님이 깨닫게 하시는 것이 있습니다. 내가 통제할 수 없기에 자유를 잃어버리는 것이 아니라, 통제할 수 없기에 훨씬 더 자유로울 수 있다는 것을 말입니다.

만일 우리의 고통 가운데 하나님이 계시지 않는다면, 고통의 순간에 하나님의 선하심을 고백할 수 없다면, 우리는 절대로 고통에서 자유할 수 없습니다. 고통 속에서도 하나님의 선하심을 고백할 수밖에 없는 이유는 그 가운데 하나님이 계시기 때문입니다. 하나님이 함께하시면, 우리의 고통을 속량해 주시는 은혜를 누릴 수 있기 때문입니다.

하나님은 우리에게 고통을 주시는 분이 아니라 우리와 함께 고통을 이겨 내시는 분입니다. 우리가 하나님과 친밀해지는 순간은 어쩌면 고통의 순간입니다. 더 나아가 우리가 하나님의 뜻대로 살려고 하면, 고통이 찾아올 수 있습니다. 만일 상황이 삶을 좌우한다면, 고통은 우리 삶의 감옥이 될 것입니다. 그러나 어떤 상황에서도 하나님을 향한 고백이 있다면, 고통은 우리를 억압하지 못할 것입니다.

우리가 흔히 말하는 신앙의 조언이 있습니다. "하나님은 사람이 감당할 시험밖에는 주시지 않는다고 합니다. 그러니 잘 견디십시오." 적어도 저는 이 말씀을 우리 힘으로 감당할 수 있다는 뜻으로 이해하지 않습니다. 하나님께 우리 문제를 맡길 때에야 가능하죠. 하나님 없는 고통은 인생의 감옥입니다. 하지만 하나님의 개입과 속량은 고통이 주는 자유입니다.

두려워하지 말라 내가 너와 함께함이라 놀라지 말라 나는 네 하나님이 됨이라 내가 너를 굳세게 하리라 참으로 너를 도와주리라 참으로 나의 의로운 오른손으로 너를 붙들리라 | 사 41:10

17 week — 왜 접니까

우리 인생에는 설명할 수 없는 부분이 참 많습니다. 때로 하나님께 묻죠. "왜요?" 그렇지만 이해가 안 된다고 잘못된 것은 아닙니다. 우리가 예수님을 믿으며 주로 고백한다면, 그분이 하시는 일에 순종하는 것이 옳습니다.

고린도전서에 보면, 사도 바울의 믿음의 고백이 참 많이 나오는데, 그중에 하나가 "나는 심었고 아볼로는 물을 주었으되 오직 하나님께서 자라나게 하셨나니"(고전 3:6)입니다. 유진 피터슨은 《메시지》에서 이 부분을 이렇게 해석하더군요.

"우리 두 사람은 모두 종에 불과합니다. 여러분을 섬겨, 우리 주인이신 하나님께 여러분의 삶을 맡기는 법을 배우게 한 종일 따름입니다. 우리 두 사람은 주님께서 맡겨 주신 종의 임무를 수행했을 뿐입니다. 나는 씨를 심었고 아볼로는 물을 주었습니다. … 심는 일과 물을 주는 일은 종들이 약간의 급료를 받고 하는 허드렛일에 불과합니다."

우리가 하는 일 중에 어떤 일이 더 중요한가가 문제가 아닙니다. 우리가 하는 모든 일은 주인이 시켜서 하는 일입니다. 때로 우리가 하는 일의 목적을 모를 때도 있습니다. 주인의 깊은 뜻을 이해하지 못할 때도 있습니다. 그래서 불평하기도 하고, 자신이 하는 일이 가장 귀한 일이라고 착각하기도 합니다. 그러나 우리가 하는 일은 약간의 급료를 받고 하는 허드렛일에 불과합니다. 종의 마음은 늘 그래야 할 것 같습니다. 인생에서 펼쳐지는 희로애락의 이유와 목적을 미처 이해하지 못할 때가 많았고, 앞으로도 다 알지는 못할 것입니다. 그러나 괜찮습니다. 언제나 신실하신 주인이 계시기 때문입니다. 오늘도 이해를 넘어서는 믿음으로 순종의 길을 따르렵니다.

그러나 내가 가는 길을 그가 아시나니 그가 나를 단련하신 후에는 내가 순금같이 되어 나오리라
| 욥 23:10

거룩함의 분량을 늘리는 방법

18
week

너무나 잘 아는 다윗의 이야기입니다. 하나님의 마음에 합하게 살았던 다윗도, 밧세바를 범하며 하나님께 죄를 범했던 다윗도 우리는 잘 압니다. 끝까지 하나님 앞에서 버림받지 않고 살았던 다윗의 위대함은 자신의 죄를 지적하는 나단 선지자 앞에서 아주 심플하게 반응한 것에서 드러납니다. 우리는 죄에 대하여 너무 많은 변명을 하지는 않습니까?

요즘 우리는 말씀의 능력도, 교회의 권위도, 크리스천의 영향력도 찾아보기 힘든 시대를 살아갑니다. 그래서 '다시 모이자'라는 시도도 하고, 세상의 불의한 일들과 죄에 대하여 '지적'을 하기도 합니다. 하지만 세상은 꿈쩍도 하지 않습니다. 오히려 그런 우리를 비난합니다. 비난을 받는 것이 자랑스러울 때도 있고, 부끄러울 때도 있습니다. 우리를 향한 세상의 비난이 자랑스러울 때는 우리가 진리와 거룩함으로 무장되어 있을 때입니다. 그 비난이 부끄러울 때는 거룩하지 못한 우리가 세상을 향해 손가락질할 때입니다.

능력을 상실한다는 것은 하나님이 더는 우리를 사용하시지 않는다는 증거입니다. 예배의 자리에 있으나 하나님이 쓰시지 않을 때 우리는 용도 폐기된 존재에 불과합니다. 그런데 그 사용의 기준이 거룩함에 있는 것 같습니다. 그렇다면 우리에게 주어진 동일한 삶, 그리고 일정한 시간 속에서 거룩함의 분량을 늘리는 방법은 무엇일까요?

교회가 보여 주고, 성도가 살아가야 하는 삶의 방식은 세상의 죄를 지적하는 것이 아니라, 하나님의 사람으로 살아가는 방식을 묵묵히 보여 주고 살아 내는 것입니다. 아무리 안타까워도 힘자랑만 할 게 아니라, 아주 심플하게 하나님 앞에서 우리의 약함을 인정하고 살아가야 하지 않을까요?

너희는 이 세대를 본받지 말고 오직 마음을 새롭게 함으로 변화를 받아 하나님의 선하시고 기뻐하시고 온전하신 뜻이 무엇인지 분별하도록 하라 | 롬 12:2

19 week 힘없는 것 자랑하고 삽시다

세상의 힘을 가진 이들에게는 십자가가 참 미련하게 보입니다. 세상을 바꾸고, 하나님 나라를 세우려는 자들이 그토록 무기력하게 십자가에서 죽어야 하는 이유를 이해하지 못하기 때문이죠. 그런데 이제 교회에서도 십자가를 미련하게 보는 것 같습니다. 하나님 나라를 십자가가 아닌 세상의 힘으로 만들 수 있다고 생각하니 말입니다.

그런 생각이 들더군요. 하나님이 이 땅에 교회를 세우신 이유는 우리가 얼마나 힘 있는지를 보여 주라는 것이 아니라, '힘없음'을 증명하라는 것은 아닐까요? '힘없음'이란 하나님의 능력이 없다는 뜻이 아니라 '세상의 힘'을 쓰지 않는다는 뜻입니다.

교회가 진짜로 보여 주어야 할 힘은 십자가가 아닐까요? 그런데 세상의 조롱을 참지 못하면, 십자가는 아무런 능력이 없습니다. 예수님이 십자가 위에서 당하신 조롱을 참으며 끝까지 내려오지 않으신 이유가 무엇일까요? "하나님 나라는 세상과 다르다! 하나님 나라는 힘으로 세워지는 것이 아니다!"라는 것을 십자가의 죽음으로 증명하신 것이 아닐까요?

제가 이런 말 할 자격이 있을는지는 모르겠습니다. 그래도 꼭 하고 싶은 말이 있습니다. "힘없는 것 자랑하고 삽시다!" 교회에 사람이 많이 모여 큰 건물이 있는 것, 예산 많은 것이 미안하고 죄송해서 절대로 자랑할 수 없었으면 좋겠습니다. 그런 목사, 그런 교인, 그런 사람이 되는 꿈을 꿉니다.

사람아 주께서 선한 것이 무엇임을 네게 보이셨나니 여호와께서 네게 구하시는 것은 오직 정의를 행하며 인자를 사랑하며 겸손하게 네 하나님과 함께 행하는 것이 아니냐 | 미 6:8

지는 것도 은혜입니다

20
week

지금 시대에 큰 교회를 목회한다는 것이 죄처럼 느껴질 때가 있습니다. 내 생각에 이유가 없이 비난이 쏟아질 때는 억울하죠. 이러한 시대에 큰 교회를 담임하는 목사의 아들이라는 이유로 신학교에서 신학을 공부하고 목사가 되려는 소명도 죄처럼 느껴지는 것은 더욱 억울한 일입니다. 그래서 많은 교회가 그랬듯이 저도 그렇게 큰 교회가 나쁘거나 잘못된 것이 아니라는 사실을 말하고 증명하고 싶었습니다.

그런데 하나님이 그런 가르침의 은혜를 주시더군요. "나는 너희 교회의 잘잘못을 따지고 싶지 않다. 그런데 너희 교회를 통해 어떤 '덕'이 세워졌지?" 하나님 나라의 구원과 영광을 위해 기꺼이 포기한 자유와 권리가 무엇인지를 물으셨습니다. 진정한 하나님의 은혜는 우리가 마땅히 누리는 권리와 옳음을 주장하는 데서 오는 기쁨이 아니라 하나님 나라와 영광을 위해 기꺼이 포기할 때 찾아오는 기쁨이라는 것을 말입니다.

우리가 살고 있는 이 세상과 사람들은 우리가 끝까지 싸워 이겨야 할 대상이 아닙니다. 그들 역시 영혼 속에는 생수에 대한 갈망이 있음을 보아야 합니다. 성도들의 자존심이란 누군가를 이겨서 증명되는 자기 의가 아니라 어떤 상황에서도 드러나야 하는 하나님의 영광, 그리고 구원의 역사가 되어야 합니다.

하나님의 은혜는 정의를 실현하는 것이 아니라 하나님 나라를 이루어 가는 것입니다. 하나님의 은혜는 하나님을 적대하는 악한 자들과 싸우는 것이 아니라 그들을 향한 하나님의 아픈 마음, 그분의 눈물을 볼 수 있어야 하는 것입니다. 그리고 이 모든 일을 하며 손해 보는 억울함이 아니라 깊은 곳에서 샘솟는 기쁨과 감사를 고백하는 것입니다. 그것이 은혜입니다.

나에게 이르시기를 내 은혜가 네게 족하도다 이는 내 능력이 약한 데서 온전하여짐이라 하신지라 그러므로 도리어 크게 기뻐함으로 나의 여러 약한 것들에 대하여 자랑하리니 이는 그리스도의 능력이 내게 머물게 하려 함이라 | 고후 12:9

21 week — 때로는 침묵해야 합니다

기도하다 보면 하나님 앞에서 침묵하는 시간도 필요합니다. 하나님 앞에서 침묵한다는 것은 단순히 말을 하지 않는다는 것이 아닙니다. 말하는 것보다 말씀을 듣는 것이 더 중요하다는 뜻입니다.

그동안 신앙생활을 하면서 참 많이 배운 것이 있습니다. 하나님 앞에 우리 생각과 소원들을 마구 쏟아 내는 방법입니다. 물론, 우리에게는 당연히 그럴 특권이 있습니다. 그런데 그 특권을 누리다 보니 더 큰 은혜와 축복을 누리지 못하는 것 같습니다. 우리를 포근히 감싸 안으시는 사랑과 때로는 우리를 위해 아파하고 울어 주시는 성령님의 동행하심, 그리고 우리를 인도하시는 하나님의 계획 같은 것들 말입니다.

누군가 그런 말을 했습니다. 우리가 말을 배우는 데는 2년이 걸리지만, 침묵을 배우는 데는 60년이 걸린다고 말이지요. 사실, 중요한 것은 우리의 소원을 말하는 것보다, 우리를 향한 하나님의 계획을 아는 것인데 말입니다.

우리 신앙과 기도의 가장 큰 오류는 열심으로 인해 일방적이 되는 것이 아닐까요? 우리의 열심이 하나님과 인격적 만남으로 이어지기 위해서는 침묵의 시간이 필요하지 않을까요? 하나님의 크심 앞에서 할 말을 잃을 때 침묵할 수밖에 없을 때 우리는 아무것도 하지 않는 것이 아니라 가장 위대한 일을 하고 있는 것이 아닐까요? 오늘도 침묵을 선택하길 바랍니다. 오늘 내가 무엇을 말하기에는 그 분이 너무 크고 존귀한 분이시기 때문에 말입니다.

나의 영혼이 잠잠히 하나님만 바람이여 나의 구원이 그에게서 나오는도다 | 시 62:1

용서 못 하는 마음이 독입니다

22 week

회개와 용서의 기도에 관해 생각해 봅니다. 회개하지 않는 인간의 불안함은 있어야 할 자리에 있지 않아서가 아닐까요? 하나님과 멀어진 인간이 어찌 불안하지 않을 수 있겠습니까? 회개하지 않는데 어떻게 용서가 이루어지겠습니까?

용서하지 못하는 사람은 독을 품고 사는 것과 같다고 합니다. 그렇게 용서는 상대방을 위한 것이 아니라 나를 위한 것이라고 많이 들어 왔습니다. 그럼에도 참 어려운 것이 용서입니다. 그 사람 때문에 내가 힘들고 잘못되어 가는데 어떻게 용서합니까?

창세기에 요셉의 고백이 있습니다. 그가 형들을 용서하게 된 계기가 있죠. "당신들은 나를 해하려 하였으나 하나님은 그것을 선으로 바꾸사 오늘과 같이 많은 백성의 생명을 구원하게 하시려 하셨나니."(창 50:20) 용서는 나를 힘들게 하는 사람을 통해 나를 사용하시는 하나님의 계획이 깨달아질 때 할 수 있습니다. 그 사람이 아니었다면 결코 만날 수 없었던 하나님, 그 사람의 악의가 아니었다면 결코 서 있을 수 없는 인도하심의 자리에 용서가 있습니다.

오늘 우리가 있는 이 자리가 하나님의 은혜로 고백되어야 합니다. 독이 오른 사람의 입에서는 독이 나갑니다. 독이 오른 사람의 행동은 또 누군가에게 독을 전염시킬 뿐입니다. 독이 오르면 나도 아프고 상대방도 아픕니다. 독을 빼내기는 쉽지 않지만 독을 빼내지 않으면, 결코 살 수 없습니다. 요셉의 고백은 믿음의 눈을 들지 않으면 결코 보지 못하는 것입니다. 믿음의 눈을 들면 보이는 분이 계시고, 믿음의 눈을 들면 나를 인도하시는 손길이 보이고, 믿음의 눈을 들면 나를 향한 하나님의 계획이 보입니다. 그래서 행복합니다.

누가 누구에게 불만이 있거든 서로 용납하여 피차 용서하되 주께서 너희를 용서하신 것같이 너희도 그리하고 _ 골 3:13

23 week

기도하면 하나님의 뜻을 알게 됩니다

기도는 하나님의 인도하심과 밀접한 관계가 있기에 일방적이지 않습니다. 우리가 착각하는 것은 우리가 원하는 모든 것을 기도로 생각한다는 것이죠. 우리가 기도할 때 성령님은 우리로 하여금 기도하게 하시고, 올바른 것을 간구하게 하십니다. 기도는 사전적 의미에서 '우리가 바라는 것을 기원하는 행위'이지만, 성령 충만한 가운데서 바라는 것은 하나님의 인도하심과 일치하게 됩니다. 다시 말하면, 성령 충만함 가운데 거하지 않을 때는 하나님의 인도하심과 관계없는 기도를 할 수 있다는 말이죠.

성령님의 인도하심을 받지 못한 기도가 얼마나 우매할 수 있는지 아십니까? 20세기 최고의 기독교 변증가인 C. S. 루이스는 이렇게 말했습니다. "하나님이 원하시면 어떤 방식으로도 그것을 행하실 수 있습니다. 하지만 그분은 기도 응답이라는 방법을 통해 그 일을 하기로 작정하셨습니다. 우리가 기도한다는 것은 하나님을 의지한다는 고백입니다. 우리가 그분을 의지한다면, 그분에 대하여 알아야 하지 않겠습니까? 우리의 노력으로 무엇을 이룰 수 있는 것은 아니지만, 하나님을 의지하는 우리의 노력을 하나님은 기뻐하십니다.

간혹 우리는 '믿음'을 온전히 하나님을 의지하므로 내 모든 생각과 판단을 내려놓는 것으로 생각합니다. 그러나 말씀에 근거하여 진정한 믿음을 살펴보면, 믿음은 우리가 온전한 이해로 나아가도록 생각을 바꿔 줍니다. 우리의 지적인 행위가 하나님의 생각과 어긋나지 않도록 인도합니다. 그러므로 진정한 믿음이란 우리의 이성이 하나님의 통치하심과 성령님의 인도하심에 복종할 준비가 되어 있는 것입니다." 진정 중요한 것은 하나님의 뜻을 아는 것이고, 더욱 중요한 것은 우리가 알고 있는 뜻에 순종하는 것입니다.

주는 나의 하나님이시니 나를 가르쳐 주의 뜻을 행하게 하소서 주의 영은 선하시니 나를 공평한 땅에 인도하소서 | 시 143:10

경건하려면
허세부터 벗으세요

24
week

우리는 모두 본래 내 모습보다 더 나아 보이려는 욕망이 있는 것 같습니다. 더 나아 보이려고 하니 자신을 과대 포장할 수밖에 없죠. 남들이 생각하는 나보다 자신을 더 낫다고 생각하니 늘 과장된 말과 몸짓이 나올 수밖에 없습니다. 여기에서 허세가 시작됩니다.

허세는 채워지지 않는 부족감에서 나오는 것입니다. 부족감과는 참 어울리지 않는 말인데, 부족하다고 생각하면 할수록 내 속에 찾아오는 것이 탐욕입니다. 부족감은 아무리 채워도 채워지지 않으니 말입니다.

사도 바울은 만족 혹은 자족은 경건과 관계가 있다고 말합니다(딤전 6:6). 따라서 우리가 경건하지 않으면, 늘 부족하다고 느끼므로 허세로 몸을 휘감게 되는 것입니다.

내 삶의 수준보다 비싼 옷과 액세서리로 포장하지 않으면, 견딜 수 없습니까? 내가 가진 지식을 남들에게 아는 척하지 않고는 견딜 수 없습니까? 교인의 숫자나 교회의 규모를 조금이라도 부풀려 말하지 않고는 만족할 수 없습니까? 만약 그렇다면 "여호와는 나의 목자시니 내게 부족함이 없으리로다"(시 23:1)라는 고백이 아직 내 고백이 아닌 것입니다. 여호와로 부족함이 없다면, 굳이 나를 포장할 이유도 없을 테니 말이지요.

하나님은 우리가 삶을 포장하지 않고, 진지하게 경건한 삶을 살 기회를 적어도 하루에 세 번은 주셨습니다. 바로 식사 기도 시간입니다. 밥 한 그릇을 앞에 놓고 진지하게 감사 기도 하는 시간, 일용할 양식을 주심에 진심으로 뜨겁게 감사할 수 있다면, 이스라엘 백성에게 만나를 주시고 매일 하나님을 기억하게 하셨던 광야의 신앙 훈련을 우리도 받은 것 아닐까요?

그러나 자족하는 마음이 있으면 경건은 큰 이익이 되느니라 | 딤전 6:6

25 week

삶이 과장되지 않기를

어느 해엔가 교인들과 이렇게 구하면 좋겠다고 생각을 나눈 적이 있습니다.

첫째, 삶이 과장되지 않기를! 과장은 진실됨과 배치되는 말인 듯합니다. 과장은 그것에서 그치지 않고 탐욕으로 인도하기 때문에 참 무서운 것이지요. 왜 우리 마음속에는 자신을 드러내고 싶은 욕구가 그렇게 많은지 말입니다. 문제는 그 드러냄의 욕구가 지나치면, 자신의 삶을 포장한다는 것이지요. 포장된 모습에서는 하나님의 형상이 보이지 않습니다. 과장은 자신을 포장하고 돋보이게 하지만, 진실함은 나를 가리고 하나님을 드러냅니다.

둘째, 우리 삶에 능력이 있기를! 새벽 시간에 교인들을 맞이하는 부목사님들과 사역자들을 보면서 이들을 위해 기도하지 못한 제 모습이 생각이 났습니다. 교인들을 위해서는 기도가 되는데, 정작 교인들을 만나 목회하는 사역자들을 위해서는 기도하지 못했습니다. 그래서 이렇게 기도하자고 했습니다. 교인들을 만나고, 설교할 때마다 하나님의 능력이 드러나는 사역자들이 되기를 말입니다.

우리가 살아가는 삶의 현장에서, 여러 만남 속에서 능력 있는 삶을 살기를 바랍니다. 우리의 말이 누군가를 변화시키고, 행동이 공동체를 변화시킬 수 있기를 기도합니다. 실상 목회자가 기도해야 하는 것은 자기 능력을 위해서가 아니라 교인들의 삶의 능력이라는 것을 새삼 깨닫습니다.

조금만 고개를 돌리면 누군가를 보게 되는데, 그 작은 여유를 가지지 못해서 참 자기중심적인 삶을 살아가는 모습이 부끄러운 아침입니다.

그러므로 하나님의 능하신 손 아래에서 겸손하라 때가 되면 너희를 높이시리라 | 벧전 5:6

하나님의 '좋아요'가 중요합니다

26
week

비난보다 더 무서운 것이 무관심이라고 하지요. 비난도 관심이라는 말이 새삼 실감이 납니다. 그러고 보면 요즘은 누군가에게 관심을 받지 않으면 견디지 못하는 인간의 속성을 곳곳에서 발견합니다. 제 모습에서도 적나라하게 드러납니다. 왜 우리는 그리도 관심을 받고자 할까요? 무관심이 두려운 이유는 뭘까요? 어쩌면 잊힘에 대한 두려움이 아닐까요?

며칠 전 새벽에 책을 읽는데 이런 글이 있더군요. "하나님이 쓰시는 미래의 사람은 현재를 조용히 준비하는 사람이다!"라고 말입니다. 결국 잊힘에 대한 두려움은 하나님께 대한 것이 아니라 사람에게 집중하고 있었다는 것을 증명하는 것은 아닐까요? 미래를 준비하는 잊힘은 사실 하나님이 기억하시는 시간인데 말입니다.

진정 두려운 것은 사람에게 유명해지는 일이 하나님께는 잊힘이 될 수 있다는 것이죠. 결국, 신앙적으로 결단할 문제인 것 같습니다. 물론, 하나님께도 기억되고 사람들에게도 기억된다면 좋겠지만요. 이 둘 사이에서 결정해야 하는 순간이 우리에게 반드시 찾아옵니다. 이런 결정을 '신앙'이라 부르는 것 같습니다.

'나는 지금 누구에게 좋으라고, 누구에게 기억되기 위해 이 일을 하는가?' 이 싸움에서 승리하면 미래에도 하나님이 쓰시는 사람이 되겠지만, 이 싸움에서 지면 참 불쌍하게 사역이 끝나지 않을까 두렵기도 합니다. 모든 이에게 좋은 사람이 될 수 없더라도 하나님에게 좋은 신앙인이 될 수 있기를, 모두에게 기억될 수 없더라도 미래에 하나님께 기억될 수 있기를 바라봅니다.

이제 내가 사람들에게 좋게 하랴 하나님께 좋게 하랴 사람들에게 기쁨을 구하랴 내가 지금까지 사람들의 기쁨을 구하였다면 그리스도의 종이 아니니라 | 갈 1:10

27 week — 내일의 기름 부으심을 준비합시다

이 시대 교회의 가장 큰 불행 중 하나는 성령의 은사가 풍부했던 크리스천 지도자와 사역자들의 추락을 목격하게 되는 것이 아닐까요? 그들의 타락과 죄를 보면서도 그들이 행했던 은사들이 거짓이라고 말할 수는 없을 것 같습니다. 단지 그들의 은사가 성숙하지 못함으로 인해 이루어진 일이죠.

기름 부으심이 없이도 얼마간은 성령의 은사가 계속되는 것 같습니다. 하지만 성숙하지 않은 은사들은 결국 인간의 욕망 속에서 그 바닥이 드러나게 되어 있습니다. 놀라운 은사가 타락하는 것은 칭찬에 익숙해져서 하나님의 영광이 드러나지 않을 때입니다. 칭찬하는 사람들에게 익숙해지면, 그들을 만족시키기 위해 일하게 됩니다.

성령님을 기대하지 않고, 사람의 기대를 만족시키려고 살아가다 보면 갈증이 찾아옵니다. 성령의 은사로 시작했는데, 갈증을 채우기 위해 욕망의 덫에 걸려드는 순간입니다. 은사가 욕망으로 가느냐, 열매로 가느냐는 기름 부으심의 지속성 여부에 달린 듯합니다. 그래서 기름 부으심은 일회성 사건이 아니라 지속적인 공급으로 이어져야 합니다.

내일의 기름 부음이란 우리가 경험한 방식이 아닌, 성령님이 주시는 전혀 새로운 방식이 아닐까요? 과거의 영광에 사로잡히는 순간 우리는 과거의 사람이 되어 버리고 맙니다. 하나님이 쓰시는 사람은 과거의 사람이 아니라 현재의 사람이고, 순종하며 준비하는 미래의 사람입니다.

너희 안에서 착한 일을 시작하신 이가 그리스도 예수의 날까지 이루실 줄을 우리는 확신하노라
| 빌 1:6

은혜는 순종의 영역입니다

28
week

하나님을 믿는 순간 우리는 이미 은혜를 경험한 사람들입니다. 하지만 매 순간 하나님의 은혜를 누린다는 것은 한번 받은 은혜로 만족하는 것과는 다릅니다. 은혜의 누림은 순종과 관계가 있습니다. 예수님이 우리에게 새 부대가 되라고 하신 이유는 부어 주시는 은혜를 담을 수 있는 그릇이 되라는 것이죠. 우리는 한번 받은 은혜를 가지고 얼마든지 신앙생활을 할 수 있습니다. 과거의 경험을 가지고 "하나님은 이런 분이야!"라고 말할 수도 있습니다. 과거의 은혜 체험으로 규정된 신앙은 하나님의 풍성한 은혜를 가로막는 가장 큰 적입니다. 규정하는 순간, 은혜가 율법이 되기 때문입니다.

"은혜 위에 은혜"(요 1:16)라는 말이 있습니다. 더하시는 하나님의 은혜는 우리가 아직 경험해 보지 못한 은혜입니다. 그러므로 새로운 은혜를 경험하기 위해서는 자신을 내려놓고 순종하는 자세가 필요한 것이죠.

과거에 머물러 있는 은혜는 내가 받은 경험과 가진 것에 반응하지만, 매 순간 은혜를 누리는 사람은 내 속에 계신 주님이 이끄시는 대로 순종하며 나아갑니다. 기적은 내가 할 수 있는 것을 만들어 내는 것이 아니라, 내가 할 수 없는 일을 내 속에 계신 하나님이 하시는 것입니다. 문제는 우리가 내 삶에 역사하시는 하나님의 음성에 순종하려고 하지 않는다는 것입니다. 왜냐하면 내가 경험했던 하나님의 은혜가 미래의 은혜를 가로막기 때문입니다. 아직 경험해 보지 못한 은혜를 경험함이 우리 삶을 풍성하게 해 줍니다. 새 부대가 되어 내 속에서 역사하시는 하나님께 순종하는 것이 "은혜 위에 은혜"가 아닐까요?

너희 안에서 행하시는 이는 하나님이시니 자기의 기쁘신 뜻을 위하여 너희에게 소원을 두고 행하게 하시나니 | 빌 2:13

29 week

명확한 선이 필요합니다

요즘 젊은이들을 가리켜 '메이비 세대'(Maybe Generation)라고 한답니다. 선택의 폭이 얼마나 넓어졌는지 쉽게 결정하지 못하고 망설이는 '애매함의 세대'를 일컫는 것이지요. 어린 시절, 교회에서 많이 듣던 이야기가 다니엘의 영웅담이었습니다. 그가 뜻을 정하여 우상의 음식을 거부했다는 것 말입니다. 요즘은 그런 영웅담보다는 술을 마시는 것이 죄인지, 신앙의 본질인지를 이야기합니다. 세상과 경쟁하기 위해서는 주일에도 공부하고 일해야 한다고 합니다.

물론, 우리가 율법주의자가 될 필요는 없습니다. 무엇인가를 하고 말고는 엄밀히 말하면 신앙의 본질이 아닙니다. 하지만 우리에게 기준은 있어야 하는 것이 아닐까요? 다니엘에게는 선명한 기준, 선명하게 그은 선이 있었습니다. 선을 긋는다는 것은 일정 부분 그 선을 지키기 위해 내 삶을 희생하고 포기하겠다는 말입니다. 명확하게 선을 긋지 않으면, 우리 삶에서 포기할 것도 희생할 것도 없습니다. 하나님의 은혜도 설 자리를 잃게 됩니다. 하나님의 은혜를 경험하지 못하면, 삶의 간증도 사라집니다. 간증이 없는 신앙인의 삶은 능력도 없습니다.

요즘 교회와 신앙인들이 세상에서 힘을 잃는 것은 명확히 그은 선도, 포기한 이야기도 없기 때문입니다. 세상에서 아무것도 잃지 않으려고 버둥거리는 것은 우리 삶에서 하나님의 주권을 이미 포기했다는 말과 다르지 않습니다. "하나님 저에게 용기를 주세요! 세상의 욕심에 지지 않을 마음을 주세요!"

말씀을 대할 때마다 시대가 두렵고 자신이 없습니다. 명확한 기준이 세워지면, 명확한 결단도 있을 듯합니다. 그런 질문을 품고 살아 봅시다. 아니, 살아 냅시다! 불확실성의 시대에서 하나님의 주권을 인정하는 내가 포기할 것은 무엇인가요?

다니엘은 뜻을 정하여 왕의 음식과 그가 마시는 포도주로 자기를 더럽히지 아니하리라 하고 자기를 더럽히지 아니하도록 환관장에게 구하니 | 단 1:8

배우려 애쓰기보다
배워지는 은혜

30 week

요즘 일본어 공부를 하고 있는데, 열심히 외워도 막상 일본에 가니 한마디도 하기 힘들더군요. 그런데 동경에서 4일간 영성 훈련을 인도하며 그런 생각이 들었습니다. 몇 달 동안 책을 보며 외우는 것보다 며칠 함께 살아 보는 것이 언어를 배우기에 더 좋다고 말이죠.

복음과 율법의 차이를 생각하면서 외국어 공부와 비슷하다는 생각이 들었습니다. 책을 들고 언어를 배우려고 노력하는 것은 마치 율법 가운데 사는 삶과 같습니다. 그런데 그곳에서 살며 자연스럽게 언어를 배우는 것은 마치 복음으로 사는 것과도 같습니다.

우리는 흔히 배움과 노력으로 은혜와 복음 가운데 살 수 있다고 착각하는 것 같습니다. 하지만 진정한 복음은, 결국 주님과 함께 거하는 삶이 아닐까 합니다. 함께 거하므로 자연스레 알아 가고, 배우고, 살아가게 되는 것 말입니다. 선하게 살려는 노력보다, 주님 안에서 선하게 살아지는 것이 은혜가 아닐까요?

우리가 진정으로 해야 할 일은 늘 주님과 동행하려는 발버둥입니다. 그 안에서 자발적으로 나오는 삶이야말로 복음적인 삶이 아니겠습니까? 때로는 실수하고, 좌절도 하고, 실망도 하지만, 우리 삶이 절대로 실패가 아닌 이유는 주님과 함께하고 있기 때문입니다.

부르심을 따라 살아가는 아브라함에게 어려움이 닥치고 축복이 유보되었을 때 하나님은 "아브라함아! 내가 너의 방패고 상급이야!"라고 말씀하셨습니다(참조, 창 15:1). 우리 계획이 깨지면, 그제야 비로소 하나님의 청사진이 보이지 않을까요? 우리의 꿈이 깨어져야만 하나님이 우리의 큰 상급이신 것을 깨닫게 되지 않을까요? 오늘도 배우기를 애쓰기보다는 배워지는 삶이 되기를 바랍니다.

이후에 여호와의 말씀이 환상 중에 아브람에게 임하여 이르시되 아브람아 두려워하지 말라 나는 네 방패요 너의 지극히 큰 상급이니라 | 창 15:1

사명이란 무거워야 제맛이죠

만나교회에서 영성 훈련을 진행할 때면 목사인 저조차 시작 전부터 지레 부담을 느낍니다. 힘들 시간이라 여기면서 '다음번엔 횟수를 좀 줄여 볼까' 싶어지기도 합니다. 그런데 막상 훈련을 진행하다 보면 생각이 달라집니다. 하나님의 은혜를 경험하고 기뻐하는 사람들의 모습이 눈에 들어옵니다. 어떤 이들은 억지로 이 자리에 끌려왔지만, 사명을 찾았노라며 눈시울을 붉힙니다. 이런 모습을 보고 있으면, 제 머릿속에는 다음 영성 훈련을 어떻게 준비할지가 떠오를 수밖에 없죠.

그래서 그런 생각을 합니다. '사명이란 무거워야 제맛이고 부담스러워야 하는 거구나!' 우리는 종종 십자가가 무겁다고 생각하지만, 무겁지 않은 것을 십자가라고 할 수 있을까요? 무겁지만, 그걸 질 수 있는 것이 축복 아닐까요? 그래서 진정한 삶의 축복은 십자가를 피해 가는 것이 아니라 짊어지는 것이죠.

십자가 때문에 불행하다고요? 사실은 지고 갈 십자가조차 없는 것이 불행입니다. 내가 가진 것이 없다면, 마땅히 생각해야 할 사람이 없다면, 내가 속한 곳에서 져야 할 책임이 없다면 십자가도 없겠죠. 그러나 어깨를 짓누르던 십자가가 축복으로 느껴질 때 진정한 사명자가 되는 것입니다.

남편과 자녀가 자기를 너무 찾아서 힘들다고요? 사실은 가장 행복한 아내요, 엄마입니다. 교회의 모든 일이 다 나에게만 맡겨지는 것 같다고요? 사실은 교회에서 가장 필요로 하는 사람이 당신입니다. 누군가 때문에 삶이 고되고 마음이 무겁다면, 당신이야말로 복된 사람이요, 사명이 있는 사람입니다.

수고하고 무거운 짐 진 자들아 다 내게로 오라 내가 너희를 쉬게 하리라 나는 마음이 온유하고 겸손하니 나의 멍에를 메고 내게 배우라 그리하면 너희 마음이 쉼을 얻으리니 | 마 11:28-29

시기심이 항상
발목을 잡습니다

32 week

새벽에 말씀을 묵상하는데 그런 생각이 들었습니다. 명예에는 두 종류가 있다고 말이죠. 하나는 내가 원하는 자리에 가야 명예롭다고 생각하는 것이고, 다른 하나는 하나님이 세워 주시는 자리에 가야 명예롭다고 생각하는 것입니다.

둘의 차이는 무엇일까요? 전자의 명예를 얻기 위해서는 시기심이 작동하지만, 후자의 명예를 얻는 데는 겸손과 기다림이 필요합니다. 시기심은 다른 사람을 인정하거나 배려하지 않는 마음이고, 겸손과 기다림은 다른 사람을 향한 하나님의 계획과 사랑을 인정하는 것이죠.

목회자인 저에게 늘 고민되는 문제는 시기심입니다. "마땅히 생각할 그 이상의 생각을 품지 말고 오직 하나님께서 각 사람에게 나누어 주신 믿음의 분량대로 지혜롭게 생각하라"(롬 12:3)라고 하셨는데, 그 지혜가 부족한 모양입니다. 받은 것에 감사하기보다는 다른 사람을 부러워하니 말입니다.

언제부터인가 그런 생각이 들더군요. 만약 하나님이 나를 이 자리에 두지 않으셨다면 자격을 갖추지 못했을 테고, 그렇다면 이 자리에는 나보다 더 잘 어울리는 사람이 있었을지도 모른다고 말이죠. 나를 비하하자는 말이 아닙니다. 오히려 내 삶을 향한 하나님의 계획을 신뢰한다는 뜻입니다. 하나님을 신뢰하기 시작할 때 우리를 향한 하나님의 계획들이 보입니다.

이 세상 모두가 나보다 남을 더 낫게 여기며 살아간다면 어떻게 될까요? 최소한 그렇게 여기려 애쓰며 살아간다면, 결국 모두가 남보다 나은 사람이 되지 않을까요? 내가 남보다 낫다고 우기며 살아가는 세상에서, 반대로 남이 나보다 낫다고 생각할 때 더 나은 사람이 되는 하늘나라의 원리를 기억하면 좋겠습니다. 이것이야말로 우리 가슴에 가득한 시기심을 이기는 비결일 듯합니다.

아무 일에든지 다툼이나 허영으로 하지 말고 오직 겸손한 마음으로 각각 자기보다 남을 낫게 여기고 | 빌 2:3

33 week 실망 속에 기대가 있습니다

교인들이 목회자를 볼 때 실망스러운 일들이 있듯이, 목회자도 교인들을 보면서 실망스러울 때가 있습니다. 대개 실망은 기대를 충족시키지 못할 때 일어나지요. 서로에 대한 믿음이 깨어질 때 일어나는 일입니다. 하지만 조금 더 생각해 보면, "실망스럽다!"라는 말에는 아직 버리지 않은 기대가 포함되어 있다는 생각이 들지 않나요? 그래서 저는 이 말이 "나는 너에 대한 기대가 있어!"로 들리기도 합니다.

싸움이 일어나는 이유는 딱 하나입니다. 유치하게 자기편과 남의 편을 나누기 때문입니다. 주로 어린아이들이 그러죠. 불안 때문에 누군가를 자기편으로 만들어야 안심합니다. 적어도 믿음으로 자라난다는 것은, 내 편이 되어 달라고 주장하는 것이 아니라, 내가 주님의 편이 되기로 작정하는 것입니다. "교회의 유일한 주인은 예수님이다!"라고 선포하는 것이지요.

교회에서의 싸움은 딱 한 가지만 존재해야 합니다. '지금 우리가 하고 있는 일이 주님의 뜻인가, 아니면 사탄의 계략인가?' 이 싸움은 피가 터지도록 감당해야 합니다. 이 싸움을 통해 하나님 나라와 세상 권세가 무엇인지 드러나기 때문입니다.

당신에게서 솟아나는 그 불평과 비난이 하나님 때문인가요, 아니면 욕구가 채워지지 않아서인가요? 당신이 싸우고 있는 치열함이 복된 일인지, 아니면 비난받을 유아적 사고인지를 깊이 묵상한다면, 해야 할 일이 보이지 않을까요? 지금 내 일상이 혼란스럽다면, 그것은 우리가 잃어버린 고독의 시간 때문인 듯합니다. 주님 앞에 홀로 대면해야 하는 시간 말입니다. 거룩한 고독의 시간은 우리에게 영적 성숙을 가져다줄 것입니다.

너희 중에 싸움이 어디로부터 다툼이 어디로부터 나느냐 너희 지체 중에서 싸우는 정욕으로부터 나는 것이 아니냐 | 약 4:1

버려지지 않았습니다

34
week

"임마누엘"(마 1:23)이라는 말을 종종 듣습니다. "하나님이 우리와 함께 계시다"라는 뜻이죠. 그런 생각을 해 봅니다. 세상의 고통을 피해 가고 싶은 우리가 이 말을 마치 진통제처럼 사용하고 있는 것은 아닌지 말입니다. 우리는 종종 신앙을 왜곡해서 생각합니다. 하나님을 믿고, 하나님이 우리와 함께하시면 아무 문제가 없을 것으로 생각하는 것이죠. 그런데 실상은 하나님이 우리에게 오실 때 우리는 문제에 직면하게 됩니다. 하나님이 우리 안에 오신 후에야 비로소 그분의 밝음으로 인해 어둡고 악한 세상을 보게 되는 것입니다.

하나님이 우리와 함께하신다는 것은, 죄와 고통이 난무하는 이 세상 가운데서 살아갈 힘을 얻는다는 뜻입니다. 예수님은 이 땅에 오셔서 하나님의 뜻을 이루셨습니다. 하지만 십자가의 고통이 면제되지는 않았습니다. 그 고통을 통해 하나님의 뜻이 완성되었습니다.

오해하지 않기를 바랍니다. 고통이 우리를 향한 하나님의 본래 계획이라는 말이 아닙니다. 그 고통조차도 가치가 있는 이유는, 그 순간들 가운데 하나님의 함께하심을 가장 친밀하게 느끼며 믿을 수 있기 때문입니다. 혹독한 인생살이에 괴로워하다가 저에게 상담을 요청한 교인이 있었습니다. 제가 무슨 답을 줄 수 있을까요? 하지만 주님의 이름으로 함께하고, 같이 아파해 줄 수는 있지 않을까요? 또 때마다 하나님의 함께하심을 상기시켜 줄 수 있지 않을까요?

고통의 시간들은 절대로 저주의 시간이나 버림받은 시간이 아닙니다. 어두운 터널을 지나는 시간일 뿐입니다. 하나님은 당신과 함께하십니다. 그러니 이 시간을 감사하며 하나님과 무사히 완주하기를 응원합니다.

생각하건대 현재의 고난은 장차 우리에게 나타날 영광과 비교할 수 없도다 | 롬 8:18

35 week

숨겨 놓으시는 이유가 있습니다

우리의 삶에는 결단의 순간들이 종종 있습니다. 그 순간만큼은 결연한 모습으로 미래를 다짐하죠. 그런데 그 결심을 의지로써 계속 이어 가는 것은 쉽지 않은 듯합니다. 그래서 뜨거운 감정으로 간증하는 사람들을 보면, 위태로운 생각이 들 때가 많습니다.

물론, 하나님은 넘어진 우리를 일으켜 회복시키시고 다시 사용하실 수 있습니다. 그러나 인생을 살면서 넘어지는 경험을 하는 것이 바람직하지만은 않습니다. 은혜를 받고 마음이 뜨거운 사람, 사명으로 가슴이 불타는 사람에게 조심스럽게 전하고 싶은 말이 있습니다. 결연한 결단이 있었다면, 의지로써 그 결단을 삶에서 지속할 준비를 하는 시간이 필요하다고 말입니다. 하나님의 영광을 가리는 것은 죄의 문제라기보다는 조급함의 문제일 것입니다. 내가 준비되었다고 생각하는 때가 아니라, 하나님이 쓸 수 있겠다고 생각하시는 때가 되어야 합니다.

결국, 일을 잘하고 못하고가 아니라 끝까지 그 길을 갈 수 있는 내공이 있는가의 문제일 것입니다. 사람들 앞에 드러나지 않는 삶에 대하여 조급하지 않았으면 좋겠습니다. 하나님이 숨기시는 이유가 있습니다. 늦은 것이 아니라 아직 때가 오지 않았을 뿐입니다.

반짝 뜨는 별보다는 끝까지 자리를 지키는 별이 좋습니다. 지나가는 혜성, 떨어지는 별똥별이 잠시의 화려함으로 눈길을 사로잡지만, 자신을 태우고는 흔적도 없이 사라져 버립니다. 숨겨진 시간들, 보이지 않는 준비의 시간들, 감정적 결단이 강철 같은 의지로 다듬어지는 시간들이 더 소중하다는 것을 잊지 않았으면 좋겠습니다. 숨겨진 시간의 소중함과 가치를 아는 오늘이 되기를 바랍니다.

그러므로 형제들아 주께서 강림하시기까지 길이 참으라 보라 농부가 땅에서 나는 귀한 열매를 바라고 길이 참아 이른 비와 늦은 비를 기다리나니 너희도 길이 참고 마음을 굳건하게 하라 주의 강림이 가까우니라 | 약 5:7-8

눈에 보이는 게 다는 아니죠

36 week

알래스카 집회에 갔을 때 빙하를 본 적이 있습니다. 배를 타고 지나가는데, 현지인 중 누군가가 '빙산의 일각'을 설명하더군요. 물에 떠 있는 얼음의 양은 전체의 10분의 1밖에는 되지 않는다고 말이죠.

이런 말들이 자랑일지 자기 비하일지는 잘 모르겠지만, 저는 목회를 하면서 자유로운 영혼이라는 말을 종종 듣습니다. 유학 시절에는 김병삼 목사와 어울리면 유학에 실패한다는 말도 들어 봤습니다. 그러나 보이는 게 다는 아니죠. 저에 대해 그렇게 생각하는 이유는 빙산의 일각만 봤기 때문입니다.

요즘 목사님들은 저에게 "어떻게 그렇게 놀면서 목회할 수 있죠?"라고 묻습니다. 남들에게 노는 것처럼 보이는 그 시간을 확보하기 위해 아무에게도 방해받지 않는 혼자만의 시간을 많이 가진다는 사실을 사람들은 알지 못합니다.

흔히들 무슨 무슨 '증후군'을 말합니다. 사실 증후군은 지나간 시간의 결정체이자 흔적입니다. 조금 나쁜 말로 한다면, 상처라고 표현할 수도 있겠죠. 시간이 지나면 상처는 아물고 흔적은 점점 줄어듭니다. 하지만 그 상처의 아픔은 과거의 기억 속에 여전히 존재하고 있습니다. 그러니 그 사람의 현재 어떠함만을 가지고 그의 인생을 평가하고 판단할 수는 없는 것 아닐까요?

이렇게 말을 바꿀 수 있을 것 같군요. "보이지 않는 시간들이 보이는 삶을 만든다!" 신앙은 더더욱 그렇습니다. 오늘 우리가 만나고 경험하는 모든 일이 보이지 않는 하나님과의 관계에서 비롯됩니다. 하나님을 생각하는 것만큼 하나님을 닮은 삶을 살 수 있습니다.

우리가 주목하는 것은 보이는 것이 아니요 보이지 않는 것이니 보이는 것은 잠깐이요 보이지 않는 것은 영원함이라 | 고후 4:18

37 week — 하나님은 과거에 머무시는 분이 아닙니다

R. T. 켄달은 《내일의 기름부음》에서 마틴 로이드 존스의 말을 인용합니다. "인간에게 일어날 수 있는 가장 불행한 일은, 그가 준비도 되기 전에 성공하는 것이다." 하나님이 쓰시는 사람들에게 예외 없이 나타나는 현상은 은사입니다. 그 은사가 잘못은 아닙니다. 다만 준비되지 않은 자에게 주어지는 은사는 불행인 것 같습니다. 성공만 꿈꾸기보다는 그 성공을 잘 담아낼 수 있도록 준비된 자가 되기를 꿈꿔야 하지 않을까요?

준비되지 않은 사람들에게 성공은 금세 과거의 것이 되고 맙니다. 성공의 기억을 가지고 얼마를 갈지 모르지만, 하나님이 더 이상 쓰시지 않는 자의 성공은 불행한 것입니다. 이런 사람에게는 증거가 있습니다. 누군가를 시기하고 질투하죠. 누군가 내 성공을 빼앗지는 않을까 하는 두려움에 빠집니다. 다른 사람을 쓰시는 하나님의 계획을 축복하지 못하고 있다면, 이미 과거의 사람이 되었다는 증거입니다.

사울 왕은 하나님이 택하신 사람입니다. 하지만 하나님이 그를 버리셨을 때 그는 시기와 질투로 눈이 멀어 있었습니다. 물론 버리셨다는 것이 그에게 더 이상 기회가 없었다는 의미는 아닙니다. 그러나 그는 끝까지 하나님께 돌아오지 않았습니다. 다윗이 기름 부음 받은 후에도 사울은 20년이나 왕 노릇을 합니다. 하지만 그는 불행한 상태로 자기 자리를 지켰을 뿐입니다.

성공한 자의 불행은 더 이상 배우려 하지 않는다는 것입니다. 더는 하나님의 인도하심을 바라지 않는다는 것입니다. 그러나 하나님은 과거의 성공에 머무시는 분이 아닙니다. 지금도 강력하게 움직이며 새로운 변화의 역사를 만들어 가시는 분이라는 사실을 기억해야겠습니다.

> 그러므로 누구든지 이런 것에서 자기를 깨끗하게 하면 귀히 쓰는 그릇이 되어 거룩하고 주인의 쓰심에 합당하며 모든 선한 일에 준비함이 되리라 | 딤후 2:21

선물, 은혜, 그리고 감사

38 week

누군가에게 선물을 받는다는 것은 참 감사한 일입니다. 그런데 안타깝게도 받는 사람은 선물을 주는 사람만큼의 감사를 느낄 수는 없는 것 같습니다. 선물을 준 사람에게는 미안하지만, 사실입니다. 선물한 사람은 그것을 마련하기 위해 희생을 감수하지만, 받는 사람은 무엇도 희생하지 않고 그저 감사함을 느낄 뿐이니까요.

사도 바울은 구원이 "하나님의 선물"(엡 2:8)이라고 말합니다. 이 말의 뜻을 조금은 이해할 것 같습니다. 우리가 하나님으로부터 받은 구원의 선물이 감사하기는 하지만, 하나님 아버지의 마음만큼은 알 수 없다는 것을 말입니다.

'구원받은 자의 선물'에 대해서 생각해 봅니다. 누군가에게 받은 사랑에 겨워 감사하는 것도 참 좋지만, 사랑을 생각할 때마다 나도 누군가에게 그 사랑을 주어야겠다는 마음 아니겠습니까? 그런데 사도 바울은 그 구원의 선물이 믿음으로 말미암아 우리에게 주어진 것이라고 합니다. 하나님을 믿는 믿음 없이는 그 어떤 희생과 사랑도 우리에게 선물로 오지 않습니다. 그 믿음이 들어올 때 우리 인생이 바뀌는 것이죠. 하나님으로부터 온 믿음이 그 누군가를 믿어 주는 믿음으로도 연결된다면 좋겠습니다. 받은 사랑의 선물을 조금은 쉽게 누군가에게 나누어 주는 마음들이었으면 좋겠습니다.

저는 목회가 참 즐겁습니다. 즐겁고 행복하다는 말이 힘들지 않다는 의미는 아닙니다. '나는 왜 행복할까?'를 생각해 보았습니다. 교회와 교인들을 향한 서로의 믿음 때문에 그렇다는 생각이 듭니다. 하나님을 믿는 우리가 왜 행복할까요? 우리를 믿어 주시는 하나님의 사랑 덕분이 아닐까요? 우리에게 선물을 기꺼이 베풀어 주신 그 은혜 덕분에 말입니다.

사랑하는 자들아 하나님이 이같이 우리를 사랑하셨은즉 우리도 서로 사랑하는 것이 마땅하도다
| 요일 4:11

39 week

하나님 덕분에 좋은 일이 많았습니다

오래전 《사랑의 왕진가방》의 저자 박세록 장로님과 이야기를 나눈 적이 있습니다. 장로님에게는 특별한 동역자가 있었습니다. 어디에서 무엇을 하든 사모님이 항상 함께하시더군요. 장로님은 소소한 부분들을 신경 써 주는 사모님이 계셔서 여기까지 올 수 있었다고 고백했습니다. 그러면서 저에게 권하더군요. "목사님, 제가 가입한 클럽이 있는데, 목사님도 들어오면 좋겠네요!" 그 클럽의 이름이 '마덕사'였습니다. '마누라 덕분에 사는 사람들'이란 뜻이죠.

가만히 생각해 보니, 저도 그 클럽에 가입해야 할 사람인 듯합니다. 저는 운전할 때도 아내가 없으면 길을 잘 찾지 못합니다. 여행할 때도 짐을 잘 싸지 못합니다. 참으로 신기하게도 제가 손을 대면 정리되어 있던 가방이 순식간에 엉망이 되어 버리더군요. 이 나이가 되어서도 마누라 덕분에 산다고 하니 안쓰러워 보이나요? 그런데 누군가의 덕분으로 산다고 생각하는 사람은 참 행복한 사람입니다. 오히려 제가 결혼을 참 잘한 것 아닐까요? 아직까지도 남편 뒤치다꺼리해야 하는 아내에게는 미안한 마음을 전합니다.

한 가지를 제안해 보려고 합니다. 우리 '하덕사 클럽'의 회원이 되어 봅시다. '하덕사'는 '하나님 덕분에 사는 사람들'의 모임입니다. 신앙인에게 가장 아름다운 고백은 "내가 사는 것은 하나님 덕분입니다!"라는 말 아닐까요?

생각해 봤습니다. 하나님이 우리에게 제일 듣고 싶으신 말, 듣고 덩실덩실하며 좋아하실 만한 말이 무엇일까요? 이런 말 아닐까요? "하나님, 오늘 하나님 덕분에 좋은 일이 참 많았어요!" 우리 모두 하덕사 클럽의 회원으로서 이 고백을 할 수 있다면 좋겠습니다.

그러나 내가 나 된 것은 하나님의 은혜로 된 것이니 내게 주신 그의 은혜가 헛되지 아니하여 내가 모든 사도보다 더 많이 수고하였으나 내가 한 것이 아니요 오직 나와 함께하신 하나님의 은혜로라
| 고전 15:10

어려움 속에서라야
도움을 구합니다

40
week

종종 우리가 꿈꾸는 것이 있습니다. 하나님의 일을 하면 모든 환경이 조성되고, 건강도 지켜 주시고, 물질도 허락하시리라 하는 기대입니다. 그런데 실상 하나님의 일을 하려고 하면 돕는 자보다 끌어내리려는 자들이 많은 듯하고, 건강도 물질도 뒷받침해 주지 않는 듯합니다.

우리가 하나님의 도우심을 구하는 때는 바로 그런 어려움 속에서입니다. 도우심의 돌, 에벤에셀의 역사 또한 이스라엘이 수치를 당하던 때에 일어났습니다. 하나님의 법궤를 빼앗기고 블레셋 사람들에게 하나님의 이름이 조롱당하던 때 미스바에 모여 회개하며 기도할 때 하나님은 도움의 돌을 준비하고 계셨습니다. 우리의 약함이야말로 하나님의 도우심을 경험하는 때인 듯합니다.

한번은 그런 일이 있었습니다. 좀처럼 그런 실수를 하지 않는데, 새벽 예배를 위해 맞춰 둔 알람이 울리지 않았습니다. 일어나 확인해 보니 오전을 오후로 바꿔 놓았더군요. 다행인 것은 도움의 손길이 있었습니다. 새벽 3시 40분쯤 우리 집 개 흰둥이가 제 발을 간지럽혔습니다. 한 번도 그런 일이 없었는데, 일어나 보고 깜짝 놀랐습니다. 고놈 참 신통해서 한번 안아 주고 예배당으로 내려갔습니다.

오늘 하루 동안 받은, 생각지도 않았던 작은 도움의 돌이 삶 속에 세워지게 될 것입니다. 하나님의 영광이 떠나 버린 수치스러운 현장이 미스바가 될 것입니다. 그 자리에 하나님의 영광이 회복될 것입니다. 우리 삶의 모든 질곡 가운데 함께하신 하나님을 고백하는 사람이 최후의 승리자입니다.

그러나 이 모든 일에 우리를 사랑하시는 이로 말미암아 우리가 넉넉히 이기느니라 | 롬 8:37

41 week

배려하는 마음이면 충분합니다

신학교를 다니던 시절, '밥상 공동체'라는 말을 참 많이 썼습니다. 함께 밥을 먹는 관계만큼 소중한 것이 없다고, 그래서 종종 '목회'라는 단어를 '먹회'로 대신하기도 했습니다.

함께 밥 먹을 수 있는 관계가 만들어지면, 좋은 공동체가 되는 듯합니다. 그런데 밥상 공동체를 이룬다는 것은 참 어려운 일이죠. 누군가와 같이 밥 먹는 일이 생각보다 쉽지 않습니다. 메뉴 선택부터 말이죠. 그래서 이 아름다운 공동체를 이루기 위한 몇 가지 관계 설정이 필요하다고 생각합니다. 첫째, 남을 배려하는 마음이 있어야 합니다. 둘째, 하나의 음식을 나누어 먹을 수 있어야 합니다. 셋째, 서로를 편안하게 여길 수 있어야 합니다. 넷째, 나를 희생할 수 있어야 합니다.

만나교회 교인들과 '은사 발견 성경 공부'를 여러 해 했습니다. 마지막 시간이 되면, 모두 함께 식사하곤 했죠. 원칙이 있었습니다. 모두가 음식을 한 가지씩 해 오는 것입니다. 그런데 누구와도 의논하지 말아야 합니다. 다만 공동체의 지체들을 배려하는 마음을 담는 것입니다.

참 신기하게도 누구 하나 의논하지 않는데도 밥을 해 오는 사람, 국을 해 오는 사람, 수저와 나무젓가락을 가져오는 사람, 냅킨을 가져오는 사람, 음료수를 가져오는 사람까지 있어 깜짝 놀라곤 했습니다. 굳이 의논하지 않아도 서로를 배려하면 이렇게 아름다운 밥상 공동체를 이룰 수 있습니다.

멋진 밥상 공동체를 만들어 보면 어떨까요? 멋져 보이기 위해 굳이 애쓰지 않아도 됩니다. 누군가를 배려하는 마음이면 충분합니다. 나를 포기하고 희생하려는 노력 위에 주님의 마음이 깃들 것이라 믿습니다.

하나님은 불의하지 아니하사 너희 행위와 그의 이름을 위하여 나타낸 사랑으로 이미 성도를 섬긴 것과 이제도 섬기고 있는 것을 잊어버리지 아니하시느니라 | 히 6:10

그런 날도 있는 겁니다

42
week

오래전, 일정이 꽤 빡빡하던 어느 날이었습니다. 2시간 강의를 위해 7시간을 기차로 왕복해야 했죠. 용산역에서 기차를 타고 가면서부터 기분이 좋지 않았습니다. 기차 안에서 할 일을 듬뿍 안고 탔는데, 옆에서 계속 큰 소리로 전화하는 사람 때문에 말입니다. 마침 속도 불편했습니다. 화장실에 갔는데 문 앞에서 한참 기다려야 했습니다. 나올 기미가 보이지 않자 다른 칸 화장실로 갔는데, 마찬가지로 만원이었습니다.

결정적 사건은 돌아오는 기차 안에서 벌어졌습니다. 기차에 타자마자 성경부터 펴 놓고 설교 원고를 읽다가 기분 전환도 좀 할 겸 유튜브를 켰습니다. 평소 좋아하던 프로그램을 검색해서 시청하기 시작했죠. 그런데 어찌 이런 일이! 분명 이어폰을 끼고 있었는데, 휴대전화 소리가 밖으로 다 노출되고 있었습니다. 거기다가 볼륨도 최대치로 높인 상태에서 말이죠. 기차 내에 사람도 많지 않아서 조용했는데, 영상 소리가 얼마나 컸을지 생각만으로도 아찔했습니다.

문득 이곳에 처음 오던 길이 떠올랐습니다. 다른 사람이 전화 받는 소리에도 못마땅한 눈치를 주고, 화장실에 들어간 사람이 나올 생각을 하지 않는다며 툴툴거렸던 내 모습이요. 누군가에게 향하던 손가락이 언제든 나를 향할 수 있겠다는 생각이 듭니다. 그리고 나를 향한 비난은 내 의도와 상관없이 찾아올 수 있습니다. 그러니 오늘 내게 닥친 사소한 불편을 조목조목 따져 가며 타인을 손가락질할 필요가 있을까요? 오늘의 실수 때문에 땅을 파고 들어앉을 필요가 있을까요? 그저 그런 날도 있는 것이라 생각하면, 마음이 한결 가벼워질 것입니다. 차라리 그 불편 사이에 숨어 있는 감사거리를 찾아보면 어떨까요? 그저 그런 날도 있는 겁니다. 그게 인생인 듯합니다.

범사에 감사하라 이것이 그리스도 예수 안에서 너희를 향하신 하나님의 뜻이니라 | 살전 5:18

43 week

상위 10퍼센트가 되어 봅시다

새벽 일찍, 이런 마음이 찾아왔습니다. '오늘을 시작하는 누군가에게 감사의 마음이 든다면, 당신은 상위 10퍼센트에 속하는 사람입니다.'

이 마음의 근거는 누가복음 17장에서 예수님이 열 명의 나병환자를 고치신 기적적인 사건에 있습니다. 열 명이 고침을 받았지만, 그중 한 명만이 주님께 나아와 감사를 표현한 것이죠. 감사는 '우리에게 무슨 일이 일어났느냐?'가 아니라, '우리에게 일어난 일에 대하여 어떻게 반응하느냐?'의 문제라는 생각이 듭니다. 중요한 것은 아홉 명은 몸이 치유됨으로 끝났지만, 예수님을 찾아와 감사한 한 사람은 "네 믿음이 너를 구원하였느니라"(눅 17:19)라는 선언을 듣습니다. 그리고 보니 감사는 믿음과 관계가 있고, 구원과도 연관성이 있는 듯합니다. 조금 더 논리를 만든다면, 감사는 구원받은 자의 믿음으로 표현되는 삶의 방식이 아닐까요?

지금 한국 사회는 감사라는 말을 찾기가 참 힘든 때를 지나고 있습니다. 그럼에도 우리가 찾아야 할 감사가 있습니다. 이미 우리가 경험하고 누리고 있는 많은 것들 가운데 하나님의 손길이 있는데 말입니다. 감사하는 순간, 우리의 삶이 상위 10퍼센트에 속한다는 것이 참 귀하지 않나요?

삶을 가만히 들여다보면, 고마운 것들에 대하여 참 쉽게 익숙해지는 것 같습니다. 그 익숙함이 우리를 당연함으로 인도합니다. 하지만 무엇인가 당연하다고 여기는 순간, 고마움이 사라집니다. 고마움이 사라지면, 더 채워지지 않은 것에 대한 불평이 시작됩니다. 감사를 잃어버리면, 거기서 끝나는 것이 아니라 감사의 자리를 불평과 불만이 대신합니다.

감사는 지나온 우리 삶에서 함께하신 하나님의 손길을 고백하는 것입니다. 그래서 감사하는 사람은 삶에서 역사하실 하나님의 섭리를 기대합니다.

감사로 제사를 드리는 자가 나를 영화롭게 하나니 그의 행위를 옳게 하는 자에게 내가 하나님의 구원을 보이리라 | 시 50:23

교만한 지성보다는
겸손한 마음을

44
week

신학대학을 다니던 시절입니다. 그때는 학교에 매캐한 최루탄 냄새가 끊이지 않았습니다. 신학생을 포함한 대학생들은 나라를 염려하는 마음으로 정치 소식에 참 민감했던 것 같습니다. 당시 거의 모든 학생이 그랬던 것처럼 저 역시 학교를 다니며 데모도 해 보고, 학내 문제로 한 주간 단식 투쟁을 해 보기도 했지요. 하지만 저 개인적으로는 소위 '운동권'과 멀어지게 된 계기가 있습니다.

저만의 생각인지 모르겠지만, 당시에는 대학생들 사이에서 마치 술과 담배, 그리고 조금은 공격적인 말들과 투쟁의 언어들을 내뱉는 것이 민주화 운동을 대변하는 것처럼 여겼던 것 같습니다. 도서관에서 공부하고 있으면, 현실에 참여하지 않고 나라를 생각하지 않는 이기적인 젊은이로 매도하는 인식도 있었습니다. 술과 담배를 하지 않아도 얼마든지 깨어 있는 지성이 있듯이, 데모하지 않아도 학문으로 기여할 수 있는 일이 얼마든지 있을 텐데 말입니다.

내가 가지고 있는 신념과 지식을 내세우는 것이 잘못된 것은 아닙니다. 하지만 상대방을 존중하지 않는 것은 독선과 교만일 수 있습니다. 우리가 늘 경계해야 할 것이 있습니다. 혹 자신의 익숙함을 '지성'으로 착각하는 것은 아닌지, 그래서 자신과 익숙하지 않은 것들을 모두 '반지성'으로 생각하는 것은 아닌지 말이죠.

지성보다 더 소중한 것은 존중과 겸손한 마음입니다. 누군가의 잘못을 지적할 때 그 지적이 자신의 지식을 자랑하는 것인지 상대방을 위한 것인지는 자신만 모를 뿐 모두에게 드러납니다. 그래서 누군가에게 조언하고 싶을 때는 조금 더 생각하는 여유와 상대방을 배려하는 마음이 필요할 듯합니다. 지식의 교만으로 인해 누군가에게 상처를 주지 않도록 말이죠.

교만이 오면 욕도 오거니와 겸손한 자에게는 지혜가 있느니라 | 잠 11:2

45
week

생긴 대로 살기

사람들이 살아가는 방법에는 두 가지 경향이 있는 것 같습니다. 하나는 상대방이 나와 같지 않은 것을 참지 못하고 나같이 되기를 요구하는 것이고, 다른 하나는 내가 가지지 못한 것을 가진 상대방을 부러워하는 것이지요.

누군가를 부러워하는 것은 신앙인으로서 바람직한 태도는 아닌 것 같습니다. '닮아 감'과 '부러워함'을 잘 구별해야 합니다. 신앙에 있어서 내가 닮아 갈 사람이 있다는 것은 참 큰 축복입니다. 하지만 부러워하는 것이 지나쳐 시기하는 마음이 들기 시작하면 재앙입니다.

사도 바울에게도 늘 약점이 따랐습니다. 제자라 불릴 수 없었다는 것이죠. 예수님의 열두 제자에 속하지 않았던 것이 복음을 전하는 데 약점이라고 생각했을지 모릅니다. 하지만 하나님은 처음부터 예수님을 따라다녔던 제자들보다 예수님을 핍박한 사울을 바울로 부르셔서 더 크게 쓰셨습니다.

언젠가 그런 생각을 했습니다. 베드로가 사역할 때 무엇이 그의 가장 큰 강점이 되었을까요? 아마도 그가 예수님을 세 번씩이나 부인했던 때의 기억일 것입니다. 그 경험이 그의 간증이 되었을 것입니다. 가는 곳마다 "나도 예수님을 세 번씩이나 부인했어요!"라고 말할 때 연약한 사람들이 참으로 큰 위로를 받았을 것입니다. 만약 바울이 그런 베드로를 부러워만 했다면, 그에게 그토록 큰 사역이 맡겨졌겠습니까?

하나님이 우리를 부르신 이유는 다른 누구와 비교해서 특별히 가진 것이 없어서가 아닙니다. 특별히 누구보다 덜 잘나서도 아닙니다. 누구에게도 없는 나만의 특별함 때문에 나를 부르셨습니다. 내가 가진 것을 자랑하고, 누군가 가진 것을 축복하며 보내는 오늘이 된다면 참 좋겠습니다.

헛된 영광을 구하여 서로 노엽게 하거나 서로 투기하지 말지니라 | 갈 5:26

주책스러워도 괜찮아

46
week

기억에 많이 남는 분이 계십니다. 주일 예배에서 대표 기도를 하실 때면 "초등학교도 못 나온 내가 만나교회 장로가 된 것이 하나님의 은혜"라고 고백하시던 장로님입니다. 특유의 주책스러움 덕에 교인들의 관심을 한 몸에 받기도 했던 분입니다. 그렇게 즐겁게, 하고 싶은 이야기 다 하고 사시는 분에게 암이라는 놈이 찾아왔고, 그분은 결국 주님 곁으로 떠나셨습니다.

장로님은 늘 천국 소망을 이야기했고, 호스피스 병동에서도 열심히 봉사하셨습니다. 그분은 투병 중에도 빨리 하나님의 품에 안기고 싶다고 말씀하셨습니다. 그렇다고 이 땅에서 싸워야 할 싸움을 포기하지는 않으셨습니다. 우리는 종종 천국 소망을 착각하는 듯합니다. 천국 소망이 있다는 것은 이 세상에서 주어진 삶을 가볍게 여겨도 된다는 뜻이 절대 아닙니다.

새벽에 히브리서 11장을 묵상하며 또다시 깨닫는 것이 있습니다. 믿음으로 산 사람들의 위대함은 그들이 얻은 유업이 있기 때문이 아니요, 끝까지 치열하게 믿음의 삶을 살았기 때문입니다. 아주 똑똑하거나 완벽한 인생의 성공자가 믿음의 삶을 사는 것이 아닙니다. 하나님은 그저 믿음으로 끝까지 산 사람을 받으십니다.

김영봉 목사님의 《사람은 가도 사랑은 남는다》에 이런 대목이 있습니다. "하나님 나라를 믿고 그 나라의 영원한 행복을 진실로 믿는다면, 때가 되었다 싶을 때 기쁘게 떠나는 것이 맞습니다. 하지만 하나님이 허락하신 생명을 다 채울 때까지는 우리에게 주신 생명에 최선을 다하는 것이 맞습니다. 우리의 생애는 하나님이 허락하신 가장 귀한 선물 중 하나입니다." 나에게 주어진 생명에 감사하며, 오늘 하루를 기쁨으로 보낼 수 있기를 바랍니다.

이러므로 우리에게 구름같이 둘러싼 허다한 증인들이 있으니 모든 무거운 것과 얽매이기 쉬운 죄를 벗어 버리고 인내로써 우리 앞에 당한 경주를 하며 | 히 12:1

47 week

끌려다니지 말고 행복합시다

지금까지 참 많은 곳에서 설교와 강연, 세미나 등을 진행했던 것 같습니다. 대부분 좋은 추억과 귀감을 얻고 돌아오지만, 간혹 '다시는 오고 싶지 않다!'라고 생각되는 곳이 있습니다. 몇 곳을 꼽자면, 첫째는 예비군 훈련장에서의 교육, 둘째는 대학교와 중고등학교 채플 설교, 셋째는 군대에서 하는 종교 안보 강연 등입니다. 이 셋의 공통점은 회중이 자기 의사와 상관없이 끌려왔다는 것이죠.

지금 이 자리에 어쩔 수 없이 끌려왔는가, 혹은 자발적으로 왔는가의 차이는 사소해 보이지만, 우리 삶을 결정짓는 정말 중요한 요소인 것 같습니다.

한번은 어린 시절을 함께 보낸 참 보고 싶었던 사람이 공군사관학교를 나와 장군이 되었다는 소식을 들었습니다. 그가 근무하고 있는 부대를 방문했습니다. 감사하게도 그곳에서 부대원들을 위한 종교 안보 강연을 하게 됐습니다. 그런데 군대 분위기가 지금까지와는 조금 다르게 느껴졌습니다. 강연하는 내내 '이렇게 분위기가 좋을 수 있을까?'라는 생각이 들었습니다. 차이가 무엇일까요? 알고 보니 공군은 막연히 끌려가는 곳이 아니었습니다. 지원해도 가기가 그리 쉽지 않은 곳이고, 참 많은 경쟁을 거쳐야 한다더군요. 그래서가 아닐까요? 내 삶, 지금 이 순간을 내 힘으로 선택했다는 사실은 그 시간을 보내는 마음가짐에 큰 차이를 가져옵니다.

지금 내 삶, 내가 처한 시간이 자발적 선택입니까, 아니면 어쩔 수 없는 이끌림입니까? 인생을 살아갈 때 어쩔 수 없는 부분은 점점 줄여 나가고, 기꺼이 선택하는 부분을 늘려 가면 좋겠습니다. "무엇이 내 심장을 뛰게 만드는가?" "무엇이 내 삶을 흥분시키는가?" 선택이 오늘의 삶을 좌우합니다.

여호와가 너를 항상 인도하여 메마른 곳에서도 네 영혼을 만족하게 하며 네 뼈를 견고하게 하리니 너는 물 댄 동산 같겠고… | 사 58:11

실패의 다른 말은 배움입니다

48
week

사람들은 종종 인생을 성공 아니면 실패라는 시각에서 봅니다. 하지만 성공이 우리가 이룬 무엇을 의미한다면, 실패는 우리가 무언가를 배웠다는 것이죠.

그리고 보면 예수님은 참 절망적으로 보이던 제자들을 포기하지 않으셨습니다. 예수님의 죽음만 보고 다 끝났다고 생각하면서 옛 생활로 돌아가 있던 제자들을 갈릴리 해변에서 다시 만나 주십니다. 그리고 "내 양을 먹이라"(요 21:17)라는 사명까지 주십니다. 그리고 모든 것을 제자들에게 맡긴 채 승천하십니다. 놀랍게도 절망적으로 보였던 제자들이 세상을 뒤집어 놓기 시작했습니다. 사람들이 들어 보지 못했던 초대교회 공동체를 만들었습니다.

그렇습니다. 제자들은 실패했던 것이 아니라 여전히 배워 가고 있었을 뿐입니다. 배울 것이 있는 사람은 아직 끝난 것이 아닙니다. 우리 인생에서 모두 끝나 버린 것 같은 순간에 깨닫는 것이 있습니다. "지금까지 참 많이 배웠습니다."

한국 교회를 봅니다. 서로 다투는 사람들을 보며 소망이 없다고 생각한 적이 있습니다. 부끄러움을 잃어버렸다는 생각 때문이었죠. 하나님 앞에서, 세상 앞에서 더 이상 부끄러워하지 않는 사람들의 모습을 보며 갈 데까지 갔다고 생각했는데, 아직 끝나지 않은 모양입니다.

참 많이 배웠습니다! 그러나 매일 배우려고 실패를 습관처럼 반복한다면 가장 비생산적인 인생이 되지 않겠습니까? 좌절할 필요는 없지만, 실패가 습관이 되지는 않기를, 아직 끝나지 않았다는 것이 삶의 유예가 아니라 가슴 뛰는 시작이 되기를 바라 봅니다.

여호와의 인자와 긍휼이 무궁하시므로 우리가 진멸되지 아니함이니이다 이것들이 아침마다 새로우니 주의 성실하심이 크시도소이다 | 애 3:22-23

49
week

돈을 내고 기뻐하는 교회

헌금이라기보다는 돈이라고 말하는 것이 맞을 듯합니다. 언제부터인가 하나님이 주신 생각이 있습니다. 그래서 만나교회 교인들과 지금까지도 함께하고 있는 것이 '한 셈 치고' 헌금이죠. 하나님의 마음이 있다고 생각하는 곳에 밥 한번 먹은 셈 치고, 커피 한 잔 마신 셈 치고, 그 돈을 모아 헌금하는 것입니다.

처음 이런 마음을 교인들과 나누었는데, 교인들의 표정이 참 밝더군요. 참 좋아하더군요! 목사가 돈을 내라고 하는데 저렇게 좋아하다니, 무엇보다 감사했습니다. 하나님께 드리는 헌금이 감사하고, 그 헌금을 가슴 따뜻하게 사용할 수 있다는 것이 기뻤습니다. 돈을 내라고 하면 가슴이 뛰는 교회가 된다는 것이 너무 이상적일까요?

교회도 조직이기에 돈이 들고 필요한 재산도 있겠지만, 어떻게 하면 교회가 재산을 가지지 않을까를 고민합니다. 쉽지 않은 일 같습니다. 이런 구별쯤은 하고 살아야 할 것 같습니다. 원함과 필요를 분별할 줄 아는 지혜 말입니다. 우리 모두가 완전할 수 없지만, 그런 고민을 하고 살아간다면 조금은 완전을 향해 나아갈 수 있겠지요.

신앙생활이 기쁘고 행복할 때는, 수고보다 더 큰 감사가 있을 때가 아닐까요? 헌신하고 돈을 내는 것은 희생이지만, 그것보다 더 큰 하늘나라의 가치가 있음을 알고 있으니 감사합니다. 교회는 끊임없이 하나님 나라의 가치를 세워 가며, 그 일로 인해 기쁨이 넘치는 사람들로 가득 찬 곳입니다. 오늘도 그런 교회를 꿈꾸는 목사인 것이 행복합니다.

믿는 사람이 다 함께 있어 모든 물건을 서로 통용하고 … 하나님을 찬미하며 또 온 백성에게 칭송을 받으니 주께서 구원받는 사람을 날마다 더하게 하시니라 | 행 2:44, 47

세상이 우리를 속일지라도

50
week

이 세상에는 우리가 아무리 애써도 변하지 않는 것들이 있습니다. 특히 우리가 경험하는 불의한 일들 말입니다. 아무리 애써도 소망이 보이지 않을 때. 그럴 때 우리는 절망할 수밖에 없습니다.

윤봉길 의사가 이런 말을 했다고 합니다. "나는 알고 있다. 일본인 장교를 몇 명 죽인다고 독립이 될 수 없다는 것을…. 나는 한국인의 독립 의지를 전 세계에 알리기 위해 목숨을 바친다." 윤봉길 의사의 의거를 보며 많은 사람이 어리석은 일이라고 했다는군요. 무엇이 달라질 수 있냐고 말이죠. 하지만 우리는 압니다. 수많은 윤봉길 의사로 말미암아 오늘 우리가 이 자리에 있다는 것을 말입니다.

우리가 이 땅에서 크리스천으로 살 수 있는 이유가 그런 것이 아닐까요? 세상이 아무리 절망스러워도 소망을 안고 살아가는 사람이 있다는 것을, 세상의 악이 아무리 흥하여도 진리가 살아 있다는 것을 알리는 것 말입니다.

혹시 믿음을 지키는 우리를 세상이 좌절케 한다 할지라도, 내가 믿음을 아무리 지킨들 세상이 변하지 않는다고 해도, 우리의 몸부림으로 하나님의 살아 계심이 세상에 전해진다면 된 것 아닐까요? 목회자로서 마음을 약하게 만드는 일들이 저에게도 있습니다. '꼭 어려운 길을 가야 하나? 다들 가는 길, 쉽게 가는 길도 있는데?' 먼 훗날 우리 후손들이 그렇게 이야기할 것입니다. 하나님의 말씀을 부여잡고 몸부림치던 우리 믿음의 선배들로 인해 오늘 우리가 이 자리에 있다고. 우리 삶의 의미는 누군가 우리가 살아간 길을 바라보며 따라오고 싶은 마음이 든다면, 그걸로 족한 것이 아닐까요?

이는 너희가 흠이 없고 순전하여 어그러지고 거스르는 세대 가운데서 하나님의 흠 없는 자녀로 세상에서 그들 가운데 빛들로 나타내며 | 빌 2:15

51 week

은혜가 있어서 삽니다

확실히 나이가 드는 모양입니다. 지나온 시절들을 돌아보는 시간도 많아지고 감사도 많아지네요. 25세에 결혼하고, 26세에 첫딸이 생겼습니다. 내 기억 속에 그 순간은 드라마에서 나오는 것처럼 황홀한 기쁨이 아니었습니다. 너무나 당혹스럽게도 나면서부터 인큐베이터에서 시작한 아이의 삶은 그 후로도 25년 넘게 병원을 오가며 지내는 신세가 됐습니다. 처음에는 소망 가운데 낫게 해 달라고 기도했습니다. 그랬던 기도가 점점 견디게 해 달라는 기도로 바뀌었습니다.

무엇보다도 힘들었던 것은, 다른 사람들이 제 딸을 부모의 마음으로 생각해 주지 않는다는 것이었죠. 때로는 아이가 학교에서 따돌림을 당하기도 했고, 함께 밥을 먹어 주는 친구가 없어서 꽤 오랫동안 점심을 굶고 오기도 했습니다. 그래서 저에게는 주변을 향한 분노가 있기도 했죠. 그렇게 힘들게 살아온 날들인 것 같은데, 은혜 아니면 어떻게 이렇게 감사를 고백할 수 있을까요?

딸이 대학을 졸업하던 날, 아빠로서 처음으로 졸업식에 참석했습니다. 초등학교, 중학교, 고등학교 졸업식엔 가 보지 못했습니다. 시간이 없었던 건 아니었고, 다만 목사로서 이런저런 생각이 많았습니다. 그렇지만 그날만큼은 목사보다는 아빠 역할에 충실하기로 하고, 마음껏 축하해 주어야겠다 마음먹었습니다. 그날 저는 아빠인 제가 다른 사람들에게, 또 세상에 서운한 마음을 가질 때 하나님이 그 아이를 잘 지켜 주셨다는 걸 알았습니다. 은혜 아니면 할 수 없는 생각들, 경험할 수 없는 감사입니다.

여호와 하나님은 해요 방패이시라 여호와께서 은혜와 영화를 주시며 정직하게 행하는 자에게 좋은 것을 아끼지 아니하실 것임이니이다 | 시 84:11

과잉 친절을 기대합니다

52
week

사람들은 사회적으로 벌어지는 불미스러운 일들에 '정의'라는 잣대를 들어 문제를 해결하려고 합니다. 그런데 참으로 신기하게 정의는 정의를 낳는 것이 아니라 분노와 복수를 만들어 내는 것 같습니다.

사랑과 용서라는 이름으로 불의한 일을 감추거나 눈감아 주자는 말이 아닙니다. 정의를 넘어선 그 무엇이 필요하다는 생각이 듭니다. 예수님은 정의와 복수를 넘어서 예측할 수 없는 친절과 기적을 베푸셨던 분이라는 생각이 듭니다. 성경에서 예수님의 능력을 많이 보지만, 그 능력의 배후에는 늘 주님의 친절이 있습니다.

삭개오를 묵상하며 그런 생각이 들었습니다. 정의의 기준으로 보면 예수님이 삭개오를 만나실 이유가 없었을 듯합니다. 그는 마땅히 비판받아야 하는 사람이고, 동족의 재물을 착취한 나쁜 인간이기 때문입니다. 그런데 왜 주님은 다른 사람이 보려고도 하지 않는 그의 고독감을 보셨을까요? 외로움으로 몸부림치는 한 인간의 아픔이 눈에 들어왔기 때문이죠.

그래서 주님은 과잉 친절로 보이는 행동을 하십니다. 굳이 삭개오의 집에 들어가 식사하신 것입니다. 그렇지 않아도 바쁜 스케줄인데 말입니다. 그런데 예수님의 그 친절이 삭개오의 삶을 바꿔 놓았습니다.

우리는 믿습니다. 이 세상을 변화시키는 것은 정의가 아니라, 정의를 뛰어넘는 사랑이라는 것을요. 그리고 그 사랑은 전혀 기대하지 못했던 친절에서부터 시작한다는 것을요. 오늘 당신의 삶에서 과잉 친절을 기대합니다. 누군가의 인생을 바꿀 수 있는 작은 씨앗이 될지도 모르니까요.

이 모든 것 위에 사랑을 더하라 이는 온전하게 매는 띠니라 | 골 3:14

53 week — 아름다운 기억이 있다면 충분합니다

목회하다 보면 몸이 바쁜 것도 바쁜 것인데, 머릿속이 어찌나 바쁜지 모릅니다. 그러고 보면 저는 쉬는 것도 일을 하듯 계획을 세워야 할 수 있는 것 같습니다. 바쁘다가도 휴가를 보낼 때면 또 그런 생각이 듭니다. '내가 쉴 자격이 있나?'

며칠을 쉬면서 충분한 자격이 있음을 깨달았습니다. 쉼을 통해 꽉 막힌 터널 같았던 머리가 다시 움직이기 시작하고, 말씀을 전할 준비가 되는 것을 보면 말이죠.

무엇보다 큰 축복은 쉬는 시간에 채워지는 것들입니다. 쉬는 동안 책을 많이 읽었습니다. 특히 필립 얀시의 책은 몇 번이나 읽을 정도로 좋아합니다. 《하나님, 제게 왜 이러세요?》를 읽으면서는 참 여러 생각을 했던 기억이 납니다. 책 가운데 좋은 대목이 많은데, 그중에 이런 내용이 있습니다.

언젠가 미국 뉴타운에서 총격으로 초등학생들이 희생되었던 사건이 있었습니다. 필립 얀시는 말합니다. 만약 그 희생되었던 학생의 부모들에게 가서 "자녀와 함께 보낸 6-7년의 세월의 기쁨이 지금의 고통보다 더 크다고 생각하십니까?"라고 묻는다면, 그들은 주저 없이 "그렇습니다"라고 대답할 것이라고 말이죠. 영국의 한 시인은 젊은 친구의 죽음을 본 후, "사랑해 본 적이 전혀 없는 것보다 사랑했다가 그 사랑의 대상을 잃는 게 더 낫다"라고 말했답니다.

아름다운 기억만이 우리 삶에 주어진 최고의 선물입니다. 그리고 감사만이 그 선물을 소유하게 하는 능력이라는 것을 기억하면 좋겠습니다.

"내가 인생의 지극히 작은 것들까지도 모두 선물임을 기억하도록, 그리고 그 선물을 제대로 사용하는 방법이 감사임을 기억하도록 나를 도와주세요."

온갖 좋은 은사와 온전한 선물이 다 위로부터 빛들의 아버지께로부터 내려오나니 그는 변함도 없으시고 회전하는 그림자도 없으시니라 | 약 1:17